KB218079

구스타프 슈바브의

그리스 로마 신화

2

구스타프 슈바브의
그리스 로마 신화

Die schönsten Sagen des klassischen Altertums

시간의 흐름과 이야기가 살아 있는
그리스 로마 신화의 고전

2

트로이아 전쟁

구스타프 슈바브 지음 · 이동희 옮김

Humanist

일러두기

1. 이 책은 구스타프 슈바브(Gustav Schwab)의 《Die schönsten Sagen des klassischen Altertums》(1838~1840)를 완역한 것이다.

2. 그리스어 고유명사 표기는 앗티케 방언을 따랐다. 앗티케 방언에서 '윕실론(υ)'을 '위'로, 중복되는 같은 자음을 모두 표기했다.(예: 오디세우스 → 오뒷세우스)

3. 옮긴이 주는 •로 표시했다.

추천사

19세기 독일 시인 구스타프 슈바브가 쓴《구스타프 슈바브의 그리스 로마 신화(Die schönsten Sagen des klassischen Altertums)》는 독일어권에서 지금도 가장 많이 읽히고 있는 그리스 로마 신화집이다.

내가 이 책을 처음 알게 된 것은 대학 1학년 1학기 때다. 책을 구입하자마자 처음 만난 그리스 로마 신화가 재미있고 유명 시인이 쓴 문장이 하도 수려하여 틈나는 대로 시간 가는 줄 모르고 탐독했다. 어떤 이야기는 읽고 또 읽은 탓에 제본이 망가져 나중에 새 책을 다시 구입하기도 했다.

20세기 이후 그리스 로마 신화에 관해 체계적이고 포괄적인 연구가 이루어져 이 분야의 연구자들에게 도움이 될 만한 학술서가 많이 나와 있기는 하지만 아무 부담 없이 그리스 로마 신화 세계를 알고 싶어 하는 독자들에게 나는 이 책을 꼭 권하고 싶다. 그리스 로마 신화가 친숙한 동화처럼 다가올 것이다.

천병희(단국대 명예교수)

옮긴이의 말

왜 그리스 로마 신화를 읽어야 할까? 몇 년 전 가까운 친구 가족들과 유럽 여행을 다녀온 적이 있다. 우리가 처음 찾은 곳은 파리의 루브르 박물관이었다. 박물관에 들어서자 눈에 확 들어오는 조각상이 있었다. 울퉁불퉁한 근육질의 사나이가 한 손으로 커다란 뱀을 내리누르며 몽둥이로 막 내려치려고 하는 조각상이었다. 그 조각상을 보자 아이들은 너나 할 것 없이 반갑게 그곳으로 달려갔다. 그런데 정작 함께 간 어른들은 아이들이 왜 그런 반응을 보이는지 이해하지 못했다. 그 조각상의 인물은 바로 헤라클레스였고, 헤라클레스가 몽둥이로 내려치려는 뱀은 휘드라였다. 아이들은 그 조각상의 인물이 누구인지, 그 조각상에 얽힌 이야기가 무엇인지 잘 알고 있었다. 그래서 조각상이 친근했고 반가웠던 것이다.

이후에도 아이들은 작품들을 낯설어하거나 어려워하지 않았다. 그리스 로마 신화에 나오는 조각이나 그림을 발견하고는 숨은 그림을 찾은 양 기뻐하기까지 했다. 반면에 어른들은 작품들을 보며 난감해했다. 왜 이런 차이가 났을까? 아이들은 만화로나마 그리스 로마 신화를 읽어 내용을 알고 있었고, 어른들은 그리스 로마 신화를 제대로 몰랐기 때문이다. 아이들처럼 그리스 로마 신화에 친숙하면 유럽 박물관의 그림과 조각을 어느 정도 이해하고 즐길 수 있다. 그리스 로마 신화에 대한 사전 지식이 있으면 이렇게 서양의 예술 작품을 이해하는 데 많은 도움이 된다. 그리스 로마 신화는 헤브라이즘과 더불어 서양 문화를 떠받치는 두 개의 기둥인 동시에 예술적 상상력의 원천이기 때문이다.

영화에도 그리스 로마 신화와 관련된 내용이 자주 등장한다. 영화 〈해리 포터와 마법사의 돌〉을 보면, 주인공이 학교 지하로 들어갈 때 입구를 지키는 머리 셋 달린 개가 나온다. 머리 셋 달린 개의 의미를 아는 사람은 학교 지하가 단순한 장소가 아니라는 것을 알게 된다. 이 개는 그리스 신화에 나오는 하계를 지키는 케르베로스다. 그렇다면 케르베로스가 지키는 학교 지하는 바로 하계와 같은 곳일 것이다. 이렇게 신화를 알면 원작자 조앤 K. 롤링이 해리 포터가 들어가려는 지하를 하계와 같이 으스스하고 무서운 곳으로 설정해두었다는 의도를 짐작할 수 있다.

그리스 로마 신화를 모르면 서양의 예술과 문화뿐만 아니라 사상 또한 이해하기 어렵다. 헤겔의 유명한 《법철학강의》는 안티고네 이야기를 모티브로 인간의 가장 근본적 문제인 양심과 실정법의 충돌을 다뤘다. 니체도 그리스 신화를 이용해 자신의 사상을 펼쳤다. 니체는 아폴론을 부정하고 디오뉘소스를 긍정한다고 말하는데, 여기서 아폴론은 이성을 상징하고 디오뉘소스는 감성과 욕구를 상징한다는 것을 알아야 그의 철학을 이해할 수 있다. 카뮈도 시쉬포스 신화를 통해 인간의 실존적 상황을 알리고자 했다. 호르크하이머와 아도르노는 《계몽의 변증법》을 쓸 때 《오뒷세이아》를 실마리 삼아 현대 산업문명 속 인간 이성과 자연의 문제를 다뤘다. 지금도 그리스 로마 신화는 수많은 서양 사상가에게 영감을 불러일으키고 있다. 이렇듯 그리스 로마 신화에 대한 이해 없이 서양의 문화와 사상을 제대로 이해할 수 없다는 생각이 철학을 전공한 옮긴이가 이 책을 번역하게 된 계기이다.

그러면 어떻게 그리스 로마 신화를 읽어야 할까? 그리스 로마 신화에는 수많은 신과 영웅, 생소한 지명이 나와 신화를 읽고자 하는 사람을 괴롭힌다. 또, 시중에 출간된 그리스 로마 신화 책은 대부분 산발적이고 단편적인 이야기 위주라 그리스 로마 신화를 체계적으로 접근하는 데 어려움을 준다. 우리나라에는 미국의 영향 탓인지 흔히 《그리스 로마 신화》로 통칭하는 토마스 불핀치(Thomas Bullfinch, 1796~1867)의 《신화의 시대(The Age of Fable)》(1855)가 많이 소개되어 있다. 그리고 이 책에 기초해 만화, 영화, 애니메이션 등이 만들어졌다. 그런데 토마스 불핀치의 작품은 단편적인 그리스 로마 신화 이야기를 그대로 소개하고 있어, 이것들이 서로 어떻게 연결되는지 파악하기 어렵다는 단점이 있다. 그래서 토마스 불핀치의 책을 읽은 독자들은 그리스 로마 신화가 사건과 인물이 너무 많고, 이야기가 서로 연결되지 않아 헷갈린다는 말을 많이 한다.

그리스 로마 신화는 옛날이야기를 읽듯이 재미있게 읽어야 한다. 사실 그리스 로마 신화는 수많은 신과 인물과 사건 들이 얽히며 계속해서 전개되는 극적인 이야기 구조에 그 묘미가 있다. 트로이아 전쟁이 왜 일어났는가? 아무리 절세의 미인이라고 하더라도 헬레네 한 명을 되찾기 위해 그리스의 모든 영웅이 가족과 고국을 뒤로하고 목숨을 건 전쟁을 벌일 수밖에 없었는가? 트로이아 전쟁을 승리로 이끈 아가멤논은 왜 귀국하자마자 아내에게 살해되었는가? 그리고 트로이아가 멸망한 뒤 살아남은 자들은 어디로 갔는가? 이런 물음들에 대해 그리스 로마 신화는 꼬리에 꼬리를 물듯 이야기를 들려준다. 그런데 우리가 이 맛과 묘미를 느끼지 못하는 것은 지금까지 나온 책들이 그리스 로마 신화의 서사시적 구조를 토막 내 이야기를 훼손해버린 탓이 크다.

나는 토막 난 그리스 로마 신화들이 난무하는 혼란스러운 상황에서 신화의 맛을 제대로 느끼게 해줄 책을 소개하고 싶었다. 그래서 몇 년 전에 《구스타프 슈바브의 그리스 로마 신화》를 번역해 국내에 처음으로 소개했다. 이 책은 독일어권에서는 청소년의 필독서이자 고전이 되었고, 중국과 일본에서도 애독되는 책이다. 지은이 구스타프 슈바브(Gustav Schwab, 1792~1850)는 원전에 충실하면서도 이야기를 자연스럽게 연결시켜 그리스 로마 신화를 흥미진진한 대하소설처럼 풀어냈다. 그러므로 독자들은 이 책을 통해 직접 읽기 어려운 그리스 로마 신화의 원전을 충실하게 읽은 듯한 효과뿐 아니라 그리스 로마 신화의 전체 구조를 쉽게 파악하는 이점을 동시에 얻게 될 것이다.

이번에 《구스타브 슈바브의 그리스 로마 신화》를 새롭게 출간하면서 잘못되거나 누락된 부분들을 모두 바로잡았다. 처음 이 책을 번역하는 데만 꼬박 2년의 시간이 걸렸다. 책이 워낙 방대했기 때문이다. 번역하면서 재미를 느끼지 못했다면 그렇게 오랜 시간을 견디지 못했을 것이다. 이 책을 번역하면서 시인이기도 한 구스타프 슈바브가 쓴 옛 독일어 단어와 기교적 문체의 느낌을 살리면서 오늘날 우리말에 맞게 다듬는 데 애를 먹었다. 이번에도 본래 의미에서 벗어나지 않는 한에서 가독성을 높여 독자들이 흥미롭게 읽고 신화적 상상을 마음껏 펼 수 있도록 애를 썼다.

이 책을 새롭게 펴내는 데는 여러 사람의 도움이 있었다. 원고를 입력하고 새롭게 정리해준 이유솔, 책을 편집하는 데 수고와 정성을 다해준 휴머니스트 편집부에 감사를 드린다.

신화는 상상력의 원천이다. 상상력은 일상적인 생각을 뛰어넘어 기발하고 창의적인 생각을 갖게 해준다. 그래서 상상력은 옛날에도, 오늘날에도 문화와 예술의 원천이 되고 있다. 신화는 무한한 상상력을 일깨운다. 이 책은 무한한 상상력으로 출렁이는 신화의 바다를 향해 하는 배가 될 것이다. 독자들은 이 배에 올라타 배가 인도하는 대로 몸을 맡기기만 하면 된다. 구스타브 슈바브가 항해하는 동안 지루하지 않도록 여러분의 귓가에 고대의 신들과 인간들의 이야기를 들려줄 것이다. 자, 그러면 흥미진진한 그리스 로마 신화의 바다로 여행을 떠날 준비가 되었는가?

2015년 1월

이동희

차례

구스타프 슈바브의
그리스 로마 신화
2

3장 그리스와 트로이아, 전투를 거듭하다

4장 아킬레우스, 빛나는 활약 끝에 죽음을 맞다

1권 신과 영웅의 시대

3권 오뒷세우스·아이네아스

부록 : 또 다른 신과 영웅의 이야기

1장

Die schönsten Sagen des klassischen Altertums

트로이아 전쟁의 서막이 열리다

트로이아 전쟁 I

트로이아 건설

아주 오랜 옛날 아이가이온 해에는 사모트라케라는 섬이 있었다. 제우스 신과 바다의 요정 사이에 태어난 이아시온과 다르다노스 형제가 그곳을 다스렸다.

이아시온은 신의 아들이라는 이유로 대담하게도 올림포스의 딸에게 눈독을 들였다. 그가 데메테르 여신을 사랑해 따라다니자 제우스는 교만함에 대한 벌로 자신의 아들인 그에게 벼락을 내려 죽였다. 형의 죽음을 깊이 슬퍼한 아우 다르다노스는 나라와 고향을 버렸다. 여행을 하던 그는 어느덧 아시아 대륙의 뮈시아 해안까지 이르렀다. 시모에이스 강과 스카만도로스 강이 합류해 바다로 흘러들고 높은 이데 산맥이 그 바닷가에 이르러 평야가 되는 곳이었다.

그때 이 지역은 테우크로스라는 크레테 섬 출신의 왕이 다스리고 있었다. 그의 이름을 따 그곳 유목민들을 테우크로이 인이라고 불렀다. 다르다노스는 왕에게서 후한 대접을 받았다. 그는 영토의 일부를 물려받았으며 공주까지 아내로 맞았다. 다르다노스는 이데 산중으로 옮겨 가서 살았다. 나라 이름도 다르다노스를 따서 다르다니에라고 불렀다. 그곳의 테우크로이 인들은 그 후부터 다르다니에 인으로 불리게 되었다. 다르다노스가 죽은 후에는 그의 아들 에릭토니오스가 나라를 통치했다. 그의 아들 트로스가 태어나자 아들의 이름을 따서 그 지역을 트로아스 지방이라 하고 수도는 트로이아라고 불렀다. 그 후 테우크로이 인들과 다르다니에 인들은 모두 트로이아 인으로 불리게 되었다. 트로스 왕의 뒤를 이은 후계자는 큰아들 일로스였다.

하루는 일로스가 이웃 나라 프뤼기아를 방문했다. 그때 마침 올륌피아 경기가 열렸고, 그는 프뤼기아 왕의 요청을 받아 씨름 경기에 나가서 승리했다. 일로스는 상으로 쉰 명의 장정과 쉰 명의 처녀를 받았다. 게다가 프뤼기아 왕은 이 소가 눕는 곳에 도시를 세우라는 옛 신탁과 함께 암컷 얼룩소를 상으로 주었다.

일로스가 그 소를 따라가자, 소는 아버지 트로스 왕 때부터 나라의 중심지였고 일로스 자신이 살고 있는 곳이기도 한 트로이아에 가서 누웠다. 일로스는 그곳 언덕 위에 일리온 또는 일리오스 또는 페르가모스라 부르는 견고한 성을 쌓았다. 이후부터 그곳은 그런 이름으로 불렸다.

성을 쌓기 전 일로스는 조상인 제우스 신에게 성을 쌓도록 허락하는 징표를 내려달라고 기도했다. 다음 날 그는 하늘에서 팔라디온이라 불리는 아테네 여신상이 자신의 천막 앞에 떨어져 있는 것을 보았다. 여신상은 키가 이 미터쯤 되었고 두 발이 겹쳐 있었다. 오른손은 창을 높이 쳐들고 왼손에는 실패와 추를 가지고 있었다.

이 여신의 출생에 관해서는 이런 전설이 있다. 아테네 여신은 바다의 신 트리톤에게 교육받았는데, 트리톤에게는 팔라스라는 딸이 있었다. 그녀는 아테네와 동갑이었고 둘은 매우 친한 친구 사이였다.

어느 날 전쟁 연습에 빠진 두 처녀가 서로 겨루었다. 트리톤의 딸 팔라스가 아테네를 치려 하자 제우스는 자기 딸이 맞을까 봐 걱정스러웠다. 제우스는 아이기스(염소 가죽으로 만든 방패)를 팔라스 앞으로 내밀었다. 팔라스가 깜짝 놀라 위를 쳐다보는 순간 아테네의 칼이 그녀에게 치명적 상처를 입히고 말았다. 깊은 슬픔에 빠진 아테네는 언제까지나 친구를 기억하기 위해 그녀와 똑같은 조각상을 만들게 했다. 팔라스의 목숨을 잃게 한 방패와 똑같은 염소가죽으로 가슴막이를 만들어 아이기스 갑옷이라 이름 붙이고는 조각상에 입혔다. 그리고 제우스의 신상과 나란히 모시고 받들었다. 그 후부터 그녀는 스스로를 '팔라스 아테네'라고 불렀다.

제우스는 딸의 허락을 받고 이 팔라디온* 조각상을 하늘에서 일리온 성 앞으로 내려보내 성과 도시가 제우스와 자신의 딸 아테네의 보호 아래 있음을 징표로 나타냈다.

일로스 왕**과 에우뤼디케 사이에서 태어난 아들이 라오메돈이다.

* 팔라스 여신을 나타내는 신상으로 주술적 힘을 가진 것으로 여겨졌다.

** 일로스의 두 동생은 앗사라코스와 가뉘메데스다. 앗사라코스는 옛 거주지 다르다니에의 지배자였다. 인간 가운데 가장 아름다운 모습을 지녔다는 가뉘메데스는 독수리로 변한 제우스가 하늘로 채어 갔다. 거기서 제우스의 술 따르는 사람, 사랑받는 사람으로 영원히 살았다.

아테나이의 파르테논 신전에 있던 아테네 여신상을 축소해서 만든 로마 시대의 작품. 아테네 여신은 바다의 신 트리톤에게 교육받았는데, 트리톤에게는 팔라스라는 딸이 있었다. 그녀는 아테네와 동갑이었고 둘은 매우 친한 친구 사이였다. 어느 날 전쟁 연습을 하다가 아테네의 칼이 팔라스에게 치명적 상처를 입히고 말았다. 그 후부터 아테네는 스스로를 팔라스 아테네라고 불렀다.

〈바르바케이온 아테네〉, 3세기, 아테네 국립 고고학 박물관.

그는 신들과 사람을 속이는 폭군이었다. 라오메돈은 아직 견고하지 않은 트로이아의 노천 지역에 성벽을 쌓아 트로이아를 요새 도시로 만들 결심을 했다.

그 무렵 아폴론과 포세이돈은 신들의 왕 제우스의 명령을 어긴 죄로 하늘에서 쫓겨나 정처 없이 지상을 헤매고 있었다. 제우스는 두 신으로 하여금 라오메돈을 도와 트로이아의 성벽을 쌓게 하려는 뜻을 가지고 있었다. 자신과 아테네가 사랑하는 도시에 파괴될 수 없는 성벽을 만들어주기 위해서였다. 두 신은 운명에 이끌려 마침 성벽 쌓기가 시작되던 그때 일리오스 부근에 이르렀다. 아폴론과 포세이돈은 자신들이 일을 돕겠다고 라오메돈 왕에게 제안했다. 일을 하지 않으면 암브로시아*를 얻어먹을 수 없었으므로 지상에서 한가롭게 돌아다닐 형편이 못 되었던 것이다.

포세이돈은 직접 나서서 성벽을 쌓았다. 그의 지휘 아래 웅장하고도 화려한 원형의 성벽, 어떤 적도 뚫을 수 없는 도시 방어물이 하늘 높이 치솟았다. 한편 포이보스** 아폴론은 숲이 우거진 이데 산 깊은 골짜기와 계곡에서 왕의 가축들을 돌보는 일을 맡았다. 두 신은 이렇게 일 년 동안 강제노동을 하겠다는 약속을 했다. 약속한 기간이 지나 웅장한 성벽이 완성되었다. 그런데 사기꾼 라오메돈 왕은 두 신에게 약속한 보수를 주지 않았다. 말솜씨가 좋은 아폴론이 이를 몹시 나무랐으나 라오메돈은 아폴론의 두 손과 발을 묶어놓고는 양쪽 귀를 잘

* 암브로시아는 신들의 식량으로 꿀보다도 달고 향기가 있으며, 이것을 먹으면 늙지 않고 죽지도 않는다. 상처에 바르면 곧 낫는다고 해 향유로도 썼다.

** 포이보스는 '빛나는 자'라는 뜻으로 아폴론의 수식어이자 별명이다.

제우스와 레토의 아들이자 아르테미스 여신과 남매간인 아폴론. '포이보스 아폴론'이라 불리기도 한다. 제우스는 자신과 아테네가 사랑하는 도시 트로이아에 견고한 성벽을 만들고자 했고 이 일에 아폴론과 포세이돈을 가담시킨다. 아폴론과 포세이돈은 신들의 왕 제우스의 명을 어긴 죄로 하늘에서 쫓겨나 정처 없이 지상을 헤매고 있었고, 두 신은 운명에 이끌려 마침 성벽을 쌓기 시작하던 그때 일리오스 부근에 이르게 된다.

〈벨베데레의 아폴론〉, 기원전 350~기원전 325년 제작 청동상에 대한 모작, 120~140년, 바티칸 미술관.

바다를 지배하는 신 포세이돈. 올림포스 신들 중 하나이고, 크로노스와 레아의 아들이다. 포세이돈은 직접 나서서 성벽을 쌓았다. 그의 지휘 아래 웅장하고도 화려한 원형의 성벽, 어떤 적도 뚫을 수 없는 도시의 방어물이 하늘 높이 치솟았다. 포세이돈은 아폴론과 함께 꼬박 일 년 동안 일해 웅장한 성벽을 완성했다. 그러나 애초 약속했던 보수를 받지 못하자 아폴론과 함께 분노를 삭이며 그곳을 떠나게 된다.

〈포세이돈〉, 술잔 그림, 430년경, 영국 박물관.

라버리겠다고 위협하여 두 신을 쫓아버렸다.

아폴론과 포세이돈은 분노를 삭이며 그곳을 떠났다. 이후 라오메돈 왕과 백성들은 이 두 신에게 평생의 원수가 되었다. 그 전까지 이 도시를 보호해주던 아테네 여신도 등을 돌렸다. 더구나 제우스의 암묵적 동의에 따라 방금 성벽을 갖춘 도시와 왕 그리고 그의 백성들은 신들에 의해 파멸의 길을 걷게 되었고, 얼마 후에는 헤라도 불타는 증오와 함께 그 신들의 대열에 합류하게 된다.

파리스의 사과

라오메돈 왕과 그의 딸 헤시오네의 운명에 대해서는 앞에서 이미 소개했다.* 그 후 트로이아에서는 라오메돈의 뒤를 이어 아들 프리아모스가 왕위에 올랐다. 프리아모스는 두 번째 결혼에서 프뤼기아 왕 뒤마스의 딸 헤카베를 아내로 맞아들였다.

헤카베가 낳은 첫아들은 헥토르였다. 그리고 두 번째 아이를 임신했을 때였다. 그녀는 깜깜한 밤중에 무서운 광경을 보는 꿈을 꾸었다. 꿈속에서 불타는 나무토막을 낳았는데 그것이 트로이아 시를 불바다로 만들더니 순식간에 잿더미가 되게 한 것이었다. 헤카베는 너무나 놀라 남편 프리아모스에게 꿈 이야기를 들려주었다. 프리아모스는 전처의 아들 아이사코스를 불렀다.

* 1권 4장 '헤라클레스 이야기' 참조.

아이사코스는 외할아버지 메롭스에게서 꿈해몽을 배운 예언자였다. 그는 계모 헤카베가 임신한 아들이 장차 나라를 파멸시킬 운명이라고 풀이했다. 덧붙여 아기를 내다 버리는 것이 좋겠다는 충고를 남겼다.

왕비 헤카베는 실제로 아들을 낳았다. 그녀는 자식에 대한 애정보다 나라를 사랑하는 마음이 더 강했다. 그리하여 프리아모스 왕의 뜻에 따라 노예를 시켜 갓난아기를 이데 산에 갖다 버리게 했다. 명령을 받은 노예 아겔라오스는 왕의 명령에 따라 아기를 산속에 버리고 돌아왔다. 그러나 암곰이 나타나 버려진 왕자에게 젖을 먹였다. 그로부터 닷새 후 아겔라오스는 숲속에서 아기가 건강하고 튼튼하게 자라고 있는 것을 보았다. 그는 아기를 다시 데려와 파리스라고 부르며 자그마한 땅을 경작하면서 아들처럼 길렀다.

아기는 목동의 보살핌을 받으며 청년으로 성장했다. 장성한 파리스는 다른 누구보다 힘이 셌고 몸이 무척 아름다웠다. 왕자는 이데 산에 사는 모든 목동을 도둑으로부터 지켜주었기 때문에 '도움을 주는 사람'이라는 뜻의 알렉산드로스라고 불렸다.

어느 날 파리스가 이데 산의 깊은 계곡으로 통하는 인적이 거의 없는 계곡에 들어갔을 때였다. 대낮인데도 그곳은 매우 어두웠다. 그는 가축 무리와 떨어져 큰 나무에 기대 팔짱을 끼고 멀리 트로이아 궁전과 바다를 내려다보고 있었다. 그때 갑자기 대지를 뒤흔들며 다가오는 신의 발자국 소리가 들려왔다. 정신을 차리기도 전에 이미 발에 날개가 돋은 신들의 전령 헤르메스가 전령의 막대기를 들고 파리스 앞에 서있었다.

그러나 헤르메스는 다른 신들의 출현을 알려주는 심부름꾼에 지나지 않았다. 곧이어 하늘의 세 여신, 즉 올림포스의 여신들이 사람이나 동물이 밟아본 적 없는 보드라운 풀밭을 사뿐사뿐 밟으며 다가왔다. 파리스는 엄숙하고 경건한 분위기에 눌려 머리카락이 곤두서고 몸이 부르르 떨리기까지 했다.

날개 달린 신들의 전령 헤르메스가 그에게 말했다.

"두려워 마라. 여신들은 그대를 심판관으로 삼고자 온 것이다. 여신들은 세 사람 가운데 누가 가장 아름다운지를 가리기 위해 그대를 선택했다. 제우스께서는 그대를 보호할 것이며 앞으로도 계속 돌봐주겠다고 약속하셨다!"

그렇게 말한 다음 헤르메스는 작은 날개를 퍼덕이며 공중으로 떠오르더니 좁은 산골짜기를 벗어나 하늘로 올라갔다. 헤르메스의 말을 듣고 난 파리스가 용기를 얻었다. 그는 부끄러워 아래로 내리깔던 눈을 들어, 자신의 말을 기다리고 있는 천상의 아름다움을 지닌 여신들의 모습을 자세히 살펴보았다.

파리스가 난생 처음 본 그 여신들은 우열을 가릴 수 없을 정도로 모두 아름다웠다. 그중 한 여신이 다른 여신들보다 더욱 마음에 들었다. 그 여신의 아름다운 자태에서 오랫동안 눈을 뗄 수가 없었다. 점점 그에게는 세 여신들 중 가장 젊고 부드러워 보이는 여신이 다른 여신들보다 더 애교 있고 사랑스러워 보이게 되었다. 마치 그녀의 눈에서 나온 사랑의 빛이 자신의 눈과 이마 위에 펼쳐지는 것 같았다. 그때 가장 키가 크고 체격도 좋으며 세 여신 중 으뜸으로 기품 있어 보이는 여신이 일어나 청년에게 말했다.

"나는 헤라이니라. 제우스의 누이이자 아내이지. 불화의 여신 엘리스는 네레우스의 딸 테티스와 영웅 펠레우스의 결혼식에서 하객들 쪽으로 황금 사과를 던졌단다. '가장 아름다운 이에게'라는 글자가 새겨진 이 황금 사과를 내게 준다면 지금은 왕궁에서 쫓겨난 양치기 신세인 그대에게 이 세상에서 가장 아름다운 나라를 다스릴 권력을 넘겨주겠노라."

둥근 이마와 짙은 파란색 눈동자 그리고 아름다운 용모에 처녀다운 고귀함이 배어 나오는 또 다른 여신이 말했다.

"나는 지혜의 여신 아테네이니라. 만약 그대가 내게 승리를 안겨준다면 가장 지혜롭고 용감한 사나이라는 최고의 명예를 얻게 해주겠노라."

이어서 처음부터 눈길로만 말을 건네고 있던 세 번째 여신이 파리스에게 달콤한 미소를 던졌다.

"파리스여! 선물을 준다는 약속 따위에 속지 말거라. 그런 선물은 모두 위험하고 어떻게 될지 확실하지 않은 것들이란다. 나는 그대에게 즐거움만 가져다주는 재능을 주겠다. 그대가 사랑만 하면 기쁨을 느낄 수 있도록 해주지. 바로 이 세상에서 가장 아름다운 여인을 그대 팔에 안겨주겠노라. 나는 사랑의 여신, 아프로디테이니라."

더없이 우아한 매력을 풍기는 띠로 장식한 아프로디테가 목동 파리스 앞에 섰다. 그 아름다움과 확신에 찬 태도에 다른 여신들의 매력은 퇴색해 보였다. 파리스는 마치 술에 취한 듯 헤라에게서 건네받은 황금 사과를 사랑의 여신 아프로디테에게 주었다.

헤라와 아테네는 몹시 화를 내며 파리스에게서 등을 돌렸다. 두 여

목동 파리스 앞에 헤라, 아테네, 아프로디테가 나타나 누가 가장 아름다운지를 선택하라고 강요한다. 아프로디테의 아름다움과 확신에 찬 태도에 파리스는 마치 술에 취한 듯 헤라에게서 건네받은 황금 사과를 그 사랑의 여신에게 주었다. 헤라와 아테네는 몹시 화를 내며 파리스에게서 등을 돌렸다. 두 여신은 지금의 이 모욕을 파리스와 그의 아버지 프리아모스 왕, 나아가 트로이아 백성에게 앙갚음하겠다며 저주했다.

〈파리스의 심판〉, 장 밥티스트 르뇨, 1820년. 슈투트가르트 미술관.

신은 지금의 이 모욕을 파리스와 그의 아버지 프리아모스 왕, 나아가 트로이아 백성들에게 앙갚음하겠다고 저주했다. 특히 헤라는 이때부터 트로이아 백성들과 결코 화해할 수 없는 원수가 되었다. 그러나 아프로디테는 다시 한 번 자신의 약속을 신들 앞에 엄숙히 맹세한 다음, 황홀경에 빠진 양치기에게 매혹적인 인사를 남기고 떠났다.

이때부터 파리스는 큰 희망을 품은 채 세월을 보냈다. 그렇지만 파리스의 마음속에 심어놓은 여신의 약속은 좀처럼 이뤄질 기미가 보이지 않았다. 파리스는 개울의 신과 요정의 딸인 오이노네라는 아름다운 아가씨와 결혼했다. 그는 여전히 양을 치며 행복한 나날을 보냈다.

그러던 어느 날 프리아모스 왕이 죽은 친척을 위해 제전을 마련했고 그 덕에 파리스는 한 번도 가보지 않은 도시에 가게 되었다. 프리아모스는 제전에서 이긴 자에게 줄 상으로 황소 한 마리를 내놓기로 해, 부하를 시켜 이데 산의 목장에서 황소를 데려오도록 명령했다. 그런데 하필 그 황소는 파리스가 몹시 아끼는 황소였다. 그는 아무리 프리아모스 왕의 요구라 하더라도 황소를 넘겨주기가 싫었다. 그래서 경기에 나가 황소를 되찾아 오기로 결심했던 것이다.

제전에 출전한 파리스는 자기 형제들을 모두 물리쳤다. 그중 가장 훌륭하고 용감하다고 알려진 헥토르까지 물리치는 쾌거를 거두었다. 프리아모스 왕의 또 다른 아들 데이포보스는 경기에 지자 분함과 부끄러움을 못 이겨 이 젊은 목동을 칼로 찔러 죽이려 했다. 파리스는 재빨리 제우스의 제단으로 피했다. 이때 제단에 있던 프리아모스의 딸이며 하늘의 신들에게서 예언하는 능력을 받은 캇산드라가 파리스를 보았다. 그녀는 파리스가 어릴 때 버려진 자기 오빠임을 알아보았다. 그녀가 그 사실을 부모에게 알렸다. 그들은 꺼림칙한 예언은 까맣게 잊은 채 파리스를 끌어안으며 아들로 맞아들였다.

파리스는 이데 산 위에 왕자로서 거처할 훌륭한 처소를 얻어놓고 아내가 있는 목장으로 돌아왔다. 그런데 얼마 지나지 않아 파리스에게 왕의 일을 대신 수행할 기회가 생겼다. 자신은 미처 몰랐지만, 그것은 여신 아프로디테가 약속한 상을 받기 위한 길이었다.

헬레네의 납치

프리아모스가 아직 귀여운 소년일 때였다. 라오메돈을 죽이고 트로이아를 점령한 헤라클레스는 프리아모스의 누이 헤시오네를 전리품으로 끌고 가 친구 텔라몬에게 주었다. 영웅 텔라몬이 헤시오네를 아내로 삼아 살라미스의 여왕으로 만들어주었다고는 하지만, 프리아모스와 그의 집안은 이 납치로 인한 고통을 떨치지 못했다. 그런데 왕궁에서 과거 이야기가 다시 흘러나오자 왕은 멀리 있는 누이를 그리워하는 기색이 역력했다. 왕자들의 모임에 참석한 파리스는 자리에서 일어나 말했다.

"저를 함대와 함께 그리스로 보내주십시오. 신들의 도움을 받아 적을 힘으로 제압해 아버지의 누이 헤시오네를 되찾아 승리와 명예를 안고 귀향하겠습니다."

파리스의 이러한 희망은 여신 아프로디테의 은혜에 기댄 것이었다. 파리스는 아버지와 형제들에게 이데 산에서 겪은 일을 말해주었다.

프리아모스도 아들 파리스에게 하늘의 특별한 보호가 있음을 의심하지 않게 되었다. 데이포보스도 파리스가 훌륭한 군대와 함께 나타나면 그리스 인들이 보상을 해주고 헤시오네를 넘겨줄 것이라며 신뢰를 보냈다. 그런데 프리아모스의 아들들 가운데는 헬레노스라는 이름의 예언자가 있었다. 그가 갑자기 예언의 말을 토해냈다. 형제 파리스가 그리스에서 아내를 데려오면 그리스 인들이 트로이아를 침략해 프리아모스와 그 자손을 모조리 죽이리라는 것이었다.

이 예언을 두고 의견이 둘로 갈렸다. 프리아모스와 헤카베 사이에서 나온 막내아들 트로일로스는 젊은 혈기로 형의 예언을 전혀 귀담아두지 않았다. 그는 형을 겁쟁이라 비난하면서 그 따위 위협으로 전쟁을 막지 말라고 대들었다. 다른 형제들은 난처한 표정을 지었다. 프리아모스는 파리스의 편을 들었다. 사랑하는 누이에 대한 그리운 정이 강하게 밀려왔던 것이다.

마침내 프리아모스 왕은 민회를 소집해 트로이아 인들에게 자신의 뜻을 전했다.

"나는 전에 안테노르*의 지휘 아래 그리스로 사절을 보내 강제로 납치해 간 누이 헤시오네를 돌려주고 보상하라고 요구한 적이 있다. 그때 안테노르는 참을 수 없는 모욕을 당했으며 우리의 요구는 끝내 거절당하고 말았다. 이제 다시 파리스 왕자를 군대와 함께 보낼 것이다. 만일 타협이 이루어지지 않는다면 무력으로라도 요구를 관철할

* 안테노르는 트로이아의 원로이자 프리아모스 왕의 조언자였다. 가장 지혜로운 노인으로 트로이아 사람들에게 존경을 받았다. 전쟁이 일어난 뒤에도 평화로운 해결을 위해 중재에 나섰지만 강경파의 반대에 부딪혀 실패로 돌아갔다.

작정이다."

안테노르가 이 제안을 지지하며 일어섰다. 그리고 평화의 사절로 그리스에 갔을 때 자신이 어떤 모욕을 받았는지 자세히 설명했다. 그는 그리스 인들은 평화로울 때는 반항적이지만 전쟁이 일어나면 형편없는 겁쟁이가 된다는 말도 덧붙였다.

안테노르의 말이 백성들의 감정에 불을 질렀다. 전쟁에 찬성하는 환성이 울려 퍼졌다. 그러나 현명한 왕 프리아모스는 경솔함으로 일을 그르치고 싶지 않았다. 그는 이번 계획을 반대하는 사람이 있다면 의견을 말해보라고 했다. 그러자 트로이아의 나이 많은 원로 중 한 사람인 판토오스가 일어났다. 그는 어렸을 적에 아버지 오트뤼스가 신탁을 받아 자신에게 전해준 내용을 이야기했다. 언젠가 라오메돈의 후손인 왕자가 그리스에서 남의 부인을 데리고 오면 트로이아는 일찍이 없던 비참한 파멸을 당한다는 것이었다. 그는 자신의 이야기를 이렇게 끝맺었다.

"그러므로 우리는 속기 쉬운 전쟁의 영광에 현혹되어서는 안 됩니다. 사랑하는 여러분! 우리 삶을 전쟁놀이에 내맡겨 결국 자유마저 잃느니 평화와 안정 속에서 지내는 편이 더 나을 것입니다."

이 제안을 듣고 백성들이 투덜거렸다. 그들은 프리아모스 왕에게 나이 많은 노인의 비겁한 말을 듣지 말고 이미 마음속으로 결정한 일을 속히 실행하라고 소리쳤다.

프리아모스는 이데 산에서 배를 건조하고 항해를 위해 무장할 것을 명령했다. 그리고 주변 민족과 동맹을 맺고자 아들 헥토르를 프뤼기아로, 파리스와 데이포보스를 이웃 나라 파이오니아로 보냈다. 무기를 다룰 수 있는 트로이아의 청년들은 모두 전쟁에 지원했다. 얼마 안 가 강력한 대군이 집결되었다. 왕은 지휘권을 아들 파리스에게 주었고 데이포보스, 판토오스의 아들 폴뤼다마스 그리고 아이네이아스를 각각 부사령관으로 임명했다. 강력한 함대는 곧 항해를 떠나 맨 처음 상륙할 지점인 그리스의 퀴테라 섬을 향해 키를 잡았다.

항해 도중 함대는 그리스 인들의 지도자인 스파르테의 왕 메넬라오스와 마주쳤다. 그는 지혜로운 왕 네스토르를 방문하기 위해 퓔로스로 가던 중이었다. 메넬라오스는 트로이아의 웅장한 함대를 보며 놀라워했고 트로이아 인들도 화려한 장식에 그리스에서 제일가는 왕 중의 한 사람을 태운 그리스의 배를 신기한 듯 구경했다. 그러나 양쪽은 서로를 알아보지는 못하고 상대방이 어디로 가는지도 모른 채 그렇게 파도를 사이에 두고 지나쳤다.

트로이아 함대는 무사히 퀴테라 섬에 도착했다. 파리스는 거기서 직접 스파르테로 가 제우스의 쌍둥이 아들 카스토로와 폴뤼데우케스를 만나 담판을 짓고 고모 헤시오네를 모셔 올 생각이었다. 또 만약 그리스의 두 영웅이 헤시오네의 인도를 거절한다면 살라미스로 함대를 돌려 왕비 헤시오네를 납치해 오라는 아버지의 명령을 이미 받은 상태이기도 했다.

파리스는 스파르테로 가기 전에 아프로디테와 아르테미스 두 여신을 모신 신전에 제물을 바치기로 했다. 그러는 사이 스파르테에서는 왕비 헬레네가 남편 메넬라오스 없이 혼자 성에 남아 있었다. 그런 그녀에게 퀴테라 섬의 주민 하나가 트로이아의 웅장한 함대가 닻을 내리고 있다고 알려주었다.

헬레네는 제우스와 레다 사이에서 태어난 딸이자 카스토로와 폴뤼데우케스의 누이였다. 그녀는 평생 가장 아름다운 여인으로 살았고, 가냘픈 소녀 시절에는 테세우스에게 유괴되어 오빠들이 되찾아 온 적이 있다. 헬레네는 양아버지인 스파르테의 왕 튄다레오스 밑에서 자랐다. 시집갈 나이가 되자 그녀의 아름다움에 반한 수많은 영웅이 구혼자로 나섰다.

튄다레오스 왕은 수많은 구혼자 가운데 한 명만 사위로 삼았다가 자칫 나머지 사람들과 원수가 될까 봐 두려웠다. 그런데 이타케 출신의 꾀 많은 영웅 오뒷세우스가 왕에게 이런 조언을 해주었다. 만일 공주 헬레네와의 결혼 때문에 스파르테 왕에게 반항하는 자가 있으면 다 함께 무기를 들고 간택된 사위의 편이 되겠다는 맹세를 받아두라는 것이었다. 튄다레오스는 이 조언을 받아들여 모든 구혼자에게 이 같은 맹세를 받았다. 그런 다음 그는 아트레우스의 아들이자 아가멤논의 형제인 아르고스 왕 메넬라오스에게 공주 헬레네를 아내로 주고 왕국을 물려주었다. 헬레네는 메넬라오스와의 사이에서 딸 헤르미오네를 낳았으며, 파리스가 그리스에 도착했을 때 그 아기는 아직 요람 속에 있었다.

남편이 성을 비운 동안 무료한 나날을 보내던 아름다운 왕비 헬레네는 이국의 왕자가 훌륭한 함대를 이끌고 퀴테라 섬에 도착했다는 소식을 들었다. 그러자 여자 특유의 호기심이 발동해 왕자와 그의 용감한 병사들을 보고 싶어졌다. 호기심을 참지 못한 그녀는 퀴테라 섬에 있는 아르테미스 신전으로 성대한 제사를 올리러 가기로 했다.

파리스가 신전에 제물을 다 바쳤을 때 헬레네도 신전으로 들어섰

백조로 변한 제우스와 사랑을 나누는 레다. 제우스가 백조로 변신하여 레다와 결합한 날 밤, 레다는 인간인 남편과도 사랑을 나누었다고 한다. 그 결과 레다는 네 쌍둥이를 낳았는데, 폴뤼데우케스와 헬레네는 제우스의 자식이고 카스토르와 클뤼타임네스트라는 튄다레오스의 자식이다. 메넬라오스의 아내가 된 헬레네 때문에 그리스 인들은 십 년 동안이나 트로이아에서 전쟁을 벌이게 된다.

〈레다〉, 레오나르도 다빈치, 1515~1516년, 보르게제 미술관.

다. 신전에 들어서는 왕비를 본 파리스는 기도하려고 모았던 두 손을 탁 떨어뜨린 채 멍하니 그녀를 바라보았다.

양치기를 하고 있을 무렵 자기 앞에 나타났던 아프로디테가 다시 나타난 것 같았다. 헬레네가 미인이라는 소문은 파리스도 들었다. 그러나 아프로디테가 주겠다고 약속한 신붓감은 소문난 헬레네보다 더 뛰어난 미인일 것이라고 믿었다. 그런데 그 신붓감이 설마 남의 아내일 줄은 꿈에도 몰랐다. 막상 눈앞에서 스파르테의 왕비를 본 파리스는 그 아름다움이 사랑의 여신 아프로디테와 견줄 만하다고 여겼다. 그리고 이 여인이 바로 아프로디테가 자기에게 약속했던 그 여인임을 금세 깨달았다.

아버지 프리아모스 왕의 명령도 대군을 이끌고 바다를 건너온 목적도 그 순간 다 사라지고 말았다. 자신과 자신을 따르는 수많은 군인이 단지 헬레네를 빼앗아 가기 위해 이곳에 온 것 같았다. 이렇게 파리스가 헬레네의 아름다움에 취해 있을 때, 헬레네 역시 금색과 자주색으로 호화롭게 치장하고 긴 머리를 늘어뜨린, 소아시아에서 온 아름다운 왕자에게 마음에 끌리는 것을 억제하지 못했다. 어느새 헬레네의 마음속에서 남편 메넬라오스의 모습이 사라지고 매력적인 젊은 이방인이 그 자리를 대신했다.

스파르테 왕궁으로 돌아온 헬레네는 아름다운 젊은이의 모습을 마음속에서 몰아내려 애쓰며, 퓔로스에 간 남편 메넬라오스가 어서 돌아오기만을 기다렸다. 그런데 스파르테에 나타난 것은 남편이 아니라 파리스와 그가 선별해 데려온 부하들이었다. 메넬라오스는 없었지만, 파리스는 우선 왕궁으로 사자를 보내 자신이 갈 것임을 통고했었다.

남편이 성을 비운 동안 무료한 나날을 보내던 아름다운 왕비 헬레네는 이국의 왕자가 훌륭한 함대를 이끌고 퀴테라 섬에 도착했다는 소식을 들었다. 그러자 여자 특유의 호기심이 발동해 왕자와 그의 용감한 병사들을 보고 싶어졌다. 호기심을 참지 못한 그녀는 퀴테라 섬에 있는 아르테미스 신전으로 성대한 제사를 올리러 가기로 했다.

〈트로이아 성벽 위에 선 헬레네〉, 프레더릭 로드 레이턴, 1865년경.

메넬라오스의 아내 헬레네는 왕자에 대한 격식에 따라 파리스를 영접했다. 그러나 파리스는 멋진 현악기 연주와 마음을 녹이는 달콤한 대화 그리고 불타는 애정으로 헬레네의 마음을 유혹했다.

헬레네가 흔들리는 것을 본 파리스는 부왕과 백성들의 신뢰는 잊어버렸다. 오로지 사랑의 여신 아프로디테의 약속만이 떠올랐다. 그는 무장을 한 채 스파르테에 같이 온 충실한 병사들의 도움 없이는 자신의 계획이 이뤄지지 않으리라는 점을 잘 알았다. 그래서 그들을 모아 놓고 전리품이 많이 생길 것이라는 말로 꾀어내 자신의 계획에 끌어들였다. 파리스는 병사들과 함께 왕궁을 습격해 그리스 왕의 재물을 약탈하고 헬레네를 납치했다. 반항하긴 했지만 그녀가 퀴테라 섬과 파리스의 함대로 간 것은 자기 자신의 의지에 완전히 반한 일은 아니었다.

파리스가 아름다운 포로를 데리고 아이가이온 바다를 향해하고 있을 때였다. 갑자기 바람이 고요해지면서 쾌속으로 달리던 함대가 멈춰 서더니, 헬레네를 데리고 있는 약탈자들이 탄 배 앞에서 파도가 둘로 짝 갈라졌다. 바닷속에서 바다의 노인 해신 네레우스가 갈대관을 쓰고 불쑥 고개를 내밀었다. 머리와 수염에서 물이 뚝뚝 떨어졌다. 배는 마치 청동의 성벽 같은 파도에 박혀 있는 듯했다. 네레우스는 배를 향해 소름 끼치는 예언을 던졌다.

"불길한 새들이 너희들 뱃머리에서 날고 있다. 뻔뻔스러운 도둑놈들아! 그리스가 대군을 몰고 가 너희 악당들은 물론 프리아모스가 오랫동안 다스려온 나라를 짓밟을 것이다. 비통하구나! 수많은 말과 사내가 내 눈에 보인다! 트로이아의 많은 장정이 네 죄 때문에 목숨을

헬레네가 미인이라는 소문은 파리스도 들었다. 그러나 아프로디테가 주겠다고 약속한 신붓감은 소문난 헬레네보다 더 뛰어난 미인일 것이라고 믿었다. 막상 눈앞에서 스파르테의 왕비를 본 파리스는 그 아름다움이 사랑의 여신 아프로디테와 견줄 만하다고 여겼다. 그리고 이 여인이 바로 아프로디테가 자기에게 약속했던 그 여인임을 금세 깨달았다.

〈헬레네와 파리스〉, 다비드, 1788년, 루브르 박물관.

내놓아야 하다니! 아테네는 이미 투구를 쓰고 방패를 들었다. 피비린내 나는 전쟁이 여러 해 동안 계속될 것이다. 네 도시의 멸망을 막아줄 수 있는 것은 한 영웅의 분노뿐이다. 그러나 때가 오면 그리스 군사가 던지는 불방망이에 온 트로이아가 불타고 말 것이다."

이런 예언을 한 뒤 늙은 해신은 바닷속으로 들어갔다. 파리스는 이 말을 듣고 크게 놀랐다. 그러나 상쾌한 순풍이 다시 불어오자 납치해 온 헬레네 왕비의 팔에 안겨 예언 따위는 곧 잊고 말았다.

함대는 크라나에 섬 앞바다에 닻을 내렸다. 메넬라오스의 신의 없고 경솔한 아내 헬레네는 별다른 거리낌 없이 파리스의 청혼을 받아들여 호화로운 결혼식을 올렸다. 두 남녀는 고향도 조국도 잊은 채 스파르테에서 훔쳐 온 금은보화로 오랫동안 영화로운 환락의 세월을 보냈다. 그들이 트로이아로 돌아간 것은 그로부터 몇 해가 지난 후였다.

그리스 인들의 궐기

파리스가 스파르테에서 저지른 행위는 당장에 커다란 보복을 불러와, 그리스의 강력한 왕족들 모두를 적으로 만들었다.

스파르테 왕 메넬라오스와 그의 형제인 뮈케나이 왕 아가멤논은 제우스의 아들 탄탈로스의 후손이자 펠롭스의 손자로서 아트레우스의 아들들이었다. 그들은 수없이 많은 선한 일을 하고 또 악한 일도 저지른 가문의 후손이었다. 이 강력한 두 형제는 아르고스와 스파르테 이외에도 펠로폰네소스 반도의 거의 모든 도시국가를 지배하고 있었다.

그 밖에 그리스 왕족들도 다들 이 형제와 동맹을 맺고 있었다.

이런 까닭에 메넬라오스 왕은 아내 헬레네가 납치당했다는 소식을 퓔로스의 늙은 친구 네스토르의 집에서 듣고는 크게 분노하여 곧바로 뮈케나이의 형 아가멤논에게로 달려갔다. 아가멤논은 자기 아내이자 헬레네의 이부(異父) 자매인 클뤼타임네스트라와 함께 뮈케나이를 다스리고 있었다. 그는 아우 메넬라오스의 처지와 고통에 관해 듣더니 동생을 위로하고 헬레네의 구혼자들이 맹세를 지키도록 하겠다고 약속했다. 그래서 형제는 그리스 전국을 돌아다니며 여러 왕에게 트로이아 전쟁에 참여할 것을 요구했다.

첫 번째로 전쟁에 참여한 왕은 로도스를 통치하는 유명한 왕, 헤라클레스의 아들 틀레폴레모스였다. 그는 기만적인 도시 트로이아를 치기 위한 원정에 90척의 군함을 보내겠다고 약속했다. 다음은 아르고스의 왕이자 불사신의 영웅으로 알려진 튀데우스의 아들 디오메데스였다. 그는 여든 척의 배를 이끌고 전쟁에 가담하겠다며 나섰다. 곧이어 제우스의 아들이자 헬레네의 오빠들인 카스토로와 폴뤼데우케스에게도 요청이 갔다. 그러나 둘은 누이동생 헬레네가 납치당했다는 소식을 듣고 이미 약탈자의 뒤를 쫓아 출발한 뒤였다. 그들은 트로이아 해안 근처에 있는 레스보스 섬까지 갔다가 폭풍을 만나 배가 침몰하고 말았다. 두 사람은 행방불명이 되었지만, 전설에 의하면 두 사람은 파도 속으로 실종된 것이 아니라 아버지 제우스의 도움으로 하늘의 별이 되어 바다를 항해하는 사람들의 보호신이 되었다고 한다.

그러는 사이 그리스 전국이 궐기하여 아트레우스의 후손인 아가멤논과 메넬라오스의 요청을 따랐다. 그러나 유명한 두 왕이 아직 남아

신화에 자주 등장하는 아가멤논은 그 당시 가장 강성했던 뮈케나이의 왕이었으며 그리스 군의 총지휘관이었다. 그는 헬레네의 자매 클뤼타임네스트라와 함께 뮈케나이를 다스렸다. 아르고스의 왕 메넬라오스가 헬레네의 남편이자 아가멤논의 동생이다. 그리스의 왕들은 그리스 원정군 최고사령관으로 아가멤논을 임명했다. 전쟁 수행에 가장 필요한 추진력을 지닌 인물이었기 때문이다.

〈아가멤논의 가면〉, 기원전 16세기경, 아테네 국립 고고학 박물관.

있었다. 그중 한 사람이 이타케 섬 출신의 교활한 오뒷세우스로 페넬로페의 남편이었다. 오뒷세우스는 젊은 아내와 귀여운 아들 텔레마코스를 남겨두고 스파르테 왕의 정숙하지 못한 아내 때문에 먼 길을 떠나고 싶지가 않았다.

에우보이아를 다스리는 나우플리오스의 아들 팔라메데스가 절친한 스파르테 왕 메넬라오스와 함께 찾아왔을 때 오뒷세우스는 미친 사람 행세를 했다. 소와 당나귀 한 쌍으로 하여금 쟁기를 끌게 하고 고랑에다 씨앗 대신 소금을 뿌리는 등 이상한 행동을 보인 것이다. 그러나 현명한 팔라메데스는 인간들 중 가장 교활하고 지혜가 뛰어난 오뒷세우스의 마음을 꿰뚫어 보았다.

오뒷세우스가 쟁기를 다루는 동안 그는 슬그머니 성안으로 들어갔다. 아기인 텔레마코스를 요람에서 꺼내 안아 오뒷세우스가 갈고 있는 고랑 속에 눕혔다. 이를 본 오뒷세우스가 아기 있는 곳에서는 쟁기를 조심스럽게 쳐든 채 그냥 지나가는 것을 보고 두 영웅은 소리쳤다. 오뒷세우스가 제정신임을 알아차렸기 때문이다. 이렇게 되자 오뒷세우스는 더 이상 참전을 거부할 수 없었다. 그는 배 열두 척을 이타케 섬과 이웃 섬에서 징발해 메넬라오스 왕에게 배속시키겠다고 약속했다. 이때부터 오뒷세우스는 팔라메데스에 대한 지독한 적의를 가슴속 깊이 품었다.

아직 동의를 얻지 못했을 뿐 아니라 어디에 머물고 있는지조차 알지 못하는 또 다른 왕은 펠레우스와 바다의 여신 테티스의 젊고 훌륭한 아들 아킬레우스였다. 그가 갓난아기일 때 불사의 여신인 어머니 테티스는 아킬레우스를 불사의 몸으로 만들기로 했다. 그래서 밤이면 남편 몰래 아기를 하늘의 불 속에 집어넣었다. 펠레우스에게서 받은 인간의 피를 말려버릴 작정이었던 것이다. 그리고 날이 새면 데어 부풀어 오른 부분에 암브로시아를 발라 치료했다. 이 일은 매일 밤 계속되었다. 그러던 어느 날 펠레우스가 아내가 하는 일을 엿보고 소리를 질렀다. 아들이 불 속에서 버둥거리고 있었기 때문이다. 결국 테티스는 남편의 방해로 자신의 목적을 이룰 수 없었다. 아직 자라지 않은 아들을 죽을 수밖에 없는 운명에 내버려둔 채 그녀는 모든 것을 포기하고 바다의 요정들이 사는 바다 밑으로 모습을 감추고 말았다. 펠레우스는 아들의 덴 상처가 위험하다는 생각에서 위대한 외과의사이자 수많은 영웅을 교육시킨 현명한 켄타우로스 케이론에게로 데리고 갔다. 친절한 케이론은 아킬레우스를 맡아 곰의 골, 사자와 산돼지의 간을 먹여 키웠다.

아킬레우스가 아홉 살이 되던 해, 그리스의 예언자 칼카스가 이렇게 말했다.

"먼 아시아에 있는 트로이아 성은 그리스 대군으로 말미암아 파멸의 위기를 당하지만 이 소년 없이는 그 성을 점령하지 못하리라."

이 예언은 깊은 바닷속에 사는 여신 테티스의 귀에도 들어갔다. 테티스는 트로이아 전쟁이 아들에게 죽음을 가져올 것임을 알았다. 그래서 바다에서 올라와 남편의 성으로 몰래 숨어들었다. 그녀는 아들 아킬레우스에게 여자 옷을 입혀 스퀴로스 섬의 뤼코메데스 왕에게로 데려가 거기서 왕의 딸들과 함께 자라게 했다.

아킬레우스의 턱에 수염이 나기 시작했을 때 그는 뤼코메데스 왕의 사랑스러운 딸 데이다메이아에게 정체를 밝혔다. 곧바로 두 사람은 남몰래 서로 사랑하는 사이가 되었다. 섬의 사람들은 아킬레우스를 왕의 친족이라 생각했기 때문에 그는 왕의 딸인 데이다메이아와 비밀리에 결혼해야 했다.

트로이아를 정복하기 위해 아킬레우스가 꼭 필요하다고 말했던 예언자 칼카스는 아킬레우스가 어디에 숨었는지 말해주었다. 예언자는 아킬레우스의 운명뿐 아니라 그가 어디 있는지도 알았다. 왕들은 아킬레우스를 참전시키기 위해 오뒷세우스와 디오메데스를 보냈다.

스퀴로스 섬에 상륙한 두 영웅은 곧 왕과 딸들 앞에 인도되었다. 그런데 아무리 눈이 벌게지도록 살펴보아도 딸들 가운데 누가 아킬레우스인지 찾아낼 수 없었다. 오뒷세우스가 꾀를 냈다. 그는 우연을 가장하고 창과 방패를 딸들의 방에 갖다 둔 뒤 적의 습격을 당했을 때처럼 비상 나팔을 불게 했다. 이 무서운 나팔소리에 모든 소녀가 도망쳤으나 아킬레우스만은 딱 버티고 서서 용감하게도 창과 방패를 꽉 잡았다. 이렇게 해서 아킬레우스도 제 모습을 드러내게 되었다. 아킬레우스는 뮈르미도네스 인, 즉 텟살리아 사람들의 우두머리가 되어 쉰 척의 배를 이끌고 참전하기로 했다. 옛날에 펠레우스 밑에서 함께 자란 친구 파트로클로스와 스승 포이닉스도 함께하기로 했다.

도시국가의 모든 왕이 트로이아 원정군의 최고사령관으로 아가멤논을 임명했다. 그는 전쟁을 수행하는 데 필요한 추진력이 어느 누구보다 뛰어났기 때문이다. 아가멤논은 그리스 왕들과 선단이 집합할 곳으로 보이오티아의 에우보이아 해협의 항구도시 아울리스를 선택했다.

이제까지 언급한 왕들 이외에도 수많은 왕이 선단을 이끌고 아울리스 항구로 모였다. 그들 중에서 가장 고귀한 왕은 살라미스에서 온 텔라몬의 아들 대(大) 아이아스와 그의 배다른 아우이며 활의 명수인 테우크로스였다. 로크리스에서는 오일레우스의 아들로 발이 빠르고 몸집이 작은 소(小) 아이아스가 왔다. 아테나이에서는 메네스티오스가, 오르코메노스에서는 전쟁의 신 아레스의 아들 아스칼라포스와 이알메노스가 미뉘아이 인을 이끌고 왔다. 그리고 보이오티아에서는 페넬레오스, 아르케실라오스, 클로니오스, 프로토에노르가 왔다. 포키스에서는 스케디오스와 에피스트로포스가, 에우보이아에서는 엘레페노르가 아반테스 족을 이끌고 왔다. 펠로폰네소스 반도에서는 디오메데스, 카파네우스의 아들 스테넬로스, 메키스테우스의 아들 에우뤼알로스가 아르고스 인 몇 명과 다른 펠로폰네소스 인들을 이끌고 함께 왔다. 퓔로스에서는 늙어서 이미 삼대를 본 노인 네스토르가, 아르카디아에서는 앙카이오스의 아들 아가페노르가 왔다. 엘리스와 그 밖의 도시들에서는 암피마코스, 탈피오스, 디오레스, 폴뤽세노스가 왔다. 둘리키온 섬과 에키나이 군도에서는 퓔레우스의 아들 메게스가 왔다. 아이톨리아 인을 이끌고 참전한 것은 안드라이몬의 아들 토아스였다. 크레테 섬에서는 이도메네우스와 메리오네스가 왔다. 로도스 섬에서는 헤라클레스의 아들 틀레폴레모스가, 쉬메 섬에서는 그리스 군의 최고 미남으로 손꼽히는 니레우스가 왔다. 칼뤼드나이 섬에서는 헤라클레스의 후손인 페이딥포스와 안티포스가 왔다. 퓔라케에서는 이피클로스의 아들 포다르케스와 프로테실라오스가 왔다. 텟살리아의 페라이에서는 아드메토스와 고귀한 알케스티스의 아들 에우멜로스가 왔다. 메토네, 타우마키에, 멜리보이아에서 온 자들은 필록테테스가

트로이아를 정복하기 위해 아킬레우스가 꼭 필요하다고 말했던 예언자 칼카스의 말에 따라 오뒷세우스와 디오메데스가 스퀴로스 섬에 상륙해 왕과 딸들 앞에 인도되었다. 그런데 아무리 살펴보아도 아킬레우스를 찾을 수 없었다. 그때 오뒷세우스가 꾀를 냈다. 마치 적의 습격을 당한 것처럼 비상 나팔을 불게 한 것이다. 무서운 나팔소리에 소녀들은 모두 도망쳤으나 아킬레우스만은 창과 방패를 꽉 잡았다. 이렇게 해서 아킬레우스는 제 모습을 드러냈다.

〈뤼코메데스 궁정의 아킬레우스〉, 폼페오 지롤라모 바토니, 18세기 중반, 우피치 미술관.

왼쪽부터 그리스 연합군 총사령관 아가멤논, 트로이아 전쟁 당시 최고의 전사 아킬레우스, 그리스 군의 지혜로운 조언자 네스토르, 트로이아 전쟁의 승리자 오뒷세우스, 그 외에 디오메데스, 파리스, 메넬라오스 등의 모습.

〈트로이아 전쟁의 영웅들〉, 19세기 판화.

지휘했다. 트리케, 이토메, 오이칼리아에서는 아스클레피오스의 두 아들인 의사 포달레이리오스와 마카온이 왔다. 오르메니온과 그 부근에서는 에우아이몬의 아들 에우뤼퓔로스가 왔다. 아르깃사 부근에서 온 사람들은 테세우스의 친구인 페이리토오스의 아들 폴뤼포이테스가 지휘했다. 퀴포스에서는 구네우스가, 펠리온 산기슭의 마그네시아에서는 프로토오스 등이 왔다.

이들은 아트레우스의 자식인 아가멤논과 메넬라오스 그리고 오뒷세우스와 아킬레우스와 나란히 그리스를 다스리는 왕이자 지배자였다. 그들은 각각 많은 함선을 이끌고 아울리스로 모여들었다. 이 당시 그리스 인들은 펠로폰네소스의 아르고스로 옮겨 와 정착한 이집트의 늙은 왕 다나오스의 이름을 따 다나오스 인이라 불리고 있었다. 때로는 그리스에서 가장 세력 있는 지방인 아르고스의 이름을 따 아르고스 인이라고 불리거나 그리스의 옛 이름인 아카이아를 따 아카이아 인이라 불리기도 했다. 나중에야 그들은 텟살로스의 아들 그라이코스에서 연유해 그리스 인이라 불렸고, 데우칼리온과 퓌르라의 아들 헬렌의 이름을 따 헬라스 인으로 불리게 되었다.

그리스 군, 프리아모스 왕에게 사자를 보내다

이렇게 전투 준비를 하는 동안 아가멤논은 자기 심복과 그리스 지도자들이 함께한 회의에서 화해의 수단을 써보라는 조언도 받았다. 그래서 트로이아의 프리아모스 왕에게 사자를 보내 민족 사이의 법을 위반하고 그리스 왕비를 납치한 사건을 항의하고, 헬레네와 재물을 돌려달라고 요구하기로 했다.

지휘관들의 회의에서 팔라메데스, 오뒷세우스, 메넬라오스가 사절로 뽑혔다. 오뒷세우스는 마음속 깊이 팔라메데스를 원수로 여겼지만, 공동 이익을 위해 그의 의견에 따르기로 했다. 팔라메데스가 지력과 경험으로 그리스 군대에서 크게 인정받고 있었기 때문이다. 오뒷세우스는 기꺼이 그에게 프리아모스 왕궁의 사절단 대표 자리를 양보했다.

위풍당당하게 의장(艤裝)한 배를 타고 그리스 사절이 나타났다는 소식을 전해 들은 트로이아 인들과 왕은 적잖이 놀랐다. 무슨 까닭으로 사절이 찾아왔는지 통 알 수가 없었기 때문이다. 파리스는 납치해 간 헬레네 왕비와 함께 여전히 크라나에 섬에 머물고 있었고, 트로이아에서는 그들이 실종되었다고만 생각했다.

프리아모스 왕과 백성들은 헤시오네를 되찾으러 간 파리스와 트로이아 원정군이 그리스의 반격을 받아 전멸했고, 이번에는 그리스 군이 먼바다를 건너 트로이아 본토를 공격해 온 것이라고 생각할 수밖에 없었다. 그래서 그들은 그리스 사절이 도시 가까이 왔다는 소식을 듣고 몹시 긴장했다. 그러는 사이 성문이 열리고 그리스의 왕 세 사람은 곧바로 프리아모스 왕에게 인도되었다. 프리아모스 왕은 여러 아들과 트로이아의 중신들을 모아놓고 회의를 하려는 참이었다. 팔라메데스가 프리아모스 왕 앞으로 나아가 먼저 다음과 같은 비난으로 말문을 열었다.

"프리아모스 왕의 아들 파리스는 비열하게도 손님으로서 지켜야 할 도리를 어기고, 그리스의 여왕 헬레네를 강탈했기에 우리는 전체 그리스 인의 이름으로 규탄하오. 그가 저지른 불법행위로 프리아모스의 나라에 전쟁 위험이 덮치고 있소이다. 그리스의 가장 강력한 왕들이 군대를 이끌고 수천 척의 배를 몰고 트로이아로 쳐들어올 것이오. 그러니 강제로 납치해 간 헬레네 왕비를 순순히 돌려주시오."

팔라메데스는 이렇게 말을 끝냈다.

"당신 아들이 누구에게 모욕을 주었는지 모르고 계시오? 우리 그리스 인들은 이방인에게 모욕을 당하면 그대로 넘기지 않소. 반드시 복수를 하지. 복수할 수 없다면 차라리 죽음을 택할 것이오. 그러나 우리는 복수의 전쟁에서 반드시 승리한다고 믿고 있소. 동원된 병사의 수는 바닷가의 모래알처럼 헤아릴 수 없이 많고, 온 민족이 모욕을 당한 장본인과 함께 원수를 갚으려는 의지로 불타고 있소. 그러니 우리들에게서 강탈해 간 왕비 헬레네를 즉각 돌려보내시오. 그러지 않으면 그대들은 모두 멸망할 것이라고, 그리스에서 가장 강력한 아르고스 왕이자 총사령관인 아가멤논이 공언했소. 다른 그리스의 여러 왕도 그렇게 말하고 있음을 알리는 바이오."

이 거만한 말에 프리아모스 왕의 아들들은 크게 분노했고, 트로이아의 원로들도 칼을 빼 들면서 전의에 불타 방패를 두드려댔다. 그러나 프리아모스 왕은 왕자와 신하들에게 진정하라고 이른 뒤 왕좌에서 일어났다.

"이방인들이여! 그대들은 그대들 국민의 이름으로 우리에게 심한 비난을 거침없이 퍼붓고 있는데, 우선 놀란 가슴을 진정시킬 때까지 좀 기다려주시오. 여러분이 나를 비난하는 일에 대해 나는 전혀 아는 바가 없소. 오히려 여러분이 우리에게 덮어씌우려는 그런 불법행위를 비난해온 것은 바로 우리라오. 그리스의 헤라클레스는 평화로운 이 나라를 습격해 아무 죄도 없는 내 누이 헤시오네를 납치해 친구인 살라미스의 왕 텔라몬에게 노예로 주었소. 다행히 텔라몬이 헤시오네를 노예로 부리지 않고 아내로 맞아들였으니 감사해야 할지도 모르오. 허나 그렇다고 해서 그 치욕적인 납치 사건을 잊을 수야 있겠소? 벌써 두 번째 사신으로 아들 파리스를 보내 불법적으로 납치된 나의 누이를 돌려보내라고 요구했을 뿐이오. 그렇게 해서라도 늙은 나는 기꺼이 나의 누이를 보고 싶었던 거요. 그런데 파리스가 내 명령을 어떻게 이행했는지, 어디에서 무엇을 하고 있는지 나는 아는 바가 없소. 내 궁전과 우리의 도시 어디에도 그리스 여인은 없다는 사실만은 내가 확실히 알고 있소이다. 그런 까닭에 나는 여러분이 요구하는 배상을 해줄 수가 없소. 만일 이 아버지의 바람대로 아들 파리스가 다행히 트로이아로 돌아오고, 또 그가 그리스 여인을 데려온다면 그 여인을 돌려보내야 할 거요. 단 그 여인이 망명자로서 우리에게 보호를 요청하지 않는다면 말이오. 그러나 그대들이 납치된 누이 헤시오네를 내 품에 돌려주기 전에는 결코 그 여인을 데려가지 못할 거요!"

트로이아 의회는 프리아모스 왕의 의견에 찬성했다. 그러나 팔라메데스는 개의치 않고 다시 도발적인 말을 이어갔다.

"왕께서는 우리 요구를 무조건 따라야 하오. 존경할 만한 당신의 얼굴 표정이나 당신의 입에서 나오는 말로 보아 메넬라오스의 아내가 이 성에 도착하지 않았다는 것은 믿겠소. 그러나 그녀는 틀림없이 올 것이오. 헬레네가 품위 없는 당신 아들에게 납치당했다는 사실만은 의심하지 마시오. 우리 아버지들의 시대에 헤라클레스가 저지른 일을 말씀하시지만, 우리에게는 그에 대한 책임이 없소. 그러나 당신 아들 중 하나는 우리에게 심한 모욕을 주었소이다. 우리는 그에 대해 해명을 요구하는 바이오. 헤시오네는 스스로 텔라몬과 함께 이곳을 떠났던 거요. 그녀는 자기 아들 대 아이아스를, 당신들이 보상하지 않으면 곧 눈앞에서 벌어질 전쟁에 파견하기까지 했소. 그러나 헬레네는 스스로 원한 게 아니라 강제로 납치를 당한 것이오. 약탈자 파리스의 귀국을 늦춰 생각할 여유를 주신 하늘에 감사드리고, 패망의 길을 피하도록 새로운 결의를 다져야 할 것이오!"

프리아모스와 트로이아 인들은 팔라메데스의 도발적인 말에 굴욕을 느꼈지만, 이 이방인이 지닌 사신으로서의 권리를 인정하고 회의를 마쳤다.

회의가 끝나자, 트로이아의 원로 아이쉬에테스와 클레오메스트라의 아들인 현자 안테노르가 군중의 욕설과 야유로부터 외국 사신들을 보호하여 자기 집으로 안내하고 귀족의 예우를 갖춰 하룻밤을 묵게 했다. 다음 날 그들은 사신들을 해안까지 배웅했다. 사신들은 그들이 타고 온 호화로운 의장을 갖춘 배에 다시 올라탔다.

아가멤논과 이피게네이아

함대가 아울리스 항구로 모여드는 동안, 그리스 민족의 지도자 아가멤논은 사냥으로 여가를 보내고 있었다. 어느 날 아르테미스 여신의 신성한 동물인 아름다운 암사슴이 아가멤논의 사정거리에 나타났다. 사냥의 즐거움이 왕을 유혹했다. 그는 신성한 동물을 쏘아 죽이고 나서 사냥의 여신 아르테미스라도 이처럼 멋지게 맞추지는 못할 것이라고 큰소리를 쳤다. 신성모독에 몹시 화가 난 여신은 아울리스 만에 바람이 불지 못하게 막았다. 그 때문에 말과 전차를 태우고 원정을 위해 집결했던 함선들은 잠잠한 바다 위에서 오랫동안 발이 묶였다.

까닭을 모른 채 당황하던 그리스 인들은 칼카스를 찾았다. 그는 테스토르의 아들로 이전부터 그리스 민족을 위해 중요한 일들을 해왔으며, 이제 원정대의 사제 겸 예언자로 동행하기 위해 그곳에 와 있었다.

칼카스가 말했다.

"그리스 군 최고사령관 아가멤논 왕이 딸을 제물로 바치면 여신의 노여움은 풀릴 것이다. 그의 아내 클뤼타임네스트라에게서 낳은 딸 이피게네이아를 아르테미스에게 제물로 바쳐라. 그러면 바다에 다시 순풍이 불어 더는 트로이아를 파괴하는 일에 초자연적 장해가 없을 것이다."

예언자의 말에 아가멤논은 그만 용기를 잃고 말았다. 그는 곧바로 모여 있던 그리스 인들 중 스파르테 출신 전령사 탈튀비오스를 불렀다. 그러고는 모든 그리스 인에게 아가멤논은 양심의 가책을 느끼면서까지 자식을 살해할 생각이 없으니 그리스 군의 총지휘권을 내놓는다고 알리게 했다. 그러나 모여 있던 그리스 인들은 아가멤논 왕의 이러한 선포에 격한 분노를 터뜨리며 전령을 위협했다.

메넬라오스는 이 불길한 기별을 형에게 알리려고 사령관 막사로 달려갔다. 그는 아가멤논의 결정이 가져올 결과를 이야기하고, 납치된 아내를 적의 손에 그냥 내버려둘 경우 자신이 입게 될 치욕을 강조했다. 그가 모든 이유를 갖다 대며 설득하자 아가멤논은 결국 딸을 내놓기로 결심했다.

아가멤논은 뮈케나이에 있는 아내에게 친서를 보내 사랑하는 딸 이피게네이아를 보내라 명했다. 그때 다급한 나머지 그가 생각해낸 구실은 딸을 펠레우스의 아들이며 프티아의 왕인 아킬레우스와 약혼시킨다는 것이었다. 아킬레우스가 데이다메이아와 비밀결혼을 했다는 사실은 그때 아무도 모르고 있었다.

전령이 떠나자 아가멤논의 마음에 부성애가 솟구쳤다. 그는 딸에 대한 걱정으로 고통스러워하며 자신의 경솔한 결정을 후회했다. 한밤중에 그는 오래된 심복을 불러 아내에게 보내는 편지를 전달했다. 편지에는 이렇게 씌어 있었다.

"딸을 아울리스로 보낼 필요가 없소. 생각이 바뀌었으니 혼사는 내년 봄까지 미루는 것이 좋겠소."

충실한 하인은 편지를 가지고 급히 그곳을 떠났으나 뜻을 이루지는 못했다. 그곳을 떠나기도 전인 새벽녘에 메넬라오스에게 붙잡힌 것이다. 형의 우유부단함을 아는 메넬라오스는 형의 일거수일투족을 감시하고 있었다.

메넬라오스는 하인이 들고 있던 편지를 강제로 빼앗아 읽었다. 그러고는 편지를 손에 든 채 사령관 막사로 가서 형에게 몹시 화를 내며 대들었다.

"세상에는 변덕만큼 나쁜 것도 없습니다! 이제 와서 부당하고 불성실하게 변덕을 부리시다니요. 형님이 최고사령관 자리를 차지하기 위해 얼마나 애를 쓰셨습니까? 트로이아 원정군의 통솔자가 되고는 얼마나 기뻐했는지 벌써 까맣게 잊었단 말입니까? 왜 그리스의 모든 왕에게 굽실거리며 돌아다녔고, 왜 모든 그리스 인들에게 손을 내밀었습니까? 형님은 문을 항상 열어놓고 아무리 천한 자도 들어오게 했습니다. 그건 그 자리를 얻기 위한 욕망 때문이 아니었습니까? 일단 총사령관이 되고 나더니 모든 게 빠르게 변했습니다. 형님은 옛 친구들을 전처럼 대하지 않고, 막사에서도 좀처럼 만날 수 없고, 군대에도 모습을 거의 보이지 않습니다. 그것은 영예로운 자가 취할 태도가 아닙니다! 영예로운 자는 친구들이 가장 필요로 할 때 변치 않는 모습을 보여줘야 합니다. 형님은 왜 자신을 속이려 하십니까? 그리스 군대를 거느리고 아울리스로 와서 무작정 바람이 불기만 기다리는 동안 신들이 형님에게 등을 돌리고 군대에서는 '빨리 배를 타고 떠나야지, 언제까지 아울리스에서 허송세월을 할 것인가' 하는 불평이 나돌고 있을 때 어떻게 하셨습니까? 형님은 절망에 찬 눈길로 두리번거리며 전전긍긍하지 않았습니까. 그때 형님은 저를 불러놓고 어떻게 하면 총사령관 자리를 잃지 않겠느냐고 의논하셨습니다. 칼카스가 나타나 형님의 딸을 아르테미스에게 바쳐야 한다고 했고 그래서 형님도 자진해서 딸의 희생을 맹세하지 않으셨습니까. 형수인 클뤼타임네스트라에게 전령을 보내, 형님이 말한 대로 아킬레우스의 신부로 딸을 보내라고 하지 않았습니까. 이제 와서 이 일을 회피한다면 얼마나 염치없는 짓입니까? 맹세를 뒤집으려 하십니까? 형님과 같은 운명의 길을 걸어온 사람이 수천 명이나 됩니다. 그들은 권력을 잡을 때까지 쉬지 않다가 나중에 자기들이 권력을 행사하기 위해 희생이 필요하면 욕을 먹으며 뒤로 물러섭니다. 하지만 굳이 말씀드리자면, 그런 자는 군대를 통솔하거나 나라를 다스릴 자격이 없습니다. 혜안과 분별력을 잃지 않고, 특히 인생에서 가장 어려운 처지에 빠졌을 때도 그런 것을 잃지 않는 자가 자격이 있는 것입니다."

형제의 입에서 나온 이러한 비난은 아가멤논을 흥분시켰다.

"왜 그렇게 흥분해 떠들어대느냐? 너의 눈에 핏발이 서 있구나. 누가 너를 모욕했다는 거냐? 무엇이 괴로운 거냐. 너의 사랑스러운 아내 헬레네 때문이냐? 나는 그 여인을 되찾아줄 자신이 없다. 왜 너의 것을 네가 잘 지키지 못했느냐? 나의 실수를 심사숙고해서 바로잡겠다는데 그게 바보 같은 짓이라는 거냐? 정숙하지 못한 부인이 없어진 게 차라리 기쁜 일이라고 좋아하지는 못할망정 몹쓸 여인의 꽁무니를 쫓아다니는 네가 더 정신 나간 사람처럼 보인다. 안 된다! 이제는 결코 내 핏줄을 해치는 일을 하지 않으련다. 네가 음란한 아내의 버릇을 고치는 편이 나을 것이다."

이렇게 형제가 말다툼에 한창일 때 전령이 들어와, 이피게네이아가 어머니와 어린 동생 오레스테스와 함께 도착했다고 알려 왔다. 전령이 나가자 아가멤논은 절망에 찬 표정으로 몸부림쳤다. 형을 비난하던 메넬라오스조차 형의 손을 잡고 위로하지 않을 수 없었다.

아가멤논이 비통하게 부르짖었다.

"아우여! 이피게네이아를 데리고 가거라. 네가 이겼다! 나는 이제 끝이다!"

그러나 이 모습을 지켜보던 메넬라오스는 여태껏 요구하던 것을 거둬들이고 어떻게 자식을 희생시킬 수 있겠느냐며 도리어 형을 위로했다. 헬레네 때문에 좋은 형제를 잃고 싶지 않다는 말까지 덧붙였다.

"더는 눈물을 흘리지 마십시오. 만약 신탁에 의해 이피게네이아가 제 몫으로 넘어오면, 저는 거절하고 그 애를 형님에게 넘기겠습니다. 제가 화를 내다가 갑자기 우애를 중시한다고 해서 놀라지는 마십시오. 사람이란 분노의 감정이 가라앉으면 더 나은 판단을 따르게 되는 법입니다."

그렇게 메넬라오스가 외쳤다. 아가멤논은 아우의 품에 쓰러지듯 안기며 말했다.

"메넬라오스야, 고맙구나. 네 고귀한 마음씨가 우리 사이를 다시 묶어주었다. 그러나 주어진 운명은 어쩔 수 없는 것이다. 딸의 애처로운 죽음은 어쩔 도리가 없다. 그리스 전체가 딸아이의 희생을 요구하고 있다. 예언자 칼카스와 교활한 오뒷세우스가 내통하고 있다. 놈들은 백성을 등에 업고 너와 나를 없애버리고 딸을 피의 제물로 바칠 것이다. 아르고스로 피해봤자 놈들은 곧장 뒤따라와 우리를 잡아 죽이고, 오래된 퀴클롭스 마을을 파괴하겠지. 그러니 형수가 막사로 찾아와도 그런 눈치를 보이지 마라. 각별히 조심해라. 우리 딸이 희생의 제물로 바쳐지기 전까지는 이 사실을 숨겨야 한다!"

그때 마침 어머니와 딸이 들어와 형제의 대화가 중단되었다. 메넬라오스는 무거운 마음으로 방에서 물러났다. 부부의 인사는 아주 짧았다. 아가멤논의 인사는 차갑고 부자연스러웠다. 그러나 딸은 천진난만하게 아버지에게 매달려 물었다.

"아버지, 오랜만에 아버지를 뵈니 너무 기뻐요!"

그렇게 말하고 나서 딸은 아버지의 근심 어린 눈을 자세히 들여다보며 물었다.

"아버지, 저를 보고 싶어하셨는데 왜 그리 불안한 눈빛이세요?"

"귀여운 딸아! 왕이나 지도자에게는 남모르는 고민이 많단다."

아가멤논은 이렇게 대답했지만 가슴이 미어지는 것 같았다.

이피게네이아가 말했다.

"아버지, 이마에 주름을 펴고 사랑스러운 눈으로 딸을 봐주세요! 어째서 두 눈에 눈물이 가득하신가요?"

아버지가 대답했다.

"이제 곧 오랜 이별을 해야 하기 때문이란다."

이피게네이아가 큰 소리로 말했다.

"저도 아버지의 배로 함께 떠날 수 있다면 얼마나 좋을까요!"

아가멤논이 침통하게 입을 열었다.

"이제 너도 곧 떠나야만 한단다. 하지만 헤어지기 전에 여신에게 제물을 바쳐야 하고 그 제례에 네가 빠져서는 안 된다. 오, 사랑하는 내 딸아!"

이 마지막 말은 눈물 속에 삼켜지고 말았다. 아가멤논은 아무것도 모르는 딸을 미리 마련해놓은 막사로 보내고 궁에서부터 따라온 시녀들에게 시중을 들게 했다. 메넬라오스는 형수에게 거짓말을 하느라 진땀을 뺐다. 꼬치꼬치 캐묻는 왕비에게 사위가 될 아킬레우스의 성품과 집안 사정을 말해주느라 정신이 없었다. 겨우 아내에게서 벗어난 아가멤논은 피할 도리가 없게 된 딸의 희생제를 어떻게 치를지 의논하기 위해 예언자 칼카스에게 갔다.

그런데 총사령관 막사에 있던 클뤼타임네스트라가 그만 아킬레우스와 마주쳤다. 아킬레우스는 휘하의 뮈르미도네스 군사들이 더는 기다릴 수 없다며 난동을 부리는 바람에 총사령관 아가멤논을 찾아온 것이었다. 아킬레우스를 본 그녀는 장차 사위가 될 사람인지라 친절하게 인사를 건네며 결혼식에 대해 물었다. 그러자 아킬레우스가 깜짝 놀라 멈칫했다.

"왕비께서는 지금 어떤 결혼을 말씀하시는 것인지요? 저는 공주에게 청혼하지 않았습니다. 물론 아가멤논 왕에게서 그런 이야기를 들은 일도 없습니다."

그녀는 감쪽같이 속았음을 알았다. 왕비는 부끄러운 나머지 그저 멍하니 젊은 아킬레우스 앞에서 넋을 잃고 있었다. 그러자 아킬레우스가 선의에 가득 찬 말로 왕비를 위로했다.

"왕비시여, 누군가 농담을 하신 모양인데 너무 심려하지 마십시오. 제가 너무 놀라 당신께 고통을 드렸다면 용서해주십시오."

그는 정중히 사과하고 나서 총사령관을 찾으러 나가려 했고 그때 시종 한 사람이 막사로 들어왔는데, 바로 메넬라오스에게 왕의 친서를 빼앗긴 아가멤논 집안의 성실한 심복이었다. 그는 가쁜 숨을 몰아쉬며 말했다.

"왕비님께 고하겠습니다. 충실한 종으로서 사실을 말씀드리지 않을 수 없습니다. 왕께서 따님을 죽이려 합니다."

이리하여 왕비는 모든 비밀을 알고 몸을 부르르 떨었다. 그녀는 아킬레우스의 발밑에 끓어 엎드려 도움을 청했다. 체면을 가리지 않는 숭고한 어머니의 사랑이 그대로 드러났다.

그녀는 비장한 목소리로 외쳤다.

"여신의 아드님이시여, 나와 딸을 절망의 구렁텅이에서 구해주십시오! 나는 딸이 당신과 결혼하는 줄 알고 화관을 씌워 데려왔습니다. 감쪽같이 속은 것을 알았지만 그래도 나는 당신을 딸의 남편으로 여길 것입니다. 당신에게 가장 중요한 모든 것, 특히 어머니 테티스 여신의 이름으로 간청하오니 부디 도와주시고 딸을 구해주십시오! 당신 힘으로 지켜주십시오. 그러면 우리는 살게 됩니다!"

아킬레우스는 바닥에 엎드린 왕비를 정중히 일으켰다.

"안심하십시오. 저는 경건하며 남을 도와주기를 좋아하는 집안에서 자랐습니다. 케이론의 집에서 소박하고 성실한 마음가짐을 배웠습니다. 만약 아트레우스의 아들들이 저를 영예로운 길로 이끌어준다면 즐거이 따르겠지만 법에 어긋나는 명령에는 따르지 않겠습니다. 안심하십시오. 젊은 이 팔이 미치는 한 왕비님을 도와드리겠습니다. 저는 공주를 아버님의 제물이 되도록 내버려두지 않겠습니다. 저와의 거짓 약혼이 공주를 죽음으로 이끌었다면 저도 같은 죄를 면할 수 없습니다. 공주를 구할 수 없다면 기꺼이 죽음을 택하겠습니다."

"고귀하고 자비로운 분이시여, 그 말이 진심입니까?"

클뤼타임네스트라가 기뻐하며 외쳤다.

"아니면 딸을 데려와 저처럼 당신의 무릎을 끌어안고 탄원하게 할까요? 처녀로서 할 만한 행동은 아니지만, 당신을 기쁘게 해드릴 수 있다면 공주답게 당당히 올 겁니다."

아킬레우스가 황급히 대답했다.

"아닙니다! 따님을 제 앞으로 데려오지 마십시오. 그랬다가 나쁜 소문이 나면 곤란합니다. 이렇게 고향 걱정 없는 군인들이 많이 모여 있으면 남의 말 하기를 좋아하니까요. 저를 믿으십시오. 거짓말은 하지 않았습니다. 제가 죽는 한이 있더라도 따님을 구해드릴 것입니다."

이렇게 약속하고 아킬레우스는 그녀와 헤어졌다. 왕비는 남편 아가멤논에게 참을 수 없는 분노를 느끼며 그에게 갔다.

아가멤논은 비밀이 탄로 난 줄도 모르고 아내에게 어물쩍 말을 걸었다.

"자, 이제 딸을 막사에서 불러오구려. 곡물가루도, 물도, 결혼식에 필요한 제물도 모두 준비되었소."

"거참 훌륭하군요!"

그녀는 이글거리는 눈초리로 아가멤논을 노려보며 내뱉었다.

"애야! 이피게네이아! 이제 그만 막사에서 나오렴. 동생 오레스테스도 데리고 나오너라!"

이피게네이아가 막사에서 나오자 클뤼타임네스트라가 말했다.

"저 애를 보세요. 당신이 하라는 대로 여기 나와 서 있습니다. 데리고 가시기 전에 한 가지 여쭐 말이 있어요. 숨기지 말고 대답해주세요. 혹시 저 애를 죽이시려는 것 아닌가요?"

아가멤논은 아무 말도 하지 못하고 한동안 멍청히 서 있었다. 마침내 그가 절망한 채 외쳤다.

"아, 나의 운명이여! 나의 사악한 영혼이여! 비밀이 드러나고 말았구나! 모든 일이 끝장이다."

클뤼타임네스트라가 계속해서 말했다.

"잘 들으세요. 제 속마음을 터놓고 말씀드릴 테니까요. 우리 결혼은 죄악으로 시작되었지요. 당신은 저를 폭력으로 유괴하고, 첫 남편을 때려죽였으며, 젖먹이를 제 품에서 빼앗아 죽여버렸어요.[*] 저의 오빠 카스토로와 폴뤼데우케스가 군사를 이끌고 당신한테 쳐들어왔지요. 그때 보호를 간청하는 당신을 구해준 것은 늙은 아버지 튄다레오스였습니다. 그 후 당신은 저의 새로운 남편이 되었지요. 저는 결혼생활을 흠 없이 유지해왔습니다. 집에서는 당신의 기쁨이었고 밖에서는 당신의 자랑거리가 되어왔으니, 그건 당신 스스로 증언할 수 있을 겁니다. 저는 세 딸과 아들을 낳아드렸지요. 그중 맏딸을 빼앗아 가려 하는군요. 왜냐고 물으면, 당신은 이렇게 대답하겠지요. 부부 관계를 파탄 낸 메넬라오스의 아내를 되찾아주기 위해서라고! 신들에게 맹세코, 이런 짓을 해서 내가 어쩔 수 없이 당신에게 나쁜 짓을 하지 않도록 해주세요. 그리고 당신도 내게 그 어떤 나쁜 짓도 하지 마세요! 딸을 제물로 바치실 건가요? 당신은 어떤 기도를 드릴 건가요? 딸을 죽이고 무엇을 간청해서 얻어내겠다는 말인가요? 지금 수치스럽게 싸움터로 나가는 것처럼 비참하게 패전하고 돌아오게 해달라고 빌 건가요? 아니면 내가 당신의 성공을 빌어주길 바라셨나요? 왜 하필 우리 딸을 희생해야 한다는 겁니까! 그리스 인들에게 '트로이아를 향해 떠나는 마당에 누구 딸을 희생할 것인지 제비뽑기를 하자'라고 왜 말씀하지 못하세요? 이번 전쟁의 근본 원인이 된 메넬라오스에게도 헤르미오네라는 딸이 있지 않느냐 이겁니다. 어째서 충실한 아내 노릇을 다한 제가 딸을 바쳐야 하느냐는 말입니다. 제 말이 한마디라도 이

[*] 클뤼타임네스트라는 전에 튀에스테스의 아들 탄탈로스와 결혼했으나, 아가멤논이 탄탈로스와 그들 사이에서 태어난 아기를 죽이고 그녀와 강제로 결혼했다. 범죄로 시작된 이들의 결혼은 3권 1장 '탄탈로스의 마지막 자손들'에서 펼쳐질 불행한 결말을 예고한다.

치에 어긋난다면 말씀해보세요. 하지만 제 말이 옳다고 생각되시면, 제발 우리 딸 이피게네이아를 죽이지 마세요. 다시 한 번 생각해보세요!"

이피게네이아도 아버지의 발 앞에 엎드려 목 메인 소리로 애원했다.

"아버지, 바윗돌도 움직일 수 있다는 오르페우스의 마술의 입이 제게 있으면 그 말재주로 아버지의 마음을 움직여 동정을 호소하고 싶어요. 그러나 지금 제가 할 수 있는 호소는 그저 눈물밖에 없군요. 그리고 올리브나무 가지* 대신 제 팔을 아버지 무릎에 감아드리겠어요. 제발 저를 살려주세요! 빛을 본다는 것은 즐거운 일이지요. 밤의 어둠이 감추고 있는 것을 억지로 보게 하지 마세요! 아버지, 저를 죽일 작정이신가요? 아버지! 제발 그런 끔찍한 일을 저지르지 마세요. 괴로운 마음으로 저를 낳아주시고 저 때문에 지금은 더한 고통을 당하고 계신 어머니를 봐서라도 청을 드리겠어요. 헬레네나 파리스가 저와 무슨 상관이에요? 파리스가 그리스로 왔다고 해서 제가 죽어야 한다니 무슨 말이에요? 아버지, 제 얼굴을 좀 보세요. 제가 불쌍하지 않으신가요? 빛을 본다는 것보다 더 즐거운 일이 어디 있어요! 제아무리 훌륭한 죽음이라 해도 가난한 삶이 훨씬 더 낫지요!"

그러나 아가멤논의 굳은 결심은 흔들리지 않았다. 그는 바위처럼 차갑게 서서 말했다.

"만약 내가 동정을 느껴도 된다면 그러고 싶다. 나도 내 자식을 사랑한다. 그렇지 않다면 미친놈이겠지. 오, 부인! 이런 끔찍한 일을 해

* 그리스 시대에 탄원자는 관례에 따라 양털실을 감은 올리브나무 가지를 손에 들고 나아갔다.

야 한다는 사실이 침통하지만, 나는 해야만 하오. 얼마나 많은 함선이 내 휘하에서 명령을 기다리고 있고, 얼마나 많은 왕이 갑옷과 투구를 몸에 걸친 채 출전에 대비하고 있는지 잘 아시잖소. 사랑하는 딸아! 만일 예언자의 말대로 너를 희생하지 않으면 트로이아를 정복할 수 없게 된다. 이것만 알아다오. 여기서 기다리고 있는 모든 영웅은 앞으로 그리스의 여인들이 두 번 다시 유괴되지 않도록 하기 위해 싸우려는 것이다. 그들의 결심은 확고하다. 만약 내가 신탁을 거부한다면, 그들은 나와 너희를 모두 죽일 것이다. 나의 권력에도 한계가 있단다. 나의 형제 메넬라오스가 아니라 그리스 전체에 굴복한 것이란다."

왕은 딸의 애원을 더는 듣지 않고 비통해하는 여인들을 막사에 남겨둔 채 훌쩍 나가버렸다. 이때 갑자기 칼과 칼이 부딪치는 소리가 밖에서 들렸다.

"아! 저건 틀림없이 아킬레우스다!"

어머니가 기뻐 외쳤다. 그러나 이피게네이아는 아버지가 거짓으로 결혼을 약속했던 젊은이를 피해 모습을 숨기려 했다. 아킬레우스가 무장한 병사 몇 명을 거느리고 다급히 막사 안으로 들어왔다.

"여러 진영에서 공주의 죽음을 외치며 소란스러워지고 있습니다. 반대하고 나섰던 제가 하마터면 던지는 돌에 맞아 죽을 뻔했습니다."

왕비가 숨 가쁘게 물었다.

"당신네 뮈르미도네스 군사들은 어떻던가요?"

"그놈들이 맨 먼저 소란을 피웠습니다. 나한테 사랑에 눈이 먼 비겁자라고 욕지거리를 퍼붓고 있습니다."

아킬레우스가 말을 이었다.

"그래서 충실한 심복 부하들만 데리고 왔습니다. 곧 이리로 몰려올 오뒷세우스의 폭력에서 두 분을 보호하기 위해서입니다. 따님은 어머님 곁에 꼭 붙어 계십시오. 제 몸을 바쳐 지키겠습니다. 놈들이 여신의 아들인 나를 습격할 용기를 갖고 있는지 어떤지 두고 봅시다. 게다가 트로이아의 운명은 바로 제게 달렸으니까요."

클뤼타임네스트라는 마지막 말에서 반짝이는 희망을 발견하고는 약간 안심이 되었다. 그러나 이 말을 듣고 난 이피게네이아가 갑자기 어머니 품에서 빠져나오더니 머리를 꼿꼿이 세우고 단호한 걸음으로 어머니와 아킬레우스 앞에 섰다.

"제 말씀을 들어주세요."

이피게네이아의 목소리는 조금도 떨리지 않았다.

"사랑하는 어머니! 아버지의 결심을 노여워하셔도 아무 소용이 없습니다. 아버지는 운명을 거역하실 수 없어요. 이 낯선 분의 열의를 찬양하고 싶습니다. 그러나 이분은 반드시 대가를 치르게 될 테고 어머니도 비난을 받을 것입니다. 그러니 제가 오랜 생각 끝에 내린 결심을 들어주세요. 저는 죽기로 결심했습니다. 이 가슴속에 아주 작은 동요도 일으키지 않고 결심을 실행하겠습니다. 지금 이 시간, 훌륭한 그리스 군사들의 눈길이 제게 쏠려 있습니다. 함대의 출동과 트로이아의 몰락, 그리스 여인들의 명예가 제게 걸렸습니다. 제 이름은 사람들의 칭송을 받고 그리스의 해방자라는 칭호를 받게 될 것입니다. 아르테미스가 결정한 것을 어떻게 사람이 거스를 수 있겠습니까? 그럴 수 없지요. 기꺼이 목숨을 바치겠어요. 저를 제물로 바치고 트로이아를 쳐부숴주세요. 그게 바로 저의 기념비가 될 것이고 또 결혼축하연이 될 거예요."

이피게네이아는 마치 여신처럼 눈에서 빛을 내며 어머니와 아킬레우스 앞에 서 있었다. 아킬레우스는 이피게네이아 앞에 무릎을 꿇고 부르짖었다.

"아가멤논의 따님이시여, 만약 당신이 나와 결혼해준다면 신들은 나를 가장 행복한 사람이라 할 것입니다. 나는 당신 때문에 그리스를 원망하고 당신 한 몸에 맡겨진 그리스 때문에 당신을 부러워합니다. 이제 당신이 얼마나 훌륭한 여인인지 알게 되었습니다. 다시 한 번 생각해보십시오. 죽음이란 무서운 재앙입니다. 나는 당신에게 도움이 될 일이라면 무엇이든 해드리고 싶습니다. 당신을 고향으로 데려가 새로운 인생과 행복을 안겨주고 싶습니다."

이피게네이아가 웃으면서 대답했다.

"튄다레오스의 후손 헬레네의 미모는 전쟁과 살육을 가져오기에 충분했습니다. 사랑하는 친구여, 당신은 여자 때문에 죽지 마세요. 그리고 저 때문에 아무도 죽이지 마세요. 할 수 있다면 제가 그리스를 구하게 해주세요!"

"오! 정말 갸륵한 마음씨를 가진 여인이오!"

아킬레우스가 소리쳤다.

"그 착한 뜻을 막을 수 없군요. 그러나 나는 이 무기를 들고 제단으로 달려가 당신의 죽음을 막을 것입니다. 아마 당신은 죽음에 임해서도 내 결심을 볼 것입니다."

아킬레우스는 황급히 밖으로 나갔다. 이피게네이아는 '이제 더는 상심하지 마세요'라는 말과 함께 어린 동생 오레스테스를 어머니 팔에 안겨주었다. 그러고는 조국을 구한다는 생각에 가벼운 걸음으로 죽음을 맞이하러 갔다. 어머니는 막사 안에 엎드려 울음을 터뜨렸다. 차마 이피게네이아의 뒤를 따라나설 수가 없었다.

한편 아울리스의 꽃이 만발한 아르테미스 신전에는 그리스의 모든 군대가 모여 있었다. 제단이 마련되고 그 옆에 예언자이자 사제인 칼카스가 서 있었다.

이피게네이아가 시녀들의 안내를 받으며 신전으로 들어와 아버지 아가멤논 앞으로 가자, 놀라움과 동정의 소리가 병사들 속에서 흘러나왔다. 아가멤논은 깊은 한숨을 쉬며 얼굴을 옆으로 돌렸다. 딸이 아버지 곁으로 다가가 말했다.

"아버지, 신의 뜻이 정녕 그렇다면 저는 기꺼이 여신 아르테미스의 제단 앞에서 나라를 위한 제물이 되어 제 목숨을 군대 지휘관들에게 넘겨드리겠습니다. 그들이 다행히 승리해 조국으로 돌아온다면 저는 그것으로 족합니다."

갸륵한 마음씨에 감탄하는 소리가 모든 군사의 입에서 터져 나왔다. 이윽고 전령 탈튀비오스가 조용히 할 것을 청하며 눈을 제단 쪽으로 돌리도록 명했다.

예언자 칼카스가 번쩍이는 칼을 빼 들어 정중하게 제단 앞 황금 바구니 속에 넣었다. 바로 그때 갑옷과 투구로 무장한 아킬레우스가 손에 칼을 들고 제단 앞으로 걸어갔다. 그러나 이피게네이아의 호소하는 듯한 눈길이 그의 결심을 바꾸었다. 그는 칼을 땅바닥에 내던지고 성수를 제단에 뿌린 뒤 제물 바구니를 잡고 제단을 빙빙 돌며 외쳤다.

"오! 거룩한 여신 아르테미스여! 스스로 제물이 되기를 청한 이 거룩한 이에게, 아가멤논과 그리스가 바치는 아름다운 처녀의 순결한 피에 대해 은혜를 베풀어주소서. 그리하여 우리 함대가 무사히 항해하고 우리 창으로 트로이아를 멸망시키도록 도와주소서!"

아가멤논과 메넬라오스, 그 휘하의 모든 군사가 굳게 입을 다문 채 고개를 아래로 떨어뜨렸다. 사제 칼카스가 칼을 높이 쳐들고 기도를 시작했다. 이윽고 칼카스가 내려치는 칼소리가 분명하게 들렸다. 그런데 이 무슨 기적일까. 그 순간 이피게네이아의 모습은 수천 명의 눈앞에서 흔적도 없이 사라지고 말았다. 대신 그 자리에는 커다란 몸집의 암사슴 한 마리가 버둥거리며 바닥에 가로누워 제단을 희생의 피로 빨갛게 물들이고 있었다. 아르테미스가 이피게네이아를 불쌍히 여긴 것이었다.

"그리스 동맹군 지휘관들이여!"

칼카스가 소리 높이 외쳤다.

"보시오! 여기 있는 제물은 여신 아르테미스가 보내주신 것이오. 여신은 갸륵한 처녀의 피로 제단을 물들이는 대신 암사슴을 보내 그 피로 대신할 것을 원하셨소. 이제 아르테미스 여신의 노여움이 풀렸습니다. 여신은 우리에게 순조로운 항해를 허락했고 트로이아 공격을 약속하셨소. 바다의 항해자들이여, 용기를 내시오! 오늘이라도 당장 아울리스를 떠날 수 있게 되었소!"

칼카스는 이렇게 외치며 불 속에서 차츰 재가 되어가는 제물을 지켜보았다. 마지막 불이 다 꺼졌을 때 정적을 깨뜨리는 바람이 일었다. 병사들이 일제히 항구 쪽을 돌아보니 요란한 파도 속에서 배들이 출

트로이 원정을 떠나려고 그리스 군대가 모여들었지만, 아르테미스 여신의 분노로 인해 바다에 바람이 불지 않아 떠날 수 없었다. 그들은 여신의 노여움을 가라앉히기 위해 아가멤논의 딸 이피게네이아를 제물로 바치기로 했다. 아킬레우스가 칼을 땅바닥에 내던지고 성수를 제단에 뿌린 뒤 제단을 빙빙 돌며 외쳤다. "오, 거룩한 여신 아르테미스여! 스스로 제물이 되기를 청한 이 거룩한 이에게, 아가멤논과 그리스가 바치는 아름다운 처녀의 순결한 피에 대해 은혜를 베풀어주소서. 그리하여 우리 함대가 무사히 항해하고 우리 창으로 트로이아를 멸망시키도록 도와주소서!" 이피게네이아를 제물로 바치려 할 때 하늘에서 아르테미스 여신이 내려오고 있다.

〈아가멤논이 이피게네이아를 제물로 바치다〉, 조반니 바티스타 티에폴로, 1770년, 주스티니아니 궁전.

렁이고 있었다. 병사들이 함성을 지르며 각기 막사로 달려갔다.

아가멤논이 막사로 돌아와보니 아내의 모습은 이미 보이지 않았다. 왕비의 충성스러운 하인이 아가멤논보다 먼저 돌아와, 실신해 있던 여주인에게 이피게네이아가 목숨을 건진 사실을 알려주었기 때문이다. 정신을 차린 왕비는 기쁘고 감사한 마음으로 두 팔을 높이 쳐들었다. 그리고 비통한 마음으로 소리를 질렀다.

"그러나 나는 딸을 빼앗겼다! 남편은 나한테서 어머니의 기쁨을 강탈해 갔다! 자식을 죽인 무정한 아비의 얼굴은 보기 싫다. 당장 이곳을 떠날 테다."

늙은 하인은 급히 마차와 마부를 대령했다. 아가멤논이 희생제사에서 돌아왔을 때는 아내가 이미 뮈케나이를 향해 떠난 후였다.

그리스 군이 필록테테스를 버려두다

그날 그리스 함대는 돛을 올렸다. 순풍은 빠르게 배를 먼바다로 데려갔다. 얼마 동안 항해하던 배들은 신선한 물을 조달하기 위해 크뤼세라는 작은 섬에 잠시 들렀다.

필록테테스는 텟살리아의 멜리보이아 출신으로, 포이아스 왕의 아들이었다. 또한 헤라클레스의 믿을 만한 친구로서 헤라클레스에게서 '빗나가지 않는 화살'을 선물로 받았었다. 그는 크뤼세 섬에서 허물어진 제단을 발견했는데, 이 제단은 지난날 아르고 호의 영웅 이아손이 항해 도중 여신 팔라스 아테네를 위해 세운 것이었다.

신앙심 깊은 영웅 필록테테스는 이 제단을 발견하고 무척 기뻐했다. 그는 이곳에서 그리스 인들을 지켜주는 여신을 위해 제물을 바칠 생각이었다. 바로 그때 신전을 지키던 독사 한 마리가 다가와 필록테테스의 발을 물었다. 상처 입은 필록테테스는 배로 실려 갔고, 함대는 다시 항해를 계속했다. 그러나 그는 계속해서 몸속을 파고드는 독으로 인해 참을 수 없는 고통에 시달렸다. 동료들도 필록테테스의 곪아 썩어가는 상처에서 나는 악취와 고통스러운 비명소리를 견딜 수 없었다.

헌작(獻酌)도 제물 의식도 그들은 조용히 치를 수가 없었다. 모든 것이 그의 비명소리에 뒤엉켜버렸다. 마침내 아가멤논과 메넬라오스는 지략이 뛰어난 오뒷세우스와 의논했다. 아픈 필록테테스와 함께 여행해야 하는 게 불만인 사람들이 다른 배에서도 점점 늘어났기 때문이다. 그들은 상처 입은 필록테테스가 트로이아에 상륙했을 때, 진영에 병독을 퍼뜨리고 한없는 고통의 부르짖음으로 병사들의 사기를 꺾을까 봐 두려워했다.

이런 까닭에 그리스 군의 지휘자들은 잔인하게도 황막한 무인도 렘노스 섬의 해안을 지날 때 용감한 영웅 필록테테스를 거기에 버리고 떠나기로 결정했다. 그러나 그들은 이 사나이를 버린다는 것이 동시에 저 헤라클레스의 불패의 화살도 버리는 것임을 미처 생각지 못했다.

필록테테스를 버리고 오는 임무는 영악한 오뒷세우스가 맡았다. 오뒷세우스는 잠든 필록테테스를 업어 옮겨 작은 배에 태우고 해안으로 갔다. 그는 바닷가 근처에 있는 바위굴 속에 필록테테스를 눕혔다. 그리고 근근이 생명을 이어갈 수 있을 정도의 식량과 옷가지만을 남겨

신전을 지키던 독사 한 마리가 다가와 필록테테스의 발을 물었다. 그는 계속해서 몸속을 파고드는 독으로 인해 참을 수 없는 고통에 시달렸다. 동료들도 필록테테스의 곪아 썩어가는 상처에서 나는 악취와 고통스런 비명소리를 견딜 수 없었다. 이런 까닭에 그리스 군의 지휘자들은 황막한 무인도 렘노스 섬의 해안에 용감한 영웅 필록테테스를 버리고 떠나기로 결정했다. 그러나 그들은 이 사나이를 버린다는 것이 동시에 저 헤라클레스의 불패의 화살도 버리는 것임을 미처 생각지 못했다.

〈필록테테스가 그려진 레퀴토스 도자기〉, 기원전 430~기원전 420년.

두었다. 불행한 필록테테스를 내버리고 오는 동안 배는 해안에 정박해 있었다. 오뒷세우스가 돌아오자마자 배는 돛을 올리고 다른 함대와 이내 합류했다.

뮈시아에 도착한 그리스 군

그리스 함대는 무사히 소아시아 해안에 도착했다. 그런데 이 지역에 대해 아는 영웅이 한 사람도 없었던 탓에 배들이 바람에 떠밀려 가 트로이아와는 거리가 먼 남쪽 뮈시아 해안에 닻을 내리게 되었다. 그들은 해안 수비를 위해 기다랗게 배치된 무장 병사들을 만났다. 그 수비병들은 그리스 함대를 향해 "국왕의 명령에 따라 당신들이 누구인지 국왕에게 보고하기 전까지는 우리 영토에 상륙할 수 없다"라고 말했다.

당시 뮈시아의 왕은 그리스 인이었다. 그는 헤라클레스와 아우게 사이에서 태어난 텔레포스였다. 그는 이상한 운명의 힘에 의해 뮈시아의 왕 테우트라스의 궁전으로 와서 어머니와 다시 만났다. 훗날 그는 공주 아르기오페를 아내로 얻었으며, 테우트라스 왕이 죽은 후 뮈시아 왕이 되었다.

그리스 인들은 이 나라 왕의 이름도 묻지 않고 수비병들의 경고에도 아랑곳하지 않은 채 무기를 들고 상륙하여 그들을 살해했다. 몇몇이 겨우 빠져나가 텔레포스 왕에게 알 수 없는 수천 명의 적이 영토를 침범해 수비병들을 마구 살해하고 해안을 점령했다고 보고했다. 왕은 급히 군대를 모아 해안으로 달려갔다. 텔레포스도 아버지 헤라클레스의 명예를 욕되게 하지 않는 훌륭한 영웅이었고, 그의 군대는 그리스식 훈련을 받아온 강한 군사들로 이뤄져 있었다. 그리스 군은 뜻밖의 강한 저항에 부딪혀 쉽게 승부를 내지 못한 채 피비린내 나는 전쟁을 오래도록 벌여야 했다.

이 전쟁에서는 두 영웅이 실력을 겨뤘다. 그리스 인들 중에서 가장 뛰어난 실력을 보여준 용사는 테르산드로스였다. 그는 유명한 오이디푸스 왕의 손자이자 폴뤼네이케스의 아들로, 디오메데스의 신뢰받는 친구이자 이미 에피고노이(일곱 영웅의 자손)로서 이름을 떨치고 있는 영웅이었다. 테르산드로스는 텔레포스의 군대를 향해 살기등등한 모습으로 돌진해 들어갔다. 그리고 텔레포스의 가장 사랑하는 친구이자 최고 실력을 가진 전사를 쳐 죽였다. 그러자 텔레포스 왕은 화가 머리끝까지 치밀었다.

오이디푸스의 손자 테르산드로스와 헤라클레스의 아들 텔레포스 사이에 처참한 결투가 벌어졌다. 싸움은 텔레포스의 승리로 끝났다. 테르산드로스는 창에 찔려 진흙 속에 쓰러졌다. 이 광경을 멀리서 보고 있던 친구 디오메데스가 크게 탄식했다. 그는 텔레포스 왕이 죽은 친구의 갑옷과 투구를 벗겨 가기 전에 달려갔다. 그리고 테르산드로스를 어깨에 둘러메고 빠른 걸음으로 싸움터에서 빠져나왔다. 디오메데스는 친구의 시체를 메고 도망치면서 아이아스와 아킬레우스 옆을 지나갔다. 두 영웅도 그의 죽음을 슬퍼하며 분노를 느꼈다.

두 영웅은 동요하는 군대를 집결해 두 진영으로 나누었다. 그러고는 노련하게 대열을 전환해 전세를 유리하게 이끌었다. 그리스 인들이 다시 우세해졌다. 텔레포스의 이복형제 테우트라니오스는 아이아스가 쏜 화살에 맞아 죽었다. 오뒷세우스를 뒤쫓던 텔레포스 왕도 쓰러지는 아우를 부축하려다 포도나무에 걸려 넘어졌다. 그리스 군의 책략에 걸려든 것이었다. 싸우던 뮈시아 군이 그리스 군에 유리하게 배치되어 있는 포도밭 속으로 어느샌가 말려들었다. 이 기회를 놓치지 않고 아킬레우스는 일어서려는 텔레포스의 옆구리에 창을 깊숙이 박았다.

텔레포스는 가까스로 일어나 옆구리에서 창을 잡아 뺐다. 달려온 부하가 옆에서 왕을 감싸고 부축하여 겨우 위험한 고비를 넘겼다. 어둠이 다가와 양쪽 군사 모두 지칠 대로 지쳐 자기 진영으로 돌아갔다. 밤이 되지 않았다면 전쟁은 언제까지나 계속될 뻔했다.

다음 날이 되자 양쪽 군대는 잠시 휴전협정을 맺을 대표를 교환했다. 죽은 전사의 시체를 찾아 묻어주기 위해서였다. 그제야 비로소 그리스 군은 용감하게 자기 영토를 지킨 텔레포스 왕이 같은 그리스 인이고, 더구나 그리스의 가장 위대한 반신(半神) 헤라클레스의 아들임을 알고는 크게 놀랐다. 텔레포스도 자기 손에 엉겨 붙은 피가 동족의 것임을 알고 몹시 애석해했다.

그뿐 아니라 그리스 군대에는 헤라클레스의 아들 틀레폴레모스와 텟살로스 왕의 아들이자 헤라클레스의 손자뻘 되는 페이딥포스와 안티포스 등 텔레포스 왕과 친척이 되는 세 명의 왕이 있다는 사실도 알게 되었다. 이 세 사람은 뮈시아의 사절의 안내를 받아 형제간이며 사촌 사이인 텔레포스에게로 갔다. 그들은 뮈시아 해안에 상륙한 그리스 인이 어떤 사람들이고 무슨 목적으로 아시아에 왔는지를 설명하겠다고 제안했다. 텔레포스 왕은 이들 친척을 반갑게 맞이해 그 이야기를 흥미롭게 들었다. 그리하여 텔레포스는 파리스가 그리스 전체를 모욕하는 행위를 해서 메넬라오스가 형 아가멤논 및 그리스 동맹군 왕들과 함께 힘을 합쳐 싸우러 나간다는 사실을 알게 되었다.

텔레포스 왕과 피를 나눈 이복형제인 틀레폴레모스가 말을 이었다.

"그러니 사랑하는 형제여, 우리의 동족 텔레포스 왕이시여! 같은 핏줄을 이은 민족을 저버리지 마십시오. 우리의 사랑하는 아버님 헤라클레스도 세계 어느 곳에서나 모든 땅끝에서 우리 민족을 위해 싸우셨고, 그 조국애를 찬양하는 기념비가 그리스 곳곳에 세워져 있지 않습니까? 그리스의 피를 이어받은 당신이 그리스 인에게서 입은 상처가 나으면, 당신의 군사를 이끌고 우리 동맹군에 가담하여 트로이아 악당들을 쳐부수러 갑시다. 어떻습니까?"

아킬레우스에게 깊은 상처를 입고 누워 있던 텔레포스가 일어나 그리스 영웅들을 맞이했다. 힘겹게 몸을 일으킨 그는 다정하게 말했다.

"동포들이여! 나를 비난하는 것은 옳지 않소. 친척과 친구인 여러분이 내 적이 된 것은 바로 여러분 책임이오. 해안수비병들은 명령을 충실히 지켰을 뿐이오. 상륙하려는 모든 이에게 하듯 예의 바르게 여러분의 이름과 나라를 물었던 것이오. 더구나 그리스 국법에 따라 정중히 대했소. 그런데 여러분은 마치 야만인이라도 다루듯 한마디 대답도 하지 않은 채 덮어놓고 상륙해 내 부하들을 무조건 살상했소. 게다가 나한테까지……."

텔레포스는 상처를 보여주면서 말을 이어나갔다.

"여러분은 내게 이런 추억의 증표를 남겨주었소. 이 상처로 나는 어제의 접전을 평생토록 기억할 거요. 그렇다고 원한을 품지는 않겠소. 핏줄이 이어진 친척이나 그리스 동족을 이 나라에 맞아들이는 즐거움은 어떤 값을 치른다 해도 결코 비싸지 않기 때문이오. 그러나 프리아모스 공격에 출전하고 싶은 생각은 없소. 내 둘째 아내인 아스튀오케는 프리아모스의 딸이라오. 프리아모스는 신앙이 두터운 노인이고, 아들들도 파리스를 빼놓고는 모두 의협심 강한 용사들이오. 프리아모스 부자는 난봉꾼 파리스의 범행 따위와는 아무런 관련이 없다고 생각되오. 여기 있는 내 아들 에우뤼퓔로스를 보시오. 어떻게 내가 아들을 할아버지의 나라를 멸망시키는 일에 가담시킬 수 있겠소! 어떻게 아들에게 슬픈 기억을 안겨줄 수 있겠소! 그러나 내가 프리아모스를 해치지 않기로 한 것처럼 동향인 여러분에게도 결코 해를 끼치거나 하지 않겠소. 자, 선물로 생각하고 필요한 만큼 식량을 가져가시오. 그리고 신들의 이름으로 싸움에서 이기시오. 다만 그 싸움을 내 힘으로는 조정할 수 없을 것 같소."

이토록 선의에 가득 찬 대답을 들은 원정대 대표단은 만족스러워하며 그리스 군 진영으로 돌아갔다. 그리고 아가멤논과 다른 왕들에게 그리스 인의 이름을 걸고 텔레포스와 우호관계를 맺은 내력을 보고했다. 영웅들은 회의를 거듭한 끝에 아이아스와 아킬레우스를 당장 텔레포스 왕에게 보내 왕의 상처를 위로하고 왕과의 동맹을 다짐하자고 결의했다.

두 사람은 깊은 상처를 입고 누워 있는 헤라클레스의 자손을 발견했다. 아킬레우스는 통곡하면서 그의 침대에 쓰러졌다. 모르고 한 짓이었지만 자신의 창이 같은 민족을, 더구나 귀한 헤라클레스의 아들을 찔렀다는 데 매우 비통해했다. 그러나 텔레포스 왕은 고통도 잊은 채 훌륭한 손님들이 오실 줄 미리 알지 못해 왕으로서의 예우를 해드리지 못한다며 유감스러워했다. 그리고 아가멤논 형제를 정식으로 궁정에 초대해 호화로운 연회를 베풀고 값진 선물로 두 사람을 기쁘게 했다. 그리스 인들은 아킬레우스의 요청으로 왕의 상처를 낫게 하기 위해 온 세상에 널리 알려진 두 명의 의사 포달레이리오스와 마카온을 데리고 왔다. 그러나 그들의 힘으로도 왕의 깊은 상처를 고칠 수 없었다. 신의 아들인 아킬레우스의 창은 특별한 위력을 가지고 있었기 때문이다.

텔레포스는 의사가 조제한 진정제로 극심한 고통을 잠시나마 잊을 수 있었다. 병상에 누워서도 그는 그리스 인들에게 유익한 충고라면 무엇이든 해주었다. 그는 그리스 함대에 식량을 실어주었으며 심한 눈보라가 치는 겨울을 앞두고는 절대 출항하지 말 것을 당부했다. 또한 트로이아의 지형을 자세히 설명해주고 어느 길로 가면 좋은지 그리고 유일한 상륙지로서 스카만드로스 강의 하구를 가르쳐주었다.

파리스가 돌아오다

트로이아에서는 아직도 그리스의 대함대가 출항한 사실을 전혀 모르고 있었다. 그러나 그리스 사절단이 다녀간 후 전쟁의 위험이 급박하게 다가오고 있다는 두려움과 걱정이 트로이아 도시 전체를 지배했다.

그사이 파리스가 왕비 헬레네와 함께 엄청나게 많은 전리품을 가지고 귀국했다. 프리아모스 왕은 불청객 며느리를 보고 얼굴을 찌푸렸다. 그는 즉시 아들들을 모아놓고 회의를 열었다. 그런데 이 아들들은 형 파리스가 나누어 준 눈부신 금은보화와 그들의 신붓감으로 삼도록 하기 위해 헬레네와 함께 데려온 고귀한 그리스 가문 여인들의 미모에 눈이 완전히 뒤집히고 말았다. 게다가 그들은 젊고 싸움을 좋아했다. 그리하여 이 이국 여인들을 그리스 인에게 넘겨주지 않고 궁에서 보호하기로 결의했다.

물론 적의 공격과 포위에 대한 두려움에 떠는 트로이아 시민들은 왕자 파리스와 그가 납치해 온 아름다운 왕비를 전혀 다른 마음으로 맞이했다. 파리스가 그리스 여인을 아버지의 궁전으로 데려가려고 거리를 지날 때 그들을 저주하는 소리가 터져 나왔고 여기저기서 작은 돌멩이까지 날아왔다. 그러나 시민들은 늙은 왕 프리아모스를 존경하고 그의 명령에 순종했기 때문에 새로운 시민의 입성을 끝까지 반대하지는 않았다.

프리아모스 왕이 소집한 회의에서 왕비 헬레네를 몰아내지 않기로 결정되자, 그는 아내 헤카베를 헬레네에게 보내 그녀가 파리스를 따라 트로이아로 온 것이 본인의 뜻인지 확인시켰다. 그때 헬레네가 말했다.

"제 혈통은 그리스 인이며 동시에 트로이아 인이기도 합니다. 그 까닭은 다나오스와 아게노르가 그리스 인의 조상이면서 또한 트로이아 왕가의 조상이기 때문이지요. 제가 강제로 납치당한 것은 사실입니다. 그러나 새로운 남편을 맞이한 지 이미 오래되었고 깊은 애정으로 맺어져 있어 기꺼이 그의 아내가 되려 합니다. 일이 이렇게 된 이상 지금 저는 전남편이나 그리스 인들의 용서를 바랄 수 없습니다. 만일 그들에게 인도된다면 저에게는 치욕과 죽음뿐입니다."

눈물을 흘리며 이렇게 말한 헬레네는 왕비 헤카베의 발 앞에 엎드렸다. 헤카베는 도움을 청하는 헬레네를 다정하게 붙잡아 일으키며 남편 프리아모스 왕과 자기 아들들이 어떤 공격을 받더라도 헬레네를 지킬 결심을 하고 있다고 전해주었다.

트로이아에 도착한 그리스 군

헬레네는 안전하게 트로이아의 왕궁에서 지내다가 파리스와 함께 자신들의 궁전으로 옮겨 갔다. 얼마 안 가 트로이아 인들도 헬레네의 사랑스러운 모습과 그리스 풍의 우아함을 보고 차츰 친근감을 느끼게 되었다. 마침내 다른 나라 함대가 트로이아 해안에 실제로 모습을 나타냈을 때도 그들은 전처럼 겁에 질려 있지만은 않았다.

트로이아 인들은 그 나라 국민과 동맹국의 수를 헤아려본 뒤 자기 나라 영웅들과 병사의 수가 그리스보다 우세할지언정 결코 뒤떨어지지는 않는다고 생각했다. 그리고 아프로디테 여신 외에도 전쟁의 신 아레스와 아폴론 그리고 올림포스 신들의 아버지 제우스도 트로이아 편이었기 때문에, 그들은 신들의 가호 아래 도시가 포위당하기 전에 시원스럽게 적을 물리칠 수 있으리라 믿었다.

사실 트로이아 인의 총지휘자 프리아모스 왕은 나이가 많아 진두에 나설 수 없었지만, 쉰 명의 아들들—그중에는 왕비 헤카베가 낳은 열

아홉 명의 아들도 있었다—이 왕을 에워싸고 있었으며, 하나같이 군건하고 혈기왕성한 용장들이었다. 그중에서도 헥토르를 위시해 데이포보스와 유명한 예언자 헬레노스, 팜몬, 폴리테스, 안티포스, 힙포노오스 등 쟁쟁한 아들들과 남달리 얌전하고 잘생긴 트로일로스가 있었다. 또 사랑스러운 네 명의 딸 크레우사, 라오디케, 캇산드라와 어렸을 때부터 미색이 뛰어났던 폴뤽세네도 왕좌를 둘러싸고 있었다.

전투 준비가 끝난 군대의 선두에는 번쩍이며 빛나는 투구를 쓴 영웅 헥토르가 총사령관으로 버티고 있었다. 그는 곁에 선 다르다노스의 자손 아이네이아스와 함께 지휘를 했다. 아이네이아스는 여신 아프로디테와 늙은 영웅 앙키세스의 아들인데, 크레우사의 남편 곧 프리아모스의 사위로 지금도 트로이아 백성들의 자랑거리였다. 또 다른 군대의 선두에는 뤼카온의 아들 판다로스가 아폴론이 직접 내려준 활을 가지고 서 있었다.

트로이아를 도우러 온 민족을 포함해 또 다른 군대를 지휘하는 영웅들은 아드라스토스, 암피오스, 아시오스, 힙포토오스, 필라이오스, 아카마스, 에우페모스, 퓌라이크메스, 퓔라이메네스, 오디오스, 에피스트로포스였다. 뮈시아에서 온 원군은 크로미스와 엔노모스가 지휘했다. 포르퀴스와 아스카니오스가 프뤼기아 인의 군대를, 메스틀레스와 안티포스가 마이오니아 인들을, 나스테스와 암피마코스가 카리아인들을, 사르페돈과 글라우코스가 뤼키아 인들을 각기 인솔했다.

그사이 그리스 인들도 육지에 상륙해 시게온 곶과 로이테온 곶 사이에 펼쳐진 해안선을 따라 광활한 지대에 진을 쳤다. 그 모습이 마치 계획적으로 세운 도시 같았다. 배들은 육지로 끌어올려졌고 비탈진 해안에 계단 형식으로 여러 대열이 정리되며 자리를 잡았다. 그리고 선체를 습기로부터 보호하기 위해 그 밑에 큰 돌을 깔았다.

육지에서 바라보면, 트로이아를 공격하기 위한 제1진의 좌우 양편에 텔라몬의 아들 아이아스와 아킬레우스가 각각 함선을 정박시키고 진을 친 모습이었다. 아킬레우스의 숙소는 실제 집과 똑같았다. 군량 비축용 창고와 마구간이 마련되어 있었다. 그의 선박들 옆에는 경주와 제전 그리고 다른 행사를 할 수 있는 광장까지 있었다. 아이아스의 선단과 잇대어 프로테실라오스의 선단이 배치되었다. 뒤를 이어 텟살리아 인, 아테나이 인, 포키스 인, 보이오티아 인의 순서로 늘어섰고, 아킬레우스의 뮈르미도네스 인들이 대열을 마무리했다.

제2진에는 여러 사람 중에서도 로크리스 인, 둘리키온 인, 에피오스 인 등이 있었다. 제3진은 비교적 무명인 병사들과 그 배들이 자리를 잡았다. 퓔로스 인을 인솔한 네스토르, 오르메니온 인을 인솔한 에우뤼퓔로스 그리고 메넬라오스가 그들 중에 있었다. 제4진, 즉 마지막 진영에는 해안을 따라 중앙에 오뒷세우스가, 오른편에는 아가멤논이, 왼편에는 디오메데스가 진을 쳤다.

오뒷세우스 진영 앞에는 모임과 토의를 열 수 있도록 아고라, 즉 광장이 마련되었고 거기에 신들을 위한 제단이 있었다. 이 광장은 제3진의 중앙에 있었으며 그 왼쪽에는 네스토르가, 오른쪽에는 에우뤼퓔로스가 각각 자리 잡았다. 그곳은 바다 쪽으로 갈수록 좁아졌는데 더욱이 아고라가 자리를 잡고 있었던 탓에 제3진과 제4진은 아주 작은 수의 배밖에 갖추지 못했다.

함선을 배치한 진지를 살펴보면 많은 도로가 사방으로 뻗친 훌륭한 거리같이 보였다. 네 개의 진 사이에 넓은 길이 펼쳐졌고, 육지에서 바다를 향해 좁은 샛길이 뚫려 있어 각 민족마다 배를 구분해놓았다. 함선은 또 좁은 간격을 두고 막사와 떨어져 있었다. 그리고 각 민족은 다시 그 출신지나 지휘관에 따라 세분되었다. 막사는 진흙과 나무로 세워졌으며 지붕은 갈대로 이었다. 부대장은 모두 부대 맨 앞줄의 막사에 들었고, 막사들은 계급에 따라 저마다 다른 장식을 하고 있었다. 함선은 모든 진의 방벽을 겸했는데, 그리스 군은 배 앞에 흙담을 한 겹 더 쌓았다. 이 흙담은 포위될 경우 마지막 방어벽으로 사용하기 위한 것이었다. 그리고 흙담 뒤에 호를 파고 트로이아 군이 마주 보이는 쪽에는 방어용 울타리를 빽빽이 쳐놓았다.

이만한 설비를 완전히 갖추기까지는 상당히 오랜 시간이 걸렸다. 트로이아의 왕과 원로들이 방위책을 만들기 위한 회의로 뜸을 들이는 동안 그리스 인들은 충분한 여유를 얻을 수 있었던 것이다.

동시에 그리스 인들은 선원으로서 해야 할 일도 했다. 빵은 지급되었지만 그 밖의 일용품은 스스로 조달해야만 했다. 졸병들은 간단히 무장하고 걸으며 싸워야 했고 계급이 좀 높은 병사는 전차를 타고 싸웠다. 영웅은 전투에서 전차의 몰이꾼이 될 부하를 각각 데리고 있었다. 고대 민족은 아직 말을 탈 줄 몰랐다. 언제나 가장 용감한 영웅을 태운 전차가 최전선에서 싸우며 전쟁터의 전위 구실을 했다.

스카만드로스 강과 시모에이스 강은 그리스 진영에서 처음으로 합류하여 바다로 흘러들어갔다. 그리스 인의 함선 진영과 트로이아 시 사이에는 꽃 피는 스카만드로스 초원과 트로이아 평야가 걸어서 4시간 정도 걸리는 크기로 펼쳐져 있어 전쟁터로 더할 나위 없는 곳이었다. 이 평야 뒤편에 신의 손으로 세운 아름다운 도시 트로이아의 높은 성벽과 성벽에 난 화살구멍과 우뚝 솟은 탑이 있었다.

트로이아는 언덕 위에 있어 멀리서도 보였다. 성벽의 안쪽은 평평하지 않고 구릉으로 되어 있으며 여러 길이 교차했다. 트로이아 성안으로 쉽게 들어갈 수 있는 곳은 두 군데였다. 하나는 스카이아이 성문이고 다른 하나는 탑이 솟아 있는 다르다노스 문 쪽이었다. 그 밖에는 험준하고 무성한 덤불숲이라 문이 있어도 별 소용이 없었다.

성안의 높은 언덕에 있는 도시인 일리온 또는 페르가모스라고 불리는 곳에 프리아모스 왕과 파리스의 궁전이 있었다. 이어서 헤카테, 아테네, 아폴론의 신전이 늘어서 있었다. 가장 높은 곳에는 제우스의 신전이 있었다. 도시 앞으로는 시모에이스 강 근처에 그리스 군을 왼쪽으로 굽어보는 칼리콜로네 언덕이 있었다. 오른쪽에는 스카만드로스 강의 원천을 따라 바티에이아 언덕을 지나가는 높은 길이 있었다. 바티에이아 언덕길은 도시의 바깥쪽을 우회하고 있었다.

트로이아 뒤쪽의 일리온 평야는 완만하게 비탈져, 숲이 우거진 이데 산맥의 가장 낮은 지대를 형성하고 있었다. 그 기슭을 따라 올라가면 꼭대기에 가르가론이라 불리는 산봉우리가 있었다. 이 산에서 좌우 양편으로 뻗쳐 내려간 두 산등성이가 로이테온 곶과 시게온 곶을 이루어 그리스 진영을 좌우에 끼고 있었다.

두 민족 사이에 벌어질 대전쟁에 앞서 그리스 군 진영에 귀빈이 도착해 사람들을 놀라게 했다. 그리스 군에 너그러이 원조해주었던 뮈시아의 텔레포스 왕이 찾아온 것이었다. 텔레포스 왕은 아킬레우스로부터 입은 창상이 낫지 않아 내내 병상에 누워 지냈다. 포달레이리오스와 마카온 두 의사가 처방한 약을 써보았지만 아무 소용이 없었다. 참을 수 없는 고통 속에서 괴로워하던 그는 포이보스 아폴론의 계시를 통해 상처를 낸 창만이 상처를 고칠 수 있다는 대답을 들었다.

텔레포스 왕은 신의 말씀이 무슨 뜻인지 몰랐지만, 어쨌든 마지막으로 병든 몸을 이끌고 그리스 함대를 뒤쫓아 온 것이었다. 그렇게 해서 텔레포스는 스카만드로스 강어귀에 배를 대고 들것에 실려 아킬레우스의 진지까지 실려 오게 되었다. 젊은 영웅 아킬레우스는 오랜 병에 시달려 피골이 상접한 텔레포스의 모습에 새삼스레 가슴이 아팠다.

슬픈 표정으로 아킬레우스는 창을 집어 들었지만 어떻게 해야 그 창으로 왕의 상처를 고칠 수 있는 것인지 몰랐다. 전전긍긍하던 그는 병상에 누운 텔레포스 왕의 발밑에 창을 놓았다. 영웅들이 이러지도 저러지도 못한 채 고통에 시달리는 왕을 그저 둘러싸고 있는데 오뒷세우스가 의견을 내놓았다. 다시 한 번 군대의 저명한 의사들로부터 의견을 들어보자는 것이었다.

부름을 받고 포달레이리오스와 마카온이 급히 달려왔다. 과연 아스클레피오스의 현명한 아들답게 두 의사는 아폴론의 계시를 알아들었다. 그들은 아킬레우스의 창끝을 줄로 조금 깎아 그 쇳가루를 조심조심 텔레포스 왕의 곪은 상처에 뿌렸다. 그러자 여러 영웅이 보는 그 바로 앞에서 기적이 일어났다.

곪아서 형편없이 헐어빠진 상처에 쇳가루가 뿌려지자마자 상처가 낫기 시작했다. 채 몇 시간도 되지 않아 텔레포스 왕의 곪아 터진 상처는 그 원인이 되었던 아킬레우스의 창으로 깨끗이 나았다.

이리하여 그리스 영웅들의 가슴에는 뮈시아 땅에서 텔레포스 왕에게 받은 후한 대접을 이제야 겨우 보답했다는 즐거움이 가득 찼다. 상처가 다 낫자 텔레포스 왕은 기쁜 마음으로 다시 배를 탔다. 지난날 그리스 군인들이 텔레포스 왕에게 감사와 행운을 빌었듯 이번에는 텔레포스 왕이 그리스 군에 감사와 행운을 빌며 작별인사를 하고 고국 뮈시아로 돌아갔다.

텔레포스 왕은 자기가 호의를 베푼 친구들이 자신이 똑같이 사랑하는 친척 프리아모스 왕을 공격하는 전쟁의 목격자가 되고 싶지 않아 귀국을 서둘렀다.

2장

Die schönsten Sagen des klassischen Altertums

트로이아 전쟁이 시작되다

트로이아 전쟁 II

전쟁의 발발

트로이아의 성문이 열리고 완전무장을 한 트로이아 대군이 헥토르의 지휘를 받으며 스카만드로스 평야로 노도처럼 달려 나왔다. 이때 그리스 인들은 텔레포스 왕을 전송하느라 분주했다.

우선 선진(船陣)의 맨 앞에 있던 병사들이 밀어닥치는 적과 맞서 싸웠으나 압도적인 트로이아 군의 세력에 밀리고 말았다. 트로이아 군이 선봉대와 교전하며 지체하는 사이 그리스 군 진영은 대열을 재정비해 적과 맞설 수 있었다. 그러나 전쟁 상황은 예측할 수 없었다.

헥토르가 지휘하는 곳은 트로이아 군이 우세했지만, 헥토르와 떨어진 곳에서는 그리스 군에 밀리고 있었다. 그리스의 영웅 이피클로스의 아들 프로테실라오스가 트로이아의 지휘관 아이네이아스의 손에 가장 먼저 희생되었다. 약혼한 젊은 몸으로 출전한 그는 배가 해안에 상륙할 때 맨 먼저 뛰어내렸던 그리스 인이었으나, 영웅들 중 최초의 희생자가 되었다. 약혼녀 라오다메이아는 아르고 호의 영웅 아카스토스의 아름다운 딸이었다. 그녀는 불안한 마음으로 약혼자를 전쟁에 떠나보냈다가 결국 다시는 그를 만날 수 없게 되었다.* 아킬레우스는 아직 전쟁터에서 멀리 떨어진 곳에 있었다. 텔레포스를 전송하기 위해 바닷가로 나갔던 그는 사라져가는 배를 바라보며 깊은 생각에 사로잡혀 있었다. 그런데 전우 파트로클로스가 허겁지겁 달려와 아킬레우스의 어깨를 붙잡으며 외쳤다.

"친구여! 지금 뭐 하고 있는 건가? 그리스 인들은 자네를 필요로 한다네. 전쟁이 이미 시작되었어. 프리아모스 왕의 큰아들 헥토르가 적군의 선두에 서서 사냥꾼들에게 포위당한 동굴 속 사자처럼 날뛰고 있어. 프리아모스 왕의 사위 아이네이아스가 프로테실라오스를 단숨에 쓰러뜨렸네! 프로테실라오스의 젊음과 용기는 자네한테 뒤지지 않았지만 힘이 모자랐다네. 자네가 오지 않는다면 우리 편 영웅들의 희생이 더욱 커질 거야!"

아킬레우스는 꿈에서 깨어난 사람처럼 고개를 돌려 나무라는 벗을 바라보았다. 바로 그 순간 전투의 함성이 아킬레우스의 귀에도 들려왔다. 대답할 겨를도 없이 아킬레우스는 단숨에 선진 사이의 통로를 빠져나가 자기 막사로 달려갔다. 그는 큰 소리로 뮈르미도네스 인들에게 외쳤다.

* 라오다메이아는 단 세 시간만이라도 좋으니 사랑하는 프로테실라오스를 저승에서 돌려보내달라고 신들에게 애원했고 신들은 그 애원을 받아들였다. 그 후 라오다메이아는 스스로 목숨을 끊어 영원히 애인과 함께 있게 되었다.

"무기를 잡아라!"

그는 병사를 거느리고 마치 번개처럼 전쟁터에 나타났다. 폭풍과도 같은 아킬레우스의 공격을 받자 헥토르도 더는 버틸 수 없었다. 아킬레우스는 프리아모스의 아들 둘을 칼로 쳐서 죽였다. 프리아모스는 성벽 위에서 죽어가는 아들들을 바라보며 비통해할 수밖에 없었다. 텔라몬의 아들인 대 아이아스는 아킬레우스 옆에 바짝 붙어 싸웠다. 거인처럼 기골이 장대한 그 몸집이 그리스 인들 사이에서 두드러졌다. 두 영웅이 휘두르는 무기 앞에 트로이아 인들은 사냥개에게 기는 사슴 떼처럼 이리저리 피해 다니기 바빴다.

마침내 트로이아 군이 퇴각을 시작하더니 성안으로 들어가 성문을 굳게 닫았다. 그리스 군도 각기 진지로 철수하여 숨을 돌린 뒤 다음 전투를 위해 진지를 재정비했다. 아킬레우스와 아이아스는 아가멤논에게서 함선을 경비하라는 명령을 받았다. 그들은 함선 경비를 다시 하급 지휘자들에게 부대별로 나눠 맡겼다.

그들은 전사한 프로테실라오스의 장례를 정중하게 지내주었다. 장작더미를 높이 쌓아놓고 시체를 그 위에 올려 화장했다. 그 후 재를 반도에 있는 높이 자란 아름다운 느티나무 아래 묻었다. 그러나 매장을 채 끝내기도 전에 트로이아 군의 이차 공세가 시작되어 엄숙히 장례식을 치르던 그리스 인들을 놀라게 했다.

트로아스 지방의 콜로나이는 퀴크노스 왕이 다스렸다. 퀴크노스 왕은 바다의 신 포세이돈과 요정 사이에서 태어났다. 그는 기이하게도 테네도스 섬의 백조한테서 자랐는데 그래서 퀴크노스, 즉 백조라는 이름을 얻었다. 퀴크노스는 트로이아와 동맹을 맺고 있었다. 그래서 그는 외국군이 트로아스에 상륙했음을 알았을 때, 프리아모스의 요청 없이도 오래된 친구를 도와주러 가는 것이 당연한 의무라고 생각했다. 퀴크노스 왕은 용감한 군사들을 모아 그리스 군의 진지 근처에 매복하기로 했다.

퀴크노스가 부하들과 함께 매복지에 도착했을 때 그리스 인들은 마침 전사자들에게 마지막 영예를 베푸는 의식을 집행하고 있었다. 그리스 인들은 무장하지 않은 상태로 시체를 화장하기 위해 장작더미 주위에 모여 있었다. 그들은 무방비 상태에서 갑자기 자신들을 둘러싼 전차와 무장한 군사들을 보았다.

하늘에서 내려왔는지 땅에서 솟아났는지 분간할 겨를도 없이 퀴크노스와 그의 부하들이 그리스 인들을 기습해 피바다를 만들었다. 그리스 인들 중 일부만이 프로테실라오스의 장례식을 계속 진행하고자 그곳에 남았다. 배 옆이나 막사에 있던 다른 사람들은 가까이 있는 무기를 집어 들고, 펠레우스의 아들 아킬레우스를 선두로 급히 완전무장을 하고 대열을 지어 자기편을 도우러 나섰다.

지휘관 아킬레우스는 전차를 타고 엄청난 힘으로 필살의 창을 좌우로 휘두르면서 콜로나이 인들을 거꾸러뜨렸다. 이러한 혼전 속에서 아킬레우스는 멀리서 창을 휘두르며 닥치는 대로 그리스 인들을 죽이고 있는 적장을 알아보았다. 아킬레우스는 그쪽으로 백마를 몰아 전차 위에서 퀴크노스와 대치했다. 그는 근육이 보기 좋게 발달한 팔로 창을 휘어지도록 잡아당기며 큰 소리로 외쳤다.

"젊은이여, 그대는 누구냐! 여신 테티스의 아들 손에 죽게 된 것을 영광스럽게 생각하고 이 창을 받아라!"

이 말이 끝나자마자 아킬레우스의 창이 날아갔다. 이 창이 빗나가지 않고 퀴크노스의 가슴팍에 정확히 맞는 듯하더니, 둔한 소리를 내며 튕겨 나왔다. 아킬레우스는 불사신 같은 적에 깜짝 놀라 상대방의 얼굴을 자세히 쳐다보았다.

"여신의 아들이여! 너무 놀랄 것 없다."

퀴크노스가 웃으면서 아킬레우스를 향해 말했다.

"창이 가슴에 꽂히지 않는 것은 투구나 왼손에 들고 있는 방패 탓이 아니다. 이 따위 호신 기구는 장식품에 지나지 않는다. 전쟁의 신 아레스도 때때로 장난삼아 호신 기구 같은 것을 몸에 걸치고는 했지만, 원래 신의 몸은 그런 게 필요 없다. 어떤 무기도, 이 몸에 상처 하나 내지 못할 것이다! 내 몸은 강철같이 단단하기 때문이다. 나는 바다 요정의 아들 따위하고는 다르다. 나는 네레우스와 그의 딸들 그리고 모든 바다를 명령하는 자의 아들이다. 그대 앞에 서 있는 사람이 바로 포세이돈의 아들이다!"

이렇게 말하며 퀴크노스가 던진 창은 아킬레우스의 방패에 와 박혔다. 창은 신성한 방패의 청동 표면과 아홉 장의 쇠가죽을 꿰뚫고 열째 장의 쇠가죽에 가서 걸렸다. 아킬레우스는 방패를 흔들어 창을 빼내고는 자기 창을 퀴크노스에게 던졌다. 그러나 퀴크노스는 여전히 상처 하나 입지 않고 우뚝 서 있었다. 세 번째로 던진 창도 아무런 효과가 없었다.

아킬레우스는 코앞에 붉은 천을 두고 뿔로 하늘을 들이받는 투우장의 성난 황소처럼 화가 나서 펄펄 뛰었다. 그리고 다시 한 번 창을 잡아 퀴크노스에게 힘껏 던졌다. 이번에는 멋지게 왼쪽 어깨를 맞혔다.

퀴크노스의 왼쪽 어깨가 벌겋게 피로 물들었다. 그러나 기쁨도 잠시였다. 그 피는 퀴크노스의 것이 아니라 그 옆에서 용감하게 싸우던 적군의 영웅 메노이테스가 다른 사람의 창을 맞으며 뿌린 피였다. 분노한 아킬레우스는 이를 갈며 전차에서 뛰어내려 칼을 뽑아 들고 적장을 향해 달려갔다. 그러나 예리한 그의 칼도 강철같이 단단한 퀴크노스의 몸에서는 둔한 소리를 내며 튕겨 나갔다. 절망한 아킬레우스가 쇠가죽 열 장을 겹쳐 만든 방패를 치켜들고 적을 덮쳤다. 그는 상처를 입지 않는 퀴크노스의 관자놀이를 방패 장식으로 서너 번 내리쳐 마침내 상처를 입혔다. 그러자 퀴크노스가 물러서기 시작했다. 그는 눈앞이 캄캄해지는 것을 느끼고 뒷걸음질을 치다 돌에 걸려 쓰러지고 말았다. 아킬레우스는 퀴크노스의 목을 잡아 땅으로 끌어내려 쓰러뜨린 뒤 방패와 무릎으로 가슴을 짓누르고 투구 끈으로 그의 목을 졸랐다.

신의 아들인 총지휘관이 죽자 콜로나이 병사들은 갑자기 전의를 상실하고 전쟁터에서 도망가기 바빴다. 이 습격이 끝나고 보니 반쯤 만들다 만 프로테실라오스의 무덤 주변 들판에 적군과 아군의 시체가 여기저기 널려 있었다. 동료들의 죽음을 슬퍼하는 그리스 인들은 또다시 새로운 장례를 치러야만 했다.

퀴크노스의 습격에 대한 보복으로 그리스 군은 죽은 퀴크노스의 영토를 공격해 수도 멘토라에서 왕의 아들들을 사로잡았다. 그러고는 이웃나라 킬라를 공격해 함락했으며 많은 전리품을 수레에 싣고 의기양양하게 진지로 돌아왔다.

팔라메데스의 죽음

그리스 군에서 가장 지혜로운 사람은 팔라메데스였다. 그는 활동적이었고 현명하며 정의로웠다. 또한 항상 침착했고 부드러운 용모를 지녔으며, 노래와 악기를 다룰 줄 아는 사람이었다. 트로이아 원정에 나선 그리스 왕들 대부분은 거의 모두 팔라메데스의 뛰어난 웅변에 이끌려 나온 것이었다. 그의 슬기로움은 책략으로 유명한 오뒷세우스조차 당해내지 못할 정도였다. 그런 탓에 그는 그리스 군에서 화해할 수 없는 적이 생겼다. 왕들 사이에서 팔라메데스의 명성이 높아지면 높아질수록 그 적은 밤낮을 가리지 않고 복수만 생각하면서 더욱더 음흉한 계획을 꾸미기에 바빴다.

어느 날 그리스 인들은 아폴론의 계시를 받아 황소 백 마리를 아폴론 스민테우스—트로아스 지방에서는 아폴론을 그렇게 불렀다—의 조각기둥과 신전이 있는 곳에 제물로 바치게 되었다. 팔라메데스가 신의 간택을 받아 제물로 바칠 동물을 이끌고 신전으로 나아갔다. 신관 크뤼세스가 기다리고 있다가 엄숙한 희생제사를 거행했다.

이 지방의 아폴론 신앙에는 이상한 전설이 있었다. 옛날 크레테 섬에서 옮겨 온 테우크로이 족이 테우크로스 왕과 함께 이 소아시아 해안에 상륙했을 때, 신탁은 그들에게 다음과 같이 명했다.

"땅속에서 기어 나오는 적을 본 장소에서 살지어다."

그들이 이 지역의 하막시토스라는 도시에 이르렀을 때, 쥐가 땅속에서 기어 나와 하룻밤 사이에 방패를 하나도 남기지 않고 갉아 먹어 버렸다. 테우크로이 족은 이것이 바로 아폴론의 계시라 믿고 그 땅에

터를 잡았다. 그런 다음 아폴론의 상을 아로새긴 기둥과 신전을 세우고 그 발밑에 한 마리의 쥐—아이올리아 지방 사투리로 쥐를 '스민타'라고 한다—를 새겨놓았다.

이 아폴론 스민테우스 신전이 크뤼세에서 멀지 않은 언덕에 세워져 있었기에, 팔라메데스의 주재 아래 신관 크뤼세스가 황소 백 마리나 양 백 마리를 그곳에서 제물로 바쳤다. 그런데 아폴론의 계시로 팔라메데스에게 주어진 이 명예가 그의 몰락을 앞당겼다. 질투에 눈이 먼 오뒷세우스가 모든 사람이 존경하는 팔라메데스를 파멸시키기 위해 가증스러운 간계를 꾸몄기 때문이다. 오뒷세우스는 남몰래 팔라메데스의 막사로 숨어들어 큰 금을 감춰놓고 나왔다. 그리고 프리아모스의 이름으로 팔라메데스에게 보내는 편지를 썼다. 프리아모스는 팔라메데스가 그리스 군의 비밀을 누설한 데 감사하며 답례로 금을 보낸다는 내용이었다.

오뒷세우스는 프뤼기아 인 포로가 이 편지를 손에 쥐고 있다가 우연히 자신에게 발견된 것처럼 꾸몄다. 죄 없는 프뤼기아 인 포로는 영문도 모른 채 편지를 가지고 있었다는 죄로 즉시 처형되고 말았다. 오뒷세우스는 편지 내용을 그리스 진영 참모회의에서 공개했다. 팔라메데스는 그리스 왕들의 분노를 샀고, 아가멤논과 주요 지휘관으로 구성된 군법회의에 회부되었다. 오뒷세우스는 의장 자리를 차지해 팔라메데스의 막사를 뒤지게 했고 마지막에는 땅을 파보게 했다. 그러자 오뒷세우스가 미리 감춰두었던 커다란 금덩어리가 그의 막사에서 발견되었다. 오뒷세우스가 꾸민 모략임을 전혀 모르는 재판관들은 만장일치로 팔라메데스에게 사형선고를 내렸다. 그는 변명해도 소용이 없다고 생각했다. 자기를 없애버리기 위한 음모임을 알았으나, 자신의 무죄와 오뒷세우스의 음모를 입증할 증거가 없었다. 그래서 돌로 때려죽이라는 판결이 내려졌을 때 팔라메데스는 이렇게 외쳤을 뿐이었다.

"그리스 인들이여! 여러분은 가장 결백하고 현명하며 가장 노래를 잘하는 밤꾀꼬리를 죽이려 드는가!"

간계에 눈이 먼 왕들은 이 비통한 외침을 묵살하고, 그리스에서 가장 고귀한 인물을 참혹한 처형장으로 끌고 가게 했다. 팔라메데스는 영웅다운 의연한 태도로 굴욕을 참았다. 돌이 하나둘 날아오자 그가 큰 소리로 외쳤다.

"기뻐하라, 진리여! 네가 나보다 앞서 죽는구나!"

이 말이 끝나자마자 복수에 불타오르는 오뒷세우스가 던진 돌이 정통으로 그의 머리를 쳤다. 팔라메데스는 힘없이 쓰러져 숨을 거두었다. 그러나 하늘에서 내려다보던 정의의 수호자 네메시스 여신은 그리스 인들의 경솔함과 간악한 오뒷세우스의 악행을 벌하기로 결심했다.

아킬레우스와 아이아스의 활약

트로이아 전쟁이 일어난 다음 해에 있었던 이야기는 별로 자세하게 전해지지 않았다. 그러나 그리스 인들이 트로이아에서 하릴없이 지낸 것은 아니었다. 트로이아 인들이 병력을 아끼느라 별 공세를 취하지 않았기 때문에 그리스 인들은 주변국을 공격하는 데 힘을 쏟았다.

아킬레우스는 함대를 이끌고 열두 도시를 차례차례 공격해 그중 열한 도시를 점령했다.

뮈시아 지방으로 원정 갔을 때에는 아스튀노메 또는 크뤼세이스라 불리는, 사제 크뤼세스의 딸을 납치해 왔다. 뤼르넷소스를 점령했을 때는 그곳 사제이며 영주인 브리세우스의 궁전을 습격했다. 브리세우스는 절망한 나머지 스스로 목숨을 끊었다. 그래서 아킬레우스는 힙포다메이아라고도 불리는 그의 아름다운 딸 브리세이스를 애첩으로 취해 그리스 진영으로 돌아왔다.

아킬레우스는 또 레스보스 섬을 비롯해 플라코스 산 밑에 세워진 뮈시아의 도시 테바이도 함락시켰다. 당시 이 도시를 지배하던 사람은 프리아모스 왕의 사돈인 에에티온이었다. 그는 자신의 딸 안드로마케를 트로이아에서 가장 용감한 영웅으로 알려진 헥토르에게 시집보냈다. 에에티온의 일곱 아들은 모두 왕성에서 늠름하게 자라고 있었다. 아킬레우스는 높이 솟은 성문을 깨뜨려 부수고, 에에티온과 그의 일곱 아들을 모두 죽여버렸다.

비록 전쟁에서는 승리를 거두었지만 경외심을 불러일으킬 정도로 아름답고 고귀한 에에티온 왕의 시체를 보자 젊은 영웅 아킬레우스는 부끄러운 마음이 솟아올랐다. 왕의 무기를 빼앗아 명예로운 전리품으로 삼을 용기가 나지 않았다. 그래서 에에티온의 시체를 화장한 뒤 섬세한 조각이 잔뜩 새겨진 무기와 함께 정중히 묻었고, 훌륭한 기념비까지 세워주었다. 이 기념비는 커다란 느티나무 그늘에서 항상 그 지역을 돋보이게 했다.

아킬레우스는 왕비 안드로마케의 어머니를 노예로 끌고 갔으나 훗날 막대한 몸값을 받고 풀어주었다. 그러나 고향으로 돌아온 그녀는 비단을 짜다가 여신 아르테미스의 화살에 맞아 죽고 말았다. 또한 아킬레우스는 테바이를 공격했을 때 왕의 마구간에서 명마 페다소스를 끌고 갔다. 이 말은 비록 죽음을 피할 수 없는 이 세상에서 살고 있었지만, 아킬레우스의 불사의 말에 뒤지지 않는 체력과 빠른 발을 가지고 있었다. 다른 말과 견주어 손색이 없는 명마였다. 또한 에에티온 왕의 무기 창고에서 아킬레우스는 수많은 전리품을 얻었다. 그중 거대한 쇠뭉치 원반은 농민들이 오 년 동안은 너끈히 농기구로 만들어 쓸 만한 양이었다.*

그리스 인들 가운데 아킬레우스 다음으로 가장 용감하고 몸집이 큰 영웅은 텔라몬의 아들 아이아스였다. 그도 하릴없이 지내지 않았다. 함대를 이끌고 맨 먼저 간 곳은 폴뤼네스토르의 왕성이 우뚝 솟아 있는 트라케 반도였다. 트로이아 왕 프리아모스는 폴뤼네스토르에게 애첩 라오토에가 낳은 막내아들 폴뤼도로스를 보내 기르게 했다. 귀여운 아들을 전쟁의 의무에서 벗어나게 하기 위해서였다. 아들의 양육비로 프리아모스 왕은 충분한 금품을 보내왔다. 그러나 자기 나라가 영웅 아이아스에게 공격을 당하고 왕성이 포위되자, 신의 없는 트라

* 프리아모스의 아들 트로일로스가 아킬레우스에게 살해당한 것도 바로 이 무렵의 일이었다. 이 혈기왕성하고 다정다감한 청년은 어느 날 젊은 기분에 트로이아 도시를 벗어나 말을 타고 들판을 달렸다. 그때 샘 근처에 숨어 있던 아킬레우스가 뒤를 쫓자, 트로일로스는 아폴론의 제단으로 몸을 피해 보호해달라고 빌었다. 냉혹한 아킬레우스는 제단에 엎드려 있는 트로일로스를 보자 단칼에 찔러 죽이고 말았다. 이때 헥토르를 앞세운 트로이아 인들이 달려왔다. 헥토르는 트로일로스의 시체를 고향으로 가지고 돌아와 장사를 지내주었다. 이런 일이 있은 후부터 아폴론은 자기 제단을 더럽힌 아킬레우스를 미워했다.

케 왕은 양육비로 받은 금품과 트로이아의 왕자를 내놓겠다며 강화를 제의했다. 그는 프리아모스 왕과의 우정을 부인하고 그를 저주하면서 왕자 양육을 위해 받아두었던 금품과 식량을 그리스 인들에게 모두 나눠 주었다. 그리고 아이아스에게는 동맹국의 왕 프리아모스의 금은 보화를 주었을 뿐 아니라 왕자 폴뤼도로스까지 넘겨주었다.

아이아스는 노획물을 손에 넣고도 곧바로 그리스 진영으로 돌아가지 않고 배를 돌려 프뤼기아 해안으로 향했다. 그리고 테우트라스의 왕국을 공격해 전쟁을 벌였다. 그는 군대의 선두에 서서 자신에게 대항했던 왕을 죽이고, 귀족적이고 우아한 용모를 지닌 공주 테크멧사를 전리품으로 끌고 갔다. 공주의 아름다움과 고결한 마음에 사로잡힌 아이아스는 테크멧사를 부인과 똑같이 대우했다. 만약 자기 민족 이외의 여인과 결혼할 수 있는 관습이 그리스에 있었다면 그는 그녀와 성대한 결혼식을 올렸을 것이다.

무사히 원정을 끝낸 아킬레우스와 텔라몬의 아들 아이아스는 전리품을 가득 실은 배를 타고 트로이아에 있는 그리스 진영으로 돌아왔다. 그리스 진영은 두 사람의 전과에 환호하며 그들을 성대히 맞아들였다. 두 영웅을 둘러싼 모든 병사의 환호성이 울려 퍼지는 가운데, 그들의 머리에는 승리를 찬양하는 월계관이 씌워졌다. 그런 다음 두 영웅은 가지고 돌아온 전리품을 어떻게 나눌지 의논했고 그것들을 그리스 인 전체의 재산으로 삼기로 결정했다.

납치해 온 여인들이 앞으로 끌려 나오자 그 아름다운 모습에 그리스 인들의 눈이 휘둥그레졌다. 브리세우스의 딸 브리세이스는 아킬레우스가 차지했고 테크멧사는 영웅 아이아스가 차지했다. 아킬레우스는 브리세이스의 소꿉동무인 디오메데도 옆에 두기로 했다. 디오메데는 어렸을 때부터 브리세이스와 한집에서 자라 헤어지기를 너무나도 싫어했다. 그래서 그녀는 눈물을 흘리며 아킬레우스의 발아래 꿇어엎드려 사랑하는 주인과 헤어지지 않게 해달라고 했다.

신관 크뤼세스의 딸 아스튀노메는 왕의 권위에 경의를 표하는 의미에서 민족의 지도자 아가멤논에게 주기로 했으며, 아킬레우스도 기꺼이 양보했다. 그 밖의 전리품인 포로와 식량 등은 모든 그리스 군사에게 공평하게 나눠 주었다.

아이아스는 오뒷세우스와 디오메데스의 요청으로 폴륌네스토르 왕의 보화를 배에서 내렸다. 그중 상당량의 금과 은 역시 아가멤논 왕의 몫으로 결정되었다.

폴뤼도로스의 운명

마지막으로 영웅들은 가장 귀중한 전리품인 프리아모스 왕의 막내아들 폴뤼도로스를 어떻게 처리할지 의논했다. 논쟁 끝에 오뒷세우스와 디오메데스를 특사로 보내 프리아모스 왕이 당장 헬레네를 돌려보내면 막내아들을 풀어주겠다는 뜻을 전하기로 했다. 아내를 빼앗긴 남편 메넬라오스도 세 번째 사신으로 따라가기로 했다. 세 영웅은 젊은 폴뤼도로스와 함께 떠났다. 세 영웅은 민족 간에 정해진 법의 보호를 받아 저항을 받지 않고 사신으로서 트로이아 성에 들어갈 수 있었다.

프리아모스와 그의 아들들은 좀 더 높은 지대에 위치한 궁전에 있었기 때문에 성 밑에서 무슨 일이 벌어졌는지 아직 모르고 있었다. 그때 벌써 그리스의 사신들은 트로이아의 시장 광장에 멈춰 섰고 트로이아 인들이 그들을 둘러쌌다. 메넬라오스는 트로이아의 파리스가 감히 신성한 궁전을 침범하고 사랑하는 아내를 강탈했으며 염치없이 민족 사이의 법도를 어겼다고 비통하게 호소했다. 그의 웅변이 얼마나 뛰어났고 통렬했던지, 트로이아 시민들과 원로들은 메넬라오스의 말에 동정의 눈물을 흘리며 그의 주장이 옳다고 여기게 되었다. 청중의 감동을 재빨리 눈치 챈 오뒷세우스가 이어서 열변을 토했다.

"트로이아 시민 여러분! 우리 그리스 인들은 선불리 행동하는 사람들이 아님을 아셔야 합니다. 우리는 어떤 행동을 하든지 그것이 남의 찬양을 받을 만한 일인지, 더러운 이름을 결코 남기지 않는 일인지를 판단하고 나서야 움직입니다. 사실 우리가 무장한 군대를 보내기 전에 평화롭게 해결해보려고 사절을 먼저 보냈던 일을 기억하실 겁니다. 하지만 그런 노력이 헛되게도 여러분의 나라가 싸움을 걸어왔습니다. 여러분은 이제 그리스 군의 실력을 알았고, 여러분에게 예속되었거나 동맹을 맺은 도시가 폐허로 된 것을 잘 보았을 것입니다. 여러분도 오랫동안 포위당한 채 생활하느라 얼마나 불편하게 지내고 있습니까? 그러나 여러분의 결정에 따라서는 지금 당장이라도 전쟁을 끝맺을 수 있습니다. 트로이아 시민 여러분! 그리스에서 빼앗아 간 것을 돌려주십시오. 그러면 우리는 당장 진영을 해체하고 배에 타 돛을 올리겠습니다. 무적을 자랑하는 함대가 여러분의 해안을 영원히 떠날 것입니다. 오늘만 해도 우리는 빈손으로 온 것이 아닙니다. 귀중한 선물을 여러분의 왕께 가지고 왔습니다. 프리아모스 왕에게는 이 선물이 트로이아 도시에 환란을 가져다준 외국 여자보다 훨씬 귀중할 것입니다. 여기 묶인 이 젊은이가 누구인지 잘 아시겠지요. 왕이 가장 사랑하는 막내아들 폴뤼도로스입니다. 그는 여러분과 부왕의 결정으로 생명과 자유를 얻으리라 기대하면서 여기까지 끌려왔습니다. 자, 어서 우리에게 헬레네를 돌려주십시오. 오늘 안에 우리 손에 넘겨줘야 합니다. 그렇게 하면 폴뤼도로스도 자유의 몸이 되어 아버지의 궁전으로 돌아갈 수 있습니다. 만약 헬레네를 돌려주지 않는다면 여러분의 도시는 파괴될 것입니다. 그러나 그 전에 여러분의 왕은 살아서는 보고 싶지 않은 일을 보게 될 것입니다!"

오뒷세우스가 말을 마치자 트로이아 시민들은 물이라도 뿌린 듯 조용해졌다. 이윽고 현명하고 사람들에게서 존경받는 원로 안테노르가 입을 열었다.

"친애하는 그리스 인들이여! 그대들은 한때 내 집에 머물렀던 손님들이기도 합니다. 말씀하신 것을 우리는 충분히 알고 있고 마음속으로 옳다고 생각합니다. 그러나 우리에게 이 사태를 개선할 의지가 있더라도 그럴 만한 힘이 없습니다. 이 나라에서는 왕의 명령이 절대적입니다. 왕을 거스르는 일은 국법을 어기는 것인 데다 조상 대대로 내려오는 우리의 신념과 민족의 양심이 허락하지 않습니다. 다만 왕께서 우리 의견을 물어보았을 때에만 우리는 나랏일에 대해 말할 수 있지요. 설령 우리가 의견을 말해도 받아들이는 것은 여전히 왕의 뜻에 달렸습니다. 그러나 트로이아 대표들의 의견에 대해 원로들을 모아 당신 앞에서 의논해보겠습니다. 우리에게 그 이상의 힘은 없습니다. 왕도 우리의 이런 뜻을 거절하지는 않을 것입니다."

이렇게 해서 안테노르가 원로회의를 열고 그리스의 사신들을 초청했다. 안테노르가 의장을 맡았다. 주요 인물들이 차례로 발언하면서 파리스의 행위를 규탄했다. 다만 전쟁을 좋아하는 음흉한 안티마코스만은 그리스 왕비의 납치를 변호했다. 안티마코스는 파리스에게서 이미 많은 뇌물을 받은 것이었다. 그는 기회가 있을 때마다 파리스를 변호하면서 헬레네를 돌려보내자는 주장을 방해해왔다.

이번에도 그는 그런 목적에 충실했다. 그리스 사신으로 온 세 영웅을 암살하자는 비열한 의견까지 내놓았다. 그러나 트로이아의 원로들이 이 제안을 거부하자 이번에는 폴뤼도로스를 아무런 대가 없이 프리아모스 왕에게 돌려줄 때까지 세 사신을 감금하자고 제의했다. 그러나 이 제안 역시 신의를 저버린 행동이라며 거부당했다. 안티마코스는 계속해서 그리스의 영웅들을 공개적으로 모욕하다가 원로들에게서 욕을 얻어먹고 회의장에서 쫓겨났다.

화가 난 그는 그 길로 왕궁으로 들어가 프리아모스 왕에게 그리스 사신들이 온 것을 알렸다. 이번에는 왕과 그의 아들들이 회의를 열었다. 긴장된 분위기 속에서 오랜 시간 회의가 진행되었다. 그 자리에는 프리아모스 왕의 두터운 신임을 받고 있는 원로 귀족 판토오스도 초청되었다. 판토오스는 왕자 중에서 가장 용감하고 공정하며 경건한 헥토르를 향해 착한 트로이아 백성들의 의견대로 전쟁의 원인인 헬레네 왕비를 돌려보내자고 간청했다.

원로 판토오스가 말했다.

"파리스는 오랜 세월을 두고 부당하게 얻은 노획물을 차지해왔소. 이제 우리 동맹국들은 모조리 파괴당했소이다. 그 도시들이 몰락해가는 모습이 바로 우리들 자신의 운명을 말해주고 있소. 그뿐 아니라 그리스 인들은 당신의 어린 동생 폴뤼도로스까지 인질로 잡아두고 있지 않소. 만일 헬레네를 내놓지 않으면 폴뤼도로스 왕자가 어찌 되겠소?"

헥토르는 아우 파리스의 비행을 부끄러워하며 얼굴을 붉히고 눈물을 흘리며 슬퍼했다. 그러나 헬레네를 돌려보내자는 의견에는 찬성하지 않았다. 그는 판토오스에게 대답했다.

"헬레네는 누가 뭐라 해도 이 궁전에 보호를 청한 사람입니다. 우리는 그런 생각으로 그녀를 맞아들였고, 헬레네와 파리스를 위해 화려한 궁을 지어주었습니다. 두 사람은 멋진 집에서 기쁨에 잠겨 이미 몇 해를 살아왔습니다. 이제 와서 헬레네를 돌려보내라니 말이 됩니까? 전쟁이 일어날 줄 알면서 그때는 왜 아무 말씀도 하지 않으셨습니까?"

판토오스가 반박하며 말했다.

"아무 소리 하지 않았던 것은 아니오. 내 양심은 결백하오. 당신들에게 아버지의 예언을 전해드렸고 분명히 경고했소. 그리고 이제 두 번째 경고를 하는 것이외다. 어떤 일이 일어나더라도 나는 이 도시와 왕을 여러분과 함께 충실하게 지켜나갈 것이오. 설령 여러분이 내 의견을 받아들이지 않더라도 말이오."

이 말을 끝으로 판토오스는 왕자들의 회의장을 떠났다. 결국 헥토르의 제안에 따라 헬레네는 돌려보낼 수 없지만 그녀와 함께 빼앗아 온 재물에 대해서는 모두 손해배상을 한다는 결정이 내려졌다. 그리고 메넬라오스에게는 헬레네 대신 프리아모스 왕의 공주들 중 한 사람인 영리한 캇산드라나 이제 활짝 피어난 아름다움을 간직한 폴뤽세네를 지참금과 함께 보내기로 했다. 그러나 그리스의 사신들이 프리아모스 왕과 그의 아들들 앞으로 안내되어 이 제안을 듣게 되었을 때 당사자인 메넬라오스는 분을 참지 못하고 소리쳤다.

"참으로 어이가 없소! 내 손으로 고른 아내를 여러 해 동안 도둑맞은 끝에 이제 적이 뽑아주는 아내를 맞이해야 한다니. 이방인인 그대들의 딸은 그대들이 가지고 어서 내 아내를 돌려주시오."

그러자 크레우사의 남편이자 왕의 사위인 아이네이아스가 자리에서 일어나 경멸에 찬 비웃음을 만면에 띠며 메넬라오스를 향해 거칠게 외쳤다.

"파리스를 사랑하고 오래된 왕가의 명예를 소중히 간직하고자 하는 모든 사람과 나의 뜻대로만 할 수 있다면 너 따위에게는 어떤 여자도 줄 수 없다. 이 불쌍한 자야, 프리아모스 왕국에는 아직도 동맹국이 많다. 설령 폴뤼도로스를 잃더라도 프리아모스 왕에게는 다른 자식이 많다. 그리스 인들이 트로이아의 딸들을 마음대로 노략해도 된다고? 천만의 말씀! 지금 당장 함대와 함께 이 나라를 떠나지 않으면 트로이아의 힘을 보여주겠다! 트로이아에는 아직도 전쟁을 좋아하는 젊은 용사들이 충분히 있다. 멀리서 강력한 동맹국의 용사들도 달려와줄 것이다. 너희들이 해치운 것은 근처의 약한 자들뿐이었다!"

아이네이아스의 말에 그 자리에 있던 트로이아의 영웅들이 갈채를 보냈다. 만약 헥토르가 말리지 않았다면 그리스의 사신들은 큰일을 당할 뻔했다. 분노를 감추고 그들은 포로 폴뤼도로스를 데리고 그리스 진영으로 돌아왔다. 프리아모스 왕은 멀리서만 막내아들의 모습을 보았을 뿐이다.

사신들이 트로이아에서 당했던 일과 안티마코스의 책동, 헥토르를 제외한 왕자들과 아이네이아스의 교만한 행동에 대한 소식이 진영에 퍼지자 그리스 군대가 술렁였다. 모든 그리스 민족이 화가 나서 소리 내어 복수를 외쳤다. 긴급히 열린 작전 회의에서 지휘관들은 망설이지 않고 폴뤼도로스를 아버지와 형들의 죄를 대신해 처형하기로 결정했다. 그리고 그 자리에서 바로 형이 집행되었다. 불행한 소년 폴뤼도로스는 트로이아 성벽 아래의 시야가 닿는 곳까지 끌려나왔다.

병사들이 떠들썩하자 프리아모스 왕은 왕자들과 함께 성벽에 나타났고 곧 비통한 소리를 질러야 했다. 오뒷세우스의 협박을 직접 눈으로 봐야 했기 때문이다. 사방에서 아무것도 걸치지 않은 폴뤼도로스의 맨몸을 향해 돌을 던졌다. 불행한 소년은 소나기처럼 쏟아지는 돌을 맞고 비참한 죽임을 당했다. 그래도 그리스 영웅들은 아버지 프리아모스 왕의 간청을 받아들여 엉망이 된 폴뤼도로스의 시체를 인도해 묻을 수 있게 해주었다. 트로이아의 영웅 이다이오스의 인솔하에 프리아모스 왕의 신하들이 시체를 인수하러 왔다. 그들은 눈물을 흘리고 탄식하면서 폴뤼도로스의 시체를 실어 절망에 빠진 아버지 프리아모스 왕이 있는 곳으로 옮겨왔다.

크뤼세스, 아폴론, 아킬레우스의 분노

이런 사건을 겪으며 트로이아 전쟁도 십 년째로 접어들었다. 그리스 군의 영웅 아이아스는 여러 원정에서 무사히 돌아왔다. 폴뤼도로스

처형은 두 민족 사이의 불타는 증오에 기름을 부은 격이 되었다. 하늘의 신들도 두 편으로 나뉘었다. 어떤 신은 그리스 인들의 잔학성이 싫어서 트로이아 편을 들었고, 어떤 신은 그리스 편을 들어 활발하게 그들을 거들어주었다.

헤라, 아테네, 헤르메스, 포세이돈, 헤파이스토스는 그리스 편을 들었다. 한편 아레스, 아프로디테는 트로이아 편이었다. 트로이아 전쟁이 십 년째 되는 해이자 마지막 해에 벌어진 이야기는 이전의 구 년에 비해 그 열 배나 되는 많은 이야기가 전해졌고 노래로도 불렸다. 아킬레우스의 분노와 이 위대한 영웅의 원한이 그리스 인들에게 가져다준 여러 가지 불행을 시인들의 제왕 호메로스가 시로 지어 노래했기 때문이다.*

펠레우스의 아들 아킬레우스를 분노하게 만든 원인은 다음과 같았다. 그리스 인들은 트로이아에 보낸 사신들이 돌아온 후 트로이아 인들의 위협에 대처하여 전쟁 준비를 서두르고 있었다. 그런데 아폴론 신의 사제 크뤼세스가 황금으로 만든 평화의 지팡이에 아폴론의 월계수 가지를 감고 그리스 진영을 찾아왔다. 딸을 찾기 위해 막대한 몸값을 가지고 온 것이었다. 이전에 아킬레우스가 그의 딸을 강탈해 갔는데, 이제 그녀는 아가멤논의 수중에 있었다. 크뤼세스는 아트레우스의 아들 아가멤논과 메넬라오스의 군사들 앞에서 청원했다.

"아트레우스의 자손들과 그리스 인 여러분! 만약 여러분이 내 사랑

* 호메로스의 《일리아스》는 1만 5,000여 행에 이르는 방대한 분량의 영웅서사시이다. 십 년에 걸친 전쟁의 마지막 해의 오십 일 동안 일어났던 일을 담고 있는데, 이는 아킬레우스의 분노에서 헥토르의 시신을 돌려주는 데까지에 해당한다.

하는 딸을 이 보물과 바꿔준다면 올림포스의 신들은 트로이아에 패망을 가져다줄 것입니다. 저는 신들과 직접 통할 수 있는 힘을 지닌 아폴론의 사제입니다. 반드시 제가 그렇게 만들어드릴 것을 약속합니다."

군사들은 크뤼세스에게 박수를 보냈다. 그리고 이 훌륭한 사제를 존중하여 귀중한 몸값을 받으라고 요구했다. 그러나 총사령관 아가멤논 왕은 자기 손에 들어온 귀여운 노예를 내주기 싫어 화를 냈다.

"늙은이여! 두 번 다시 우리 함선을 찾아오지 말라. 그대의 딸은 나의 시녀로 남아 있을 것이고, 아르고스의 궁전에서 늙을 때까지 옷감 짜는 일을 할 것이다. 나를 자극하지 않는 것이 무사히 고향으로 돌아가는 길인 줄 알아라!"

크뤼세스가 놀라 그 말에 복종했다. 그는 말없이 해안가로 서둘러 걸어갔다. 그곳에서 그는 자기가 받드는 신 아폴론에게 두 팔을 높이 쳐들고 기도드렸다.

"크뤼세와 킬라 그리고 테네도스 땅을 지배하시는 아폴론 스민테우스여! 굽어살피소서. 저는 지금까지 당신의 신전을 정성껏 모셔왔고 좋은 제물을 잘 골라 바쳐왔나이다. 그러니 이제 그리스 인들을 당신의 화살로 무찔러주시옵소서."

크뤼세스가 큰 소리로 기도드리자 아폴론은 즉시 그의 청을 받아들였다. 아폴론은 크게 노하여 독화살이 든 화살집과 활을 어깨에 둘러메고 올림포스 산을 내려왔다. 그는 마치 어두운 밤처럼 몰래 다가와 그리스 진영 가까운 곳에 앉더니 재빠르게 화살을 쏘아댔다. 그의 은(銀) 화살이 무서운 소리를 내며 날아갔다. 이 보이지 않는 화살에 맞으면 누구나 무서운 전염병에 걸려 갑자기 죽게 되어 있었다. 처음에 그는 진영에 있는 노새나 개를 쏘았다. 그러나 곧 사람을 겨누어 쏘자 한 사람씩 차례로 쓰러져, 죽은 사람을 화장하는 장작더미에 밤낮으로 불이 꺼질 새가 없었다.

아흐레 동안 그리스 진영에는 걷잡을 수 없는 전염병이 퍼졌다. 열흘째 되는 날 아킬레우스는 그리스 인의 수호여신 헤라의 충고를 받아들여 민회를 소집했다. 그리고 아폴론에게 어떤 제물을 바쳐야 노여움을 풀고 재앙을 면할 수 있는지 사제와 예언자 그리고 해몽가에게 물어보자고 제안했다.

곧이어 진중에서 가장 현명한 예언자 칼카스가 자리에서 일어났다. 그는 영웅 아킬레우스가 자신을 지켜주기로 약속한다면 아폴론의 노여움을 풀 방도를 설명하겠다고 했다. 펠레우스의 아들 아킬레우스가 안심시키자 칼카스가 말했다.

"아폴론 신의 노여움은 기도를 소홀히 하거나 헤카톰베, 즉 소 백 마리를 바치지 않아서 생긴 일이 아닙니다. 아가멤논이 트로이아의 사제를 부당하게 대했기 때문입니다. 그 소녀를 헤카톰베와 함께 크뤼세로 데려가 사랑하는 아버지에게 몸값을 받지 않고 돌려주십시오. 그러지 않으면, 신은 우리가 파멸할 때까지 그 손을 거두지 않을 것입니다. 이것만이 신의 자비를 되찾을 길입니다."

예언자 칼카스의 말을 듣자 아가멤논의 피가 거꾸로 솟구쳤다. 그는 눈을 부라리며 말했다.

"재앙의 예언자야! 너는 내게 행운을 가져오는 말은 한 번도 하지 않는구나. 이번에는 내가 크뤼세스의 딸의 몸값을 거부했기 때문에 아폴론이 전염병을 퍼뜨렸다고 그리스 민족을 설득하려는 거냐? 크뤼세스의 딸이 내 거처에 있는 것은 사실이다. 나는 그녀를 아내 클뤼타임네스트라보다 더 사랑한다. 그녀는 젊었을 때 나의 아내 클뤼타임네스트라 못지않은 용모와 몸매 그리고 재치와 솜씨가 있다. 그렇지만 나는 우리 백성이 멸망하는 것을 보기 전에 그녀를 언제든지 돌려보낼 용의가 있다. 그러나 그에 대해 다른 명예로운 보상을 받아야 한다!"

아가멤논을 향해 아킬레우스가 말했다.

"명예로운 아트레우스의 아들이여! 그대가 그리스 인들에게 어떠한 보상을 요구하는지 나는 모르겠소. 우리에겐 쌓아둔 보물이 없소. 점령한 곳에서 가져온 전리품은 다 나눠 가졌으니 이미 준 것을 다시 빼앗을 수도 없지 않소. 그러니 사제의 딸을 그냥 돌려보내시오. 다행히 제우스 신이 트로이아 정복을 도와주신다면, 우리는 그대의 손실을 세배 네배로 갚아줄 것이오!"

아킬레우스의 이 말을 듣고 아가멤논이 소리쳤다.

"용감한 영웅이여! 나를 속이려 하지 말라! 그대는 자기 몫을 그대로 가지고 있으면서 나에게는 내 몫을 내놓으라고 명령하는 것인가? 그럴 수 없지. 만약에 그리스 인들이 나에게 보상을 해주지 않는다면, 아이아스의 것이건 오뒷세우스의 것이건 그대 펠레우스의 아들 것이건 상관없이 그대들에게 나누어 준 보물들을 되찾아 오겠다. 그대들이 아무리 화를 내도 소용없다. 그러나 이 이야기는 다음 기회로 미루자. 지금은 배와 헤카톰베 준비가 더 시급하니까. 크뤼세스의 장미꽃 같은 딸을 배에 태우고 지휘관들 중 한 사람인 아킬레우스 그대가 배를 이끌고 가주면 좋겠다."

아킬레우스가 씁쓸한 표정을 지으며 대답했다.

"뻔뻔하고 이기적인 왕이여, 그리스 인들 중 누가 그대를 따르려 하겠는가! 트로이아 인들은 나에게 아무런 해를 끼치지 않았소. 그래도 내가 그대를 따라 이곳에 온 것은 그대를 도와 아우 메넬라오스의 복수를 해주기 위해서였소! 지금 그대는 그런 것은 무시해버리고, 내가 피땀 흘려 얻어 온 덕분에 그리스 인들이 받은 선물을 빼앗으려 하고 있소. 도시를 함락시킨 뒤 나는 한 번도 그대처럼 훌륭한 전리품을 받은 일이 없소. 가장 힘든 전투를 치러내는 것은 언제나 내 몫인데도 막상 전리품을 분배할 때면 그대가 가장 값진 것을 차지했소. 반면에 나는 보잘것없는 물건에 만족한 채 전쟁에 지친 몸을 이끌고 함선으로 돌아와야 했소! 이제는 고향 프티아로 돌아가겠소. 그대 혼자서 부와 재물을 마음껏 쌓아보시오!"

"그대의 생각이 그렇다면 지금 도망가라!"

아가멤논이 소리쳤다.

"그대가 아니라도 나에게 영웅은 많다. 그대는 항상 불평만 늘어놓고 이간질하는 자에 불과하다. 크뤼세스의 딸은 분명히 돌려보내겠지만 대신 그대의 막사에서 귀여운 브리세이스를 가져갈 것이다. 내가 그대보다 얼마나 위대한가를 깨닫게 해주지. 앞으로는 아무도 그대처럼 내 면전에서 대들 생각을 하지 못할 것이다!"

아킬레우스는 화가 나서 피가 거꾸로 치솟았다. 그는 칼을 빼 아가멤논을 그 자리에서 죽여버릴까 아니면 화를 참을까 잠시 망설이고 있었다. 그때 갑자기 아테네 여신이 뒤로 다가와 아킬레우스에게만 모습을 나타냈다. 여신은 갈색 머리를 손으로 만지며 속삭이듯 아킬레우스에게 말했다.

"참아야 한다. 소리치는 것쯤은 괜찮지만 칼에 손을 대지 말라. 내 말대로 하면 세 배의 상을 내릴 테니 다급하게 굴지 마라."

아테네의 충고를 받아들여 아킬레우스는 칼자루에 댄 손을 내려 칼을 칼집에 다시 꽂았다. 그러나 그는 하고 싶은 말을 입 밖으로 다 쏟아냈다.

"저런 비열한 사나이는 생전 처음 보았다. 도대체 그대는 전쟁터에서 남보다 앞장서서 싸워본 적이 있는가? 언제나 안전한 구석에서 우물거리다 남이 가져온 전리품이나 챙길 생각을 하는 그런 자가 아니었던가! 돛대에서 푸른 잎이 돋아나지 않는 것처럼, 그대는 앞으로 전쟁터에서 펠레우스의 아들을 볼 수 없을 것임을 이 왕홀 앞에서 맹세한다. 살인마 헥토르가 그리스 인들을 닥치는 대로 해치더라도 도움을 청하지 마라. 그때 뒤늦게 나를 모욕한 일을 후회하고 가슴을 쳐도 소용이 없을 것이다!"

아킬레우스는 이렇게 소리를 치고 손에 들었던 왕홀을 땅에 내던졌다. 그리고 의자에 털썩 주저앉았다. 네스토르가 다투고 있는 두 영웅을 달래 화해시키려 했으나 별다른 효과를 거두지 못했다. 아킬레우스가 마지막으로 아가멤논에게 말했다.

"멋대로 해보시오! 내가 그대 생각대로 움직여줄 것 같소? 그까짓 계집애 하나 때문에 싸우고 싶지 않소. 어차피 그대들이 준 여자였소. 다시 빼앗아 갈 수도 있겠지. 하지만 피를 보고 싶지 않거든 내 배에 있는 다른 물건에는 손댈 생각도 하지 마시오."

회의는 끝났다. 아가멤논은 오뒷세우스를 시켜 크뤼세스의 딸과 제물로 바칠 백 마리 소를 배에 태우고 정해진 곳으로 가져가게 했다. 그들을 보낸 다음 아가멤논은 전령 탈튀비오스와 에우뤼바테스를 불러 아킬레우스의 막사에서 브리세우스의 딸을 데려오라고 명령했다.* 두 신하는 아킬레우스의 진영으로 들어가기를 꺼렸다. 그러나 왕의 서슬이 두려워 명령을 따랐다. 두 신하가 아킬레우스의 진영에 왔을 때 아킬레우스는 막사 앞에 앉아 있었다.

두 사람을 본 아킬레우스의 얼굴에 불쾌한 기운이 서렸다. 아가멤논의 신하들은 두려워서 그들이 막사에 찾아온 까닭을 말할 용기가 나지 않았다. 그러나 아킬레우스는 이미 짐작하고 있었다.

"제우스와 인간의 신하들이여!"

아킬레우스는 두 사신을 불렀다.

"두려워하지 마시오. 좀 더 가까이 오시오. 보아하니 사제의 딸을 데리러 온 모양인데, 그대들에게 무슨 죄가 있겠소? 모든 책임은 아가멤논에게 있지! 파트로클로스, 그 처녀를 데려다 넘겨주게. 두 사람은 여러 신과 사람 그리고 저 폭군 앞에서 나를 위한 증인이 되어주시오. 언제가 도움이 필요할 때 내 모습이 보이지 않더라도 그건 내 책임이 아니라 아가멤논 탓이오!"

파트로클로스에게 이끌려 나온 사제의 딸은 두 신하에게 억지로 끌려갔다. 그 처녀는 착한 주인 아킬레우스를 몹시 따랐기 때문이다. 아킬레우스는 바다를 향해 걸터앉아 멀리 어두운 물결을 바라보며 어머

* 에우뤼바테스는 오뒷세우스의 전령으로 얼굴은 잘나지 못했으나 지혜로운 사나이였다. 탈튀비오스는 아가멤논의 전령인데, 전쟁 중 수차례에 걸쳐 중요한 역할을 해냈다. 그의 자손은 대대로 스파르테에서 전령으로 일할 수 있는 명예를 얻었다.

니 테티스에게 도움을 청했다. 그의 눈에서 눈물이 흘렀다.

그러자 바닷속에서 어머니의 목소리가 들려왔다.

"아들 아킬레우스야! 너를 낳은 내가 슬프구나. 네 목숨도 이제 얼마 남지 않았는데 괴로움과 수치스러운 일까지 겪어야 하다니. 그러나 제우스 신에게 가서 너를 위해 도움을 청해보마. 제우스는 어제 믿음이 깊은 아이티오피아 사람들의 잔치에 초대받아 오케아노스 해안으로 가셨다. 열이틀 후에나 돌아오실 예정이란다. 제우스가 돌아오면 급히 달려가 매달려보자. 그때까지 너는 배에 가만히 앉아 있을 뿐 싸움에는 가담하지 마라, 알았느냐?"

아킬레우스는 마음속으로 어머니의 말에 대답하고는 바닷가를 떠나 막사 안으로 들어가 불만스러운 듯 팔짱을 낀 채 의자에 앉아 있었다.

한편 오뒷세우스는 배를 타고 크뤼세에 당도해 놀라움과 기쁨으로 어쩔 줄 모르는 사제 크뤼세스에게 아름다운 딸을 돌려주었다. 크뤼세스는 고마워서 두 팔을 하늘 높이 쳐들고 포이보스 아폴론에게 그리스 인들에게 벌로 내린 몹쓸 질병을 거두어달라고 빌었다. 그리스 진영 안에 퍼졌던 질병이 금세 사라졌다. 오뒷세우스가 배를 타고 진영에 돌아왔을 때에는 모두들 씻은 듯 나아 있었다.

아킬레우스가 전쟁터에서 손을 뗀 지 열이틀이 지났다. 테티스는 약속을 잊지 않고 이른 새벽 바다를 뒤덮고 있는 안개를 헤치고 바다에서 떠올라 하늘 위 올림포스로 올라갔다. 제우스는 다른 신들과 떨어져 높이 솟은 봉우리에 있었다. 테티스는 그 앞에 꿇어 앉아 탄원자의 관습에 따라, 왼손으로 제우스의 무릎을 끌어안고 오른손으로는 그의 턱을 만지며 청원했다.

"아버지 제우스여! 저는 오늘날까지 말로나 행실로나 늘 당신을 섬겨왔습니다. 부디 제 청을 들어주십시오. 제 아들은 젊어서 죽는 운명에 놓여 있으니 아무쪼록 그에게 영예를 돌려주십시오. 아가멤논이 아들에게 지독한 모욕을 주면서 아들이 자기 손으로 얻은 명예로운 선물을 빼앗았습니다. 제발 제 청을 들어주십시오. 모든 신의 아버지시여! 그리스 인들이 제 아들의 공로에 합당한 값을 치를 때까지는 승리를 트로이아 인에게 주시옵소서."

제우스는 한참 동안 꼼짝도 않고 있었다. 테티스는 팔에 더욱더 힘을 주며 제우스의 무릎에 매달려 속삭였다.

"제발 제 청을 들어주세요, 아버지! 만약에 못하시겠다면 딱 잘라 말씀해주십시오. 다른 신들보다 저를 얼마나 마음에 안 들어하시는지 알 수 있을 테니까요."

이렇게까지 애원하자 제우스는 그 청을 들어주지 않을 수 없었다.

"내게 항상 맞서는 아내 헤라와 나를 싸움 붙이는 것은 좋지 않다. 헤라의 눈에 띄지 않도록 빨리 돌아가라. 약속하는 뜻으로 머리를 끄덕여주면 만족하겠느냐!"

이렇게 말하면서 제우스는 고개를 끄덕였다. 그러나 이 신호에 올륌포스의 산들이 크게 흔들렸다. 테티스는 매우 만족스러워하며 바닷속으로 얼른 되돌아갔다. 그런데 이를 지켜보던 헤라가 달려와 마구 비난을 퍼부어 남편 제우스를 노하게 했다.

제우스가 가라앉은 목소리로 대답했다.

"내가 결정한 일을 거역하면 안 되오. 아무 말 말고 내 명령을 따르시오!"

테티스는 자기 아들 아킬레우스를 위해 올림포스에 있는 제우스를 찾아갔다. "아버지 제우스여! 아가멤논이 아들에게 지독한 모욕을 주면서 아들이 자기 손으로 얻은 명예로운 선물을 빼앗았습니다. 제발 제 청을 들어주십시오. 모든 신의 아버지시여! 그리스 인들이 제 아들의 공로에 합당한 값을 치를 때까지는 승리를 트로이아 인에게 주시옵소서."

〈제우스와 테티스〉, J. A. D. 앵그르, 1811년, 그라네 미술관.

헤라는 모든 신과 인간의 아버지인 남편 제우스의 위엄에 눌려 더는 그 결심을 막지 못했다.

아가멤논이 그리스 인들을 시험하다

제우스는 바다의 여신 테티스에게 승낙의 표시로 고개를 끄덕인 사실을 잊지 않았다. 그래서 그는 그리스 진영 막사 안에서 잠자는 아가멤논에게 꿈의 신을 보냈다. 꿈의 신은 평소 아가멤논이 누구보다 존경하고 신뢰하는 원로 네스토르의 모습을 하고 왕의 베갯머리에 섰다.

"아트레우스의 아들이여, 자고 있소? 모든 군사에게 명령을 내려야 할 사람이 게으른 잠에 취해 있다니, 빨리 일어나시오! 나는 제우스 신이 보내서 왔다오. 제우스는 자네에게 전투 준비를 서두르도록 명하셨소. 이제야말로 트로이아의 멸망이 눈앞에 다가온 것이오."

아가멤논은 눈을 뜨고 자리에서 벌떡 일어나 재빨리 옷을 입고 신발을 신었다. 칼을 찬 다음 왕홀을 손에 들고, 이른 새벽의 안개를 헤치며 진영으로 걸어갔다. 전령들이 여러 막사를 돌았고 지휘관 회의가 긴급히 소집되었다. 회의는 네스토르의 배 안에서 열렸다.

아가멤논이 먼저 입을 열었다.

"전우 여러분! 잘 들으시오. 하늘에서 내려온 꿈의 신이 네스토르의 모습으로 나타나 제우스께서 트로이아를 멸망시키기로 한 것을 알려주었소. 그러나 아킬레우스의 분노로 인해 사기가 꺾인 병사들을 과연 전쟁터로 내보내도 될지 한번 시험해봅시다. 나는 병사들에게 회의에서 배를 타고 트로이아를 떠나기로 결정했다고 알리겠소. 여러 분은 이곳저곳을 부지런히 다니며 그냥 남아 있으라고 부추기시오."

아가멤논의 발언에 이어 네스토르가 자리에서 일어나 왕들에게 말했다.

"만약, 다른 사람이 그런 꿈 이야기를 했다면 거짓말이라며 무시했을 것이오. 그러나 바로 그리스의 왕이 꿈을 꾸었소. 그러니 그를 믿고 일을 벌여봅시다!"

이 말을 하고 나서 네스토르는 회의장을 떠났다. 다른 왕들도 그의 뒤를 따라 그리스 인들이 이미 벌 떼처럼 모인 광장으로 나갔다. 전령 아홉 명이 사람들을 정리하며 둥그렇게 진을 치게 했다. 떠들썩하던 광장이 차츰 조용해졌다. 아가멤논이 앞으로 나와 왕홀에 의지해 말했다.

"친애하는 벗들이여! 여기 모인 용감한 그리스 전사들이여! 잔인한 제우스 신은 지난날 내게 반드시 트로이아의 승리자로 귀향하게 해 주겠다고 약속했다. 그리고 무거운 책임을 지워 이곳까지 원정의 길을 떠나게 했다. 그런데 신께서는 그 많은 병사를 헛되이 잃게 하더니 이제 와서 불명예스럽게도 그리스로 돌아가라고 명령하셨다. 위대한 그리스 민족이 약한 적을 상대로 싸우다가 절망에 가까운 비참한 결과를 가져왔다고 후손에 전하게 되다니, 이야말로 자손만대의 수치다. 말할 것도 없이 트로이아에는 수많은 강대한 동맹국이 있고, 그럭저럭 싸우는 동안 이미 구 년이라는 세월이 흘렀다. 배의 밑바닥이 썩기 시작했고 밧줄도 삭았으며, 처자들은 우리를 기다리느라 목을 길게 늘어뜨리고 있다. 이런저런 생각에서 우리는 제우스의 명령을 따라 모두 배를 타고 사랑하는 조국을 향해 일단 후퇴하는 것이 좋을 듯 싶은데 그대들의 생각은 어떤가?"

아가멤논의 말에 모든 군대가 동요하기 시작했다. 병사들은 모래먼지를 피우며 앞다투어 달려가더니 배를 바다에 띄웠다. 배 밑에 깔아 둔 통나무를 빼내고, 바다에 나갈 수 있도록 서둘러 장애물을 치웠다.

올림포스에서는 그리스 군의 심상찮은 움직임을 보고 그쪽을 두둔하던 신들조차 불안해했다. 헤라는 아테네를 불러 땅위에 내려가 달콤한 말로 달래 그리스 군의 후퇴를 막으라고 명령했다. 팔라스 아테네는 헤라의 말에 따라 올림포스 산의 바위봉우리에서 그리스 군의 진지로 내려갔다. 오뒷세우스가 어쩔 수 없다는 듯 괴로운 표정을 지으며 아무런 손도 쓰지 않고 자기 배 앞에 서 있었다. 아테네 여신은 오뒷세우스 옆으로 가서 모습을 드러내고 상냥하게 말을 걸었다.

"아니, 정말 그대들은 배를 타고 여기를 떠날 작정인가? 이 전쟁을 위해 그렇게 많은 그리스 인이 멀리 조국을 떠나왔고 또 희생당했는데! 헬레네를 트로이아 인들의 손에 맡겨둔 채 프리아모스에게 명예를 빼앗기겠단 말인가? 슬기롭고 드높은 기상을 지닌 오뒷세우스여, 그대는 절대로 이런 것을 참을 영웅이 아니다! 우물쭈물할 때가 아니다. 어서 그 유창한 언변으로 병사들의 마음을 돌려놓아라!"

여신의 말을 들은 오뒷세우스는 외투를 벗어 전령 에우뤼바테스에게 던지듯 맡기더니 혼잡한 병사들 사이를 뚫고 들어갔다. 오뒷세우스는 왕이나 귀족들을 만나는 대로 불러 세우고는 부드럽게 말했다.

"남의 모범이 될 만한 그대까지 겁쟁이가 되어 의욕을 잃고 있다니 될 말이오? 그대만이라도 사람들을 격려하고 마음을 돌리도록 해야 할 것 아니오! 아가멤논의 참뜻이 무엇인지 알지 않소. 그런 말을 한 것은 단지 그리스 군사들의 사기가 어느 정도인지 알아보기 위한 것이었잖소."

그러다가도 갈팡질팡하며 소란을 떠는 군사들을 보면 왕홀을 휘둘러 내려치면서 큰 소리로 위협했다.

"이 못난 놈들아! 수선 그만 떨고 내 말 좀 들어라! 그리스 인들 모두가 왕일 수는 없다. 사공이 여럿이면 배가 산으로 올라간다. 제우스 신이 왕홀을 주신 것은 한 사람뿐 다른 사람은 모두 그 왕의 명령을 따라야 한다."

오뒷세우스는 모든 진영에 울려 퍼질 듯한 큰 소리로 위협했다. 그제야 군사들이 마음을 돌려 배에서 떨어져 나와 광장으로 하나 둘 되돌아갔다. 모두들 차차 평온을 되찾아 참을성 있게 가만히 앉아 기다리고 있었다. 오직 한 사람, 목쉰 소리로 떠들어대는 자가 있었으니 바로 테르시테스라는 사내였다. 그는 시비조로 여러 왕을 욕하고 있었다.

테르시테스는 그리스에서 트로이아까지 원정대를 따라온 몹시 괴상한 사나이였다. 보기 흉한 얼굴에 사팔뜨기였고 다리를 절룩거렸으며 등에는 커다란 혹이 있었다. 어깨는 축 처져 앞으로 굽었으며, 짱구머리에는 정수리 쪽에 머리털이 드문드문 나 있었다. 불평덩어리로 빚어진 이 사나이는 언제나 아가멤논과 오뒷세우스를 욕하고 다녔기 때문에 특히 그 두 사람에게 미움을 받았다. 그러나 이번에 그는 비난의 화살을 민족의 왕이며 총사령관인 아가멤논에게만 퍼부었다.

"아트레우스의 아들이여! 그대가 불평할 처지에 있는 사람이라고 생각하나?"

테르시테스가 큰 소리로 외쳤다.

"지금 차지하고 있는 것 외에 또 무엇이 필요하단 말인가? 그대의 막사는 화려한 무늬의 금속 그릇과 아름다운 여자들로 꽉 차 있지 않은가! 그것으로 만족해야지, 더 괴롭히려고 술책을 부리는 건가? 이제 배를 타고 고향으로 돌아가는 길밖에 더 바랄 게 없다. 그대 혼자 트로이아에 남아 전리품으로 몸을 휘감고 그 속에 빠져 즐기면 그만 아닌가? 더구나 힘센 아킬레우스한테 모욕을 주고 승리의 기념으로 준 상까지 도로 빼앗았잖나. 그런데 굼뜬 아킬레우스는 자존심도 없나 보군. 그렇지 않았다면 저 독재자의 횡포도 오늘이 마지막이 되었을 텐데!"

욕설을 들은 오뒷세우스가 테르시테스 곁으로 가서 험상궂은 눈을 부릅뜨고 뚫어지게 노려보았다. 그리고 왕홀을 높이 들어 등과 어깨를 마구 때리며 소리쳤다.

"이 나쁜 놈아! 그 따위 잠꼬대 같은 수작을 또다시 했다가는 살가죽째 옷을 벗겨버릴 테다. 그리고 몽둥이찜질을 해서 꽁꽁 묶어 배에 처넣어버리겠다. 그러지 않는다면 나는 텔레마코스의 아버지가 아니다. 내 목숨이 붙어 있는 한 어림없다!"

오뒷세우스의 왕홀로 얻어맞은 테르시테스는 어깨와 등에서 피를 흘리며 비틀거렸다. 그는 아픔과 분을 참지 못해 욕설을 퍼부으며 도망쳤다. 병사들은 그 꼴이 너무나 우스워 서로 꾹꾹 찌르며 한바탕 웃어댔다. 그동안 못마땅해하던 사내가 당연한 벌을 받으니 고소해서 비웃는 것이었다. 한편 오뒷세우스는 군사들 앞으로 걸어 나갔다. 그 옆에 서 있던 전령으로 변한 팔라스 아테네가 모두에게 조용히 하라고 명했다. 오뒷세우스는 왕홀을 높이 들어 빙 둘러선 병사들의 시선을 끈 다음 외치기 시작했다.

"아트레우스의 아들이여! 정말로 그리스 인들이 그대에게 치욕을 안겨주고 스스로의 맹세를 깨버리는 데까지 와버렸구나. 그대들은 트로이아가 멸망하기 전에는 떠나지 않기로 약속하지 않았던가. 이제 여자와 어린아이들처럼 징징 울면서 집으로 돌아가려 하고 서로에게 고통을 호소하고 있지 않은가! 만일 우리가 이렇게 오랫동안 머물다가 빈손으로 귀향한다면 얼마나 치욕스럽겠는가. 전우들이여, 조금만 더 참아주기 바란다. 아울리스를 떠나기 전에 아름다운 단풍나무 아래에서 백 마리 소를 제단에 바칠 때 우리 모두 징조를 보지 않았던가? 나는 그때를 어제 일처럼 생생히 기억한다. 거무스름한 비늘을 지닌 무시무시한 용이 제단 아래서 미끄러지듯 나타나 단풍나무를 휘감으며 슬금슬금 기어올랐었다. 그 가지에는 참새 둥우리가 흔들리며 매달려 있었고 그 안에는 아직 깃털도 제대로 나지 않은 참새 새끼가 들어 있었다. 여덟 마리의 새끼 참새는 나뭇잎에 매달려 있었고, 어미 참새는 슬프게 짹짹거리며 새끼들 주위를 빙빙 돌았다. 마침내 용이 머리를 치켜들더니 먼저 불쌍한 어미를 잽싸게 잡아먹은 다음 새끼들도 한꺼번에 먹어치웠다. 그러자 용을 보낸 제우스 신은 영험한 징조를 나타내 용을 단번에 돌로 바꿔버렸다. 그 광경을 보고 그대들도 놀라움과 두려움에 눈이 휘둥그레지지 않았던가. 예언자 칼카스는 이렇게 외쳤었다. '그대 그리스 인들은 어찌하여 가만히 서 있기만 하는가? 이 기적이 제우스의 예언임을 알아보지 못하는가? 아홉 마리 참새는 트로이아 전쟁이 구 년 동안 계속된다는 뜻이다. 그러나 십 년째에 가서는 아름다운 트로이아를 점령하게 된다는 것이다.' 지금 모든 것이 그 예언대로 되어가고 있다. 구 년 동안의 전쟁이 끝나 십 년째가 되었다. 승리의 해가 다가오고 있는 것이다. 그러니 그리스 인들이여, 조금만 더 참아보자. 우리는 프리아모스의 성벽을 무너뜨릴 때까지 머물러 있어야 한다."

오뒷세우스의 이 웅변은 그 자리에 모인 그리스 인들의 박수갈채를 받았다. 현명한 네스토르는 그리스 인들의 기분이 바뀐 틈을 타 아가멤논 왕에게 진언했다.

"앞으로 누구든 고향으로 돌아가자는 사람이 있다면 배에 태워 돌려보내시오. 그리고 남은 군사들은 종족별로 싸우게 하시오. 그렇게 하면 어느 종족이 용감하고 누가 겁쟁이인지, 트로이아 공격을 방해하는 것이 신들의 힘인지, 그리스 군대 안에서 싹튼 공포심인지, 또는 전쟁 경험의 부족에서 오는 것인지 확실하게 가려낼 수 있을 거요."

아가멤논은 이 제안을 기쁘게 받아들였다.

"네스토르! 우리 중에 그대의 현명함을 당해낼 사람은 아무도 없소. 내 참모진에 당신처럼 슬기로운 사람이 열 사람쯤 있었다면 트로이아의 성벽이 아무리 높더라도 단숨에 먼지로 만들어버렸을 거요. 사실 그 신관의 딸 하나 때문에 아킬레우스와 다투고 갈라지다니 내가 너무 어리석었소. 그때 제우스가 나를 눈멀게 했기 때문이오. 그와 다시 화해할 수 있다면 트로이아 함락은 정말 시간문제요. 그러나 어쨌든 이제 공격할 때가 왔으니 군사들을 잘 먹이고 용기를 북돋아주시오. 모두 창과 방패를 챙기고 말에게도 물과 여물을 배불리 먹이시오. 전투에 대비해 전차의 장비도 잘 갖춰두시오. 싸움은 어두울 때까지 계속될 것이오. 만일 명령을 어겨 배에 남는 자가 있다면 용서 없이 들개와 새의 밥이 되게 하겠소!"

아가멤논은 손수 황소 한 마리를 잡아 제우스 신에게 바치고, 그리스 군의 주요 지휘관을 한자리에 불러 식사를 함께했다. 그리고 전령에게 출전 명령을 전하게 했다.

그리스 대군은 강기슭에 내려앉은 학이나 백조 떼처럼 스카만드로스의 평야로 물밀듯 몰려갔다. 아가멤논을 선두로 지휘관들이 늘어섰다. 왕 중의 왕 아가멤논은 한층 늠름해 보였다. 눈과 머리는 제우스 신을 닮았고 딱 벌어진 가슴은 포세이돈과 비슷해 마치 용맹스러운 전쟁의 신 같았다.

파리스와 메넬라오스의 대결

마침내 먼지를 일으키며 성문에서 몰려나오는 트로이아 군을 보고 그리스 군대는 네스토르의 진언에 따라 부족별로 전투 대열을 편성했다. 그리스 인들도 조금씩 움직였다. 전투를 시작할 만큼 양쪽 군대가 서로에게 충분히 접근했을 때 트로이아 군의 대열에서 왕자 파리스가 앞으로 나섰다. 그는 얼룩덜룩한 표범 가죽을 몸에 걸치고 어깨에 활을 메고 긴 칼을 옆에 차고 있었다.

파리스는 날카롭게 번쩍이는 창 두 자루를 흔들며 자신과 대결할 가장 용감한 그리스 용사가 있다면 앞으로 나오라고 요구했다. 메넬라오스는 밀려드는 군대에서 튀어나온 파리스를 보더니 굶주린 사자가 영양이나 사슴처럼 맛있는 먹이를 만난 것같이 반가워했다. 그는 자기 집을 도둑질한 악당을 벌하기 위해 완전무장을 하고 전차에서 급히 뛰어내렸다.

반면에 파리스는 메넬라오스를 보자 마치 독사라도 만난 것처럼 새파랗게 질렸다. 그는 몰려드는 트로이아 인들 속으로 꽁무니를 빼고 달아났다. 헥토르는 트로이아 인들 사이로 모습을 감추는 파리스를 보고 몹시 불쾌해 벽력같은 소리를 내질렀다.

"아우야! 너는 겉으로만 영웅이지 실제로는 겁 많고 교활한 유혹자에 불과하구나. 차라리 헬레네를 얻기 전에 죽는 게 나았겠다! 자기에게 부인을 빼앗긴 사람과 대결할 용기도 없는 너를 그리스 인들이 비웃는 것이 보이지 않느냐? 네가 그 사람에게 죄를 지었다는 소리를 들을 만하구나. 네가 상처를 입고 땅에 떨어져 아름다운 곱슬머리가 흙투성이가 되더라도 너를 동정할 생각은 나지 않겠다."

파리스도 가만히 있지 않았다.

"헥토르 형님! 형의 심장과 용기는 쇠로 만들어진 도끼와 같이 단단하다는 것을 잘 알고 있습니다. 나를 비난할 만도 합니다. 그러나 내 아름다움을 욕하지는 마십시오. 그것도 신이 내려주신 선물입니다. 형님이 만약 내가 싸우는 모습을 보고 싶다면 트로이아 인들과 그리스 인들을 쉬도록 해주십시오. 그러면 나는 헬레네와 그녀의 모든 보물을 걸고 두 민족이 보는 앞에서 메넬라오스와 대결하겠습니다. 우리 둘 중 이긴 자가 헬레네를 데려가고 다음과 같은 약속을 지키도록 해주십시오. 트로이아 인들은 다시 평화롭게 트로이아 지역을 건설하고 그리스 인들은 배를 타고 아르고스로 돌아간다고."

헥토르는 아우의 말을 듣고 기쁨에 넘쳐 앞으로 뛰어나가 창을 높이 쳐들고 트로이아 군의 공격을 막았다. 그리스 군은 헥토르를 알아보고 창과 화살과 돌을 그쪽으로 비처럼 퍼부었다. 그러나 아가멤논은 그리스 인들을 향해 큰 소리로 말렸다.

"그리스 병사들아, 잠깐 공격을 멈춰라! 투구의 깃털 장식을 나부끼고 있는 헥토르가 무언가를 이야기하려 한다."

그리스 인들은 손을 내려놓고 침묵했다. 헥토르가 큰 소리로 그리스 인들에게 아우 파리스의 뜻을 알렸다. 그의 말에 깊은 침묵만이 대답했다. 마침내 메넬라오스가 그리스 인들 앞으로 나와 입을 열었다.

"내 말을 들어주기 바라오. 영혼이 가장 큰 고통을 당하고 있는 사람은 바로 나요. 그리스 군이나 트로이아 군이나 이제 서로 화해하고 철수하는 것이 어떻겠소? 파리스가 일으킨 전쟁 때문에 우리가 이렇게 막대한 희생을 치른 것 아니오? 나와 파리스 두 사람 중 누구 하나는 운명이 정해진 대로 죽어야겠지만 다른 사람들은 여기에 개입할 필요가 없소. 자, 이제 신에게 제물을 바치고 맹세한 다음 우리 둘이 대결합시다."

하루 속히 전쟁이 끝나기를 고대하던 그리스 인들이나 트로이아 인들은 이런 제의가 나오자 함성을 올리며 좋아했다. 양쪽 진영 모두에서 마부는 고삐를 놓았고 영웅들은 전차에서 내려 투구를 벗었다.

헥토르는 전령 두 명을 트로이아 성으로 보내 제단에 바칠 제물로 어린 양을 가져오게 했고 프리아모스 왕의 행차를 청했다. 아가멤논 왕도 전령 탈튀비오스를 배로 보내 어린 양을 가져오게 했다. 한편 신들이 전령으로 보낸 여신 이리스는 프리아모스의 딸 라오디케로 모습을 바꾸고 왕비 헬레네에게 이 사실을 알리려고 시내로 달려갔다. 때마침 헬레네는 길쌈을 하고 있었다. 그녀는 고급 비단에 트로이아와 그리스의 전쟁 광경을 열심히 짜고 있었다. 여신 이리스가 그녀를 불렀다.

"사랑하는 헬레네여, 이리 오너라! 기막힌 일이 일어났다. 트로이아 인들과 그리스 인들은 조금 전까지 서로 증오심을 불태우며 싸우고 있었다. 그런데 지금 그들은 창을 땅에 꽂고 방패에 기대어 평화롭게 쉬고 있다. 더는 전쟁이 계속되지 않게 되었다. 이제 네 남편 파리스와 메넬라오스가 너를 얻기 위해 창으로 대결할 것이다. 상대방을 쓰러뜨린 사람이 네 남편이 되는 것이다!"

여신 이리스가 그렇게 말하자 헬레네는 젊은 시절의 남편 메넬라오스와 고향과 옛 친구들에 대한 향수에 젖어들었다. 헬레네는 흐르는 눈물을 은백색 베일로 황급히 가린 채 아이트레와 클뤼메네 두 시녀를 거느리고 스카이아이 성문으로 급히 달려 나갔다. 성루에는 프리아모스 왕이 트로이아에서 가장 나이가 많고 현명한 원로들과 함께 앉아 있었다. 그들은 판토오스, 튀모이테스, 람포스, 클뤼티오스, 히케타온, 그리고 트로이아에서 가장 현명한 안테노르와 우칼레곤이었다. 모두 나이가 많아 전쟁에 직접 참가하지 않았지만 그들의 의견은 회의에서 대단히 존중되었다. 성탑에서 걸어 내려오는 헬레네를 보고 늙은 신하들은 그 아름다운 자태에 감탄하며 속삭였다.

"누구도 트로이아와 그리스가 한 여인을 얻기 위해 오랫동안 벌인 전쟁을 비난할 수 없겠구나. 그녀는 마치 불사의 여신처럼 아름답지 않은가? 그러나 그 화가 우리와 후손들에게 미치기 전에 헬레네가 아름다운 모습 그대로 그리스로 돌아가주면 좋겠구나."

그러나 프리아모스는 부드럽게 헬레네를 불러놓고 말했다.

"나의 어여쁜 딸아, 좀 더 가까이 와서 내 옆에 앉아라. 너의 첫 번째 남편과 친구들 그리고 일가친척을 보여주고 싶구나. 이 비참한 전쟁에 대해 너는 아무런 죄가 없다. 이런 전쟁을 나에게 보낸 것은 하늘에 있는 신들이시다. 그런데 저 그리스 인들 중에서 무척이나 키가 크고 늠름해 보이는 사나이가 있는데, 나에게 이름을 말해다오. 저토록 왕다운 풍모를 갖춘 인물을 나는 아직 보지 못했구나."

헬레네가 공손하게 대답했다.

"인자하신 시아버님, 제가 고향과 딸과 친한 친구들을 버리고 남편을 따라 이 나라로 올 것이 아니라 차라리 죽었어야 했습니다. 이런 일이 벌어지고 보니 눈물과 함께 녹아 없어졌으면 하는 생각이 듭니다. 물으신 그 사람은 아가멤논입니다! 바로 저의 시아주버니였습니다."

"운 좋은 아트레우스의 아들이구나."

프리아모스 왕이 큰 소리로 말했다.

"수많은 그리스 인이 그의 왕홀을 따르니 참으로 행복한 사람이다. 나도 젊었을 적에는 저처럼 선봉에 서서 대군을 이끌었지. 프뤼기아에서 아마조네스 여인들의 공격을 방어할 때의 일이란다. 그때 내가 거느린 군사가 네 시아주버니의 그리스 군대처럼 크지는 않았다만."

늙은 왕은 이렇게 말하고 다시 헬레네에게 물었다.

"그런데 저쪽에 있는 저 사나이는 누구냐? 아가멤논처럼 거인은 아니지만 더 넓은 가슴팍과 딱 벌어진 어깨를 가졌구나. 무기를 땅바닥에 내던지고 암양 무리에 섞인 숫양처럼 군사들 사이를 누비고 다니는 저 사나이 말이다."

"저 사나이는 라에르테스의 아들로 교활하기로 이름 난 오뒷세우스입니다. 그는 바위섬 이타케 출신입니다."

늙은 안테노르가 둘 사이의 이야기에 끼어들었다.

"그렇습니다, 전하! 저 사나이와 메넬라오스는 저도 잘 압니다. 그들이 전에 사신으로 왔을 때 제 집에 머물렀지요. 서 있을 때에는 메넬라오스가 오뒷세우스보다 키가 크지만, 앉으면 오뒷세우스가 훨씬 듬직해 보입니다. 메넬라오스는 입이 무거운 편이지만 한번 입을 열면 큰 목소리로 뼈 있는 말을 합니다. 그러나 오뒷세우스는 말할 때 일어서서 눈은 지긋이 내리뜨고 왕홀은 한 손에 가만히 든 채로 몹시 당황한 표정을 짓습니다. 음흉한 사람인지 아니면 천치 바보인지, 처음 보는 사람은 그 정체를 알 수 없습니다. 그렇지만 말에 열중하기 시작하면 뱃속에서 울려나오는 큰 소리로 마치 겨울철에 내리는 눈꽃송이처럼 그칠 줄 모르고 계속합니다. 아무도 오뒷세우스의 웅변을 당해내지 못합니다."

그동안 꼼꼼하게 그리스 군대를 살피던 프리아모스가 외쳤다.

"저기 서 있는 거인은 누구인가? 그리스 인들 중 가장 키가 크고 가장 힘세게 생긴 저 사람 말이다."

헬레네가 대답했다.

"영웅 아이아스입니다. 그리스 인들의 기둥이지요. 그리고 저쪽 크레테 사람들 사이에 마치 신처럼 서 있는 사람이 이도메네우스입니다. 저는 그를 잘 압니다. 메넬라오스가 그를 자주 집에 머물게 했었습니다. 그리고 저기 나의 고향에서 온 반가운 전사들 한 사람 한 사

마침내 먼지를 일으키며 성문에서 몰려나오는 트로이아 군을 보고 그리스의 군대는 네스토르의 진언에 따라 종족별로 전투 대열을 편성했다. 그리스 인들도 움직이기 시작했다. 전투 장면을 멀리서 바라보고 있는 프리아모스 왕과 헬레네. 헬레네가 성벽 위에서 손으로 가리키며 프리아모스 왕에게 그리스 인들에 대해 알려주고 있다.

〈헬레네와 프리아모스 왕〉, 1930년경의 삽화.

람을 잘 압니다. 시간만 있다면 모든 사람의 이름을 말해드리고 싶습니다. 제 오빠 카스토로와 폴뤼데우케스는 보이지 않는군요. 그들은 함께 오지 않은 것일까요? 혹시 누이를 부끄럽게 여겨 전쟁에 모습을 드러내기를 꺼리는 것일까요?"

헬레네는 두 오빠가 생각나 입을 다물었다. 오빠들이 이미 전쟁터에서 희생된 줄 모르고 있었던 것이다. 그들이 이야기를 나누는 동안 전령들이 도시를 가로질러 서약의 제물로 바칠 두 마리의 새끼 양과 가죽부대에 가득 담은 술을 날라 왔다. 전령 이다이오스가 빛나는 술 단지와 황금 술잔을 가지고 뒤따랐다. 그들이 스카이아이 성문을 들어설 때 이다이오스가 프리아모스 왕에게 다가가 말했다.

"폐하! 일어서주십시오. 트로이아와 그리스의 지휘관들이 폐하께서 들로 내려오셔서 신성한 서약을 해주십사 청하고 있습니다. 파리스와 메넬라오스가 헬레네를 걸고 창으로 싸울 것이며, 이긴 자가 헬레네와 보물을 차지하게 될 것입니다. 이 시합이 끝나면 그리스 인들은 조용히 자기 나라로 돌아간다고 합니다."

프리아모스 왕은 깜짝 놀라 자리에서 벌떡 일어섰다. 그리고 신하에게 명해 말을 전차에 매게 하고는 안테노르와 함께 올라탔다. 프리아모스는 고삐를 잡았다. 말들이 스카이아이 성문을 나와 나는 듯 들판으로 달렸다. 두 민족 사이에 이르자 그는 안테노르를 두고 전차에서 내려 중앙으로 나아갔다. 그리스 군대에서는 아가멤논과 오뒷세우스가 급히 달려왔다.

전령들은 서약의 제물을 가져와 항아리의 술에 물을 섞고 양쪽 왕에게 성수를 뿌렸다. 아가멤논이 항상 장검 옆에 같이 차고 다니는 제물용 단검을 뽑아 새끼 양의 머리털을 잘라 바치더니 제우스에게 맹세의 증인이 되어달라고 기도했다. 그런 다음에는 양의 목을 잘라 제단 위에 올렸다. 전령들이 기도문을 외우며 황금 술잔에 술을 따랐고 그리스와 트로이아의 모든 사람이 소리 높여 따라 외었다.

"제우스와 영원불멸의 모든 신이시여! 우리 중 이 서약을 어기는 자가 있으면, 이 술처럼 그자와 그 자손들의 뇌가 땅에 쏟아지게 하소서!"

의식이 끝나자 프리아모스 왕이 말했다.

"트로이아 인들과 그리스 인들이여! 나는 트로이아 성으로 돌아가겠소. 내 아들이 메넬라오스와 목숨을 걸고 싸우는 모습을 차마 볼 수가 없소. 두 사람 중 누가 죽게 될지는 제우스 신만이 알고 계십니다."

말을 마친 늙은 왕은 희생제물인 작은 양을 전차에 싣게 했다. 그 다음 안테노르와 함께 전차에 올라 트로이아 성을 향해 말을 달렸다.

이어서 헥토르와 오뒷세우스가 결투장의 넓이를 재보았다. 그리고 누가 먼저 창을 던질지 결정하기 위해 제비를 두 개 만들어 청동 투구 속에 넣었다. 헥토르가 투구를 흔들자 파리스의 제비가 먼저 나왔다. 두 영웅이 투구를 쓰고 갑옷을 입은 뒤 커다란 창을 손에 들고 트로이아와 그리스 양군이 지켜보는 가운데 상대방을 노려보면서 천천히 결투장으로 나왔다. 마침내 두 사람은 정해진 지점에서 서로 마주보고 창을 겨누었다.

제비에 뽑힌 대로 파리스가 먼저 창을 던졌다. 창은 메넬라오스의 방패에 맞았다. 그러나 청동 방패에 맞은 창끝이 구부러진 채 튕겨 나와 땅에 떨어지고 말았다. 이번에는 메넬라오스 차례였다. 그는 창을 높이 쳐들고 큰 소리로 기도를 드렸다.

"제우스 신이시여! 저에게 심한 모욕을 준 이 사나이를 제 손으로 벌하게 해주소서. 그렇게 해서 후세의 자손들도 손님이 감히 주인을 나쁘게 대접하는 일이 없도록 해주소서."

날아간 그의 창은 파리스의 방패를 관통해 갑옷을 뚫고 겨드랑이 밑의 속옷을 찢었다. 그러자 메넬라오스는 긴 칼을 뽑아들어 파리스의 투구를 내리쳤다. 하지만 칼은 소리를 내며 부러져버렸다.

"잔인한 제우스 신이여, 어째서 승리를 베풀어주지 않으십니까?"

이렇게 소리치면서 메넬라오스가 파리스에게 달려들어 투구 끈을 잡아 그를 그리스 군 쪽으로 끌고 갔다. 만약 위급하다고 생각한 여신 아프로디테가 파리스의 투구 끈을 끊지 않았다면 파리스는 숨통이 막혀 죽었을 것이다. 메넬라오스의 손에 빈 투구만 남자 그는 그리스 군 쪽에다 투구를 내던지고는 다시 재빨리 파리스에게 달려들었다. 그런데 갑자기 아프로디테가 두터운 안개를 내려보내 파리스를 감싸 트로이아로 데려갔다. 여신은 파리스를 달콤한 향기가 감도는 구석방에 앉혀놓았다. 그다음에 여신은 헬레네가 트로이아 여인들에게 둘러싸여 있는 탑으로 갔다. 그리고 옛날 스파르테에서 실을 뽑던 노파의 모습이 되어 헬레네의 소매를 잡아당겼다.

"자, 이리 오세요. 파리스가 당신을 부릅니다. 마치 무도회에라도 가는 사람처럼 잘 차려입고 당신 방에서 기다리고 있답니다. 방금 결투를 벌인 사람 같지가 않군요."

헬레네가 깜짝 놀라 얼굴을 들어보니 아프로디테가 황홀한 광채에 휩싸여 천천히 사라져갔다. 헬레네는 다른 여인들이 눈치 채지 않도록 살짝 방을 빠져나가 서둘러 궁전으로 갔다. 구석방에는 아프로디테가 입혀준 화려한 옷을 입고 남편 파리스가 의자에 앉아 있었다. 남편과 마주앉은 헬레네는 눈을 옆으로 돌린 채 남편을 나무랐다.

"싸움에서 도망쳤나요? 차라리 힘센 내 전남편 메넬라오스에게 죽는 편이 나았을지 몰라요. 조금 전만 해도 당신은 투창에서 메넬라오스보다 자신 있다고 큰소리치지 않았나요? 자, 어서 나가 다시 한 번 맞서보세요. 아니, 그만두는 편이 나을지도 모르겠네요. 여기 가만히 있는 것이 좋겠어요. 이번에는 메넬라오스가 당신을 그대로 놔주지 않을 테니까 말이에요."

파리스가 대답했다.

"여보, 나를 너무 괴롭히지 마시오. 메넬라오스가 이긴 것은 여신 아테네가 도와주었기 때문이라오. 다음에는 내가 꼭 그를 이기고 오겠소. 신들이 아직 우리를 지켜주신다오."

그때 아프로디테가 헬레네의 마음을 돌려놓았다. 그녀는 아까와 달리 좀 더 친절하게 남편을 바라보더니 화해의 몸짓을 받아들였다.

한편 결투장의 메넬라오스는 여전히 성난 맹수처럼 이리저리 날뛰며 사라져버린 파리스를 찾아 헤맸다. 그러나 그리스 인들도 트로이아 인들도 파리스가 어디로 갔는지 알 수 없었다. 사실 트로이아 인들도 파리스를 숨겨줄 생각은 전혀 없었다. 파리스를 죽음의 신만큼이나 싫어했기 때문이다. 마침내 아가멤논이 고함을 질렀다.

"그대들 트로이아 인들과 그리스 인들은 내 말을 들으시오! 메넬라오스가 분명 승자요. 그러니까 우리에게 헬레네와 보물을 돌려주시오. 앞으로는 우리에게 해마다 조공을 바쳐야 할 것이오!"

그리스 인들은 이 제의에 환호했고 트로이아 인들은 침묵했다.

3장

Die schönsten Sagen des klassischen Altertums

그리스와 트로이아, 전투를 거듭하다

트로이아 전쟁 III

아테네가 판다로스를 부추기다

올림포스 산에서는 신들이 대규모 회의를 열고 있었다. 청춘의 여신 헤베가 식탁 사이를 누비며 넥타르를 따랐다. 신들은 서로 건배한 다음 황금 잔에 담긴 술을 마시면서 트로이아 쪽을 내려다보았다. 결국 제우스도 헤라의 뜻대로 트로이아를 멸망시키기로 결정했다. 신들의 아버지 제우스가 딸 아테네에게 두 영웅이 대결하는 결투장으로 급히 내려갈 것을 명했다. 트로이아 인들을 선동해 먼저 계약을 깸으로써 승리에 우쭐대는 그리스 인들을 노하게 만들라는 명령과 함께였다.

팔라스 아테네는 안테노르의 아들 라오도코스의 모습으로 변해 웅성거리는 트로이아 인들 틈에 끼어들었다. 모습을 바꾼 아테네 여신은 뤼카온의 아들이며 강경파인 판다로스를 찾았다. 아버지 제우스의 명령을 이행하기에 꼭 알맞은 사람이라 여긴 것이었다. 트로이아와 동맹을 맺은 판다로스는 뤼키아의 군사를 거느리고 와 있었다. 여신은 판다로스에게 다가가 어깨를 가볍게 두드렸다.

"내 말을 듣게나, 현명한 판다로스여! 모든 트로이아 인에게 찬양과 감사를 받을 만한 일을 그대도 할 수 있지 않은가? 특히 파리스는 그대에게 굉장한 선물을 줄 걸세. 저기 거만한 메넬라오스가 서 있는 게 보이는가? 용기를 내서 그대의 화살로 저자를 쏘아버리게."

변장한 아테네의 말에 우직한 판다로스도 그만 넘어가고 말았다. 판다로스는 잽싸게 화살집을 열어 깃털 달린 화살 하나를 꺼내 활에 걸었다. 화살은 눈 깜짝할 사이에 허공을 뚫고 메넬라오스를 향해 힘차게 날아갔다. 그러나 아테네가 화살의 방향을 복대로 향하게 했다. 화살은 복대와 갑옷을 꿰뚫었지만 피부에는 약간의 상처를 입혔을 뿐이었다. 상처에서 피가 흘러 떨어지자 메넬라오스가 몸서리를 쳤다. 아가멤논과 전우들이 놀라 메넬라오스를 에워쌌다.

아가멤논 왕이 소리쳤다.

"충실한 아우여! 내가 너를 죽게 만드는 맹세를 해버렸구나. 믿지 못할 적들이 그 맹세를 발로 짓밟았으니 말이다. 그들은 죗값을 치르게 될 것이다. 트로이아의 프리아모스가 망하는 날이 오고 있음을 나는 확실히 안다. 그러나 네가 죽게 되다니 견딜 수가 없이 슬프구나. 내가 헬레네를 데려가지 못하고 너 없이 귀향한다면 얼마나 치욕스럽겠느냐. 너의 뼈는 트로이아 땅에서 썩으며 수모를 당하고 트로이아 인들은 무덤을 향해 욕을 내뱉겠지. 차라리 땅이 갈라져 나도 그 속에 빠져 죽는 게 낫겠다!"

그러나 메넬라오스가 형을 위로했다.

"진정하세요. 죽을 정도는 아닙니다. 복대가 저를 보호해주었어요."

아가멤논이 숨을 내쉬며 말했다.

"오, 그렇구나."

아가멤논은 의술이 뛰어난 마카온에게 전령을 보냈다. 곧 마카온이 달려왔다. 그는 복대에 박힌 화살을 뽑고 복대를 풀어 갑옷을 벗긴 다음 상처를 살폈다. 그리고 흘러나오는 피를 빨아내고 상처 위에 통증을 가라앉히는 고약을 발랐다.

마카온과 영웅들이 부상당한 메넬라오스를 돌보는 동안 트로이아 군사들이 대열을 갖춰 공격해 들어왔다. 그리스 군도 다시 전투태세를 갖추었다. 아가멤논은 신하 에우뤼메돈에게 말과 전차를 넘겨주며 명령했다.

"군사들의 전투 대열을 돌아보러 갈 테니 내가 지치면 곧바로 전차를 보내라!"

그는 휘하의 군사들을 걸어서 돌아보며 용감한 군사는 칭찬하고 겁에 질린 군사는 격려하여 방비에 임하게 했다. 그러면서 이도메네우스가 대장으로서 선두에 서 있는, 갑옷으로 단단히 무장한 크레테 군사들 진영으로 왔다. 이도메네우스의 친구 메리오네스는 후속 대열을 격려하고 있었다. 이 광경을 본 아가멤논이 몹시 흐뭇해했다.

"이도메네우스여! 당신은 가장 신뢰할 수 있는 동지요. 무슨 일을 맡기더라도 말이오. 전쟁이 일어나도 그렇고 큰 독에 거룩한 술을 섞는 향연을 벌일 때도 그렇소. 다른 자들은 얼마 마시지 못하지만 당신과 내 잔은 언제나 철철 넘치지. 당신이 언제나 나와 맞설 수 있다고 자랑하는 것처럼 이제 나와 함께 출전해주시오."

이도메네우스가 대답했다.

"왕이시여! 나는 언제나 당신의 충실한 친구라오. 그러니 용기는 다른 전우들에게나 불어넣으시오. 내게는 그럴 필요가 없으니까. 서약을 깨뜨린 트로이아 인들을 모두 몰살해야 합니다."

아가멤논은 두 아이아스가 있는 곳으로 왔다. 두 영웅의 뒤로 보병들이 소란스럽게 몰려들고 있었다. 왕이 두 아이아스에게 말했다.

"모든 그리스 인의 가슴에 그대들과 같은 용기를 심어줄 수만 있다면 우리 손으로 프리아모스의 성을 잿더미로 만들 수 있을 것이오."

아가멤논 왕은 말을 마치고 네스토르를 향해 계속 걸어갔다. 때마침 네스토르도 휘하의 군사들을 점검하고 있었다. 맨 앞에 전차를 탄 영웅이 서고 장비가 약한 군사는 가운데를 지키며 마지막에 보병이 뒤따르고 있었다.

네스토르는 그들에게 유창한 말투로 훈시했다.

"전차를 몰고 너무 앞서가지 마라. 뒤로 물러나서도 절대 안 된다. 적의 전차에 가까워지면 곧바로 창을 써라."

네스토르가 자기 군사들을 경계시키는 소리를 들은 아가멤논이 그를 향해 말했다.

"오, 노인이시여! 여전히 당신의 용기는 대단하군요. 당신의 무릎이 말을 잘 듣고 당신의 힘이 그 정신력을 따를 수 있다면 얼마나 좋겠소? 무거운 짐이 되는 나이는 다른 사나이에게 지우고 다시 한 번 젊어질 수 있다면 좋겠소이다!"

네스토르가 대답했다.

"그렇습니다. 옛날로 돌아갈 수만 있다면 더 바랄 게 없지요. 그러나 신들은 우리 인간에게 무엇이든 한꺼번에 주시지는 않는다오. 창을 던지는 일은 젊은이에게 맡기면 되고 나는 부하들을 따라가 전술에 대한 의견이나 충고를 내놓으면 되오. 아무리 나이를 먹었다지만 그런 일쯤이야 할 수 있소이다."

네스토르의 말에 아가멤논이 만족스러워하고는 다른 곳으로 발걸음을 옮겼다. 이번에는 아테나이 군사를 이끌고 온 페테오스의 아들 메네스티오스가 있는 곳에 이르렀다. 그 옆에는 오뒷세우스가 인솔하는 케팔렌 군사들이 밀집 대열로 늘어서 있었다. 두 부대 모두 제자리에서 대기하며 돌격을 미루고 있었다. 총사령관 아가멤논 왕은 기분이 몹시 상했다.

"아니, 그대들은 어째서 이런 구석에 앉아 다른 부대가 오기만을 기다리고 있소? 고기를 굽고 술잔치가 벌어질 때면 언제나 맨 먼저 달려오는 사람들이었잖소. 그대들보다 앞서 열 개 부대가 출전했는데도 속 편히 구경만 하고 있구려!"

오뒷세우스가 안색을 바꾸며 아가멤논을 바라보았다.

"출전에 늦었다고 나무라시는 거요? 잠시만 기다려보시오. 막상 돌격이 시작되면 우리가 맨 앞에 나서서 싸우는 모습을 보게 될 테니! 너무 성급하게 함부로 말하지 마시오."

오뒷세우스가 정색하고 성을 내자 아가멤논은 슬쩍 웃음으로 얼버무렸다.

"알았소, 라에르테스의 아들이여! 그대를 나무라거나 경고하는 것은 필요 없는 일이지. 그대도 나처럼 원래 마음이 부드럽다는 것을 알고 있소. 우리 서로 험한 소리는 하지 맙시다."

이렇게 말하고 아가멤논은 그 자리를 떠서 갈 길을 재촉했다. 다음에는 튀데우스의 아들로서 이름을 떨치고 있는 디오메데스가 전차를 잘 모는 친구 스테넬로스와 함께 훌륭한 전차 위에서 대기하고 있었다. 아가멤논은 썩 좋지 않은 기색으로 나무라듯 말했다.

"적어도 튀데우스의 아들이라면 이게 무슨 꼴인가? 우물쭈물 전쟁 구경이나 나온 건 아니겠지? 그대의 아버지가 테바이로 쳐들어갈 때와 너무도 다르구나! 튀데우스는 언제나 앞장서서 전쟁터 한가운데로 뛰어들었지."

디오메데스는 총사령관의 나무람을 듣고도 아무 말 못했다. 그러자 옆에 있던 친구 스테넬로스가 대신 나섰다.

"아가멤논 왕이여! 우리가 아버지 못지않은 용감함을 자랑으로 삼는다는 것을 잘 알고 계실 테지요. 선친들은 테바이와의 전쟁에서 패배했지만 우리는 그곳을 정복하지 않았습니까?"

그러나 디오메데스는 친구의 말을 가로막으며 기분 상한 듯 말했다.

"조용히 하게, 친구여! 총사령관이 그리스 인들에게 전쟁 참가를 독려하는 것은 나쁜 일이 아닐세. 우리가 이기면 총사령관에게 영예가 돌아가겠지만 지는 날에는 그가 끝없는 원망을 사게 될 것 아닌가. 그러니까 용기를 내서 전쟁터로 나가세!"

이렇게 말하고 디오메데스는 전차에서 뛰어내렸다. 가슴막이의 청동 쇠붙이가 쩔그렁 소리를 냈다.

마치 파도가 해안가로 몰려오는 것처럼 그새 그리스 인들은 대열을 지어 끊임없이 전쟁터로 몰려갔다. 왕들은 지휘를 했고 각 종족은 소리 없이 행진했다. 이에 비해 트로이아 인들은 울부짖는 양 떼처럼 소란스러웠다. 여러 지역에서 온 종족들의 말이 뒤섞여 울었다. 그 속에는 전투 개시를 알리는 신들의 함성도 들어 있었다. 전쟁의 신 아레스는 트로이아 인들에게 용기를 불어넣었고 팔라스 아테네는 그리스 인들을 고무했다.

다시 전투가 시작되다

앞으로 달려 나온 양쪽 군대가 곧 마주쳤다. 방패와 방패가 맞부딪치고 창과 창이 엇갈렸다. 한쪽에서는 비명소리가 다른 쪽에서는 기쁨의 함성이 들려왔다. 마치 이른 봄에 갑자기 불어난 두 시냇물이 산골짜기에서 하나로 합쳐지듯 양군의 우렁찬 함성이 맞부딪쳤다. 맨 먼저 전사한 영웅은 지나치게 적진으로 깊숙이 들어간 트로이아 인 에케폴로스였다. 그는 네스토르의 아들 안틸로코스의 창에 이마를 정통으로 맞아 탑이 무너지듯 쓰러지고 말았다.

그리스의 지휘관 엘레페노르가 비처럼 쏟아지는 화살 속을 뚫고 죽어 넘어진 에케폴로스의 갑옷을 빼앗기 위해 달려갔다. 그러나 그의 발목을 잡는 순간 방패로 가렸던 엘레페노르 자신의 옆구리가 드러났다. 기회를 놓칠세라 트로이아 인 아게노르가 그곳을 창으로 찔렀고 엘레페노르는 진흙 구덩이에 쓰러져 죽었다. 이들의 시체를 밟고 넘으면서 양쪽 군사들의 혈전은 더해만 갔다. 마치 이리 떼가 싸우듯 서로 뒤엉켜 죽이고 죽었다.

젊은 트로이아 용사 시모에이시오스가 맨 앞에서 돌진해 들어갔으나 대 아이아스의 창에 오른쪽 가슴과 어깨를 찔렸다. 견디다 못한 그는 땅에 엎드렸다. 아이아스는 날쌘 범처럼 달려들어 시모에이시오스의 무구를 벗겼다. 이를 본 트로이아 군의 안티포스가 재빨리 창을 던졌지만 아이아스를 빗나갔다. 그 창이 하필 죽은 병사를 끌고 온 레우코스에게 가 꽂혔다.

용감한 레우코스의 죽음은 친구 오뒷세우스를 몹시 슬프게 했다. 오뒷세우스는 조심스럽게 주위를 살피더니 번개처럼 창을 내던졌다. 트로이아 인들은 그의 기세에 눌려 겁을 먹고 좌우로 흩어졌다. 창은 프리아모스 왕의 서자 데모코온을 맞혔다. 창끝이 이마를 뚫고 들어가 뒤통수로 나왔다.

트로이아 군대의 선두 군사들이 데모코온이 쓰러지는 것을 보고 후퇴하자 헥토르도 그들과 함께 뒷걸음했다. 그리스 인들은 환호성을 울리며 시체들을 헤치고 트로이아 진지 깊숙이 쳐들어갔다.

이 사태를 지켜보던 아폴론이 크게 화가 나 성벽 안에서 큰 소리로 트로이아 인들을 격려했다.

"전쟁터를 그리스 인들에게 내주지 마라. 그들의 몸은 무쇠나 돌이 아니다. 그들도 곧 피로를 느낄 것이다. 게다가 영웅 아킬레우스는 아직 전쟁에 참가하지 않은 채 함선에서 분노를 삭이고 있지 않은가!"

상대편에서는 아테네가 전쟁 중인 그리스 인들을 독려했다. 그래서 양편 모두 희생자의 수가 점점 늘었다.

그때 팔라스 아테네가 튀데우스의 아들 디오메데스에게 특별한 힘과 용기를 불어넣어주었다. 덕분에 그는 그리스 민족 중 누구보다 뛰어난 활약을 보여 영원한 명예를 얻었다. 아테네는 디오메데스의 투구와 방패를 마치 가을밤의 별처럼 찬란히 빛나게 해준 다음 그를 가장 격렬한 전쟁터로 몰아넣었다.

한편 트로이아 인들 중에는 다레스라는 권세 있고 부유한 헤파이스토스의 사제가 있었다. 그는 페게우스와 이다이오스라는 용감한 두 아들을 전쟁터로 보냈다. 둘은 전차를 탄 채 대열에서 이탈해 땅 위에서 싸우고 있는 디오메데스를 덮쳤다. 우선 페게우스가 창을 던졌다. 창은 디오메데스의 왼쪽 어깨를 스치고 지나갔으나 아무런 상처도 입히지 못했다. 이번에는 디오메데스가 내던진 창이 페게우스의 가슴에 꽂혀 페게우스가 전차에서 덜컥 떨어졌다.

아우 이다이오스는 형의 시신을 수습할 용기마저 잃은 채 전차에서 뛰어내려 어둠 속으로 도망쳤다. 이다이오스의 아버지 다레스의 수호신인 헤파이스토스가 두 아들 모두를 잃게 될 자기 사제를 불쌍히 여겨 이다이오스의 주변을 캄캄하게 만들어준 것이었다.

한편 아테네는 전쟁의 신 아레스의 손을 잡고 말했다.

"형제여! 이제 전쟁은 트로이아 인들과 그리스 인들에게 맡기자. 아버지 제우스가 어느 쪽에 승리를 안겨주실지 두고 보는 것이 어떻겠는가?"

누이의 제안에 따라 아레스가 전쟁터를 떠나자 전투는 이제 완전히 인간들에게 맡겨졌다. 그러나 아테네는 자신이 돌봐준 디오메데스가 그 힘으로 잘 싸워나갈 줄 알고 있었다. 그리스 군은 점차 트로이아 군을 압도했다. 아가멤논은 창으로 오디오스의 어깨를 찔렀다. 이도메네우스는 파이스토스를 찔러 전차에서 떨어뜨렸다. 사냥의 명수 스카만드리오스는 메넬라오스의 창에 찔려 죽었고, 파리스가 약탈행

위에 사용한 배를 만들었던 펠레클로스는 메리오네스가 던진 창에 맞아 죽었다. 그 밖에 많은 트로이아 용사가 그리스 인들에게 희생되었다. 그러나 디오메데스는 범람하는 가을 홍수처럼 전쟁터를 휘젓고 다녔다. 하도 동에 번쩍 서에 번쩍 해서 그리스 쪽인지 트로이아 쪽인지 분간할 수 없을 정도였다.

그러나 뤼카온의 아들 판다로스가 그를 겨냥해 활을 쏘았다. 화살은 보기 좋게 디오메데스의 어깨를 맞혀 갑옷 위로 붉은 피가 흘렀다. 판다로스가 환성을 올리고 뒤에 있는 자기편 군사들에게 외쳤다.

"자, 추격하라! 트로이아 인들이여, 말을 달려라! 그리스 군의 뛰어난 용장을 맞췄다. 그는 이제 곧 죽어 잠잠할 것이다!"

그러나 디오메데스의 부상은 목숨을 잃을 만큼 깊지 않았다. 그는 전차로 달려가 말고삐를 잡은 친구 스테넬로스에게 말했다.

"스테넬로스! 내려와서 내 어깨에 꽂힌 화살 좀 뽑아주게!"

스테넬로스가 전차에서 얼른 뛰어내려 화살을 잡아 뺐다. 어깨에서 나온 붉은 피가 갑옷 솔기를 따라 콸콸 쏟아졌다. 디오메데스가 아테네에게 기도를 드렸다.

"제우스의 따님이신 아테네여! 당신은 지난날 제 아버지를 도와주셨습니다. 오늘 제게도 그런 은혜를 베풀어주소서! 제게 상처를 입히고 좋아서 날뛰는 저 사나이가 이 창을 맞게 하시고 다시는 햇빛을 볼 수 없게 하소서."

아테네는 기도를 듣고 디오메데스의 팔과 다리에 새 힘을 불어넣어 새처럼 가볍게 만들어주었다. 그는 부상도 잊은 채 전쟁터로 다시 달려 나갔다. 아테네가 그에게 말했다.

"자, 어서 가라! 그대의 눈을 덮은 검은 구름을 거둬주었으니 전쟁터에서 신과 사람을 뚜렷이 구분할 수 있을 것이다. 그러니 만약 불사의 신이 달려들면 창을 던져서는 안 된다. 다만 아프로디테만은 그대의 창으로 상처를 입혀도 좋다."

마치 사자처럼 세 배의 힘과 용기를 얻은 디오메데스는 접전이 벌어진 맨 앞으로 되돌아갔다. 그는 아스튀노오스의 어깨를 단칼에 베어버리고 휘페이론을 창으로 찔러 하늘 높이 치켜들었다. 곧이어 에우뤼다마스의 두 아들마저 해치웠다. 그리고 파이놉스가 늙어서 낳은 두 아들을 넘어뜨려 그의 원한을 샀다. 또한 프리아모스의 아들 크로미오스와 에켐몬을 강제로 전차에서 밀어뜨려 무기와 갑옷을 빼앗았다. 빼앗아 온 전차는 부하들을 시켜 배로 끌고 가게 했다.

프리아모스 왕의 사위인 용맹한 아이네이아스는 트로이아 군사들이 튀데우스의 아들 디오메데스에게 이리 베이고 저리 찔려 대열이 흩어지는 것을 보았다. 그는 비처럼 퍼붓는 창과 화살을 뚫고 나가 판다로스를 찾아냈다.

"판다로스여! 그대의 활과 화살은 어디서 놀고 있소? 그 명성은 어디로 갔단 말이오? 우리 트로이아 인들을 저렇게 괴롭히는 사내에게 한 번 더 멋진 화살을 먹여줘야 하지 않겠소. 저자는 혹 신이 사람으로 변신한 것은 아니겠지!"

판다로스가 대답했다.

"저자가 신이 아니라면 분명 디오메데스요. 그는 아까 내 화살에 맞았소. 그렇다면 그는 신이 돌봐주고 계신 것이오. 난 아무래도 불행한 전사인 것 같소! 벌써 그리스 군 최고지휘자 둘을 활로 쏘아 상처를 입혔으면서 죽이지는 못하고 도리어 화나게 만들었으니까. 트로이아로 떠나기 전에 내가 활과 화살집을 잡은 시간은 불길한 시간이었소! 내가 만일 나와 함께 온 활과 화살을 부러뜨려 이 하찮은 장난감을 불 속에 던져버리지 않는다면 내가 귀향했을 때 이방인이 내 목을 치게 될 것이오."

이 말을 듣고 아이네이아스가 위로했다.

"기운을 내시오! 그런 일로 뭘 그러시오? 내 전차를 타고 트로이아의 말이 얼마나 노련한지 보는 게 좋겠소. 만약 제우스 신이 디오메데스에게 승리의 영광을 줄 생각이라면 말들은 우리를 틀림없이 트로이아 쪽으로 데려갈 것이오. 하지만 나는 전차를 타지 않고 걸어서라도 싸우겠소."

그러나 판다로스는 말고삐를 다룰 줄 몰랐기 때문에 아이네이아스의 옆자리에 올라탔다. 이리하여 두 사람은 날쌘 말을 몰고 디오메데스를 향해 달려갔다. 이 모습을 본 스테넬로스가 디오메데스에게 소리쳤다.

"디오메데스! 저기 용감한 두 사나이가 자네를 향해 돌진하고 있네. 판다로스와 아프로디테의 아들인 반신(半神) 아이네이아스일세! 우선 전차를 타고 자리를 피하게. 자네가 아무리 용맹하더라도 저자들을 당해내지는 못할 걸세!"

디오메데스가 친구를 노려보며 소리쳤다.

"피하다니! 싸움을 앞두고 꽁무니를 빼는 건 나하고 맞지 않아. 나는 아직 지치지 않았네. 아니야, 여기 이대로 서서 저놈들과 맞서지. 저 두 놈을 해치우거든 자네는 우리의 말을 여기 두고 아이네이아스의 말을 전리품으로 배에 보내주게."

이때 판다로스의 창이 디오메데스를 향해 날아와 방패를 꿰뚫었으나 갑옷에 맞고 튕겨 나갔다. 디오메네스가 환성을 올리는 트로이아인들에게 큰 소리로 외쳤다.

"맞지 않았다. 잘 던져라!"

이번에는 디오메데스가 던진 창이 판다로스의 눈과 턱 사이를 맞혔다. 판다로스가 마차에서 굴러떨어지며 쩔그렁 소리를 냈다. 놀란 말이 펄쩍 뛰며 옆으로 피했다. 아이네이아스가 재빨리 전차에서 뛰어내려 죽은 판다로스에게 다가가 창과 방패로 시체를 가린 뒤 굶주린 사자처럼 울부짖었다.

"어떤 놈이든 손을 대기만 하면 살려두지 않겠다!"

이를 본 디오메데스는 장정 두 사람이 겨우 들 만큼 큰 바위를 들어 아이네이아스의 옆구리를 향해 힘껏 내던졌다. 아이네이아스는 허벅다리가 으스러지며 그대로 쓰러져 정신을 잃었다. 만약 아프로디테가 사랑하는 아들을 백합꽃처럼 흰 팔로 안아 올려 은빛으로 빛나는 옷자락 속에 감춰 전쟁터에서 데려가지 않았다면 아이네이아스의 목숨은 끊어졌을 것이다.

한편 스테넬로스는 아이네이아스가 타고 온 전차와 말을 배로 날라다놓았다. 그리고 자기 전차를 타고 디오메데스 옆으로 곧 달려갔다. 디오메데스는 아테네가 깨워준 눈으로 여신 아프로디테를 알아봤으며 뒤엉킨 전쟁터를 헤치고 아이네이아스를 끌어안고 도망치는 여신을 따라잡았다. 디오메데스의 창이 여신의 향기로운 옷을 찢고 들어가 손목에 꽂혔다. 그녀의 팔에서 불사신의 피가 뚝뚝 떨어졌다. 상처 입은 여신은 비명을 지르며 품에 안았던 아들을 땅에 떨어뜨렸다. 그녀는 전쟁터 왼쪽에 있던 아레스를 보고 황급히 그쪽으로 달려가 도움을 청했다.

"형제여! 올림포스로 피신하게 말 좀 빌려줘요. 아파 죽겠어요. 인간 디오메데스가 내게 상처를 입혔는데, 아버지 제우스 신과도 맞설 만큼 굉장히 힘이 세요."

아프로디테는 아레스에게서 받은 전차를 몰아 올림포스 산속으로 도망쳤다. 그녀는 울면서 어머니 디오네의 팔에 몸을 내던졌다. 여신 디오네는 인자한 얼굴로 딸을 달래며 아버지 제우스에게 데리고 갔다.

제우스 신은 웃음을 머금고 모녀를 맞았다.

"전쟁은 너희들 힘으로 감당해낼 수 없는 것이다. 귀여운 딸아! 너는 결혼 중매나 하고 전쟁은 전쟁의 신에게 맡겨두는 게 좋아!"

언니 팔라스 아테네와 헤라는 아프로디테를 비웃는 눈초리로 흘겨보면서 핀잔을 주었다.

"아마 저 애는 아름다운 바람둥이 계집에게 홀려 트로이아로 간 모양이야. 헬레네의 옷을 쓰다듬다가 옷깃에 손을 다친 모양이구나!"

한편 아래 세상의 전쟁터에서는 디오메데스가 아이네이아스에게 달려들어 그 숨통을 끊으려고 세 번이나 창을 휘둘렀으나 세 번 모두 성난 아폴론 신이 방패로 막아주었다. 디오메데스가 네 번째 창을 겨누자 아폴론이 무섭게 고함쳤다.

"인간이 주제넘게 신들과 맞서려 하느냐?"

이 말에 디오메데스는 겁을 먹고 도망쳤다. 아폴론은 아이네이아스를 어깨에 메고 전쟁의 소용돌이를 벗어나 트로이아의 자기 신전으로 돌아왔다. 그리고 어머니 레토와 누이동생 아르테미스에게 아이네이아스의 간호를 맡겼다. 아폴론은 아이네이아스가 쓰러진 곳에 그의 환영을 남겨두었기 때문에 트로이아 인들과 그리스 인들은 그것을 둘러싸고 심한 전투를 벌였다. 아폴론은 아레스에게 신들에게조차 마구 덤벼드는 불손한 디오메데스를 전쟁터에서 몰아내는 게 좋겠다고 충고했다. 그러자 전쟁의 신 아레스는 트라케 군 아카마스의 모습으로 변해 혼전이 벌어진 전쟁터로 내려갔다. 그리고 프리아모스의 아들들 사이로 슬그머니 들어가 나무랐다.

"그리스 인들의 살인극을 언제까지 보고만 있을 작정인가? 트로이아 성문까지 쳐들어오기를 기다리는 것인가? 아이네이아스가 땅에 쓰러져 있는 것을 모르는가? 자, 모두 일어나 소중한 동료를 적들의 손에서 구해내자!"

이 말에 트로이아 인들의 사기가 솟구쳤다. 뤼키아의 왕 사르페돈이 헥토르에게 다가갔다.

"헥토르여! 그대의 용기는 다 어디로 갔단 말인가? 얼마 전만 해도 자네는 형제들만으로도 충분히 트로이아를 지킬 수 있다고 호언장담하지 않았는가? 그렇게 큰소리치던 그대들은 어디 있나? 마치 사자를 만나 두려워하는 개처럼 모두 꼬리를 사타구니에 말아 넣고 뒷걸음질 치고 있지 않은가. 전쟁은 우리 동맹군이 도맡아 하고 있다."

이 비난이 헥토르의 마음을 아프게 했다. 헥토르는 전차에서 뛰어내려 창을 흔들면서 모든 부대를 독려했고 분전을 촉구했다. 그러자 트로이아 인들의 투지가 새로이 솟구쳤다. 헥토르의 형제들과 트로이아 인들 모두가 적과 마주섰다. 아이네이아스도 아폴론에게 새로운 힘을 얻어 전쟁터로 돌아와 건강한 모습으로 다시 부하들에게 나타났다. 군사들은 매우 기뻐하며 그를 맞았다. 그들은 까닭을 캐물을 여유도 없이 한데 뭉쳐 전쟁터로 진격했다.

디오메데스의 활약

그곳에서는 마치 움직이지 않는 구름처럼 디오메데스와 두 아이아스 그리고 오뒷세우스가 진두에 서서 몰려오는 트로이아 인들을 조용히 기다리고 있었다.

아가멤논이 군대를 돌아다니며 분전을 촉구했다.

"전우들이여! 그대들은 모두 사나이다. 전쟁에서 명예를 높여라. 스스로 명예를 얻고자 했던 민족에는 죽은 자보다 산 자가 더 많았다. 도망가는 자는 명예는 물론 목숨도 지키지 못할 것이다."

이 말을 끝내자마자 아가멤논은 맨 앞에 서서 쳐들어오는 트로이아 군사를 향해 창을 힘껏 내던졌다. 창은 아이네이아스의 인망 높은 친구이자 언제나 최전방에서 싸우는 데이코온을 맞췄다. 그가 고꾸라지자 아이네이아스도 힘차게 팔을 휘둘러 그리스의 용사 크레톤과 오르실로코스를 때려눕혔다. 이 두 용사는 펠로폰네소스의 페라이 왕 디오클레스 슬하에서 사나운 사자처럼 자란 형제였다.

두 전사의 죽음을 몹시 애통하게 여긴 메넬라오스는 작은 창을 휘두르며 혼전이 벌어지는 최전방 한복판으로 들어갔다. 전쟁의 신 아레스는 메넬라오스를 부추겨 아이네이아스와 맞서게 했다. 네스토르의 아들 안틸로코스는 그리스 군의 지휘관 메넬라오스가 걱정되어 그의 곁으로 달려갔으나 두 영웅은 이미 전의에 불타 창을 잡고 대결 중이었다. 아이네이아스는 두 명의 적이 자신에게 맞서자 뒤로 후퇴했다. 메넬라오스와 안틸로코스는 전사한 크레톤과 오르실로코스의 시신을 적에게서 빼앗아 전우에게 맡기고 다시 전쟁터로 나갔다. 그것을 본 헥토르가 용감한 부하들을 거느리고 대항했다.

전쟁의 신 아레스도 어떤 때는 앞에서 어떤 때는 뒤에서 헥토르를 감싸주듯 나타났다가 사라지곤 했다. 아레스의 모습을 본 디오메데스가 깜짝 놀라 군사들에게 외쳤다.

"전우들이여! 헥토르의 용맹을 두려워하지 마라. 신이 바로 옆에서 그를 도와주는 것일 뿐이다! 우리가 도망가게 된다면 그건 신이 무서워서다."

헥토르는 전차를 타고 있는 그리스 영웅 앙키알로스와 메네스테스 두 사람을 죽였다. 텔라몬의 아들 대 아이아스가 복수를 위해 달려와 창을 던져 트로이아 동맹군의 지휘자 암피오스를 쓰러뜨렸다. 그의 투구를 벗기려 하자 트로이아 군 쪽에서 창이 비 오듯 날아오는 바람에 뜻을 이루지 못했다. 다른 쪽에서는 짓궂은 운명이 헤라클레스의 아들 틀레폴레모스를 뤼키아 왕 사르페돈과 맞서게 했다. 틀레폴레모스는 멀리서 사르페돈에게 싸움을 걸었다.

"여자 같은 아시아놈아! 너는 나의 아버지 헤라클레스처럼 제우스 신의 아들이라지만 어림없는 소리다! 넌 겁쟁이다. 아니 설령 용기가 있다 하더라도 이제 너를 저승으로 보내주마."

사르페돈이 그에게 대답했다.

"지금까지는 큰 무공을 세우지 못했지만, 네 목숨을 단창에 끊어 용맹을 떨쳐 보이겠다!"

이리하여 두 영웅은 창을 휘두르며 마주 섰다. 사르페돈이 던진 창이 큰소리치던 틀레폴레모스의 목을 맞췄다. 그는 그 자리에 털썩 쓰러져 숨이 끊어졌다. 그러나 틀레폴레모스가 던진 창도 상대방의 왼쪽 다리를 뼈까지 관통했다. 다행히 사르페돈은 아버지 제우스 신의 도움으로 목숨만은 건졌다. 동료들이 사르페돈을 부축해 전쟁터에서 끌어냈는데, 너무나 당황한 나머지 다리에 아직 창이 꽂혀 있다는 것을 아무도 몰랐다. 틀레폴레모스의 시신도 그리스 인들이 전쟁터에서 옮겨 갔다.

오뒷세우스가 지휘자를 잃은 뤼키아의 군사들을 따라 도망치는 사르페돈을 쫓아 가까이 다가왔다. 때마침 재빨리 달려오는 헥토르의 모습이 사르페돈을 기쁘게 했다.

사르페돈이 힘없이 말했다.

"프리아모스의 아들이여, 제발 나를 그리스 인의 먹잇감이 되도록 내버려두지 말게. 비록 내가 조국과 아내와 자식들의 얼굴을 보지 못하더라도 트로이아 거리에서 조용히 숨을 거둘 수 있도록 나를 지켜주게."

한마디 대답도 없이 헥토르는 달려드는 그리스 군과 맞서 싸웠다. 오뒷세우스조차 앞으로 나아갈 수가 없었다. 그사이 사르페돈의 동료들은 스카이아이 성문 근처에 있는 제우스의 신성한 참나무 밑에 사르페돈을 눕혔다. 그리고 어릴 적 친구인 펠라곤이 넓적다리에 꽂힌 창을 뽑아주었다. 사르페돈은 숨이 끊어지는 듯했으나 곧바로 숨을 들이켰다. 차가운 북풍이 쇠약해진 사르페돈의 생기를 소생시켰다. 이번에는 아레스와 헥토르가 그리스 군의 공세를 막으며 밀고 올라가, 그들은 차츰 배 있는 쪽으로 밀려갔다. 이때 헥토르의 손에 죽은 그리스의 유명한 영웅만도 여섯 명을 헤아렸다.

올림포스 산 위에서 신들의 어머니 헤라는 아레스의 도움으로 제멋대로 살육하는 트로이아 인들을 내려다보고 깜짝 놀랐다. 헤라의 명령으로 아테네의 전차가 준비되었다. 황금을 입힌 청동 바퀴, 은으로 된 끌채, 금으로 된 멍에로 장식된 멋진 전차였다.

헤라가 발 빠른 말을 골라 손수 전차에 연결했다. 아테네는 아버지 제우스 신의 갑옷을 몸에 걸치고 머리에는 황금 투구를 쓰고 고르고의 머리를 그린 방패와 창을 각각 손에 든 채, 금빛 가죽 끈으로 연결된 은으로 된 좌석에 올라앉았다. 헤라는 아테네 옆자리에 앉아 회초리를 쳐 말을 달렸다.

여신들이 지키고 있는 하늘의 문이 소리를 내며 저절로 열리자 두려움을 모르는 두 여신은 올림포스 산줄기를 타고 내려갔다. 산마루에 앉아 있는 제우스 신을 본 헤라는 얼른 고삐를 당겨 말을 세우고 말했다.

"아버지 신 제우스여! 아들 아레스가 신의 뜻을 거스르고 빛나는 그리스 민족을 몰살시키는데 가만히 보고만 계실 겁니까? 아프로디테와 아폴론이 광포한 자를 충동질하며 즐거워하는 것이 보이지 않습니까? 저 뻔뻔스런 녀석을 혼내주고 당장 전쟁터에서 몰아내도록 허락해주십시오!"

제우스 신이 자리에 앉아 헤라에게 대답했다.

"당신 뜻대로 될 것이오. 그러나 그 녀석과 맞서는 일은 싸움을 가장 잘하는 아테네에게 맡겨두시오!"

여신들의 전차는 하늘과 땅 사이를 날아 시모에이스 강과 스카만드로스 강이 합쳐지는 곳에 내려앉았다. 여신들은 트로이아의 전사들이 사자와 산돼지처럼 디오메데스를 둘러싸며 몰려드는 전쟁터로 서둘러 갔다. 헤라는 스텐토르의 모습을 하고 쇠가 울리는 것 같은 목소리로 소리쳤다.

"그리스 인들이여, 부끄럽지 않은가! 너희들은 아킬레우스가 옆에 있어야만 용감할 수 있단 말이냐?"

헤라가 소리치며 땅에 떨어진 그리스 군사들의 사기를 북돋았다. 한편 아테네는 적군을 헤쳐 디오메데스가 있는 곳으로 가까이 갔다.

디오메데스는 전차 옆에서 판다로스의 화살에 맞은 상처를 치료하는 중이었다. 넓은 방패고리의 압력과 땀이 그를 고통스럽게 했다. 손에 힘이 하나도 없었다. 겨우 방패 띠를 느슨히 풀어 피를 닦아냈다. 아테네 여신은 디오메데스의 멍에에 기대 말했다.

"자네 부친 튀데우스는 뛰어난 용사였다. 그런데 그대는 아주 딴판이군. 튀데우스는 비록 몸집은 작았지만 언제나 늠름한 용사였어. 언젠가 내 뜻을 거스르고 테바이 성 밑에서 결투를 벌이곤 했지만 그를 저버릴 순 없었지. 그대도 마찬가지로 도움을 청할 수 있었는데 왜 그러지 않았는가? 싸움에 지쳐 손발을 움직일 수 없게 되었단 말인가? 아니면 정신을 잃을 만큼 두려움에 지쳐 몸이 오그라들던가? 어쨌든 그대를 저 불덩어리 같은 튀데우스의 아들이라고는 말할 수 없구나."

이 말에 디오메데스가 깜짝 놀라 여신의 얼굴을 쳐다보았다.

"당신이 제우스 신의 따님이신 줄은 잘 알고 있습니다. 그러니 진실을 말씀드리겠습니다. 저를 무력하게 하는 것은 두려움이나 게으름이 아닙니다. 저 위대한 신들 가운데 한 분입니다. 당신은 제 눈을 뜨게 해주었고 그가 누구인지를 알려주었습니다. 바로 전쟁의 신 아레스입니다. 그가 트로이아 군을 지휘하는 것을 보았습니다. 제가 물러선 것도 그리스 인들을 이쪽으로 모이라 명한 것도 모두 그 때문입니다."

아테네는 그 말을 듣고 말했다.

"디오메데스야! 네 편을 들어줄 테니 앞으로는 아레스든 사람이든 두려워하지 마라. 이제 용감하게 말을 달려 횡포를 부리는 전쟁의 신과 맞서라, 어서!"

아테네는 전차의 마부 스테넬로스를 가볍게 밀었다. 여신의 뜻을 얼른 알아차린 마부도 전차에서 내려섰다. 그 자리에 아테네가 올라타 디오메데스 옆에 자리 잡았다. 전차는 여신과 그리스의 제일가는 영웅의 무게로 휘청했다. 팔라스 아테네는 고삐와 채찍을 잡고 말발굽 소리도 드높게 전쟁의 신 아레스를 향해 전차를 몰았다.

그때 아레스는 아이톨리아의 으뜸가는 용사 페리파스를 넘어뜨려 막 갑옷을 벗기려는 참이었다. 멀리서 디오메데스가 전차를 타고 달려오는 것을 보자—아테네는 보이지 않는 어둠으로 몸을 가리고 있었다—아레스는 페리파스를 내버려두고 말의 멍에와 고삐 너머로 몸을 비켰다가 창으로 디오메데스의 가슴을 겨누고 날쌔게 달려들었다. 그러나 아테네가 눈에 보이지 않게 슬그머니 창을 잡아 방향이 어긋나게 했다. 창은 그의 가슴을 벗어나 허공을 찌르고 말았다. 그다음에는 디오메데스가 전차 위에서 불쑥 일어나 창을 찔렀다. 아테네가 옆에서 밀어주었기 때문에 창은 아레스의 청동 갑옷 아래 틈새를 뚫고 옆구리에 꽂혔다.

창을 맞은 전쟁의 신 아레스는 흡사 만 명의 군사가 외치는 것 같은 큰 비명을 질렀다. 트로이아 군도 그리스 군도 그 소리에 놀라 모두 부르르 떨었다. 푸른 하늘에 제우스 신의 천둥소리가 울린 줄 안 것이었다. 디오메데스는 구름에 싸여 돌풍을 타고 하늘로 올라가는 전쟁의 신 아레스를 보았다. 하늘로 돌아간 아레스는 아버지 제우스 신 옆에 앉아 상처에서 흐르는 피를 보여주었다. 피를 본 제우스는 얼굴을 찌푸리며 몹시 언짢은 표정을 지었다.

"아들아, 우는소리 하지 마라! 너는 올림포스의 신들 중 가장 보기 싫은 녀석이다. 툭하면 싸우고 말다툼이나 일으키니 한심하기 짝이 없구나! 고집 세고 다루기 힘든 것도 꼭 네 어미 헤라를 닮았다. 그렇다고 아들의 고통을 보고만 있을 수야 없으니 신들의 의사 파이안을 불러 치료받도록 해라."

그러는 동안 다른 신들도 모두 올림포스의 산으로 돌아왔다. 전쟁터는 다시 트로이아 군과 그리스 군의 손에 맡겨졌다.

텔라몬의 아들 아이아스가 앞장서서 트로이아 인들이 모인 곳으로 돌격하여 그의 청동 창이 트라케의 영웅 아카마스의 투구를 관통해 이마를 찔렀다. 이어 디오메데스가 악쉴로스와 그 마부를 넘어뜨렸고, 메키스테우스의 아들 에우뤼알로스 앞에서 세 사람의 트로이아 장수가 넘어졌다. 오뒷세우스의 손에 피뒤테스가 쓰러졌고, 테우크로스의 손에 아레타온이 넘어졌고, 안틸로코스의 손에 아블레로스가, 아가멤논의 손에 엘라소스가 각각 죽었다. 이 밖에도 많은 트로이아 인이 그리스 인들의 손에 목숨을 잃었다.

아드라스토스는 말이 날뛰는 바람에 전차에서 떨어져 메넬라오스에게 잡히고 말았다. 말은 주인 잃은 전차를 끌고 그대로 트로이아로 돌아갔다. 아드라스토스는 메넬라오스의 무릎을 끌어안고 애걸했다.

"아트레우스의 아들이여, 제발 목숨만은 살려주십시오. 아버지의 재산 중 청동이건 금이건 그것으로 얼마든지 몸값을 치르겠습니다. 제발 살려주십시오."

메넬라오스는 측은히 여겼으나 아가멤논이 달려와 꾸짖었다.

"메넬라오스! 너는 지금 적군에게 동정을 베풀 셈이냐? 적군은 한 놈도 살려두어선 안 된다. 어머니 품에 있는 아기조차도! 트로이아 인에게는 자비 따위 베풀지 말고 모조리 죽여야 해!"

이 말에 메넬라오스는 자기에게 매달려 빌고 있는 아드라스토스를 밀쳐냈고 아가멤논이 그를 창으로 찔러 죽였다.

늙은 영웅 네스토르가 그리스 군사들에게 외치는 소리가 끊임없이 들려왔다.

"전우들이여! 전리품에 정신이 팔려 뒤처지지 마라. 지금은 우선 적을 무찌르는 일이 급선무다! 시체에서 무구를 벗겨내는 일은 나중에 해도 늦지 않다!"

한편 이때 프리아모스의 아들이며 새점을 잘 치는 예언자 헬레노스가 헥토르와 아이네이아스에게 이런 말을 하지 않았다면, 트로이아 군은 성안으로 도망치고 말았을 것이다.

"일이 이렇게 된 마당에 우리가 두 분 말고 누구를 의지하겠습니까? 발 둘 곳을 모르고 허공에 떠 있는 군사들을 성문 앞에서 막아준다면 아직 그리스 인들과 싸울 여지는 있습니다. 아이네이아스여! 신들은 그대에게 이 역할을 맡겼습니다. 헥토르! 빨리 트로이아로 달려가 어머니에게 이렇게 전하십시오. 고귀한 여인들을 성벽 밑 아테네 신전 앞에 모아놓고 여신상 무릎에 어머니의 가장 귀한 옷을 얹어놓은 다음 서약을 올리시라고 말입니다. 여신이 트로이아의 여인들과 아이들을 보살피고 무서운 디오메데스를 물리쳐준다면 열두 마리의 탐스러운 암소를 제물로 바치겠다는 서약 말입니다."

헥토르는 곧 전차에서 뛰어내려 군사들을 격려하며 싸움을 계속하라고 명령했다. 그리고 대열에서 빠져나와 트로이아 성으로 급히 발길을 돌렸다.

글라우코스와 디오메데스

전쟁터에서는 벨레로폰테스의 손자 뤼키아 왕 글라우코스와 튀데우스의 아들 디오메데스가 전의에 불타 전차를 타고 서로를 향해 돌진했다. 상대방이 가까이 왔을 때 디오메데스가 그의 모습을 자세히 살펴본 뒤 말을 걸었다.

"고상한 전사여! 그대는 누구인가? 전쟁터에서 처음 만나는 것 같은데 내 창에 맞서겠다니 상당히 자신 있는 모양이구나. 지금까지 나와 맞서 살아 돌아간 자는 없었다. 그대는 설마 인간의 모습을 빌린 신은 아니겠지. 만약 그렇다면 싸움은 그만두자. 하늘의 노여움이 두렵거니와 죽지 않는 신과 싸울 생각도 없으니까. 그렇지만 인간이라면 덤벼봐라. 승리는 나에게 있다!"

힙폴로코스의 아들 글라우코스가 대답했다.

"디오메데스여, 무엇 때문에 내 가문에 대해 묻는가? 우리 인간의 가문이란 숲속의 나뭇잎 같은 것이다. 찬바람에 흩어지고 봄이면 싹이 다시 돋아나지. 그러나 정 알고 싶다면 가르쳐주마. 나의 조상은 헬렌의 아들 아이올로스다. 그가 영악한 시쉬포스를 낳았고, 시쉬포스는 글라우코스를, 글라우코스는 벨레로폰테스를, 벨레로폰테스는 힙폴로코스를 낳았다. 힙폴로코스의 아들이 바로 여기 서 있는 나 글라우코스다. 조상의 명예를 짊어지고 출전하라는 아버지의 명령으로 여기 트로이아에 온 것이다!"

이 말을 들은 디오메데스는 창을 대지 위에 꽂고 반가운 듯 소리쳤다.

"고귀한 왕이여, 정말 그렇다면 자네는 할아버지 때부터 우리 가문과 교분이 두터운 집안이구려! 나의 할아버지 오이네우스는 그대의 할아버지 벨레로폰테스를 우리 궁전에 스무 날 동안 모신 적이 있소. 우리 할아버지들은 서로 존경하는 뜻으로 선물도 교환하셨소. 오이네우스는 자주색 벨트를 선물하고 벨레로폰테스는 황금 술잔을 선물했다오. 지금도 그것을 우리 집 가보로 간직하고 있소. 그대가 아르고스로 오면 내가 주인으로서 그대를 대접할 테니, 내가 부하를 거느리고 뤼키아로 가게 되면 그대가 주인으로서 나를 맞아주시오. 이렇게 알게 되었으니 아무리 전쟁의 소용돌이 속이라지만 서로에게 창을 겨누지는 맙시다. 내가 아니라도 그리스 인은 얼마든지 있을 것이고 그대가 아니라도 트로이아 인은 얼마든지 있지 않소? 자, 우리 창을 서로 바꿔 우리가 친척이나 다름없는 사이임을 모두에게 알려줍시다."

이렇게 해서 두 영웅은 전차에서 훌쩍 뛰어내려 손을 맞잡고 우정을 맹세했다. 그러나 제우스가 그리스 인에게 호의를 베풀기 위해 글라우코스의 분별력을 희미하게 만들었기 때문에 그는 자신의 황금 무구들을 디오메데스의 청동 창과 맞바꾸었다. 황소 아홉 마리의 가치밖에 없는 것을 받고 황소 백 마리의 가치가 있는 것을 준 셈이었다.

트로이아로 돌아온 헥토르

그사이 헥토르는 제우스의 참나무가 서 있는 트로이아의 스카이아이 성문에 도착했다. 트로이아 군인들의 부인과 딸이 그를 둘러싸고 자신들의 남편과 아들, 형제와 친척의 안부를 캐물었다. 그러나 그는 일일이 물음에 대답할 수가 없었다. 그래서 신들에게 기도를 드리라고 격려했다. 그러나 헥토르의 이 말은 적지 않은 사람들을 슬픔에 잠기도록 만들기에 충분했다. 이윽고 헥토르가 아버지의 궁전에 도착했다. 궁전은 화려했고 기둥으로 장식한 넓은 연회장이 여러 곳 있었다. 궁전 내부에는 미끄러질 듯한 대리석으로 만든 쉰 개의 방이 있었다. 그곳에는 왕의 아들들이 아내들과 함께 살고 있었다. 또 다른 궁전 내부에는 열두 개의 대리석 방이 있었다. 그곳에는 왕의 딸들과 사위들이 살고 있었다.

궁전 전체는 높은 성벽에 둘러싸여 그야말로 장엄하고 화려한 성곽을 이루었다. 헥토르는 궁전 안에서 어머니 헤카베를 만났다. 그녀는 얌전하고 사랑스러운 딸 라오디케를 만나러 가는 중이었다. 늙은 왕비 헤카베는 헥토르가 있는 쪽으로 달려와 아들의 손을 잡고 걱정과 애정이 가득 담긴 목소리로 말했다.

"아들아! 격렬한 전쟁터에서 어떻게 돌아왔느냐? 끔찍한 자들이 우리를 몹시 괴롭히는 모양이구나. 너는 지금 제우스 신에게 도움을 청하는 기도를 드리기 위해 온 것이겠지. 그럼 맛있는 술을 가져오마. 아버지 신 제우스와 다른 신들에게 술을 바치고 너도 목을 좀 축여야지. 피로한 군사에게 술만큼 힘을 북돋아주는 것은 없으니."

헥토르가 왕비에게 대답했다.

"사랑하는 어머님, 술은 마시지 않겠습니다. 기력이 쇠약해질까 걱정됩니다. 게다가 손도 씻지 않고 제우스 신에게 술을 따르는 일은 삼가야 하니까요. 그보다 어머님이 직접 귀한 신분의 여인들을 거느리고 아테네 신전으로 가주십시오. 향을 피우며 참배하고 기도를 드려주셔야 합니다. 여신의 무릎에 고귀한 옷을 얹어놓고 '트로이아에 자비를 베풀어주신다면 흠 없는 암소 열두 마리를 바치겠습니다.'라고 서약해주십시오. 저는 아우 파리스를 전쟁터로 데려갈 작정입니다. 파리스 같은 녀석은 대지가 갈라져 삼켜버렸으면 좋겠습니다. 어쩌면 파리스는 우리를 파멸시키기 위해 태어난 놈 같습니다."

어머니 헤카베는 아름다운 비단 옷을 넣어둔 향기 넘치는 방으로 발길을 옮겼다. 그 옷은 파리스가 헬레네와 함께 고향으로 돌아올 때 시돈에서 가져온 것이었다. 헤카베는 그중 가장 크고 아름다우며 화려한 무늬가 있는 옷을 골랐다. 그리고 귀족 출신 여인들을 데리고 아테네 신전이 있는 언덕으로 올라갔다. 신전에 도착하자 팔라스 아테네 여신의 사제인 안테노르의 아내 테아노가 문을 열어주었다.

트로이아의 여인들은 아테네의 조각상 둘레에서 두 손을 쳐들고 간절히 호소했다. 테아노는 왕비 헤카베가 가져온 비단옷을 받아 여신의 무릎에 올려놓고 제우스 신의 딸에게 애원했다.

"트로이아의 수호신 팔라스 아테네여! 뛰어난 힘과 용기를 지닌 여신이여! 디오메데스의 창끝을 부러뜨려주소서. 우리의 도시와 여인과 죄 없는 어린것들을 불쌍히 여기소서! 그렇게 해주신다면 흠 없는 암소 열두 마리를 여신께 바치겠나이다."

그러나 팔라스 아테네는 마음속으로 그녀들의 소원을 거절했다. 그 사이 헥토르는 파리스의 궁전에 도착했다. 궁전은 트로이아 왕궁과 헥토르의 거처에서 가까운 높은 곳에 자리 잡고 있었다. 헥토르와 파리스는 각각 자신의 궁전을 가지고 있었다. 헥토르는 오른손에 길이가 세 칸이나 되는 청동 창을 들고 아우의 방으로 갔는데, 손잡이에는 손이 미끄러지지 않게 황금 테가 둘러져 있었다.

파리스는 마침 방에서 무기를 손질하고 있었다. 파리스의 아내 헬레네는 하녀들을 지휘하느라 분주했다.

헥토르가 파리스를 나무랐다.

"참, 배짱도 좋구나! 한가하게 여기 앉아 있다니! 너 때문에 백성들은 피 흘리며 싸우고 있지 않느냐? 전쟁이 한창인데 숨어서 노는 놈을 너라면 그냥 두겠느냐? 자, 어서 일어나라! 온 도시가 적의 불길에 타버리기 전에 함께 싸우자! 다 같이 우리의 도시를 지켜야 할 게 아니냐!"

파리스가 태연하게 헥토르의 말을 받았다.

"형님 말씀이 옳습니다. 그러나 제가 여기 우두커니 앉아 있는 것은 비겁해서가 아니라 걱정 때문입니다. 이제 아내의 설득으로 다시 전쟁터로 나가려던 참입니다. 제가 무장을 할 때까지 기다리시든지 아니면 먼저 가십시오. 곧 뒤따라가겠습니다."

헥토르가 대꾸도 하지 않자 헬레네가 몹시 부끄러워하며 말했다.

"오, 헥토르여! 제가 어쩌다가 이렇게 끔찍한 재난을 몰고 왔을까요? 이 나라에 오기 전에 바다의 큰 파도에 휩쓸려버렸더라면 얼마나 좋았을까요? 그렇지만 재난은 이미 우리 앞에 다가왔습니다. 이렇게 된 바에야 자기가 불러들인 굴욕과 비난을 분명히 깨닫고 과감히 받아들이는 사내다운 사내의 아내가 되고 싶었습니다. 그런데 파리스는 겁쟁이에 분수를 모르는 형편없는 사내예요. 그의 비겁함은 반드시 대가를 치를 것입니다. 그나저나 헥토르여! 들어오셔서 전쟁터에서 얻은 피로를 좀 풀고 가세요. 저와 남편이 저지른 범죄로 인한 무거운 짐이 모두 당신 어깨 위에 놓였으니까요!"

헥토르가 대답했다.

"아니요, 헬레네! 친절한 마음씨는 고맙지만 마음 놓고 쉴 시간이 없소. 어떻게 트로이아 인들을 구해야 할지 초조한 마음뿐이오. 남편을 잘 타일러 내가 이 도시의 성벽을 빠져나가기 전에 뒤따라오게 해주시오. 나는 궁전으로 돌아가 아내와 아들을 만나보고 떠나겠소."

헥토르는 급히 파리스의 궁전을 떠났다. 그러나 자기 궁전에 돌아와보니 아내는 그곳에 없었다.

"부인께서는 트로이아 군이 어려운 고비에 몰리고 그리스 인들이 기세를 올리고 있다는 소식을 들으시더니 불안해하며 성탑으로 올라가셨습니다. 나중에 아드님을 모시고 따라오라고 시녀에게 이르셨습니다."

방을 지키고 있던 시녀가 말했다. 헥토르는 급히 발길을 돌려 오던 길로 되돌아갔다. 그가 스카이아이 성문으로 가자 테바이 왕 에에티온의 딸인 아내 안드로마케가 그를 향해 급히 달려왔다. 샛별처럼 아름다운 아들 아스튀아낙스를 안은 시녀가 그 뒤를 따랐다. 헥토르는 행복한 미소를 지으며 사랑하는 어린 아들을 물끄러미 바라보았다. 안드로마케가 눈물을 글썽거리며 곁으로 다가오더니 남편의 손을 잡고 입을 열었다.

"당신은 참 무서운 분이에요. 당신의 용기가 언젠가는 당신을 죽게 할 거예요. 자신의 아들과 불행한 아내에게 자비롭지 않으시군요. 당신은 저를 언젠가는 과부로 만들고 말겠지요. 우리 아버지는 아킬레우스에게 죽임을 당하셨고 어머니는 아르테미스의 화살에 맞아 돌아가셨고, 일곱 형제도 모두 아킬레우스의 손에 쓰러졌어요. 여보! 당신마저 잃으면 저는 무엇을 바라고 살겠어요? 당신은 제 아버지이고 어머니이며 또한 오빠랍니다. 제발 저를 불쌍히 여기시고 이 탑에 머물러 계세요! 그리고 군사들에게는 무화과나무 언덕에 모이라는 명령을 내리세요. 그곳은 성벽의 방비가 가장 약해 무너지기 십상인 곳입니다. 벌써 두 아이아스, 이도메네우스, 아가멤논, 메넬라오스, 디오메데스 등이 세 번씩이나 공격을 해왔답니다. 어떤 예언자가 가르쳐주었거나 적들이 스스로 판단했을 거예요."

헥토르가 아내를 향해 다정하게 말했다.

"여보! 나도 그 점을 걱정한다오. 하지만 겁쟁이처럼 멀리 떨어져 구경만 하면 온 트로이아 남자와 여자에게 웃음거리밖에 되지 않는다오. 그런 일은 내 마음이 허락지 않소. 나는 최전선에서는 언제나 용감하게 싸우도록 배워왔소. 물론 언젠가는 거룩한 트로이아와 프리아모스 왕과 그의 모든 백성이 함께 망할 날이 올 것이오. 그러나 마음에 걸리는 것은 트로이아 인들의 고난도, 그리스 인들의 칼날 아래 쓰러질 부모 형제들의 고통도 아니오. 다만 울고 있는 당신이 그리스 인의 노예로 끌려가 옷감을 짜거나 물 긷는 강제 노역을 하게 되고, 누군가 울고 있는 당신을 보고 저 여인이 헥토르의 아내라 말하는 것을 보고 싶지 않을 뿐이오. 그 전에 나는 차라리 죽는 편이 낫소."

말을 마친 헥토르가 귀여운 아들 아스튀아낙스를 끌어안으려 했다. 그러나 아들은 아버지의 손길에 놀라 유모의 가슴속을 파고들었다. 아버지의 청동 투구와 그 위에 나부끼는 깃털을 보고 놀란 것이었다. 아버지는 어린 아들과 아내를 번갈아 보며 싱긋이 웃더니 번쩍거리는 투구를 벗어 땅 위에 놓은 다음 귀여운 아들에게 입을 맞췄다. 그리고 얼른 끌어안았다. 헥토르는 아기를 하늘 높이 치켜들고 기도드렸다.

"제우스와 여러 신이시여! 이 아기를 저처럼 트로이아 인들의 모범이 될 만한 인물로 자라게 해주십시오. 언젠가 이 아이가 트로이아를 강한 나라로 다스리고, 사람들 입에서 아버지보다 훨씬 훌륭한 사나이라는 말을 듣게 해주십시오. 이 아이의 어머니를 즐겁게 해줄 영웅으로 만들어주십시오."

그렇게 기도한 후 그는 아들을 아내에게 돌려주었다. 아내는 눈물을 글썽이면서도 미소를 머금고 아기를 가슴에 꼭 끌어안았다. 헥토르는 갑자기 측은한 생각이 들어 그녀의 어깨를 쓰다듬으며 말했다.

"가엾은 아내여, 그리 슬퍼하지 마시오. 누구도 내 운명을 거슬러 나를 죽일 수는 없을 것이오. 그러나 운명에서 벗어날 수 있는 사람 또한 없소. 어서 물레로 가 당신의 시녀들에게 옷감을 짜게 하시오."

이 말을 남기고 헥토르는 땅에 벗어놓았던 투구를 쓰고 발길을 돌렸다. 아내 안드로마케는 궁전을 향해 걸어갔으나 하염없이 흘러내리는 눈물이 앞을 가렸다. 시녀들은 안드로마케가 자기 방에 틀어박혀 꼼짝도 하지 않자 주인의 근심과 걱정을 진심으로 동정했다. 헥토르는 아직 살아 있었지만 궁 안은 마치 그가 죽기라도 한 것처럼 슬픔으로 가득 찼다.

파리스도 이번에는 망설이지 않았다. 그는 번쩍이는 청동 갑옷을 입고 발길을 재촉해 안드로마케와 작별하고 돌아서서 헥토르를 뒤쫓아 왔다.

"형님! 우물쭈물하다 조금 늦었습니다. 그렇지만 많이 늦지는 않았지요?"

헥토르가 아우에게 동정 어린 말투로 말했다.

"파리스야! 말 잘하는 것과 여자 좋아하기로는 너를 따를 자가 없겠다. 그러나 너는 행동이 너무 느려 탈이구나. 너 때문에 지금 다급한 처지에 놓인 트로이아 인들에게 싫은 소리를 듣지 않을까 몹시 불안하다. 어쨌든 지금 해야 할 일은 그리스 인들을 하루 빨리 트로이아에서 몰아낸 뒤 술통을 앞에 놓고 승리의 축배를 드는 것이다!"

헥토르와 아이아스의 대결

여신 아테네는 전쟁터를 향해 급히 떠나는 두 형제를 보고 올림포스에서 바람처럼 빠르게 트로이아 시로 내려갔다. 그리고 제우스의 참나무가 있는 곳에서 아폴론과 마주쳤다. 아폴론은 트로이아의 전쟁을 조종하던 성루에서 내려와 그의 누이에게 말을 걸었다.

"무슨 급한 일이 있어 올림포스에서 내려오는가, 팔라스여? 여전히 트로이아를 멸망시킬 생각만 하는 그대는 무자비하오. 오늘은 내 말을 듣고 전투를 그냥 내버려둡시다! 당신과 헤라는 트로이아라는 훌륭한 도시를 잿더미로 만들 때까지 그만두지 않을 테니 싸움은 나중에 해도 늦지 않잖소."

아테네가 대답했다.

"좋아요. 멀리 화살을 쏠 수 있는 신이여! 그대가 하자는 대로 해봅시다. 나도 그럴 생각으로 올림포스에서 내려왔으니까. 하지만 어떻게 사나이들이 전쟁을 그만두게 만들 작정인가요?"

아폴론이 말했다.

"우리가 힘센 헥토르에게 용기를 더 불어넣어 그리스 인들 중 누군가에게 전쟁을 결판낼 결투를 청하도록 만드는 거요. 그런 다음 그들이 어떻게 하는지 지켜봅시다."

예언자 헬레노스는 마음속에 울려오는 영감으로 불사의 두 신이 나누는 이야기를 들을 수 있었다. 그는 곧바로 헥토르에게 달려갔다.

"슬기로운 프리아모스의 아들이여! 이번에는 사랑하는 동생의 조언을 들어주십시오. 모든 트로이아 인과 그리스 인에게 싸움을 쉬라고 명령을 내려주세요. 그리고 당신은 그리스 인들 중 가장 용감한 영웅에게 결투를 청하십시오. 당신은 아무런 위험도 없이 그 일을 해낼 수 있습니다. 아직 죽을 운명이 아니기 때문입니다. 내가 하는 예언의 말을 믿어주십시오."

이 말에 헥토르는 매우 기뻤다. 그는 트로이아 군사들에게 싸움을 멈추라고 하더니 창의 가운데를 잡은 채, 싸우고 있는 양편의 군대 사이로 나아갔다. 이 신호를 본 양편의 군사들은 곧바로 싸움을 멈췄다. 이 신호를 본 아가멤논 또한 그리스 인들에게 창을 거두게 했기 때문이다. 아테네와 아폴론은 두 마리의 독수리로 모습을 바꿔 제우스의 참나무 가지에 앉아 이 광경을 지켜보고 있었다. 그들은 두 진영의 병사들이 방패와 투구 그리고 높이 솟은 창을 부딪치면서 소란스럽게 뒤로 물러나는 것을 보고 즐거워했다. 헥토르가 두 민족 사이의 한복판에 서서 말했다.

"트로이아 인과 그리스 인 여러분! 내가 진심으로 하는 말을 잘 들어주시오! 트로이아와 그리스가 얼마 전에 맺은 조약은 제우스 신이 용납하지 않으셨소. 오히려 신은 여러분이 트로이아를 정복하거나 여러분이 뱃전에서 우리에게 죽을 때까지 두 민족이 싸우게 하셨소. 여러분의 군대에는 그리스의 가장 용맹한 영웅들이 있을 것이오. 신과 같은 나 헥토르와 결투를 벌일 자신이 있는 용사는 앞으로 나오시오! 제우스 신을 증인으로 내가 내세우는 조건은 이렇소. 만약 상대방이 창으로 나를 넘어뜨리면 나의 갑옷과 투구를 가지고 배로 돌아가시오. 그러나 내 시신만은 고향에서 가족들이 화장할 수 있도록 트로이아로 보내주시오. 그러나 만약 아폴론이 내게 영예를 주어 상대방을 쓰러뜨리게 하신다면 나는 그의 갑옷과 투구를 트로이아의 아폴론 신전에 바치겠소. 그리고 나와 맞선 용사의 시신은 우리 진지 안에서 예를 갖춰 장사 지내고 헬레스폰토스 해안에 비석을 세워주겠소. 그래서 훗날 그곳을 지나는 선원들이 저기 높이 솟아 있는 비석은 그 옛날 신과 같은 영웅 헥토르와 싸워 쓰러진 영웅의 무덤이라고 말하게 하겠소."

헥토르가 말을 마쳤다. 그러나 그리스 인들은 모두 침묵했다. 결투를 거절하면 불명예스럽고, 그렇다고 받아들이기에는 너무나 위험한 제안이었기 때문이다. 이윽고 메넬라오스가 일어나 자기편 군사들을 꾸짖었다.

"도대체 이게 무슨 꼴이냐? 큰소리는 혼자 다 치더니 하는 짓이 아녀자만도 못하구나. 그러면서 어찌 그리스 인이라 할 수 있겠느냐? 헥토르와 맞설 용기를 가진 자가 없다면 그야말로 민족의 커다란 수치다! 차라리 내가 무장을 갖추고 싸우겠다! 이기고 지는 것은 신에게 달렸다."

이렇게 소리치며 메넬라오스가 급히 무장을 했다. 만약 그리스의 왕들이 모두 일어나 그를 말리지 않았다면 메넬라오스는 죽었을 것이다.

아가멤논이 그의 오른팔을 잡아당기며 말했다.

"동생아, 좀 더 생각해봐라! 너보다 힘센 사나이와 싸우려 하다니 도대체 어쩌자는 거냐? 다른 사람들이 모두 두려워하고 아킬레우스조차 전쟁터에서 저 사나이와 대결하는 것을 피할 정도다. 제발 부탁이니 뒤로 물러나 자리에 앉아라!"

그런데 이번에는 네스토르가 그리스 인들을 나무라며 자기가 아르카디아 인 에레우탈리온과 벌인 결투에 대해 일장연설을 했다. 그는 다음과 같은 말로 끝맺었다.

"내가 좀 더 젊고 그때만큼 힘이 있다면 당장 헥토르와 겨루겠다!"

이 말을 듣고 그리스 군 진영에서 아홉 명의 영웅이 자리를 박차고 일어났다. 맨 먼저 아가멤논과 디오메데스, 두 아이아스가 함께 일어섰고, 이도메네우스와 전우 메리오네스, 에우뤼필로스, 토아스 그리고 오뒷세우스가 차례로 일어났다. 그들 모두 두려운 결투를 하겠다고 나선 것이다.

네스토르가 말했다.

"제비를 뽑도록 합시다. 누가 제비에 뽑히든지 이 결투에서 상대방을 쓰러뜨린다면 뽑힌 사람도 그리스 민족도 다 함께 기쁨의 환호성을 올릴 것이오."

각자 제비에 이름을 써서 아가멤논의 투구 속에 집어넣었다. 그들은 신에게 기도드렸다. 네스토르가 투구를 휘젓자 텔라몬의 아들 아이아스의 제비가 튀어나왔다. 전령이 제비를 집어 여덟 명의 용사에게 보였으나 모두 자기 것이 아니었다. 마침내 대 아이아스 앞에 이르자 그는 춤을 추듯 제비를 발밑에 내던지고 소리쳤다.

"전우들이여! 이것은 바로 내가 이름을 써 넣은 제비였소. 내 마음은 기쁘오. 나는 헥토르와 싸워 이기기를 바라왔기 때문이오. 내가 무장할 동안 여러분은 소리를 내든 조용히 하든 좋으니 모두 신에게 기도를 드려주시오."

사람들은 아이아스의 말을 따랐다. 순식간에 아이아스는 커다란 몸집을 갑옷으로 감싸고, 무서운 전쟁의 신 아레스 못지않게 당당히 걸어 나갔다. 그는 가장 험상궂게 생긴 그 얼굴에 미소를 띠더니 위력적인 창을 휘두르며 앞으로 나아갔다. 그리스 진영은 아이아스의 늠름한 모습을 보고 기뻐했으며, 트로이아 진영은 움츠러드는 분위기였다. 강력한 헥토르조차 흥분으로 가슴이 뛰었다. 그러나 그는 스스로 결투를 요청했기에 꽁무니를 뺄 수도 없었다.

아이아스는 유명한 장인 튀키오스가 황소가죽 일곱 겹에 청동 판을 대서 만든 방패를 번쩍 치켜들고 헥토르에게 다가갔다. 그리고 헥토르 앞에 가까이 가서 소리 높여 외쳤다.

"헥토르여! 그리스 민족 중에는 저 사자의 마음을 가진 펠레우스의 아들 아킬레우스 외에도 그대와 대결할 영웅들이 얼마든지 있음을 모르는가. 자, 피비린내 나는 결투를 시작하자!"

헥토르도 지지 않았다.

"신을 닮은 텔라몬의 아들이여, 연약한 아이나 싸움을 모르는 아녀자처럼 나를 놀리려 하지 마라. 나는 사나이들의 전쟁을 잘 알고 있다. 나는 황소가죽으로 만든 방패를 좌우로 돌려 막을 줄도 알고, 무서운 전쟁의 신이 추는 춤도 출 줄 안다. 난장판이 된 전쟁터에서 전차를 모는 방법도 잘 알고 있다! 용감한 영웅인 너에게 간사한 꾀를 부려 창을 던지지는 않겠다. 내 창의 위력이 어떤지 한번 받아보아라!"

헥토르는 창을 머리 위로 높이 쳐들었다가 힘껏 내던졌다. 창은 아이아스의 방패에 맞아 여섯 겹을 뚫고 일곱 장째 가죽에 걸렸다. 이번에는 아이아스의 창이 바람을 찢으며 날아와 헥토르의 방패를 부수고 속옷까지 찢어놓았다. 만일 헥토르가 창끝을 피하지 않았다면 옆구리를 뚫고 깊숙이 박힐 뻔했다.

두 영웅은 재빨리 다른 창을 잡고 상대방을 향해 멧돼지처럼 돌격했다. 헥토르는 아이아스를 향해 방패가 부서져라 힘껏 내던졌으나 창끝이 구부러져 아이아스의 청동 방패를 뚫지 못했다. 반대로 아이아스의 창은 헥토르의 방패를 뚫고 목덜미를 스쳤기 때문에 새빨간 피가 솟구쳤다. 헥토르는 잠시 주춤거렸으나 다부진 오른손으로 큰 돌을 집어 재빨리 원수의 방패를 향해 던졌다. 청동 방패가 쪼개질 듯 굉장한 소리를 냈다. 그러자 아이아스도 질세라 땅에서 더 큰 돌을 집어 들고 서너 번 팔을 휘두른 다음 헥토르에게 힘껏 던졌다. 방패가 깨지면서 돌이 헥토르의 무릎에 상처를 입혔다. 그는 뒤로 넘어졌으나 방패는 놓치지 않았다. 헥토르는 옆에서 대기하고 있던 아폴론의 도움으로 방패에 몸을 숨긴 채 곧 일어섰다.

두 영웅이 드디어 마지막 대결을 위해 칼을 빼 들었다. 그때 양군의 전령, 트로이아의 이다이오스와 그리스의 탈튀비오스가 뛰어들어 두 사람 사이에 지팡이를 내밀었다.

이다이오스가 입을 열었다.

"승부는 이 정도면 됐습니다. 모두 훌륭하셨습니다. 두 분 다 제우스 신이 사랑하는 아들임을 알았습니다. 어쨌든 이제 곧 날이 어두워집니다. 밤이 되었으니 대결을 그만둬야 합니다."

아이아스가 전령에게 대답했다.

"그 충고는 자네 편 트로이아 인에게 들려줄 말이다. 그리스에서 제일가는 용사에게 싸움을 걸어온 것은 헥토르가 아닌가! 헥토르가 원한다면 자네 말을 들어주겠다."

이 말을 듣고 헥토르가 얼른 받아넘겼다.

"아이아스여! 신은 그대에게 강력한 몸과 강한 힘, 창을 다루는 솜씨를 주신 모양이오. 그러니 오늘의 결투는 일단 접는 것이 좋겠소. 언제 다시 한 번 날을 잡아 신께서 두 민족 중 한쪽에 승리와 영예를 주실 때까지 승부를 겨뤄봅시다! 그러나 이번에는 훌륭한 선물을 교환하는 것이 좋겠소. 후세 사람들이 트로이아와 그리스가 두 용사를 내세워 대결했는데 서로 우정을 맺고 헤어졌다고 말할 수 있게 말이오."

헥토르가 이렇게 말하며 은(銀) 손잡이가 달린 칼과 칼집을 아름다운 허리띠와 함께 아이아스에게 주었다. 아이아스는 자주색 비단 천으로 된 어깨걸이를 벗어 헥토르에게 주었다. 이렇게 두 영웅은 헤어졌다. 아이아스는 그리스 진영으로, 헥토르는 몰려드는 트로이아 인들 속으로 물러갔다. 트로이아 진영에서는 자기네 영웅 헥토르가 무서운 아이아스의 손에서 무사히 돌아오게 된 것을 기쁘게 여겼다.

전사자들을 위한 휴전

그리스의 여러 장수는 승리를 무척 기뻐하는 아이아스와 함께 총사령관 아가멤논의 막사에 모였다. 그들은 다섯 살배기 살찐 황소를 제우스 신에게 제물로 바쳤다. 이어서 벌어진 만찬에서 그들은 가장 맛있는 부위인 갈비를 승리자 아이아스에게 선물해 경의를 표시했다. 모두가 잔뜩 먹고 마셔 배가 불렀을 때 네스토르는 왕들의 회의를 열어 다음과 같이 제의했다.

"내일은 쉬고 휴전이 성사되면 그리스 인의 시신들을 수습해 우마차로 배 옆으로 날라다 화장합시다. 모두들 다시 조국으로 돌아가는 날 일가친척에게 유골을 가져다줄 수 있게 말이오."

이 의견에 왕들도 모두 찬성했다.

트로이아 인들도 결투의 결말을 슬퍼하고 걱정하면서 회의를 열었다. 현자 안테노르가 일어나서 말했다.

"트로이아의 여러분! 그리고 동맹국 여러분! 제 말을 잘 들어주시기 바랍니다. 판다로스가 깨뜨린 신성한 계약을 우리가 신의 없이 무시해버리고 전쟁을 계속한다면 우리 민족은 번창하지 못할 것입니다. 오늘 제 생각을 숨김없이 여러분에게 말씀드리겠습니다. 그리스에서 데려온 헬레네와 보물들을 모두 아트레우스의 아들 메넬라오스에게 돌려줍시다. 여러분의 의견은 어떻습니까?"

그러자 파리스가 자리에서 벌떡 일어나 반대했다.

"안테노르, 만약 그대의 말이 진심이라면 틀림없이 신께서 당신을 미치게 만드신 것이오. 이 자리에서 딱 잘라 말하지만 나는 두 번 다시 헬레네를 놓지 않겠소. 그리스에서 가져온 보물 따위는 언제든 돌려줘도 좋소. 배상을 요구한다 해도 망설이지 않고 내놓겠소."

늙은 프리아모스 왕이 아들을 두둔하듯 말을 받았다.

"친애하는 자들이여, 오늘 회의는 이것으로 끝냅시다. 병사들에게 밤참을 주고 보초를 세워 경계를 엄중히 한 뒤 취침하라 하시오. 그리고 내일 아침에 전령 이다이오스를 그리스 진영으로 보내시오. 파리스의 평화 제의를 전하고, 서로 전사한 병사들을 거두어 화장을 끝낼 때까지 휴전하자는 제안을 받아들일지 알아봅시다. 이야기가 통하지 않으면 그때 다시 싸움을 시작하면 될 것이오."

다음 날 아침 이다이오스가 그리스 진영으로 가 파리스의 뜻을 전하고 왕의 제안을 알려주었다. 그리스의 영웅들은 잠시 침묵을 지켰다. 마침내 디오메데스가 입을 열었다.

"그리스의 전우들이여! 트로이아에서 보물을 돌려받는다든지 헬레네를 되찾겠다는 생각은 하지 맙시다. 저런 사신을 보내온 것으로 보아 트로이아는 이미 멸망 직전에 있음을 삼척동자라도 알겠소!"

모든 왕이 그 말에 찬성했다. 아가멤논이 이다이오스에게 말했다.

"파리스의 제안을 그리스 쪽에서 어떻게 받아들였는지 그대가 보고 들었으니 말은 필요 없다. 그러나 전사자들의 장례에 관한 건은 받아들이겠다. 천둥의 신 제우스께서 이 약속에 증인이 되어주실 것이다."

이렇게 말한 아가멤논이 왕홀을 하늘로 번쩍 치켜들었다.

이다이오스가 돌아오자 트로이아 인들이 다시 모였다. 전령에게서 소식을 전해들은 그들은 갑자기 활기를 되찾아 어떤 사람들은 화장할 나무를 구하러 숲으로 들어가고 어떤 사람들은 전사자를 돌려받으러 마차를 끌고 떠났다.

그리스 진영에서도 똑같은 일이 진행되었다. 아침 햇빛을 받으며 양쪽 군사들이 평화롭게 뒤섞여 자기편 전사자들을 찾아다녔다. 트로이아 인들은 뜨거운 눈물을 흘리며 전사한 전우들의 피를 닦아냈다. 프리아모스 왕이 소리 높여 통곡하는 것을 금지했으므로 모두가 묵묵히 전우의 시신을 마차로 옮겼다. 그리고 깊은 슬픔에 잠겨 장작을 높이 쌓았다.

그리스 인들도 비통함에 빠져 있었다. 화장이 끝나 불씨가 완전히 꺼지자 다들 배로 돌아갔다. 하루 종일 구슬프게 보낸 다음 그들은 저녁 식사를 하기 시작했다. 바로 그때 좋은 포도주를 가득 실은 배가 도착했다. 이아손과 휩시필레의 아들 에우네오스가 친척인 그리스 인들을 대접하기 위해 렘노스 섬에서 수천 단지의 포도주를 보내온 것이었다. 곧 즐거운 향연이 마련되었다. 그리스 인들은 전리품을 배에 가져다놓은 후 다 함께 식탁에 둘러앉았다.

트로이아 쪽에서도 연회가 벌어졌다. 살벌했던 전쟁의 괴로움을 달래려는 것이었다. 그러나 제우스 신은 트로이아 인들에게 한가한 시간을 허락지 않았다. 밤새도록 무서운 천둥소리가 천지를 뒤흔들었다. 무엇인가 새로운 불행을 예고하는 듯했다. 공포에 사로잡힌 트로이아 인들은 화가 난 제우스 신을 위한 술을 먼저 땅에 붓고 나서야 겨우 술잔을 입에 댈 수 있었다.

트로이아 군의 승리

바로 그때 제우스 신이 회의를 열어 다른 결정을 내렸다. 제우스는 회의에 모인 모든 신에게 말했다.

"내 말을 잘 들어라! 오늘 그리스 인이나 트로이아 인의 편을 드는 신이 있다면 내가 그를 붙잡아 땅 아래에 있는 타르타로스의 깊은 심연으로 내던져버릴 것이다. 그 심연은 땅과 하늘 사이만큼이나 깊다. 그런 다음 저승의 입구를 지키는 철문을 닫아 다시는 하늘로 올라오지 못하게 하리라. 만약 나의 전능을 의심하는 자가 있다면 시험해보아라. 황금 쇠사슬을 하늘에 붙들어 매고 모두 매달려 나를 땅으로 끌어내릴 수 있는지 시험해보아라. 나는 너희를 땅과 바다와 함께 한꺼번에 끌어올려 올림포스의 바위에 쇠사슬로 단단하게 묶어 온 세계를 대롱대롱 매달아놓을 것이다."

신들은 제우스가 노해서 하는 말에 복종했다. 제우스 신은 천둥마차를 타고 자기 숲과 제단이 있는 이데 산으로 떠났다. 그는 산봉우리에 앉아 트로이아 성과 그리스의 함선들이 늘어선 땅을 내려다보았다. 양쪽 진영 모두 싸울 준비를 서둘렀다. 트로이아 인들은 비록 수는 적었지만 사기가 하늘을 찌를 듯했고, 아내와 자식들을 위해 싸우겠다는 마음의 준비가 대단했다. 이윽고 성문이 열렸고 군사들이 함성을 지르며 걸어서 또는 전차를 타고 홍수처럼 밖으로 몰려나왔다.

오전 내내 밀고 밀리는 공방전이 치열했고 양쪽에서 상당한 희생자가 나왔다. 그러나 태양이 중천에 자리 잡자 제우스 신은 죽음의 추 두 개를 황금 저울 양편에 하나씩 올려놓은 다음 저울 한가운데를 잡아 무게를 달았다. 그리스 인들의 운명이 기울었기 때문에 그들의 추는 땅까지 내려갔고, 트로이아 인들의 추는 하늘 높이 올라갔다.

제우스는 그리스 군대 한복판에 번개를 치고 천둥을 울려 운명의 변화를 알렸다. 이 광경을 보자 그리스 인들은 불길한 예감으로 겁을 집어먹었고 가장 위대한 영웅들도 동요했다. 이도메네우스와 아가멤논 그리고 두 아이아스조차 두려워 자리를 지키지 못할 정도였다. 마지막까지 진두에 서 있던 사람은 늙은 영웅 네스토르뿐이었는데, 사실은 파리스가 그가 탄 말의 이마를 화살로 쏘아 죽인 탓에 꼼짝달싹할 수 없었던 것이다. 그의 말은 놀라서 뒷발로 곤두섰다가 깊은 상처 때문에 철퍼덕 쓰러지고 말았다. 네스토르가 말을 바꾸려고 칼로 고삐를 자르며 애쓸 때 그리스 인들을 뒤쫓던 헥토르가 전차를 탄 채 그를 덮치려 했다.

때마침 디오메데스가 달려오지 않았다면 고귀한 늙은 영웅의 삶은 거기서 끝장이 나고 말았을 것이다. 디오메데스는 오뒷세우스가 등을 돌려 배 쪽으로 도망가는 것을 보고 소리쳐 그를 붙잡으려 했으나 아무 소용이 없었다. 하는 수 없이 네스토르의 말 앞으로 가서 스테넬로스와 에우뤼메돈에게 말을 맡기고 네스토르를 자기 전차에 태웠다. 그리고 네스토르와 둘이서 헥토르를 향해 쏜살같이 달려가 창을 던졌다. 창은 헥토르를 맞히지 못했지만 마부 에니오페우스의 가슴을 뚫었다. 마부의 손에서 고삐가 떨어졌다. 헥토르는 친구의 죽음이 몹시 슬펐지만 다급한 탓에 고삐를 대신 잡을 부하를 재빨리 태워 디오메데스를 향해 맹렬히 달려들었다.

헥토르가 디오메데스와 싸웠다면 아마 패배했을 것이다. 제우스는 헥토르가 전사하면 전세가 뒤바뀌어 그리스 인들이 그날로 트로이아를 정복하게 될 것을 잘 알고 있었다. 그런 결과를 원하지 않았던 제우스 신은 디오메데스의 전차 앞에 벼락을 내리쳤다. 네스토르가 놀라 고삐를 손에서 떨어뜨리며 말했다.

"디오메데스, 얼른 말을 돌려 도망가세! 자네는 눈치도 없나? 제우스 신이 오늘은 자네에게 승리를 줄 생각이 없는 것 같네!"

그러나 디오메데스가 반박했다.

"어르신의 말씀이 맞습니다. 그러나 나중에 헥토르가 트로이아 인들이 모인 자리에서 튀데우스의 아들이 자기를 보자 겁을 집어먹고 도망쳤다고 떠들 것을 생각하면 속이 뒤집히는 듯합니다."

네스토르가 되받아쳤다.

“아무리 헥토르가 자네를 겁쟁이라 불러도 트로이아 인들은 그 말을 믿지 않을 것이네. 자네는 이미 수많은 트로이아 인을 물리치지 않았나.”

그러고는 네스토르는 말을 돌려 진지로 도망치려 했다. 헥토르가 부하 군사들과 함께 뒤쫓아오며 소리 질렀다.

“디오메데스여! 그리스 인들은 그대를 회의에서나 연회에서나 한결같이 존경해왔소. 그러나 앞으로는 그대를 겁 많은 아녀자라며 멸시할 것이오! 그대는 트로이아를 정복해 우리 여자들을 배에 싣고 갈 사람 아니었던가?”

이런 모욕에 디오메데스는 세 번이나 말머리를 돌려 헥토르와 싸우려 했다. 그러나 그때마다 이데 산 위에서 제우스 신이 무서운 천둥으로 위협했기 때문에 그는 계속해서 도망쳐야 했고 헥토르가 그 뒤를 쫓았다. 이 모습을 안타깝게 바라보던 헤라는 그리스 인들을 특별하게 돌봐주는 포세이돈에게 그리스 쪽을 돕게 하려 했으나 헛수고였다. 포세이돈은 가장 힘센 형제인 제우스 신이 노한 목소리로 엄하게 막는 일을 구태여 거역할 용기가 나지 않았다.

네스토르와 디오메데스는 가까스로 함선들이 모여 있는 진영 앞 보루와 참호에 이르렀다. 그때 만약 아가멤논이 헤라의 격려를 받아 도망치는 그리스 인들을 자기 곁으로 모아 대열을 재정비하지 않았다면 헥토르는 그리스 진영 안까지 들어와 횃불을 배 안으로 던졌을 것이다. 아가멤논은 함선들 한가운데 자리 잡은 한층 높은 오뒷세우스의 큰 배로 올라가 갑판에 딱 버티고 섰다. 자줏빛 외투를 어깨에 걸치고 도망 온 군사들로 법석을 떨고 있는 막사를 향해 크게 외쳤다.

"정신 차려라! 부끄럽지 않은가, 이 비겁한 녀석들아! 술잔을 손에 들었을 때는 큰소리를 치더니 이게 무슨 꼴이란 말이냐? 적장 헥토르 한 사람이 무서워 이렇게 법석을 부리는가? 우리 배는 멀지 않아 물귀신이 될 것이다. 아, 제우스 신이여! 어째서 이런 재난을 안겨주시는 것입니까?"

아가멤논이 눈물을 흘리며 호소하자 아버지 신 제우스도 측은히 여겨 그리스 진영에 좋은 징조를 내려보냈다. 새끼 사슴을 발톱에 쥔 독수리가 날아와 제우스의 제단 위에 그 사슴을 떨어뜨리고 간 것이다.

계시를 받은 그리스 인들은 용기를 내 다시 적과 맞섰다. 새 기운으로 맨 먼저 말을 타고 참호를 뛰어넘은 것은 디오메데스였다. 그는 전차를 돌려 트로이아 진영으로 귀환하는 아겔라오스를 향해 창을 던져 그의 등을 꿰뚫었다. 뒤이어 아가멤논과 메넬라오스, 두 아이아스도 진영 밖으로 뛰어나왔다. 이어서 이도메네우스와 메리오네스, 에우뤼필로스가 뛰어나왔고, 아홉 번째로 테우크로스가 뒤따랐다. 테우크로스는 이복형인 아이아스의 방패 뒤에서 활을 쏘아 트로이아 인들을 하나하나 쓰러뜨렸다. 이미 여덟 명쯤을 쏘아 맞혔을 때 다음으로 헥토르를 겨냥했다. 그러나 화살이 빗나가 프리아모스 왕의 서자 고르귀티온이 맞았다. 테우크로스는 뒤이어 두 번째 화살을 쏘았다. 그러나 아폴론이 빗나가게 한 탓에 화살은 헥토르의 마부를 맞혀 그 가슴을 꿰뚫었다. 헥토르는 몹시 슬펐으나 그를 내버려두고 할 수 없이 세 번째 마부를 전차에 태웠다.

머리끝까지 화가 난 헥토르가 테우크로스에게 달려들었다. 테우크로스도 지지 않고 화살을 날리려는 순간 헥토르의 날카로운 돌에 쇄골을 다쳤다. 활시위가 끊어지면서 살이 찢어지고 손마디가 마비되었다. 그는 활을 떨어뜨리고 털썩 쓰러졌다. 그러나 아이아스는 신음하는 아우를 방패로 막아주면서 두 전우의 힘을 빌려 그를 배로 옮겼다.

제우스 신이 이번에는 다시 트로이아 쪽에 용기를 불어넣었다. 헥토르가 하늘을 찌를 듯한 노여움에 이글이글 불타는 눈을 번쩍이며 맨 앞에 나섰다. 그는 산돼지 사냥에 나선 사냥개처럼 그리스 인들을 몰아쳤다. 그리스 인들은 다시 진지 쪽으로 옮겨가 불안에 떨며 신들에게 도움을 청했다.

보다 못한 헤라가 아테네에게 말했다.

"그리스 백성들이 파멸 직전에 있는데 언제까지 보고만 있을 작정이냐? 미친 듯 날뛰는 헥토르가 보이지 않느냐? 그리스 인들이 저렇게 시뻘건 피바다를 이루고 처참하게 죽어 넘어가고 있지 않은가!"

아테네가 헤라에게 대답했다.

"그래요, 아버지는 참 냉혹한 분이시네요. 아들인 헤라클레스가 위험한 모험을 하게 되었을 때 나는 충실히 그를 지켜주었건만 모른 척 하셨거든요. 게다가 저 알랑거리기 잘하는 테티스가 달콤한 말로 설득해 아버지를 조종하는 바람에 나는 아버지의 미움을 샀어요. 그러나 언젠가는 다시 나를 푸른 눈의 딸이라고 부르실 날이 오겠지요. 말을 전차에 매주세요. 이데 산에 계신 아버지를 뵈러 가봐야겠어요."

그러나 제우스 신은 두 여신이 나누는 대화를 이미 알고 기분이 상했다. 그래서 바람처럼 빠른 여신 엘리스를 시켜 두 여신이 올림포스의 마지막 문을 나서기 전에 그들이 타고 있는 전차의 바퀴를 묶어버렸다. 제우스 신이 노했다는 말을 듣고 두 여신은 전차를 되돌렸다. 제우스 신은 올림포스 산을 뒤흔들며 천둥마차를 타고 나타나 아내와 딸의 청은 들은 척도 않더니, 헤라에게 말했다.

"내일은 트로이아 인들이 얼마나 훌륭하게 싸우고 있는지를 보여주겠소. 용감한 헥토르는 끝까지 싸울 것이고 그리스 인들은 이제 궁지에 몰릴 거요. 그들은 배 밑에 모여 트로이아 인들을 막느라 진땀을 뺄 것이오. 분노한 아킬레우스가 다시 진지에 발을 들여놓고 지휘하게 될 때까지는 어쩔 도리가 없소. 그것이 준비된 운명이니까."

이 말을 들은 헤라는 슬픔에 잠겨 입을 다물고 말았다. 함선 근처에서 벌어진 격전은 날이 어두워지자 일단 중지되었다. 헥토르는 소용돌이치는 스카만드로스 강가에 트로이아 군사들을 모아놓고 회의를 열었다.

"밤이 되지 않았더라면 적을 완전히 무찔렀을 것이다. 그러나 어두워졌다고 트로이아로 돌아갈 생각일랑 하지 말고 급히 가서 소와 양을 끌고 와라. 그리고 민가에서 포도주와 빵을 넉넉히 구해 와라. 음식을 먹고 상처를 치료하는 동안 적의 습격에 대비해 주위에 모닥불을 피워놓아라. 동이 터오면 다시 배들을 공격한다. 디오메데스가 나를 트로이아 성벽 쪽으로 밀어내든지, 아니면 내가 그놈의 투구를 빼앗든지 끝장을 봐야겠다."

트로이아 인들은 헥토르에게 갈채를 보내고 그의 지시에 따랐다. 그리고 수천 개의 모닥불이 대낮같이 환히 밝혀주는 가운데 밤새도록 교대로 요리를 먹고 술을 마셨다. 전차에 묶인 말들도 배불리 먹여 기운을 회복하게 했다.

그리스 군이 아킬레우스에게 전령을 보내다

아가멤논이 은밀하게 왕들을 불러 회의를 소집할 때까지도 그리스 진영에서는 패배의 충격이 채 가시지 않았다. 깊은 근심에 휩싸인 표정으로 왕들이 하나 둘씩 모여들자 총사령관 아가멤논이 한숨을 내쉬며 말했다.

"나의 친구이자 민족의 지도자인 여러분! 제우스 신은 내게 무거운 책임을 지웠소. 내가 트로이아를 정벌한 다음 승리자로서 귀향할 것이라고 은혜로운 약속을 해주셨던 제우스 신께서 나를 속이고 이제와서 전사한 수많은 용사들을 전쟁터에 내버려둔 채 명예롭지 못하게 그리스로 돌아가라 명령하고 있소. 그러나 이미 수많은 도시의 지도자를 멸망시켰고 앞으로도 그렇게 할 제우스 신의 뜻을 거부해봤자 소용없소. 이건 트로이아를 정복하지 말라는 뜻이오. 그러니 제발 나를 따라 빠른 배를 타고 고향으로 돌아갑시다."

근심에 잠겨 있던 그리스의 영웅들은 이 비통한 제안을 듣자 오랫동안 아무 말도 할 수 없었다. 결국 디오메데스가 입을 열었다.

"왕이시여! 얼마 전만 해도 당신은 그리스 인들이 보는 앞에서 나를 용기와 투지가 없다며 비난했습니다. 그런데 오늘 이게 무슨 말씀이십니까? 당신은 제우스 신에게서 왕홀은 받으셨지만 용기는 받지 못하신 모양이군요. 당신의 말씀을 듣자니 그리스 인들은 마치 형편없는 오합지졸 같습니다! 그렇게 고향이 그리우면 가십시오! 길은 아직 막히지 않았고 배도 준비되어 있으니 말입니다. 그렇지만 우리 그리스 인들은 프리아모스의 성을 함락하기 전에는 이곳을 떠나지 않을 것입니다. 설사 당신을 따르는 무리가 다 떠나더라도 나와 스테넬로스만은 남아서 싸우겠습니다. 신이 우리를 이 트로이아로 인도해주셨음을 굳게 믿고 싸움을 계속할 겁니다!"

디오메데스의 말에 영웅들이 환호성을 질렀다. 이윽고 네스토르가 말했다.

"그대는 내 막내아들과 비슷한 나이인데 아주 똑똑하고 분별이 있구나. 자, 아가멤논 사령관! 지휘관들에게 먹을 것을 나눠 주시오. 술은 막사 안에 넉넉하오. 진영 밖 참호에 보초를 세워놓고 술을 마시며 여러 사람의 의견을 들어보는 게 좋겠소."

모두들 그러기로 하고 지휘관들은 한결 가벼워진 마음으로 아가멤논과 함께 먹고 마셨다. 식사가 끝나자 모인 사람들 가운데 네스토르가 다시 말했다.

"아가멤논이여! 당신은 얼마 전 우리의 반대를 무릅쓰고 분노하는 아킬레우스에게서 아름다운 브리세이스를 빼앗았소. 우리는 그러지 말라고 진심으로 충고했었소. 이제야말로 상처받은 아킬레우스와 어떻게 화해해야 할지 생각해볼 때요."

아가멤논이 대답했다.

"당신 말이 맞소! 내가 잘못을 저질렀고 그 잘못을 부인하고 싶지도 않소. 나는 잘못을 바로잡기 위해 마음의 상처를 입은 아킬레우스에게 충분한 보상을 해줄 생각이오. 십 탈란톤*의 황금, 일곱 개의 세발솥, 스무 개의 큰 질그릇, 준마 열두 마리, 내가 정복한 아름다운 레스보스의 일곱 미녀와 가장 사랑스러운 처녀 브리세이스를 주겠소. 신에게 맹세하오. 비록 아킬레우스에게 빼앗아 왔으나 나는 브리세이스에게 손도 대지 않았소. 만약 우리가 트로이아를 점령하고 전리품을 분배하게 되면, 나는 아킬레우스의 배에 청동과 황금을 가득 실어주고 그로 하여금 포로로 데려갈, 헬레네에 버금가는 트로이아의 미녀 스무 명을 고르게 하겠소. 우리가 아르고스로 귀향하면 그는 내 딸 중 하나와 결혼하게 될 것이오. 그는 나의 사랑하는 사위가 될 것이오. 나는 그를 내 외아들 오레스테스만큼 소중하게 대우할 것이며 딸의 지참금으로 일곱 도시를 다스리게 해주겠소. 아킬레우스가 노여움을 풀어주기만 한다면 당장이라도 그렇게 약속할 수 있소."

네스토르가 아가멤논에게 말했다.

"참으로 그대는 지휘관 아킬레우스에게 엄청난 선물을 제의했소. 그럼 당장 사람을 뽑아 보냅시다. 포이닉스를 대표자로 하고 대 아이아스와 고귀한 가문의 오뒷세우스 그리고 그들과 함께 전령 오디오스와 에우뤼바테스를 분노한 영웅 아킬레우스의 막사로 보냅시다."

신에게 술을 바친 후 네스토르가 선발한 지휘관들은 회의장을 나와 뮈르미도네스 인들의 진지로 떠났다. 그곳에서 그들은 아킬레우스와 마주쳤다. 그는 에에티온의 도시에서 전리품으로 가져온 아름다운 은제 칠현금을 뜯으며 영웅들의 승리를 노래하고 있었다. 친구 파트로클로스가 마주 앉아 듣고 있었다. 아킬레우스는 오뒷세우스를 필두로 다가오는 사신단을 보자 놀라서 칠현금을 든 채 자리에서 일어섰

• 탈란톤(talanton)은 '저울, 계량된 것'을 뜻하는 고대 그리스의 무게 단위이다. 후에는 화폐 단위로도 사용했으며 '재능'을 뜻하는 영어 단어 탤런트(talent)의 어원이 되었다. 그러나 호메로스의 시대에 일 탈란톤이 어느 정도의 무게였는지 현재는 알 수 없다. 탈란톤의 무게는 그리스의 여러 도시에서 서로 다르게 쓰였는데, 아테나이에서는 일 탈란톤이 23.86킬로그램이었다.

다. 파트로클로스도 그들을 보자 자리에서 일어났다. 두 사람이 그들을 맞이했다. 아킬레우스는 포이닉스와 오뒷세우스의 손을 잡으며 큰 목소리로 말했다.

"그대들을 보니 정말 기쁘오. 친구들이여! 급한 일 때문에 오신 줄은 짐작하고 있소. 내 비록 노여움이 가시지 않았지만 여러분을 그리스 인들 중 누구보다 사랑하오."

파트로클로스가 급히 술이 가득 담긴 항아리를 가져왔다. 아킬레우스는 손수 양고기와 돼지뒷다리를 구워 대접했다. 먹고 마신 뒤 아이아스가 포이닉스에게 눈짓을 했다. 그러나 눈치 빠른 오뒷세우스가 포이닉스보다 빨리 아킬레우스의 잔에 술을 가득 부으며 말했다.

"펠레우스의 아들이여, 행복을 기원하오! 참 맛있는 음식들이오. 그러나 우리를 여기까지 오게 한 것은 이런 요리가 아니라 우리가 처한 커다란 불행이라오. 우리가 사느냐 죽느냐는 당신이 우리와 함께 가느냐 마느냐에 달렸소. 트로이아 인들은 돌로 쌓은 우리의 방벽과 배를 위협하고 있소. 헥토르는 제우스 신을 믿고 미친 듯 날뛰고 있소. 너무 늦었지만, 그리스를 구원하기 위해 당신이 일어나줘야겠소. 제발 자존심을 버리고 우리를 도와주시오. 사람을 멸망시키는 감정보다는 온화하고 부드러운 마음씨가 얼마나 고귀한지 잘 아실 거요. 출정할 때 부친 펠레우스께서도 그런 훈계를 하시지 않았소?"

오뒷세우스는 이어서 아가멤논이 화해를 청하기 위해 내놓겠다는 선물들을 열거하고 앞날에 대한 약속도 자세히 말해주었다. 그러나 아킬레우스는 이렇게 말하며 거절했다.

"라에르테스의 고귀한 자손이여! 당신의 말씀은 감사하지만 나로

아가멤논과의 감정 대립으로 아킬레우스가 전투에 참가하지 않자 오뒷세우스를 필두로 사신단이 그를 찾아온다. 이들의 방문에 놀란 아킬레우스가 칠현금을 든 채 자리에서 일어섰다. 파트로클로스도 그들을 보고는 자리에서 일어나, 두 사람이 그들을 맞았다. 아킬레우스는 포이닉스와 오뒷세우스의 손을 잡으며 반갑게 말했다. "그대들을 보니 정말 기쁘오. 친구들이여! 여러분을 그리스 인들 중 누구보다 사랑하오. 아직 내 노여움이 가시지는 않았지만 여러분을 환영하오."

〈아가멤논의 전령을 맞이하는 아킬레우스〉, 앵그르, 1801년, 루브르 박물관.

서는 거절할 수밖에 없소이다. 나는 아가멤논을 지옥의 문처럼 혐오하오. 그도 그렇고, 그리스 인 어느 누구도 나를 전쟁터로 나가게 설득할 수 없을 거요. 내가 전쟁에서 행한 영웅적인 일들에 대해 그들이 한 번이라도 고맙게 생각한 적이 있소? 어미 새가 허기진 배를 참으며 새끼에게 먹이를 찾아다 먹여주듯 저 배은망덕한 자들을 위해 나는 밤잠도 못자고 피비린내 나는 싸움으로 며칠을 보냈소. 그러나 얻은 건 고작 여인 하나였소. 그나마 얻은 것을 아가멤논에게 빼앗겼고, 저 욕심쟁이는 보물을 독차지하고 남에게는 조금씩만 나눠 주었소. 게다가 다른 여자도 얼마든지 있는데 하필 내가 가장 좋아하고 아끼는 여인을 강탈해 가지 않았소? 나는 내일이라도 제우스 신과 다른 신들에게 제사를 드리고 날이 새면 헬레스폰토스에 배를 띄워 사흘 안에 프티아의 궁으로 돌아갈 생각이오. 아가멤논에게 한 번 속지 두 번 속지는 않을 것이오. 그것으로 충분하오! 돌아가서 내 뜻을 전해주시오. 그리고 포이닉스! 여기 있다가 저와 함께 떠나는 것이 어떻겠습니까?"

포이닉스는 아킬레우스의 오랜 스승이자 친구였기에 이 젊은 영웅의 마음을 돌려보려 애썼으나 모두 허사였다. 아킬레우스는 파트로클로스에게 눈짓을 해서 늙은 영웅의 잠자리를 준비시켰다. 이 모습을 지켜본 아이아스가 자리에서 벌떡 일어났다.

"오뒷세우스, 그만 가세. 무자비한 자에게 관용은 없다네. 냉정한 고집쟁이에게는 친구의 우정도 소용이 없군. 그의 마음에는 화해할 생각이 전혀 없다네."

오뒷세우스도 술자리에서 일어나 신들에게 마지막 술잔을 올리고 전령을 앞세워 막사를 떠났다. 그러나 포이닉스는 아킬레우스의 막사에 남았다.

돌론과 레소스의 실패

오뒷세우스가 아킬레우스의 막사에서 달갑잖은 소식을 갖고 돌아오자 아가멤논과 다른 왕들은 모두 침통해했다. 그날 밤 아가멤논과 메넬라오스는 뜬눈으로 밤을 새웠다. 불안을 떨쳐버리지 못하던 두 사람은 먼동이 트기도 전에 자리에서 일어나 서로 역할을 분담했다. 메넬라오스는 군사들의 막사를 찾아다니며 용기를 불어넣었고 아가멤논은 네스토르가 자고 있는 막사로 급히 갔다. 그는 노인이 푹신한 잠자리에서 자고 있는 것을 보았다. 갑옷과 방패, 투구와 허리띠 그리고 두 개의 창이 침대 옆에 놓여 있었다. 잠에서 깬 노인이 턱을 괴고 비스듬히 누운 채 아가멤논에게 말을 걸었다.

"누구냐? 날도 새지 않았는데 혼자서 진지 안을 왔다 갔다 하는 자가 있으니! 친구를 찾는가, 아니면 도망친 노새라도 찾는 것인가? 무엇을 찾고 있는지 어서 말해라!"

아가멤논이 낮은 목소리로 말했다.

"나요, 네스토르! 제우스 신이 큰 고통을 안겨준 아가멤논이오! 도저히 잠이 오지 않소. 그리스 인들을 생각하면 마음은 불안하고 사지는 두려움에 떨려오는구려. 당신과 함께 보초병들이 잠들지나 않았는지 한번 돌아보고 싶소이다! 적이 한밤중에 쳐들어오지 않으리라고 누가 장담할 수 있겠소?"

네스토르는 얼른 자리에서 일어나 양털 옷을 입고 자주색 망토를 어깨에 걸친 다음 창을 들었다. 그는 아가멤논 왕과 함께 함선들 사이로 난 좁은 길을 빠져나갔다. 우선 오뒷세우스를 깨웠다. 오뒷세우스가 얼른 일어나 방패를 어깨에 메고 뒤따랐다. 그리고 네스토르는 튀데우스의 아들 디오메데스가 자는 방으로 들어갔다. 자고 있는 그의 다리를 붙잡고 야단치듯 흔들어 깨우자 디오메데스는 여전히 잠이 덜 깬 목소리로 말했다.

"참 어르신도 극성이십니다. 조용히 누워 쉬시지 않고! 아, 젊은 놈들도 많으니 애들을 시켜 깨울 수도 있지 않습니까."

"자네 말이 옳아."

네스토르가 대답했다.

"이런 일을 할 사람은 얼마든지 있고 또 아들도 있긴 하지. 그러나 그리스 인들이 사느냐 죽느냐 하는 판이니 생각난 일은 직접 해야 하지 않겠나. 빨리 일어나서 아이아스와 메게스를 깨워주게!"

디오메데스는 사자 가죽을 어깨에 걸치고 가서는 두 영웅을 깨웠다. 이렇게 몇몇이 초소를 돌아보았으나 누구 하나 졸고 있지 않았다. 다들 맑은 정신으로 맡은 곳을 충실히 지키고 있었다.

그 무렵 다른 왕들도 모두 일어나 거의 전원이 회의에 참석했다. 네스토르가 입을 열었다.

"전우들이여! 누구든 대담한 사나이가 나서서 트로이아 적진으로 숨어 들어가 적의 회의 내용을 알아올 사람이 없겠소? 적이 전쟁터에 머물지 아니면 일단 승리했으니 군사를 트로이아 성으로 철수할지 알아내야 하지 않겠소? 이 임무를 감당할 만큼 대담한 자에게 훌륭한 상을 주겠소."

이 말을 듣고 디오메데스가 벌떡 일어서더니 누구든 한 사람만 같이 가준다면 자신이 그 모험을 해보겠다고 했다. 영웅들이 앞다투어 나섰다. 두 아이아스와 메리오네스, 안틸로코스, 메넬라오스, 오뒷세우스 등이 지원했다.

디오메데스가 제의했다.

"만약 함께 갈 사람을 뽑으라고 한다면 오뒷세우스를 택하겠습니다. 오뒷세우스와 함께라면 무사히 되돌아올 자신이 있으니 그리하도록 해주십시오. 그는 뛰어난 조언자가 되어줄 겁니다."

이번에는 오뒷세우스가 일어섰다.

"나를 너무 치켜세우지 마시오. 이 이야기를 듣고 있는 여러분 모두 역전의 용사들이오. 어쨌든 떠나기로 합시다. 별도 벌써 기울고 밤도 거의 지나가니 어서 떠날 채비를 합시다."

두 영웅은 보기에도 겁나는 갑옷과 투구를 걸치고 눈에 띄지 않도록 조심스럽게 길을 떠났다. 디오메데스는 칼과 방패를 배에 남겨놓고, 영웅 트라쉬메데스로부터 양날 검과 투구와 쇠가죽 방패를 빌렸다. 메리오네스는 오뒷세우스에게 활과 화살집, 칼, 어금니 달린 산돼지 가죽 투구를 주었다. 그렇게 두 용사는 그리스 진영을 떠나 트로이아 쪽으로 이동했다. 그때 오른편에서 백로 한 마리가 소리 높여 울면서 그들 앞을 지나 날아갔다. 두 영웅은 팔라스 아테네가 보내준 길조라 여겨 기뻐하며 이 임무를 무사히 끝낼 수 있게 도와달라고 아테네에게 기도드렸다. 그러고는 두 마리 사자와도 같이 칼과 창, 피와 시신이 흩어진 어둠 속을 용감하게 지나갔다.

그리스의 진지에서 이 같은 정탐을 결정하는 동안 트로이아 진영에서도 회의가 열려 헥토르가 똑같은 제의를 하고 있었다. 헥토르는 만약 그리스 진영의 상태를 정찰해 오는 자가 있다면 그들로부터 얻어내게 될 전리품 중 원하는 전차와 좋은 말 두 필을 상으로 주겠다고 약속했다.

트로이아 인들 중에는 귀족 집안 출신의 전령인 에우메데스의 아들 돌론이 있었다. 돌론은 돈과 황금이 많았지만 잘생기지는 못했다. 그러나 상당히 발이 빨랐다. 돌론은 다섯 누이를 둔 외아들이었다. 그는 아킬레우스의 전차와 말을 얻을 수 있으리라는 생각에 적군 총사령관 아가멤논의 배 안으로 침입해 그리스 군의 기밀을 정탐하겠다고 자원했다. 그는 급히 화살집을 어깨에 메고 회색 이리 털가죽을 뒤집어쓴 다음 수달피 가죽 투구를 쓰고 투창을 잡았다. 진영을 떠난 돌론이 그리스 영웅들이 있는 곳을 지나게 되었다.

오뒷세우스는 돌론의 발소리를 듣고 디오메데스에게 귓속말로 속삭였다.

"이봐, 디오메데스! 트로이아 진지에서 누군가 빠져나가는 것 같지 않나? 정찰하러 가는 게 아니면 전쟁터의 시신에서 투구를 벗기러 가는 모양인데 잠시 발길을 돌려 그놈을 잡아 없애거나 우리 진지로 끌고 가세."

그래서 둘은 길가에 엎드려 시체처럼 숨을 죽이고 있었다. 아무것도 모르던 돌론은 그곳을 지나쳐 갔다. 활의 사정거리만큼 떨어졌을 때 그는 무슨 소리가 나는 것 같아 뒤를 돌아다보았다. 헥토르가 자기를 불러들이기 위해 사람을 보낸 모양이라고 생각한 것이다. 그러나 창을 든 적이 다가왔다. 그는 재빨리 도망쳤다. 어찌나 발이 빠른지 사냥개에게 쫓기는 토끼 같았다.

"서라! 안 그러면 창을 던지겠다!"

디오메데스가 호령하며 투창을 던졌다. 일부러 빗나가게 겨냥했기에 청동으로 된 창끝이 돌론의 어깨를 스치고 지나갔다. 돌론은 새파랗게 질려 멈춰 섰다. 턱이 떨려 이가 딱딱 부딪쳤다. 숨을 헐떡이며 따라온 두 영웅이 양쪽에서 그의 팔을 하나씩 꽉 붙잡았다.

돌론이 외쳤다.

"제발 목숨만은 살려주십시오! 나는 돈이 많습니다. 황금이든 무엇이든 원하는 대로 드리겠습니다."

오뒷세우스가 말했다.

"안심해라! 널 죽일 생각은 없다. 뭘 하러 여기까지 왔는지 거짓 없이 고해라!"

돌론은 몸을 벌벌 떨며 하나도 빼놓지 않고 자백했다. 자백을 다 들은 오뒷세우스가 웃었다.

"이보게 젊은이! 자네는 정말 고상한 취미를 가졌군. 아킬레우스의 말을 원하다니! 그건 그렇고, 자네가 헥토르와 작별한 곳은 어디지? 헥토르의 말과 장비가 있는 곳은 어디냐? 트로이아의 다른 동맹군은 어느 쪽에 있고 그 수는 얼마나 되지? 어서 말해라."

돌론이 대답했다.

"헥토르는 일로스 왕의 무덤 옆에서 왕들과 전투에 대해 의논하고 있습니다. 군사들은 별 무장 없이 모닥불을 피워 야영하고 있습니다.

동맹군 쪽은 처자나 집안 식구 걱정이 없으니까 좀 떨어진 곳에서 보초병도 없이 자고 있습니다. 두 분이 트로이아 진영에 들어가시려면 맨 먼저 트라케 부대를 만나야 합니다. 이들은 에이오네우스의 아들 레소스를 둘러싸고 길게 누워 자고 있습니다. 레소스의 말은 눈이 부실 만큼 희며 지금까지 제가 본 말 중에서 가장 아름답고 빠른 커다란 말입니다. 그의 전차는 황금과 은으로 장식되어 있고, 몸에 걸친 갑옷과 투구는 신들의 것인 양 값진 황금으로 만들었습니다. 제가 할 이야기는 이뿐입니다. 이제 저를 배로 데려가거나 여기다 묶어놓은 다음 제 이야기가 정말인지 거짓말인지 확인해보십시오."

그러나 디오메데스는 음흉한 눈초리로 노려보며 소리쳤다.

"이 거짓말쟁이야! 우리를 어물쩍 속이고 도망치려는 속셈이냐? 뻔히 보이는 거짓말을 하다니. 네가 두 번 다시 그리스 인들에게 해를 입히지 않도록 이 손으로 끝장을 내주마!"

돌론은 부들부들 떨며 디오메데스의 턱에 오른손을 내밀고 애원했다. 그러나 바로 그 순간 디오메데스의 단검이 돌론의 목을 깊이 찔렀다. 두 영웅은 돌론이 쓰고 있던 수달피 투구를 벗기고 이리 털가죽을 빼앗았다. 또 활은 꺾어버렸으며, 돌아올 때 표식으로 삼기 위해 창을 빼앗아 갈대밭에 세워두었다. 그들은 계속해서 길을 갔고, 드디어 아무것도 모른 채 자고 있는 트라케 진영으로 들어섰다. 모든 군사 앞에 말이 네 필씩 매어져 있었으며, 갑옷과 투구가 질서정연하게 세 줄로 땅에 나란히 놓여 별빛에 빛나고 있었다. 그 한가운데에 레소스가 잠들어 있었고 말은 전차 뒷바퀴에 가죽 끈으로 매여 있었다.

"잘됐군! 한꺼번에 해치우세."

오뒷세우스가 디오메데스에게 속삭였다.

"서두르세! 말고삐를 풀어놓게. 아니, 자네가 군사들을 처리하고 내가 말을 맡는 게 낫겠네."

별 대답도 없이 디오메데스는 염소 떼나 양 떼 속으로 뛰어든 사자처럼 닥치는 대로 해치워 순식간에 트라케 군사 열두 명을 죽여버렸다. 머리가 좋은 오뒷세우스는 죽은 병사들의 다리를 잡고 한쪽 옆으로 끌어당겨 말이 달릴 수 있도록 길을 만들어놓았다.

디오메데스가 열세 번째로 죽인 사람은 레소스 왕이었다. 그때 왕은 신들이 보낸 악몽 속에서 허우적거리는 참이었다. 한편 오뒷세우스는 레소스 왕의 백마 네 필을 전차에서 풀어 가죽 끈으로 연결하고 활로 말 엉덩이를 쳐 적진 밖으로 몰고 갔다. 그리고 디오메데스에게 휘파람으로 신호를 보냈다. 디오메데스는 레소스의 호화스러운 전차를 끌고 갈지 어깨에 메고 갈지 결정하지 못해 머뭇거리고 있었다. 그러자 여신 팔라스 아테네가 다가와 서둘러 도망치라고 경고했다. 디오메데스는 다급히 지나가는 전차 위에 올라탔다. 곁에 있는 오뒷세우스도 활을 채찍 삼아 말을 몰았고 두 영웅은 나는 듯 그리스 진영을 향해 달렸다.

트로이아의 수호신 아폴론은 아테네가 디오메데스의 편임을 알았다. 성이 난 아폴론은 레소스의 용감한 친구 트라케의 히포코온을 일으켜 세웠다. 히포코온은 레소스 왕의 말이 보이지 않고 군사들이 피바다 속에 쓰러져 있는 것을 보고 너무나 기가 막혀 큰 소리로 친구를 불렀다. 이윽고 트로이아 인들이 잠에서 깨어 달려왔으나, 밤새 이 무서운 일이 일어난 것을 보고 모두 제자리에 얼어붙고 말았다.

그사이 그리스의 두 영웅은 돌론을 죽인 곳에 이르렀다. 디오메데스가 말에서 내려 돌론의 투구를 오뒷세우스에게 주고 다시 전차에 훌쩍 올라탔다. 오뒷세우스도 전차에 매달려 바람처럼 빨리 배로 돌아왔다. 네스토르가 말발굽 소리를 맨 먼저 듣고 그리스의 왕들에게 주목하라고 말했다. 처음에는 잘못 들은 게 아닌가 하고 귀를 기울였는데 그때 두 영웅이 말과 함께 도착했다. 그들은 땅으로 뛰어내려 친구들에게 인사하고 군사들의 환호에 파묻혀 자신들의 무용담을 들려주었다. 오뒷세우스가 말들을 몰아 참호 속을 지나갔다. 다른 그리스 인들은 그의 뒤를 따라 환호하면서 디오메데스의 진영으로 갔다. 그곳에서 말들은 왕의 다른 말들과 함께 밀짚이 가득 든 말구유에 묶였다.

오뒷세우스는 피투성이가 된 돌론의 투구를 배 뒤편에 간직해두었다가 훗날 아테네에게 드리는 감사의 제물로 삼았다. 두 영웅은 피와 땀으로 더러워진 몸을 바닷물에 씻고는 따뜻한 물이 담긴 욕조에 들어갔다. 그런 뒤 몸에 향유를 바르고 술이 가득 담긴 주전자를 옆에 놓고 아침을 먹었다. 팔라스 아테네에게 바치는 술도 잊지 않았다.

그리스 군, 또다시 패하다

아침이 되었다. 아가멤논은 병사들에게 단단히 무장하도록 명령하고 자기도 갑옷을 입었다. 화려한 갑옷에는 열 가닥의 푸른 강철 줄무늬, 열두 가닥의 번쩍이는 황금 줄무늬, 스무 가닥의 주석 줄무늬가 엇갈려 새겨져 있었다. 목을 보호하는 부분에는 세 마리의 용이 그려져 무지개처럼 빛나고 있었다. 이 갑옷은 퀴프로스의 왕 키뉘라스가 선사한 것이었다. 칼은 황금 끈으로 어깨에 걸쳐 멨다. 새하얀 은빛 칼집에 빛나는 황금 못으로 칼자루가 장식된 칼이었다. 기술적으로 불룩 튀어나오게 만든 암청색의 가운뎃부분 주위로는 추한 괴물 고르고의 머리가 그려져 있었다. 방패의 멜빵에서는 푸른 용이 세 개의 머리를 각기 쳐들고 있었다. 아가멤논은 말갈기가 물결치듯 흩날리는 네 개의 술이 달린 투구를 썼다. 그리고 마지막으로 끝이 시퍼렇게 번쩍이는 커다란 창 두 개를 움켜잡고 전쟁터로 걸어 나갔다.

헤라와 아테네는 화려하게 무장한 아가멤논을 보고 하늘에서 기쁨의 천둥소리를 내려보냈다. 맨 앞에는 동으로 만든 갑옷을 입은 보병부대가 참호를 넘어 진격했다. 그 뒤를 전차가 따랐다. 일제히 함성을 올리며 전군이 앞으로 돌진했다.

한편 트로이아 인들은 들판의 언덕 위에 진을 치고 있었다. 지휘관들의 면면을 보자면 헥토르, 폴뤼다마스, 아이네이아스와 더불어 안테노르의 용감한 세 아들 폴뤼보스, 아게노르, 아카마스 등이었다. 헥토르는 밤에 구름 사이로 언뜻언뜻 드러나는 별처럼 때로는 맨 앞 때로는 좌우로 자리를 바꿔가며 대열을 정리했다. 청동 투구를 머리에 쓴 모습이 제우스 신의 번갯불처럼 번쩍였다. 트로이아 군과 그리스 군은 서로를 향해 살기등등하게 돌진했다. 마치 추수하는 사람들이 보리밭에서 보리다발을 베어 넘기는 것 같은 모습이었다. 양쪽 군사들 모두가 칼날과 창을 서로 맞부딪치며 이리 떼처럼 용감하게 싸웠다.

이윽고 그리스 인들이 전력으로 적의 대열을 뚫었다. 아가멤논이 돌진하면서 비에노르 왕과 그의 마부를 찔러 넘어뜨렸다. 그는 프리아모스의 두 아들 안티포스와 그의 마부 이소스를 향해 돌진했다. 그는 안티포스의 가슴을 창으로 찌르고 이소스는 전차에서 칼로 내리쳤다. 그리고 죽은 자들에게서 급히 투구와 갑옷을 벗겨냈다. 그 뒤 파리스의 황금에 매수되어 헬레네를 돌려주는 것을 방해했던 트로이아의 지도자 안티마코스의 두 아들과 마주쳤다.

두 사람은 아가멤논에게 살려달라고 애원했으나 소용이 없었다. 아가멤논은 안티마코스가 행한 일이 떠올라 한 사람은 창으로 찌르고 다른 한 사람은 머리와 팔을 베어 죽여버렸다. 불길이 바람을 타고 숲 속으로 번지듯 그리스 인들은 트로이아 진영 안으로 밀고 들어갔다.

피가 흐르는 혼전 속에서 제우스 신은 헥토르를 화살로부터 지켜주었고, 또한 일로스 왕의 무덤이 있는 무화과나무 언덕을 넘어 평야 한가운데를 지나 트로이아 도시를 향해 도망치게 했다. 그러나 트로이아 인의 피로 손을 물들인 아가멤논은 큰 소리로 그의 이름을 외치며 계속 뒤를 쫓았다. 마침내 헥토르와 그의 군대가 스카이아이 성문 앞에 있는 제우스 신의 참나무 앞에 도착했다. 그러자 제우스는 신들의 전령 이리스 여신을 보내 헥토르에게 다음과 같이 명령했다.

"아가멤논이 선두에서 몰아치다가 부상을 입을 때까지 너는 뒤로 물러서 있고 전쟁터는 부하들에게 맡겨둬라."

아가멤논이 부상을 당했을 때 제우스는 헥토르에게 승리를 안겨줄 생각이었다. 헥토르는 제우스 신의 명령에 따라 군사들에게 자리를 떠나지 말고 계속 싸우라고 질책했다.

전투가 재개되었다. 아가멤논이 앞장서서 달려 나와 트로이아 군대와 그들의 동맹군을 마구 휘젓고 다녔다. 그는 맨 먼저 안테노르의 아들 이피다마스와 맞부딪쳤다. 그는 몸집이 크고 힘이 센 영웅이었다. 트라케의 할아버지 집에서 자란 그는 결혼한 지 얼마 되지 않아 고향 트로이아의 전쟁 소식을 듣고 달려온 것이었다. 아가멤논이 찌른 창은 빗나갔고 이피다마스가 찌른 창은 아가멤논의 허리띠에 부딪혀 끝이 구부러지고 말았다. 아가멤논은 재빨리 적의 창을 붙잡아 빼앗은 뒤 단칼에 이피다마스의 목을 잘랐다. 가엾게도 이피다마스는 새 아내를 집에 남겨둔 채 민족을 위해 싸우다가 무참한 죽음을 맞았다.

아가멤논은 이피다마스의 무기를 빼앗고 훌륭한 그의 투구를 그리스 인들에게 자랑스럽게 보여주었다. 그때 트로이아의 가장 용감한 전사 중 한 사람인 안테노르의 큰아들 코온이 아가멤논을 보았다. 그는 쓰러진 동생을 보고 말할 수 없는 슬픔에 사로잡혔다. 그러나 슬픔에 잠겨 있을 수만은 없었다. 몰래 아가멤논의 뒤를 따라가 그의 팔꿈치 바로 아래쪽을 창으로 찔렀다. 아가멤논은 갑작스럽게 온몸이 떨리는 것을 느꼈으나 싸움을 멈추지 않았다. 그 혼전을 틈타 코온은 발밑에 있는 동생의 시신을 끌고 가려 했으나, 아가멤논이 방패 아래로 창을 힘껏 찔렀다. 코온은 그대로 아우의 시신 위에 고꾸라져 숨이 끊어졌다.

아가멤논은 상처에서 피가 줄줄 흐르는데도 계속 싸워 창과 검, 돌을 이용해 적들을 죽였다. 그러나 상처의 피가 엉겨 붙자 예리한 것으로 쑤시는 것처럼 아프기 시작해 혼란스러운 전쟁터를 떠나야만 했다. 아가멤논은 급히 전차에 올라타 마부에게 함선으로 돌아가라고 명령했다. 전차는 상처로 고통스러워하는 왕을 싣고 곧바로 함선들이 있는 진영으로 내달렸다.

아가멤논이 멀리 사라지는 것을 본 헥토르는 제우스 신의 명령을 기억해내고 트로이아 인들과 뤼키아 인들 앞으로 뛰어나가 크게 외쳤다.

"전우들이여, 기운을 내서 적을 막자! 그리스의 제일가는 영웅이 자기 진지로 도망갔다! 제우스께서 우리에게 승리를 주실 것이다. 전진하라! 이제 그리스 영웅들에게 말을 몰고 달려가 우리의 명예를 차지하자!"

그렇게 외치며 헥토르가 바람같이 전쟁터를 향해 돌진했다. 그는 짧은 시간에 그리스의 왕 아홉 명과 많은 그리스 인을 쳐 죽였다. 헥토르가 도망치는 그리스 인들을 배 쪽으로 몰아가자 오뒷세우스가 디오메데스에게 경고했다.

"저들을 막지 못하는 건 말이 안 된다! 친구여, 내 곁으로 가까이 오게. 헥토르가 우리 진지를 정복했다는 수치를 남길 수는 없네!"

디오메데스가 고개를 끄덕이며 창을 날려 트로이아 인 튐브라이오스의 가슴을 꿰뚫어 그가 전차에서 땅으로 굴러떨어졌다. 오뒷세우스는 그의 마부 몰리온을 넘어뜨렸다. 두 영웅이 돌진하며 적을 무찔렀기 때문에 그리스 인들은 한숨을 돌릴 수 있었다.

제우스 신은 여전히 이데 산에서 내려다보며 전투가 균형을 유지하도록 저울질을 계속했다. 마침내 헥토르가 대열을 뚫고 돌진해 들어오는 두 영웅을 알아보고는 부하들을 거느리고 두 사람에게 달려들었다. 디오메데스는 적당한 기회를 노려 헥토르의 둥근 투구를 향해 창을 던졌다. 투창은 튕겨 나갔지만 그 반동으로 헥토르는 자기편 군사들 속에 떨어져 무릎을 꿇으며 오른손으로 땅을 짚었다. 눈앞이 캄캄해졌다. 디오메데스가 매우 빠르게 작은 창을 겨누고 달려들었다. 그러나 헥토르는 얼른 전차에 올라타 자기편 군사들이 몰린 쪽으로 피함으로써 가까스로 죽음을 모면했다.

실망한 디오메데스는 다른 트로이아 병사를 향해 돌아서서 그를 쓰러뜨리고 투구를 빼앗으려 했다. 그 순간 파리스는 좋은 기회가 왔다고 생각했다. 그는 일로스 왕의 묘비 뒤에 몸을 숨긴 채 무릎을 땅에 대고 있는 디오메데스의 발뒤꿈치를 겨누어 활을 당겼다. 화살은 발바닥을 꿰뚫고 깊이 박혔다. 파리스는 몸을 숨겼던 곳에서 뛰어나와 손뼉을 치며 디오메데스를 놀려댔다. 뒤를 돌아보고 활을 쏜 자가 누구인지 확인한 디오메데스가 큰 소리로 외쳤다.

"너였구나! 계집의 꽁무니만 따라다니는 놈 같으니! 앞에서 정정당당하게 덤비지 못하고 뒤에서 몰래 발에다 상처를 입히느냐? 아녀자들이나 소년들이 하는 짓거리에 내가 꿈쩍이나 할 것 같으냐!"

그러는 사이에 오뒷세우스가 달려와 부상당한 디오메데스 앞을 막아섰다. 그리하여 상처 입은 디오메데스는 발에 박힌 화살을 안전하게 뽑아낼 수 있었다. 오뒷세우스는 부상으로 고통스러워하는 디오메데스를 전차에 태우고 스테넬로스를 시켜 배가 있는 곳으로 돌려보내게 했다.

이제 오뒷세우스 홀로 몰려드는 적군 속에 남아 있었다. 그리스 인들 중 도와주러 오는 사람은 아무도 없었다. 오뒷세우스는 후퇴해야 할지 그대로 머물러 있어야 할지 잠시 망설였으나 싸울 도리밖에 없다고 결심했다. 그러는 사이 트로이아 인들은 사냥군과 사냥개가 도망가는 산돼지를 에워싸듯 오뒷세우스를 포위했다. 그러나 오뒷세우스는 덮쳐오는 적을 침착하게 반격해 순식간에 다섯 명의 트로이아 병사들을 해치웠다. 여섯 번째로 나선 것은 방금 아우를 잃은 소코스였다.

"오뒷세우스여! 오늘은 그대가 힙파소스의 두 아들을 모두 죽여 무기와 투구를 빼앗아 명예를 더 높이든지 아니면 내 창에 찔려 죽는 날이 될 것이다."

소코스가 이렇게 소리치며 창으로 오뒷세우스의 방패를 찔러 가슴 부근에 가벼운 상처를 냈다. 아테네가 더 깊은 상처를 입지 않도록 막아준 덕분이었다. 상처가 죽을 만큼 심각하지 않다는 것을 알아차린 오뒷세우스는 약간 물러섰다가 곧바로 공격했다. 그는 도망가려는 소코스의 등을 향해 창을 들어 양쪽 어깨 사이를 힘껏 찔렀다. 창이 소코스의 가슴을 관통해 앞으로 튀어나왔고 소코스는 둔탁한 소리를 내며 땅에 쓰러졌다. 트로이아 인들은 오뒷세우스가 피 흘리는 것을 보고 모두 그에게 달려들었다. 오뒷세우스는 뒤로 물러나며 큰 목소리로 세 번이나 외쳐 구원을 청했다.

메넬라오스가 가장 먼저 이 소리를 듣고 옆에 있는 아이아스에게 말했다.

"혼전 지역을 뚫고 가보세. 오뒷세우스의 외침을 들었다네!"

두 사람이 급히 달려가보니 깊은 상처를 입은 오뒷세우스가 수많은 적을 상대하며 창을 휘두르고 있었다. 아이아스는 방패를 들이밀어 마치 벽처럼 오뒷세우스를 막아주었다. 트로이아 인들은 겁을 먹고 꽁무니를 뺐다. 메넬라오스는 이 기회를 놓치지 않고 오뒷세우스의 손을 잡아 전차에 올라타도록 도왔다. 그러나 아이아스는 무서운 기세로 트로이아 군대 한가운데로 돌진해 그가 쓰러뜨린 트로이아 인들의 시신이 발밑에서 나뒹굴었다. 마치 가을날 산골짜기에 흐르는 시냇물이 범람해 다 죽어가는 소나무와 참나무를 밀어내는 광경 같았다.

헥토르는 이런 상황은 꿈에도 모르고, 전쟁터 왼쪽에 있는 스카만드로스 강변에서 이도메네우스를 중심으로 한 젊은 군사들 사이로 뛰어들어 그들을 베었다. 젊은 군사들이 좀처럼 물러서려 하지 않았으나 파리스의 화살은 그리스 군의 유명한 의사 마카온의 오른쪽 어깨에 상처를 입혔다. 그러자 이도메네우스가 놀라 소리쳤다.

"네스토르, 빨리 마카온이 전차에 타는 것을 도와주시오! 화살을 뽑고 고약을 발라주는 그는 백 명의 용사만큼이나 귀중하다오!"

네스토르는 재빨리 상처 입은 마카온을 부축해 전차에 태우고 급히 배로 돌아갔다. 그때 헥토르의 전차 마부가 다른 쪽의 트로이아 인들이 고전한다는 보고를 해왔다. 적군 아이아스가 트로이아 군사들을 덤벼드는 대로 무더기로 해치우고 있다는 것이었다. 곧바로 그들은 전차를 몰아 그곳으로 급히 달려갔다. 헥토르는 그리스 인들의 대열로 돌진해 공격을 시작했다. 그러나 아이아스와 맞서는 것은 피했다. 제우스 신이 이 용맹한 영웅과는 맞서지 말라고 경고했기 때문이다.

제우스 신은 아이아스의 마음속에도 공포심을 불어넣었다. 그래서 헥토르의 모습을 본 아이아스는 방패를 어깨에 걸머지고 그리스 진지 쪽을 걱정하며 트로이아 인들에게서 빠져나가려 했다. 그가 달아나는 것을 본 트로이아 인들은 그가 등에 걸머진 방패를 향해 창을 던졌다. 그러나 아이아스가 뒤로 돌아서기만 하면 그들은 그냥 도망쳤다. 그리스 인의 진지로 통하는 큰길까지 온 아이아스는 멈춰 방패로 딱 버티고 서서 공격해 오는 트로이아 인들을 맞이했다. 날아오는 창들은 일곱 겹의 쇠가죽 방패에 꽂히거나 그의 몸을 건드리지도 못하고 땅에 꽂혔다. 용감한 에우뤼필로스가 악전고투하는 아이아스를 발견하고 달려갔다. 그는 창을 던져 트로이아 인 아피사온의 가슴을 뚫어버렸다. 그런데 적군의 무구를 챙기는 동안 파리스가 활을 쏘아 그의 오른쪽 넓적다리를 맞혔다. 에우뤼필로스는 동료들 쪽으로 후퇴했고, 그리스 인들이 창과 방패를 들어 그를 보호했다.

한편 전쟁터에서 부상당한 마카온을 싣고 가는 네스토르의 전차가 아킬레우스 옆을 지나갔다. 그는 무거운 마음으로 자기 배의 뒤쪽 갑판에 앉아 자기편이 트로이아 인들에게 쫓기는 모습을 바라보았다. 아킬레우스는 그것이 친구의 불행을 가져오리라고는 꿈에도 생각하지 못하고 파트로클로스를 불렀다.

"파트로클로스! 지금 네스토르에게 가서 전쟁터에서 데리고 온 부상자가 누구인지 물어봐주게. 웬일인지 내게도 그리스 인들에 대한 동정심이 솟는군."

파트로클로스는 아킬레우스의 부탁을 받고 급히 진지로 달려갔다. 네스토르는 마침 막사에 도착해 마부 에우뤼메돈에게 고삐를 넘기고 한숨 돌리는 중이었다. 시녀 헤카메데가 음식을 차려 노인과 마카온을 대접했다. 늙은 영웅 네스토르는 문간에 서 있는 파트로클로스를 보고는 의자에서 벌떡 일어나 손을 잡고 친절하게 자리를 권했다.

그러자 파트로클로스가 말했다.

"어르신, 괜찮습니다. 당신께서 데려오신 부상자가 누구인지 알아보라는 아킬레우스의 부탁을 받고 이렇게 왔을 뿐입니다. 그런데 그 부상자가 의사 마카온이었군요. 얼른 가서 아킬레우스에게 알려줘야겠습니다. 아시다시피 제 친구는 성미가 몹시 급하니까요."

그러자 네스토르가 몹시 흥분해서 말했다.

"아킬레우스가 무엇 때문에 이미 다 죽게 된 그리스 인을 걱정하는가? 용감한 자들은 모두 배에 누워 있다네. 디오메데스는 화살을 맞아 상처를 입었고, 오뒷세우스와 아가멤논은 창에 찔려 부상당했네. 이 귀중한 사람은 화살에 맞아 쓰러진 것을 내가 전쟁터에서 지금 막 데리고 왔지. 그런데도 아킬레우스는 조금도 동정하는 빛을 보이지 않아! 우리 배가 불꽃에 휩싸여 활활 타고, 그리스 인들이 차례차례 피 흘리며 죽는 것을 혹시 기다리고 있는 건 아닌가? 내가 젊었을 적 기운만 남아 있었어도, 적어도 승리자로서 펠레우스의 집에 갔을 때만 한 장년의 기운만 있었어도 이렇게 참패를 당하지는 않았을 거야. 그때 나는 자네의 아버지 메노이테스와 자네 그리고 어린 아킬레우스를 보았지. 늙은 영웅 펠레우스는 아킬레우스에게 언제나 일등이 되고 남의 모범이 되라고 일렀어. 그대 아버지는 자네에게 아킬레우스의 마부이자 친구로 언제나 곁에 있으라고 일렀지. 내 말을 그대로 아킬레우스에게 전해주게. 지금은 그대의 설득만이 그의 마음을 움직일 수 있을 것 같네."

파트로클로스는 돌아가는 길에 오뒷세우스의 배 옆을 빠른 걸음으로 지나치다가 전쟁터에서 다리를 절룩거리며 돌아오는 에우뤼필로스와 마주쳤다. 이 부상당한 용사는 그에게 켄타우로스 케이론에게서 배운 의술로 자기를 고쳐달라고 울부짖듯이 애원했다. 파트로클로스는 불쌍한 생각이 들어 깊은 상처를 입은 에우뤼필로스를 부축해 자기 막사 안으로 데리고 갔다. 땅바닥에 쇠가죽을 펴서 그 위에 눕히고

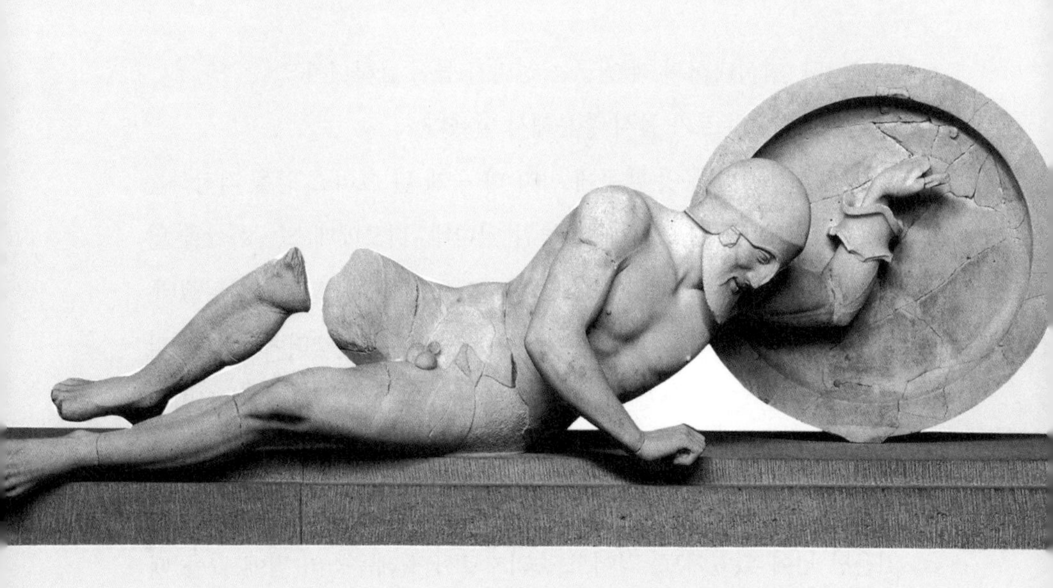

제우스 신은 여전히 이데 산에서 내려다보며 전투가 균형을 유지하도록 저울질하고 있었다. 디오메데스와 오딧세우스가 트로이 진영을 뚫고 진격했지만 디오메데스는 파리스의 화살에 맞아 상처를 입었고, 오딧세우스와 아가멤논은 적군의 창에 상처를 입는다. 이윽고 제우스 신은 트로이아 인들에게 빛나는 승리를 안겨주고 그리스 군이 참패하도록 내버려두기로 한다.

〈죽어가는 그리스 병사〉, 기원전 480년경, 글립토테크 미술관.

작은 칼을 꺼내 넓적다리에 깊이 박힌 화살촉을 도려낸 뒤 뜨거운 물로 검붉은 피를 씻어냈다. 그리고 손가락으로 약초를 부스러뜨려 피가 멎도록 상처에 뿌렸다. 사람 좋은 파트로클로스는 이렇게 부상당한 용사를 돌보아주었다.

방벽을 둘러싼 전투

그리스 인들은 자신들이 타고 온 배 주변으로 높다랗게 방벽을 쌓고 그 주위로 폭넓은 참호를 파두었다. 그러나 신들에게 희생제물도 바치지 않고 쌓은 것이라 견고하게 버티며 그들을 지켜줄 운명은 아니었다. 트로이아가 포위를 당해 시달린 지 십 년째가 되면 포세이돈과 아폴론은 언젠가 이 방벽을 홍수나 해일로 송두리째 부숴버릴 생각이었다. 다만 그 일은 트로이아가 망한 다음에 하기로 했다.

거대한 방벽을 사이에 두고 밀고 밀리는 전쟁이 치열하게 벌어졌다. 그리스 인들은 헥토르의 용맹이 두려워 배로 모여들었다. 헥토르는 마치 사자처럼 혼잡한 진영을 돌아다니며 자기편 군사들에게 참호를 건너라고 재촉했다. 그러나 전차를 끄는 말들이 말을 듣지 않았다. 참호 근처에만 오면 어느 말이나 큰 울음을 터뜨리면서 앞발을 쳐들고 뒤로 물러섰다. 뛰어넘자니 참호의 폭이 너무 넓었고 참호 속으로 뛰어들자니 양쪽 비탈이 너무 가팔랐다. 더구나 그 속에는 끝이 뾰족한 말뚝이 잔뜩 박혀 있었다. 보병들만이 참호를 건너려는 시도를 했다. 이에 대해 폴뤼다마스가 헥토르와 의논했다.

"말을 탄 채 건너려다가는 우리 모두 수치스럽게 깊은 참호 속에서 전멸할 걸세. 그러니 마부들에게 말을 참호 밖에 세워두라 하고 중무장을 한 뒤 보병대를 짜서 자네의 지휘 아래 참호를 건너고 방벽을 뚫게 하세."

헥토르는 그 권고를 받아들였다. 헥토르의 명령으로 마부를 제외한 모든 용사가 한꺼번에 전차에서 뛰어내려 다섯 개의 보병부대를 편성했다. 첫 번째 보병부대는 헥토르와 폴뤼다마스가 지휘하고, 두 번째 보병부대는 파리스가, 세 번째는 헬레노스와 데이포보스가 네 번째는 아이네이아스가, 그리고 선봉대는 사르페돈과 글라우코스가 지휘했다. 이들 지휘관 옆에 각각 그들을 보호할 용사들이 붙어 있었다.

오직 아시오스만은 전차에서 내리지 않고 전차를 왼쪽으로 몰았다. 그쪽은 그리스 인들이 자기편 말과 전차가 드나들 수 있도록 문을 만들어둔 곳이었다. 그는 그 문이 활짝 열려 있는 것을 보았다. 그리스 인들이 전쟁에서 다쳐 낙오한 병사가 자기편 진영으로 구원을 청하러 올 수 있도록 열어두었던 것이다.

아시오스가 곧바로 그 문을 향해 말을 달리자, 다른 트로이아 인들이 함성을 지르며 그 뒤를 따라 달렸다. 그러나 이 문은 두 용사가 지키고 있었으니, 바로 파리토오스의 아들 폴뤼포이테스와 레온테우스였다. 그들은 땅에 길고 넓게 뿌리박아 폭풍우에도 흔들리지 않는 커다란 참나무처럼 문 위에 서 있었다. 공격해 오는 트로이아 인들을 향해 갑자기 두 용사가 반격을 가했고, 그와 동시에 견고한 방벽 위에서 돌멩이들이 우박처럼 쏟아졌다.

갑작스러운 공격에 아시오스와 그의 부하들이 많이 희생되었다. 그

외의 트로이아 인들은 그리스 진영의 다른 문을 빼앗기 위해 도보로 참호를 건너 밀려왔다. 아르고스 인들은 이제 자기들의 배를 지키는 것만 해도 벅찰 지경이었다. 그리스 쪽을 돕는 신들은 올림포스 산에서 그 광경을 내려다보며 걱정스러운 표정을 지었다.

그런데 헥토르와 폴뤼다마스가 이끄는 가장 수효가 많고 가장 용감한 트로이아 부대는 아직도 참호 바깥쪽에서 우물쭈물하며 머물러 있었다. 그들의 눈앞에 불길한 징조가 나타났기 때문이다. 독수리 한 마리가 진영의 왼쪽 하늘에서 나지막하게 날아왔는데 꿈틀거리는 붉은 뱀을 발톱으로 움켜잡고 있었다. 뱀은 발톱 밑에서 계속 저항하며 목을 길게 뽑더니 갑자기 독수리의 목덜미를 꽉 물었다. 아픔을 못 이긴 독수리는 뱀을 떨어뜨리고 날아가버렸다. 뱀은 트로이아 인들이 모여 있는 한가운데로 털썩 떨어졌다. 흙먼지 속에서 뱀을 보고 놀란 군사들은 제우스 신의 계시라 믿었다. 판토오스의 아들 폴뤼다마스가 겁에 질려 외쳤다.

"공격을 중단합시다! 우리는 먹이를 집에 가져가지 못한 저 독수리 신세가 될지도 모르오."

헥토르는 얼굴을 찌푸리며 대답했다.

"새가 오른쪽에서 날아오든 왼쪽에서 날아오든 상관하지 않소. 나는 제우스 신의 계시를 받아 출격했소! 내가 받은 계시는 단 하나, 조국을 구하라는 명령이었소. 그대는 무엇이 두렵소? 우리가 모두 배 옆에서 전사하더라도 그대는 죽지 않을 거요. 분명히 알아둘 것은 그대가 만약 전쟁터에서 도망가면 내 창에 죽게 되리라는 사실이오!"

이렇게 말하고 헥토르가 맨 앞에 서서 진격하자 군사들도 모두 천지가 진동하는 듯한 함성을 올리며 그의 뒤를 따랐다. 이때 제우스는 이데 산에서 무서운 폭풍을 보내 그리스 진영에 있는 배들을 모래먼지 속에 파묻히게 했다. 그리스 인들은 싸울 의욕을 완전히 잃었다. 트로이아 인들은 제우스의 뜻과 자신들의 힘을 믿고 그리스 군의 두터운 방벽을 뚫기 위해 기세를 올렸다. 망루를 먼저 무너뜨리더니 지렛대로 높이 솟은 방벽의 기둥을 송두리째 넘어뜨렸다.

그러나 그리스 인들도 도망가지는 않았다. 그들은 방벽에 방패를 세우고 방벽으로 밀려드는 트로이아 인들을 향해 돌과 화살을 비처럼 퍼부었다. 만약에 제우스 신이 아들 사르페돈을 격려해 굶주린 사자처럼 그리스 인들에게 저항하게 하지 않았다면, 트로이아 군을 지휘하던 헥토르도 방벽 문에 걸린 단단한 빗장을 깨부수지 못했을 것이다.

사르페돈이 글라우코스에게 다급히 말했다.

“친구여! 대체 무엇 때문에 뤼키아 사람들은 잔치를 벌일 때마다 우리가 신이라도 되는 것처럼 명예의 자리를 권하고 맨 먼저 넘치는 술잔을 대접하는가? 우리는 이 격렬한 전투에서 앞장서야만 하네. 자, 진격하세. 우리의 명예를 드높이든지 적의 명예가 드높아지든지 둘 중 하나 아닌가!”

이 말을 들은 글라우코스는 곧바로 움직였다. 두 영웅은 뤼키아 군과 함께 곧장 돌격했다. 망루를 지키던 메네스티오스는 달려오는 두 영웅을 보고 겁에 질려 도와줄 용사가 없는지 주위를 살펴보았다. 그리고 전령 토오테스를 두 아이아스에게 보내 위급한 처지니 도와달라고 청했다. 대 아이아스는 동생 테우크로스와 그의 활을 들고 있는 판디온을 데리고 방벽 안쪽을 이용해 메네스티오스가 있는 망루로 왔다.

그때 뤼키아 인들이 방벽을 기어오르기 시작했다. 아이아스는 재빨리 날카로운 대리석을 방벽 위에서 힘껏 내던져 사르페돈의 친구 에피클레스의 머리를 투구째 부숴버렸다. 대 아이아스의 배다른 동생 테우크로스는 벽을 기어오르는 글라우코스의 드러난 팔에 상처를 입혔다. 글라우코스는 벽에서 뛰어내려 몸을 숨겼다. 그리스 인들에게 상처 입은 모습을 보여주어 조롱당하고 싶지 않았던 것이다.

사르페돈은 동료가 전쟁터에서 사라지는 모습을 고통스럽게 지켜봐야 했다. 그는 방벽으로 기어올라 테스토르의 아들 알카마온을 창으로 찔렀다. 그리고 있는 힘을 다해 방벽에 몸을 부딪쳤다. 벽이 와르르 무너져 몇 사람이 드나들 만한 구멍이 뚫렸다. 그러자 아이아스와 테우크로스가 사르페돈의 돌진을 막아냈다. 사르페돈은 뒤를 돌아다보며 뤼키아 군에게 큰 소리로 외쳤다.

“뤼키아 인들이여! 왜 돌격하지 않는가? 내가 아무리 용감해도 혼자 돌격할 수는 없지 않은가? 모두 힘을 합쳐 공격해야 비로소 함선으로 가는 길이 열린다!”

그러자 뤼키아 인들도 왕의 주위로 모여들어 맹렬히 돌진했다. 그러나 그리스 인들도 안쪽에서 병력을 늘렸기 때문에 벽을 사이에 두고 양쪽 군사들은 서로 뒤엉켜 혼전을 벌였다. 결국 제우스 신이 헥토르의 군사 쪽을 우세하게 이끌어주었다. 그가 앞장서서 성문으로 향하자 일부 군사가 뒤따랐고 다른 군사들은 그의 양옆에서 방벽을 기어올랐다. 양쪽 문에 걸쳐 있던, 빗장으로 굳게 닫힌 큰 문 옆에 날카롭고도 커다란 바위가 서 있었다. 헥토르가 무서울 정도로 초인적인 힘으로 그 바위를 번쩍 들어 큰 문을 향해 내던졌다. 큰 문 고리와 문짝이 부서지면서 튼튼한 빗장도 함께 부러졌다. 그리고 큰 문이 무거운 소리를 내며 열리고 바위는 둔탁한 소리를 내며 바닥으로 떨어졌다.

헥토르는 이글거리는 눈동자를 굴리며 무서운 얼굴로 두 자루의 창을 번쩍이며 큰 문 안으로 뛰어들었다. 트로이아 인들이 그 뒤를 따라 열린 문 안으로 밀고 들어갔다. 다른 트로이아 군사 수백 명도 성벽을 넘어 들어왔다. 그리스 진영은 방벽 위아래로 트로이아 인들의 날카로운 공격을 받고 대혼란에 빠졌다. 그리스 인들은 함선이 있는 본진까지 후퇴해야만 했다.

함선을 둘러싼 전투

제우스 신은 트로이아 인들에게 빛나는 승리를 안겨주고 그리스 군이 참패하도록 내버려두었다. 그는 이데 산 위에 앉아 배에서 눈을 돌려 아무런 표정 없이 무심하게 트라케 사람들이 있는 곳을 내려다보았다.

바다의 신 포세이돈도 가만있지 않았다. 포세이돈은 사모트라케 섬의 숲으로 둘러싸인 가장 높은 봉우리에 앉아 이데 산은 물론, 트로이아 시와 그리스 군의 함선까지 한눈에 내려다보고 있었다. 포세이돈은 그리스 인들이 트로이아 인들 앞에서 먼지를 일으키며 쓰러져 죽는 것을 보자 가슴이 아팠다. 그는 뾰족하게 솟은 바위봉우리를 떠나 숲과 언덕을 진동시키며 네 걸음에 아이가이 해변에 이르렀다. 그곳 바다 깊숙이에 녹슬지 않는 황금으로 빛나는 포세이돈의 궁전이 있었다.

바다의 신은 그곳에서 황금 갑옷을 입고 금빛 갈기의 멋진 말을 전차에 연결했다. 그러고는 황금 채찍을 들고 전차에 올라타 말을 몰고 파도 위로 올라왔다. 바다의 괴물들은 곧 주인을 알아보고 심연에서 솟아나왔고, 파도가 기쁜 듯 두 갈래로 갈라지며 길을 터주었다. 철로 만든 수레의 축을 물에 적시지 않은 채 포세이돈은 테네도스 섬과 임브로스 섬 사이의 깊은 물에 정박해 있는 그리스 인들의 배로 왔다. 그는 말을 멍에에서 풀어주고 발에 황금 고랑을 채운 후 암브로시아를 먹였다. 발길을 재촉해 전쟁터에 와보니 태풍처럼 헥토르의 앞뒤를 싸고도는 트로이아 인들이 함성을 지르며 그리스의 배들을 점령하려는 참이었다.

포세이돈은 얼른 예언자 칼카스의 모습으로 변해 그리스 인들의 대열에 뛰어들었다. 그리고 전의가 넘치는 두 아이아스를 불렀다.

"그대들이 힘을 내면 얼마든지 백성들을 구할 수 있소. 트로이아의 군사들이 아무리 용감하게 방벽을 뛰어넘어 오더라도 두렵지 않소이다. 그런데 저 헥토르가 마치 타오르는 불길처럼 미쳐 날뛰는 곳에서는 목숨을 건지기가 힘들 것 같소. 그대들 같은 영웅이 최선을 다한다면 그리스 인들을 살려낼 수 있을 텐데!"

대지를 뒤흔드는 신인 포세이돈은 이렇게 이야기하며 두 사람을 지팡이로 가볍게 쳤다. 그러자 두 영웅이 용기백배해져 갑자기 손발이 가벼워짐을 느꼈다. 포세이돈은 푸른 독수리처럼 두 영웅 앞에서 훌쩍 사라졌다.

오일레우스의 아들 소 아이아스가 먼저 눈치 채고 대 아이아스에게 말했다.

"형님! 지금 그 사람은 칼카스가 아니라 포세이돈이었던 것 같습니다. 이제야 내 가슴에 싸워야겠다는 결심이 섰습니다. 손과 발에 힘이 넘치는군요."

텔라몬의 아들 대 아이아스가 대답했다.

"창을 잡고 있는 내 손도 근질근질하다. 가슴은 두근거리고 발이 날아갈 듯한 기분이구나! 지금 나는 헥토르와 한번 맞서보고 싶은 생각이 가득하다."

그동안 포세이돈은 피로와 비분에 젖어 배 옆에서 넋을 잃은 채 쉬고 있는 그리스 인들을 질책하고 격려하며 돌아다녔다. 그는 군사들을 두 아이아스가 있는 곳에 모이도록 하고 헥토르와 트로이아 군사들을 맞아 싸울 각오를 다지게 해주었다. 창과 창, 방패와 방패, 투구와 투구, 군사와 군사 들이 맞부딪칠 정도로 그들은 가까이 붙어 섰다. 그리스 인들의 창이 적을 향해 소리 내며 날아갔다. 그러나 트로이아 인들도 헥토르를 선두로 용감하게 공격해 왔다. 헥토르는 산 정상에서부터 모든 것을 부수며 굴러 내려오는 바위처럼 선두에서 돌격해 들어왔다. 그가 뒤따르는 군사들을 향해 소리쳤다.

"트로이아와 뤼키아의 군사들이여, 꿋꿋하게 버텨라! 지금 적군이 대열을 재정비해 나오고 있지만 얼마 못 간다! 그들은 내 창 앞에서 물러서고 말 것이다. 우리 쪽은 번개의 신 제우스가 돌봐주고 계시다!"

이렇게 그는 자신의 군사들을 격려했다. 헥토르의 군사들 중 프리아모스의 용감한 아들 데이포보스가 방패로 몸을 가리고 발소리를 죽여 성큼성큼 나아갔다. 메리오네스가 그를 겨냥해 창을 내던졌으나 데이포보스가 커다란 방패를 앞으로 쑥 내밀었기 때문에 창은 방패에 맞고 부러져 옆으로 날아갔다. 화가 난 메리오네스는 다른 창을 가지러 막사 안으로 들어갔다.

그사이 다른 군사들도 싸움을 계속해 고함소리가 천지를 뒤흔들었다. 테우크로스는 멘토르의 아들 임브리오스의 귀밑을 찔렀다. 임브리오스는 나무꾼의 도끼에 찍힌 산꼭대기의 물푸레나무처럼 쓰러졌다. 헥토르가 테우크로스를 향해 창을 던졌으나 그것은 암피마코스에게 가서 맞았다. 그의 투구를 벗기러 달려오는 헥토르에게 대 아이아스가 창을 던지자 방패 가운데를 맞고 튕겨 나왔다. 메네스티오스와 스티키오스는 힘을 합쳐 암피마코스의 시체를 전장에서 끌어냈다. 그러는 사이 두 아이아스는 사자 두 마리가 개 떼에게서 염소를 낚아채듯 임브리오스의 시체를 그리스 진영으로 되찾아왔다.

암피마코스는 포세이돈의 손자였다. 그의 죽음은 포세이돈을 더욱 노하게 만들었다. 포세이돈은 그리스 인들의 사기를 한층 더 북돋기 위해 진지 쪽으로 달려갔다. 거기서 그는 이도메네우스를 만났다. 그는 상처 입은 전우를 의사에게 데려다주고, 자기 막사에서 창을 찾고 있었다. 바다의 신 포세이돈은 토아스의 모습으로 나타나 이도메네우스에게 말을 걸었다.

"크레테의 왕이여! 그대들의 호언장담은 어디로 갔습니까? 오늘 싸움에서 자기 몸만 아끼는 자가 있다면 그는 결코 고향으로 돌아가지 못할 겁니다. 그런 자는 곧 개들의 먹잇감이 될 것입니다."

그렇게 말하고 급히 사라진 바다의 신을 향해 이도메네우스가 뒤에서 소리 질렀다.

"토아스여, 반드시 그렇게 되어야 하오!"

그리고 창 두 자루를 막사에서 찾아내 더 멋진 갑옷으로 갈아입고는 제우스 신의 번개처럼 막사 밖으로 뛰어나갔다. 그는 거기서 전우 메리오네스와 부딪쳤다. 메리오네스는 데이포보스의 방패에 창이 부러져 멀리 떨어진 자기 막사로 다른 창을 가지러 급히 달려온 것이었다.

"용감한 친구여!"

이도메네우스가 말을 걸었다.

"자네가 지금 매우 난처한 모양인데, 내 막사 안에는 적에게서 빼앗은 창이 스무 개나 벽에 세워져 있네. 그중 가장 좋은 것을 골라 가게."

메리오네스는 튼튼하고 멋진 창을 하나 골랐고, 두 사람이 같이 전쟁터로 달려 나갔다. 그들은 헥토르에 맞서 싸우고 있는 전우들과 합류했다.

이도메네우스는 이미 머리가 반백인 노인이었으나 마치 젊은이처럼 그리스 인들을 격려하며 돌아다녔다. 이도메네우스가 던진 창에 처음으로 맞은 사람은 오트뤼오네우스였다. 그는 캇산드라의 구혼자로 트로이아 군에 가담해 싸우고 있었다. 이도메네우스는 혼란한 전쟁 통에도 발아래 쓰러진 자를 끌고 오면서 기쁜 마음에 외쳤다.

"자, 이제 프리아모스의 딸 캇산드라를 맞아 행복한 결혼식을 올려봐라! 만약 그대가 우리를 도와 트로이아를 공격한다면 아트레우스의 자손 중 가장 아름다운 딸을 아내로 주마! 자, 나를 따라 우리 진지로 가서 결혼에 대해 이야기해보자. 지참금을 많이 얻을 수 있을지도 모르지."

이도메네우스가 이렇게 죽은 자를 모욕하고 있을 때 아시오스가 죽은 오트뤼오네우스의 원수를 갚으려 전차를 타고 달려왔다. 창을 높이 치켜들고 쳐들어오는 아시오스의 턱 밑을 이도메네우스의 창이 꿰뚫었다. 이것을 보고 놀란 마부는 멍하니 서서 말을 뒤로 뺄 생각도 하지 못했다. 그 순간 네스토르의 아들 안틸로코스가 마부를 창으로 찔러 전차에서 굴러떨어졌다.

이번에는 데이포보스가 친구 아시오스의 원수를 갚으려고 이도메네우스에게 달려와 창을 던졌다. 이도메네우스는 방패를 들어 몸을 피했다. 창은 머리 위를 살짝 넘어 방패를 스치고 지나가더니 힙세노르 왕의 옆구리에 가서 박혔다. 그가 무릎을 꿇으며 넘어지자 데이포보스는 의기양양해서 외쳤다.

"사랑하는 친구 아시오스여! 편안히 가게! 누가 되었든 저승길로 가는 길동무는 마련해주었네!"

이도메네우스는 이 광경을 보고도 전혀 주눅 들지 않았다. 그는 오히려 앙키세스의 사위 알카토오스를 쓰러뜨리고는 승리의 함성을 질렀다.

"데이포보스! 대가가 너무 비싸지 않은가? 그대가 하나를 죽일 때마다 나는 셋을 죽였으니 말이야! 자, 내가 진짜 제우스 신의 혈통을 타고났는지 직접 시험해보는 게 어떤가?"

이도메네우스는 크레테 왕 미노스의 손자로, 제우스 신의 증손이기도 했다. 데이포보스는 그와 혼자 결투를 해서 이길 수 있을지, 아니면 트로이아 인들의 도움을 청해야 할지 잠시 생각에 잠겼다. 아무래도 도움을 청하는 것이 상책인 듯했다. 그래서 매제 아이네이아스를 불러 이도메네우스를 함께 공격했다. 두 사람의 용사가 한꺼번에 달려드는 것을 보고도 이도메네우스는 조금도 두려워하는 기색이 없었다. 그는 마치 멧돼지가 사냥개를 기다리듯 두 사람이 가까이 오기를 기다렸다. 그러나 이도메네우스도 근처에서 싸우는 전우를 발견하고는 그에게 소리쳤다.

"친구들이여, 이리 와서 나를 도와주게! 아이네이아스는 강력한 전사이자 아직도 힘이 펄펄 넘치는 젊은이라네!"

이 소리를 듣고 방패와 방패를 어깨에 기댄 채 아파레우스, 아스칼라포스, 데이퓌로스, 메리오네스, 안틸로코스가 그의 주변으로 모여들었다.

그사이 아이네이아스도 전우 파리스와 아게노르를 불렀다. 트로이아 인들이 마치 양 떼처럼 그들의 뒤를 따랐다. 곧바로 창과 창이 부딪쳤고, 두 사람의 대결은 사내들의 전투로 번졌다. 아이네이아스가 먼저 이도메네우스에게 창을 던졌지만 빗나가 땅에 꽂혔다. 그러나 이도메네우스가 던진 창은 오이노마오스의 배를 찔렀다. 오이노마오스는 땅에 쓰러져 흙을 움켜쥔 채 숨을 거두었다. 이도메네우스는 시신에 꽂힌 창을 재빨리 뽑았다. 비 오듯 퍼붓는 적의 화살에 쫓겨 후퇴할 수밖에 없었기 때문이다.

크게 화가 난 데이포보스가 뒤에서 이도메네우스에게 창을 던졌다. 그러나 창은 이도메네우스에게 맞지 않고, 대신 아레스의 아들 아스칼라포스를 쓰러뜨렸다. 제우스의 결정에 따라 다른 신들과 함께 올륌포스에서 꼼짝할 수 없었던 전쟁의 신은 올륌포스의 황금빛 구름이 가린 탓에 자기 아들이 죽는 것을 알지 못했다. 데이포보스가 번쩍이는 아스칼라포스의 투구를 빼앗으려 했지만 바로 그 순간 메리오네스가 던진 창에 찔리는 바람에 투구가 땅으로 굴러떨어졌다. 메리오네스는 앞으로 덤벼들어 데이포보스의 팔에 꽂힌 창을 뽑아 자기 진영으로 돌아갔다. 폴리테스는 중상을 입은 형 데이포보스를 팔에 안고 혼란한 전쟁터에서 빠져나갔다. 피 흘리는 데이포보스는 곧바로 도시로 후송되었다.

다른 사람들은 싸움을 계속했다. 아이네이아스는 아파레우스를 찔러 죽였고 안틸로코스는 토온을 찔러 죽였다. 트로이아 인 아다마스는 안틸로코스에게 복수를 하려다 그만 메리오네스의 창에 피를 흘리며 죽었다. 그리스 인 데이퓌로스가 헬레노스의 칼에 관자놀이를 맞아 죽어 넘어지자 투구가 그리스 인들에게로 굴러갔다. 슬픔에 잠긴 메넬라오스가 헬레노스를 향해 창을 겨누었다. 동시에 헬레노스도 그를 향해 화살을 날렸다.

프리아모스의 아들 헬레노스가 쏜 화살은 메넬라오스를 맞혔지만 둥근 갑옷에 튕겨 나가고 말았다. 그러나 메넬라오스는 아직도 활을 들고 있는 헬레노스의 손을 창으로 힘껏 찔렀다. 헬레노스는 무기를 질질 끌며 자기 전우들에게로 재빨리 달아났다. 아게노르가 손에 든 무기를 내려놓고 헬레노스를 부축해 온 사람에게서 그를 넘겨받았다. 그는 예언자 헬레노스의 상처를 붕대로 감아주었다.

사악한 운명이 트로이아의 페이산드로스를 영웅 메넬라오스와 맞서게 했다. 메넬라오스가 창을 던졌지만 맞히지 못했다. 페이산드로스가 방패로 몸을 가린 메넬라오스를 힘껏 찔렀다. 그러나 창자루가 방패에 맞아 부러져버렸다. 메넬라오스는 칼을 빼 들었고 페이산드로스는 방패에 몸을 숨기며 긴 도낏자루를 쥐었다. 둘은 서로를 향해 돌진했다. 그러나 페이산드로스가 휘두른 도끼는 겨우 메넬라오스의 투구 깃을 건드렸을 뿐이다. 한편 메넬라오스의 칼은 페이산드로스의 코 위 미간을 찔러 피가 줄줄 흘러나왔고, 그는 곧 바닥에 쓰러져 숨을 거두었다.

메넬라오스는 죽은 사람의 가슴을 밟고 서서 기뻐하며 소리쳤다.

"개 같은 놈들아! 너희들은 내 젊은 아내에게서 후한 대접을 받고도 무도하게 아내와 보물을 빼앗아 가고 이제는 우리 배에 횃불을 던져 그리스 인들을 다 죽이려 하고 있다. 전쟁이 신물 나지도 않느냐, 탐욕스러운 놈들아!"

그렇게 말하면서 그는 시신에서 피 묻은 칼을 뽑아 친구들에게 넘겨주었다. 그는 다시 선두에 서서 밀고 들어가며 하르팔리온이 휘두른 창을 방패로 막아냈다. 메리오네스가 쏜 화살이 하르팔리온의 오른쪽 엉덩이에 꽂혔다. 그의 아버지 퓔라이메네스는 죽어가는 아들을 전차에 태웠다. 이에 몹시 분개한 파리스가 자신의 길을 막아서는 코린토스 인 에우케노르를 쏘았다. 에우케노르는 귀와 뺨 사이에 화살을 맞고 쓰러져 죽었다.

이때 헥토르는 배들의 왼쪽에 있는 그리스 인들이 승리하는 줄 모르고 있었다. 그는 문을 통해 밀고 들어간 방벽 안쪽에 머무르면서 계속해서 그리스 인들의 전투 대열을 무너뜨렸다. 처음에 보이오티아 인들, 텟살리아 인들, 로크리스 인들, 아테나이 인들이 그를 막아보았지만 소용이 없었다. 그들은 헥토르를 물리칠 수 없었다. 이번에는 바짝 붙어 쟁기를 끄는 두 마리의 황소처럼 두 아이아스가 한꺼번에 다가왔다. 텔라몬의 아들 뒤에는 용감한 사내들이 바로 뒤따르고 있었다. 그러나 근접전을 감당할 용기가 없었던 로크리스 인들은 오일레우스의 아들 아이아스의 뒤를 따르지 않았다. 왜냐하면 그들은 투구와 방패, 창도 없이 오직 활과 투석기로만 무장하고 있었기 때문이다. 그들은 이전에 이 무기를 가지고 트로이아 인들과 싸워 수많은 군대를 격파했다. 이제 그들이 몸을 숨기고 먼 곳에서 화살을 쏘아대자 트로이아 인들은 적지 않은 혼란에 빠졌다.

만약 폴뤼다마스가 거만한 헥토르에게 충고를 해주지 않았다면, 트로이아 인들은 그리스의 배들과 막사에서 쫓겨나 치욕스럽게 트로이아의 도시로까지 후퇴할 뻔했다.

"헥토르여, 그대는 전쟁에서 남들보다 용감하다고 해서 좀처럼 남의 충고를 받아들이지 않소. 그러나 지금 전쟁의 불길이 그대를 둘러싸고 타오르고 있소. 트로이아 인들 일부가 노획한 무기들을 갖고 전쟁에서 멀찌감치 떨어져 있고 또 일부는 함선들 사이에 흩어져 소수가 다수를 상대로 싸우고 있는 게 보이지 않소? 어서 뒤로 물러나 회의를 합시다. 우리가 계속해서 함선들 속의 미로로 쳐들어가야 할지, 아니면 그리스 인에게 피해를 입기 전에 후퇴해야 할지 결정하는 것이 좋겠소. 사실 나는 그리스 인들이 어제의 빚을 갚으려 들지 않을까 두렵소. 전쟁에 가장 허기진 전사 아킬레우스가 함선에서 우리를 기다리고 있을지 모르잖소!"

헥토르는 폴뤼다마스의 말에 따라 그에게 트로이아 민족의 모든 장수를 불러 모아달라고 부탁했다. 그리고 전쟁터로 되돌아가 지휘관들을 만나는 대로 폴뤼다마스가 있는 곳으로 가라고 일렀다. 데이포보스와 헬레노스, 아시오스와 그 아들 아다마스를 찾아보니 이미 죽었거나 부상을 입은 상태였다. 아우 파리스가 눈에 들어오자 화가 난 헥토르는 크게 소리쳤다.

“너, 여자나 유혹하고 다니는 녀석아! 대체 우리 영웅들은 모두 어디 있느냐? 이제 곧 우리 도시도 함락되겠구나. 그렇게 되면 너도 끔찍한 운명을 맞게 될 거다! 다른 사람들이 회의를 열고 있는 동안 어서 싸우러 나가라!”

파리스가 형에게 대답했다.

“형님, 기쁜 마음으로 함께 싸우겠습니다. 나의 용기를 너무 깔보지 마십시오!”

그렇게 형제는 치열한 전쟁터로 나란히 향했다. 트로이아에서 손꼽히는 두 영웅은 천둥번개를 몰고 오는 폭풍처럼 그리스 인들을 향해 돌진했다. 헥토르가 곧바로 선두로 나섰다. 그러나 그리스 인들은 이전처럼 그를 두려워하지 않았고, 대 아이아스는 당당하게 대결을 신청했다. 그러나 헥토르는 대 아이아스의 욕설에 아랑곳하지 않고 뒤엉킨 전쟁터의 한복판으로 돌진해 들어갔다.

포세이돈이 그리스 군을 격려하다

바깥에서 이처럼 양군의 싸움이 격렬히 벌어지고 있을 때 늙은 네스토르는 막사 안에서 조용히 술을 마시며 상처 입은 영웅들과 의사 마카온을 돌보고 있었다. 그러나 싸우는 소리가 점점 더 커지며 귓가에 울리자, 그는 시녀 헤카메데에게 손님을 위한 목욕물을 마련해놓으라고 지시한 뒤 창과 방패를 들고 막사 밖으로 나갔다. 전세가 여의치 않음을 본 그는 직접 싸울지, 아니면 총사령관 아가멤논을 찾아가 의논할지 망설였다.

때마침 네스토르는 바닷가에 정박해놓은 배에서 돌아오는 아가멤논을 만났다. 오뒷세우스와 디오메데스도 함께 있었다. 세 명 모두 부상을 입은 탓에 창을 지팡이 삼아 걸어왔다. 그들 역시 전투에 참가할 기력을 잃어 구경이나 하는 신세로 돌아온 것이었다. 걱정에 가득 찬 세 사람은 네스토르 곁으로 와서 자기편 군사들의 운명에 대해 의논했다. 결국 아가멤논이 말했다.

"전우들이여! 더는 희망이 없소. 그렇게 애써서 파놓은 참호도, 절대로 무너질 것 같지 않던 방벽도 이제 배를 지켜주지 못하게 되었소. 오래전부터 선단 한복판에서 격전이 벌어지고 있소. 이건 필연코 제우스 신이 그렇게 결정한 것이라 볼 수밖에 없소. 만약 우리가 스스로 물러나지 않는다면 그리스 인들은 불명예스럽게도 아르고스에서 멀리 떨어진 이곳 타국에서 전멸당할 운명에 놓인 것 같구려. 그러니 이제 우리가 정박해놓은 배를 바다 가운데로 멀리 띄운 뒤 닻을 내려놓고 밤이 될 때까지 기다립시다. 그래서 트로이아 인들이 물러나면 나머지 배들도 파도를 이용해 옮겨놓고 이 위험에서 벗어나도록 합시다."

이 제안을 못마땅하게 듣고 있던 오뒷세우스가 반박했다.

"아트레우스의 아들이여! 그대는 우리 그리스 민족이 아니라 겁쟁이들을 지휘했어야 했소. 접전이 한창인 마당에 배를 바다에 띄우라 명령하다니 대체 어쩌자는 거요? 그 말을 들으면 불쌍한 그리스 인들은 공포에 싸여 전의를 상실하고 말 텐데 그들을 살육장에 그대로 내버려두겠다는 것이오?"

아가멤논이 대답했다.

"여러분의 의견을 들어보지도 않고 그리스 인들의 뜻에 반하는 짓을 할 생각은 추호도 없소! 더 좋은 의견을 내놓는다면 내 생각은 깨끗이 포기하겠소."

디오메데스가 얼른 나섰다.

"가장 좋은 방법은 지금 당장 전쟁터로 돌아가는 겁니다! 비록 우리가 직접 싸우지는 못할망정 민족의 훌륭한 지도자로서 다른 군사들을 격려해 힘을 북돋아줘야 할 게 아닙니까!"

아까부터 영웅들이 주고받는 이야기를 가만히 엿듣고 있던 그리스의 수호신 포세이돈은 디오메데스의 말에 흐뭇해했다. 그래서 늙은 군사로 변해 그들에게 다가가 아가멤논의 손을 잡고 말했다.

"그리스 인들이 패해 도망치는 것을 보고 좋아할 아킬레우스는 치욕을 당해야 합니다. 안심하십시오! 신들은 아직 여러분을 미워하지 않습니다. 이제 곧 트로이아 인들이 도망치며 일으키는 먼지를 보여주실지 모르지요."

이런 말을 남겨놓고 포세이돈은 들판을 가로질러 전쟁터를 향해 돌진했다. 그가 달리면서 천군만마와 같이 내지르는 큰 고함소리가 그리스 진영 전체에 울려 퍼졌다. 그 소리에 영웅들도 용기를 얻어 그의 뒤를 따랐다.

하늘의 여왕 헤라도 올림포스 산에서 이 전쟁을 내려다보고 있었다. 그녀는 자신의 남매이자 시아주버니인 포세이돈이 전쟁터에 뛰어든 것을 보고 가만히 앉아 있을 수가 없었다. 그리고 남편 제우스가 적의에 불타며 이데 산에 앉아 있는 것을 보고 마음 깊은 곳에서 화가 치밀었다. 그녀는 어떻게 하면 남편의 관심을 전쟁터에서 다른 곳으로 돌려놓을 수 있을지 이리저리 궁리했다.

그녀의 마음속에 갑자기 좋은 생각이 떠올랐다. 헤라는 올림포스의 가장 깊숙한 곳에 위치한 안방으로 갔다. 아들 헤파이스토스가 신들의 궁전 중 가장 정성 들여 지어 헤라에게 준 곳으로, 누구도 열 수 없는 무거운 빗장으로 만든 문이 달린 방이었다. 헤라는 그 방으로 들어가 문을 닫았다. 목욕을 하고 아름다운 몸에 향기로운 암브로시아를 바르더니 머리털을 곱게 땋아 올렸다. 그리고 아테네가 정성 들여 수놓은 고귀한 옷을 입고는 앞가슴에 황금 핀을 꽂았다. 허리에는 어렴풋이 빛나는 띠를 둘렀고 번쩍이는 보석 귀고리를 달았다. 머리에는 하늘하늘하게 비치는 베일을 쓰고, 광채가 나는 흰 발에는 여러 가지 호화스러운 장식을 한 샌들을 신었다. 황홀하리만큼 화려하게 차려입은 헤라는 방을 나와 사랑의 여신 아프로디테를 찾아갔다.

헤라가 다정하게 말했다.

"귀여운 딸아, 내가 그리스 인들을 지켜주고 네가 트로이아 인들을 지켜준다고 해서 나를 나쁘게 생각하지 마라. 내가 진심으로 너에게 부탁하는 것을 거절하지 말려무나. 신이든 사람이든 누구든 길들일 수 있는 '사랑의 마술띠'를 빌려다오. 나는 지금 나를 길러준 양부모 오케아노스와 테튀스를 찾으러 저 땅끝까지 가려는 참이다. 두 분이 지금 서로 사이가 벌어지셔서 내가 좀 풀어드리고 싶구나. 그래서 그 띠가 꼭 필요하다."

속임수인지도 모르고 아프로디테가 순진하게 대답했다.

"어머니! 당신은 신들의 왕 제우스의 부인 아니신가요? 그런 부탁을 거절하는 것은 올바른 일이 아니지요."

아프로디테는 이렇게 말하고 사람을 한눈에 반하게 만드는 무서운 매력을 지닌, 찬란하게 수놓인 가장 귀중한 '사랑의 마술띠'를 끌렀다.

"자, 가슴에 잘 숨기세요. 꼭 성공하고 돌아오실 거예요."

그런데 신들의 어머니 헤라는 멀리 트라케에 있는 잠의 신의 집을 찾아갔다. 그리고 오늘 밤 신들의 아버지 제우스의 빛나는 눈을 깊은 잠 속에 빠지도록 만들어달라고 졸라댔다. 잠의 신은 깜짝 놀랐다. 그는 전에도 한번 헤라의 명령으로 제우스 신을 잠들게 만든 적이 있었다. 그때 헤라는 트로이아를 어지럽히고 돌아온 헤라클레스를 폭풍으로 코스 섬에 표류시키려 했다. 이 계략을 알게 된 제우스가 궁전에 있던 신들을 이리저리 내던지며 크게 화를 냈었다. 사람은 물론 신들까지 순하게 만들어주는 밤의 여신의 팔 안으로 피신하지 않았다면 죽을 뻔했던 기억이 났다. 잠의 신은 놀라서 그때 일을 헤라에게 떠올려주었다. 그러나 헤라는 그를 진정시키며 말했다.

"잠의 신이여! 제우스 신이 사랑하는 자식 헤라클레스를 돕는 것처럼 트로이아 인들을 지켜준다고 생각하나요? 잘 생각해보고 내 청을 들어주세요. 내 말대로 하면 그대에게 카리테스 여신들 가운데 가장 젊고 아름다운 여신을 주겠어요."

잠의 신은 헤라에게 이 약속을 지킬 것을 저승의 스틱스 강에 맹세하게 한 뒤 그녀의 청을 들어주기로 약속했다.

한편 헤라는 눈부실 만큼 아름다운 모습으로 이데 산봉우리로 올라갔다. 제우스 신은 아내를 보자 애욕에 사로잡혀 트로이아의 전쟁 따위는 금세 잊어버리고 말았다.

"어떻게 올림포스에서 여기까지 왔소? 말과 전차는 어디다 뒀소?"

헤라가 거짓말로 대답했다.

"나는 이제 땅끝으로 가서 나를 키워주신 양부모 오케아노스와 테튀스를 화해하게 해드릴 생각이에요."

제우스가 대답했다.

"아직도 나한테 화가 많이 났소? 떠나는 건 뒤로 미루시오. 잠시 내 옆에 누워 사람들이 벌이는 전쟁이나 즐깁시다."

헤라는 그 말을 듣고 놀랐다. 자신의 아름다움과 딸이 준 '사랑의 마술띠'를 가지고도 남편의 마음에서 전쟁에 대한 관심과 그리스 인들에 대한 노여움을 몰아낼 수 없음을 깨달았다. 그러나 그녀는 놀란 표정을 감추고 제우스를 다정하게 끌어안고 얼굴을 쓰다듬으며 말했다.

"당신의 뜻을 따르도록 하지요."

이 말과 동시에 잠의 신에게 눈짓을 했다. 잠의 신은 보이지 않게 그녀를 뒤따라와 제우스 신의 등 뒤에 서서 명령을 기다리고 있었다. 그는 곧 제우스에게 잠이 오게 만들었다. 제우스는 아무런 대답 없이 헤라의 무릎 위에 머리를 올려놓고 깊은 잠에 빠지고 말았다. 헤라는 급히 포세이돈에게 잠의 신을 전령으로 보냈다.

잠의 신이 포세이돈에게 말했다.

"자, 지금의 기회를 이용해 그리스 인들에게 승리를 안겨주십시오. 제우스 신은 지금 이데 산에서 깊은 잠에 빠져 계십니다!"

포세이돈은 그리스 용사의 모습으로 변신해 진두로 나가 그리스 인들에게 소리쳤다.

“그대, 용사들이여! 헥토르가 승리하게 놔둘 작정인가? 그가 우리의 배를 빼앗고 명예를 얻게 할 텐가? 헥토르는 아킬레우스가 노하여 출전하지 않은 것을 알고 있다. 그렇지만 헥토르를 이기지 못한다면 그리스 인들의 수치가 아닌가? 자, 방패를 있는 힘껏 치켜들고 번쩍이는 투구를 쓰고 창을 휘두르며 앞으로 나아가자. 내가 앞장서겠다. 헥토르가 과연 우리의 기세를 꺾을 수 있는지 한번 맞서보자!”

그리스 인들은 이 씩씩한 용사의 힘찬 격려를 받고 그의 뒤를 따랐다. 상처 입은 지휘관들도 대열을 가다듬어 병사들에게 무기를 들렸다. 힘센 병사에게는 큰 무기를, 약한 병사에게는 작은 무기를 들게 했다.

모든 군사가 힘을 한데 모아 물밀듯 나아갔다. 대지를 뒤흔드는 신인 포세이돈이 지휘관이 되었다. 그는 오른손으로 번갯불같이 번쩍이는 무서운 칼을 휘둘렀다. 그와 맞설 용기가 있는 트로이아 인은 단 한 명도 없었다. 바다의 신은 동시에 바다까지 노하게 만들어 큰 파도가 그리스 군의 배와 막사로 밀어닥쳤다. 그런데도 헥토르는 전혀 두려워하지 않았다. 그는 마치 계곡을 타고 번지는 산불처럼 트로이아 인들을 이끌고 전쟁터로 밀고 들어왔다. 양쪽 군대는 또다시 치열한 싸움을 벌였다.

헥토르가 먼저 대 아이아스를 겨냥해 던진 창이 그대로 날아가 꽂혔다. 그런데 창이 꽂힌 곳은 두 개의 끈이 교차하는 지점이었다. 하나는 방패의 멜빵이었고 다른 하나는 은못을 박은 칼의 끈이었다. 그것이 아이아스의 몸을 지켜주었다. 창만 잃어버린 헥토르는 하는 수 없이 자기편 군사들 속으로 피했으나 아이아스가 그를 향해 돌을 던졌다. 헥토르가 땅바닥에 쓰러지면서 방패와 투구를 떨어뜨렸고 갑옷이 바닥에 부딪히는 소리가 났다. 환성을 지르는 그리스 인들의 창이 우박처럼 쏟아졌다. 그들은 쓰러진 헥토르를 잡으려 열을 올렸다. 그러나 트로이아의 유명한 영웅들 곧 아이네이아스, 폴뤼다마스, 귀족 아게노르와 뤼키아의 왕 사르페돈, 그의 친구 글라우코스 등이 방패로 울타리를 만들어 날아오는 창을 막았다. 동시에 정신을 잃은 헥토르를 부축해 일으켜 전차에 태운 다음 무사히 트로이아 시로 데려갔다.

그리스 군사들은 헥토르가 도망가는 것을 보고 더욱더 기세를 올려 공격을 계속했다. 대 아이아스를 둘러싸고 큰 접전이 벌어졌다. 그들은 투창과 짧은 창으로 적을 닥치는 대로 찔러 쓰러뜨렸다. 그리스 인들은 전쟁에서 잃은 용사들 때문에 애통해했다. 폴뤼다마스의 손에 프로토에노르가 쓰러지자, 분노한 아이아스는 안테노르의 아들 아르켈로코스에게 그 빚을 갚았다. 아르켈로코스의 형제인 아카마스가 보이오티아 사람 프로마코스를 창으로 찔러 죽였고, 이에 그리스 인 페넬레오스는 일리오네우스에게 복수를 했다. 이어서 대 아이아스가 휘르티오스를 찔러 죽이고, 안틸로코스는 팔케스와 메르메로스를 죽였다. 또한 메리오네스는 히포티온과 모리스를 죽였고, 테우크로스는 프로토온과 페리페테스를 죽였다. 아가멤논는 휘페레노르의 옆구리를 찔러 죽였다. 그러나 몸이 빠른 로크리스 사람 소 아이아스가 방벽 앞 참호를 넘어 말뚝 사이를 지나 도망치기 시작한 트로이아 인들을 뒤쫓아 가장 많은 적군을 죽였다.

트로이아 인들은 전차 있는 곳에 이르러서야 겨우 숨을 돌릴 수 있었다. 두려움과 불안으로 얼굴에 핏기가 없었다. 그 무렵 이데 산봉우리의 제우스 신이 잠에서 깨어 헤라의 무릎에서 머리를 들었다. 그는 자리에서 벌떡 일어나 그리스 인들과 트로이아 인들을 한눈에 내려다보았다. 트로이아 인들은 도망치고 있었고 그 뒤를 그리스 인들이 맹추격하고 있었다. 그리고 전쟁터 한가운데에는 그의 형제 포세이돈이 있었다. 그는 부상을 입은 헥토르가 도시로 돌아가는 도중 잠시 전차에서 내려, 전우들에게 에워싸여 대지에 누워 있는 것을 보았다. 의식을 잃은 헥토르는 겨우겨우 숨을 쉬고 있었고 입에서 피가 흘러나왔다. 그를 친 자는 결코 약한 자가 아니었기 때문이다.

신들과 인간의 아버지 제우스는 다 죽어가는 헥토르를 불쌍한 마음으로 내려다보다 아내 헤라를 무섭게 노려보았다. 어두운 표정으로 그가 말했다.

"이 사악한 사기꾼 같으니! 도대체 무슨 일을 저지른 거지? 그대가 꾸민 흉계의 첫 열매를 그대가 맨 먼저 수확할 것이 두렵지 않소? 전에도 폭풍의 신을 충동질하여 내 아들 헤라클레스를 죽이려다 두 발에 고랑을 차고 두 손은 황금 사슬에 묶여 허공에 매달리는 형벌을 받았는데 그 일을 벌써 잊었소? 그때 올림포스의 신들 중 누구 하나도 그대를 도와주지 못하게 했던 일을 잊은 거요? 그런 일을 한 번 더 겪고 싶소?"

헤라는 한참 동안 아무 말도 하지 않다가 입을 열었다.

"하늘과 땅 그리고 스튁스 강이 내 증인이 될 거예요. 대지를 뒤흔들 수 있는 신 포세이돈이 트로이아 인들을 공격하는 데 앞장선 것은 내가 시켜서가 아닙니다. 자기 의지에 따라 나선 것이지요. 오히려 저는 구름 속에서도 모든 것을 보는 당신의 명령을 따르라고 설득하고 싶었어요."

이 말에 제우스의 표정이 밝아졌다. 헤라가 허리에 두르고 있던 아프로디테의 띠가 아직도 효력을 발휘한 것이었다. 마침내 제우스도 마음을 누그러뜨리고 말했다.

"그대가 신들의 회의에 참석해 나와 의견을 같이한다면 포세이돈도 마음을 돌려 우리의 생각을 따를 거요! 만약 진정으로 그대가 그렇게 생각한다면 가서 이리스와 아폴론을 불러오시오. 이리스는 형제 포세이돈이 자기 궁전으로 돌아가게 명령을 내리도록 하고, 아폴론은 헥토르의 상처를 고쳐주고 다시 전쟁터에 나가 싸우도록 격려하며 그에게 새로운 용기를 불어넣어주시오!"

헤라는 몹시 두려워하면서 제우스의 말에 따라 올림포스 궁전으로 돌아왔다. 올림포스에서는 신들이 술잔치를 벌이고 있었다. 신들은 자리에서 일어나 그녀에게 잔을 내밀었다. 헤라는 테미스가 건넨 술잔을 받아들고 넥타르를 마신 뒤 제우스 신의 명령을 전했다. 아폴론과 이리스는 곧장 이데 산으로 달려갔다. 이리스는 제우스 신의 명령을 받아 바람처럼 전쟁터로 내려갔다.

이리스를 통해 형제 제우스의 명령을 들은 포세이돈이 불만스럽게 말했다.

"그게 형제로서 할 말인가! 그는 힘으로 내 뜻을 꺾지 못할 것이다.

내가 회색의 바다를, 하데스가 하계를, 그리고 제우스가 하늘을 지배하게 된 것은 제비를 뽑아 정한 것이지 결코 누가 더 잘나서 그리된 게 아니다. 그러므로 올륌포스와 마찬가지로 땅은 우리 셋에게 공동으로 속한 것이지!"

이리스가 주저하며 물었다.

"지금 하신 말씀을 신들의 아버지 제우스 신에게 그대로 전해드려도 되겠습니까?"

포세이돈이 잠시 생각하더니, 그리스 인의 군대를 떠나며 소리쳤다.

"좋아, 떠나겠다! 그러나 제우스도 이것만은 알아야 한다. 그는 나와 다른 올륌포스의 신들을 그리스 인에게서 떼어놓을 수 없을 것이다. 또한 트로이아를 멸망시키지 않으려 한다면 타오르는 우리의 분노를 잠재울 수 없을 것이다!"

그렇게 말하고 포세이돈은 바닷속으로 들어갔다.

한편 제우스 신은 포이보스 아폴론을 헥토르에게 보냈다. 헥토르는 이미 자리에서 일어나 앉아 있었다. 제우스 신이 원기를 되찾게 해주었기 때문이다. 진땀도 가시고 호흡도 가벼워지면서 그는 생기를 되찾았다. 아폴론이 불쌍히 여기며 헥토르에게 가까이 가보니, 헥토르가 슬픈 표정을 지으며 아폴론을 쳐다보았다.

"신들 중 가장 선량한 분이시여, 당신은 누구시기에 저를 찾으십니까? 제가 함선 옆에서 대 아이아스가 던진 돌에 가슴을 맞는 바람에 다 이긴 싸움에서 큰 타격을 입었다는 소리를 들으셨습니까? 이젠 지옥으로 떨어지는구나 하고 생각했었습니다."

"이제 안심하라!"

아폴론이 대답했다.

"제우스 신이 자기 아들 포이보스 아폴론을 보냈다. 이전에는 나의 의지에 의해 그대를 지켜왔지만, 앞으로는 제우스의 명령에 따라 지킬 것이다. 그대가 지금 보고 있는 내 손의 황금 검을 휘둘러 지켜주겠다. 자! 다시 전차에 올라타라. 내가 앞장서 그대의 말을 위해 길을 평탄하게 만들 것이고, 그대를 도와 도망가는 그리스 인들을 사냥하겠다!"

헥토르는 아폴론의 말을 듣고 전차에 올라탔다. 그리스 인들은 쳐들어오는 헥토르의 모습을 멍하니 쳐다보고만 있었다. 숲속으로 도망친 사슴을 쫓던 사냥꾼과 사냥개들이 눈앞에서 목털을 세우고 나타난 사자를 만나기라도 한 듯 그리스 인들은 갑자기 추격을 중지했다. 맨 먼저 헥토르를 알아본 사람은 아이톨리아 인인 웅변가 토아스였다. 그리스의 지휘관들 가운데에서 싸우던 그가 주의를 환기시키더니 말했다.

"놀랍구려, 무슨 기적이 일어났단 말인가! 우리 모두 텔라몬의 아들 아이아스가 던진 돌에 헥토르가 쓰러지는 것을 보지 않았소? 그런 헥토르가 전차에 올라타 당당하게 이리로 쳐들어오고 있다니! 분명 벼락의 신 제우스가 편들고 있는 거요! 그렇다면 모두 내 말을 듣는 것이 좋겠소. 우리 편 군대는 함선으로 돌아가고 몇몇 용사가 남아 헥토르를 막아야 하오. 헥토르가 아무리 죽일 듯 무섭게 달려들어도 우리 용사들을 한꺼번에 무찌를 수는 없을 테니까."

영웅들은 그의 말이 합리적이라 판단해 이에 따르기로 했다. 그의 충고대로 주요 지휘관과 군사들을 모았다. 두 아이아스, 이도메네우스, 메리오네스, 테우크로스를 중심으로 대열을 가다듬고 그 뒤에 선 군사들은 모두 함선으로 돌아가게 했다. 트로이아 인들이 기세등등하게 쳐들어왔고 헥토르는 전차에 서서 지휘하고 있었다. 아폴론 신은 구름에 자신을 숨긴 채 무서운 아이기스의 방패를 손에 들고 있었다.

그리스의 영웅들은 서로 몸과 몸을 꽉 붙이고 서서 적이 가까이 오기를 기다렸다. 이윽고 양쪽 군대가 부딪치는 소리가 요란하게 들려왔다. 창이 날아다녔고 화살이 비 오듯 쏟아졌다. 트로이아 인들의 화살은 하나같이 그리스 인들의 몸에 명중했다. 포이보스 아폴론이 그들과 함께했기 때문이다. 아폴론이 아이기스 방패를 그리스 인들 쪽으로 휘두르며 검은 구름 속에서 무서운 고함소리를 내자, 그리스의 영웅들은 모두 두려움에 떨며 적을 막으려는 엄두조차 내지 못했다.

헥토르가 먼저 보이오티아의 왕 스티키오스를 찌르더니, 이어 메네스티오스의 친구 아르케실라오스를 넘어뜨렸다. 아이네이아스는 로크리스 사람 소 아이아스의 배다른 형제 메돈과 아테나이의 장군 이아소스를 죽이고 갑옷과 투구를 빼앗았다. 이어서 폴뤼다마스는 메키스테우스를 죽였고, 폴리테스는 에키오스를, 아게노르는 클로니오스를 쓰러뜨렸다. 데이오코스는 겨우 선두에서 벗어나 달아났으나, 파리스가 던진 창에 등을 맞아 가슴까지 꿰뚫렸다.

트로이아 인들이 전사한 적들의 갑옷과 투구를 벗기는 동안 그리스의 영웅들은 대오가 흩어진 채 참호를 건너고 말뚝 사이를 지나 사방으로 도망쳤다. 일부는 겨우 방벽을 기어올라 목숨을 건졌다.

헥토르가 트로이아 인들에게 큰 소리로 외쳤다.

"시신의 피로 얼룩진 갑옷을 내버려두고 곧장 함선으로 돌격하라!

눈을 속이고 옆으로 새려는 자가 있다면 단칼에 베어버리겠다!"

헥토르는 말을 채찍질해 단숨에 참호를 뛰어넘었다. 트로이아 인들도 뒤질세라 그 뒤를 바짝 따랐다.

아폴론은 참호의 언저리에 높이 쌓은 흙을 발로 뭉개 참호를 메워 길을 만들었다. 투창이 날아갈 수 있을 만큼 길고 넓은 길이었다. 대열의 선두에서 그 길을 건너온 아폴론이 아이기스 방패로 그리스 군이 쌓아놓은 방벽을 단번에 부숴버렸다. 마치 바닷가에서 놀던 아이가 자기가 만든 모래성을 허물어뜨리는 것 같았다. 그리스 인들이 함선들로 이루어진 진영 깊숙이 다시 밀려들어가자 네스토르가 두 손을 하늘로 쳐들고 신들에게 빌었다. 그러자 제우스 신은 곧 자비스러운 천둥소리로 대답했다.

하늘에서 보낸 이 징조를 트로이아 인들은 자기편을 위한 길조로 해석했다. 그리고 사람과 말이 한꺼번에 부서진 방벽을 넘어 밀고 들어가 싸웠다. 한편 그리스 인들은 함선의 갑판 위에 올라가 방어했다.

그리스 인들과 트로이아 인들이 아직 방벽을 둘러싸고 싸우고 있을 때 파트로클로스는 훌륭한 막사 안에서 영웅 에우뤼필로스의 상처를 돌봐주고 있었다. 그는 트로이아 인들이 방벽을 무너뜨리는 소리와 혼란스럽게 도망치는 그리스 인들의 외침을 들었다. 파트로클로스는 손바닥으로 허벅지를 치며 안타까워 소리쳤다.

"에우뤼필로스, 자네를 더 돌봐주고 싶지만 더는 머물러 있을 수가 없네. 밖이 너무나 시끄러우니 말일세! 자네의 전우가 계속 도와줄 걸세. 나는 이 길로 친구 아킬레우스를 찾아가 어떻게든 그를 다시 전쟁터로 끌어내기 위해 애써볼 생각이네. 신의 도움으로 내 설득이 효과가 있을지도 모르지."

그는 말을 마치자마자 빠른 걸음으로 천막을 나갔다. 그동안 함선들에서는 치열한 싸움이 이어졌으나 좀처럼 승부가 가려지지 않았다. 헥토르와 아이아스는 함선 한 척을 사이에 두고 싸웠으나, 헥토르는 아이아스를 갑판에서 몰아내고 횃불을 집어던져 배를 태울 수가 없었고, 아이아스도 헥토르를 밀어낼 수 없었다. 그때 아이아스의 창이 헥토르 옆에 있던 그의 친척 칼레토르를 쓰러뜨렸고, 헥토르의 창은 아이아스의 전우 뤼코프론을 찔렀다. 그가 쓰러지자 테우크로스가 형 아이아스를 도우려고 달려왔다.

테우크로스가 쏜 화살이 폴뤼다마스의 마부 클레이토스의 목을 꿰뚫었다. 주인을 잃고 제멋대로 달리는 전차를 땅에서 싸우고 있던 폴뤼다마스가 잡아 세웠다. 두 번째 화살은 헥토르를 향해 날아갔으나, 제우스 신이 활시위를 끊어버렸기 때문에 옆으로 빗나갔다. 활 잘 쏘는 테우크로스는 적의를 품은 신의 위력을 뼈저리게 느꼈다. 아이아스는 활과 화살을 버리고 창과 방패를 들도록 아우를 타일렀다. 그 말에 테우크로스는 훌륭한 투구를 썼다.

한편 헥토르는 자기 전사들에게 소리쳤다.

"전사들이여! 모두 용기를 내어 앞으로 가자! 제우스 신이 방금 그리스 인들 가운데 제일가는 명사수의 활을 부숴버리셨다. 신은 지금 우리 편에 서 계시다!"

이에 질세라 이번에는 아이아스가 소리쳤다.

"그리스 인들아. 부끄럽지 않은가! 이제 모두 죽든지 아니면 끝까지 함선을 지키든지 둘 중 하나다. 헥토르가 배에 불을 지르게 놔두면 모두 걸어서 바다를 건너갈 작정인가? 헥토르가 그대들을 전쟁이 아니라 무도회에 초대한 것으로 착각하는가? 함선들 옆에서 우리보다 못한 자들에게 이렇게 오랫동안 시달림을 당하느니 차라리 단번에 생사를 판가름 내는 편이 낫겠다."

아이아스가 이렇게 그리스 인들을 질책하면서 트로이아의 영웅 하나를 쓰러뜨리자, 헥토르도 질세라 그리스의 용사 하나를 넘어뜨렸다. 뒤이어 메넬라오스가 쓰러뜨린 돌롭스의 시신과 투구를 놓고 양쪽 군사들이 혈전을 벌였다. 헥토르는 친척과 형제들을 모두 불러 모았다. 다른 한편 아이아스와 그의 전우들도 창과 방패의 울타리를 만들어 함선 주위를 굳게 지켰다. 메넬라오스가 네스토르의 아들 안틸로코스를 격려했다.

"그리스 군사들 중 자네는 가장 젊고 발도 가장 빠르네. 그뿐 아니라 가장 용감한 청년이지. 그러니 앞장서서 트로이아 인들 중 한 사람을 해치우게!"

안틸로코스는 곧 자기편 무리에서 빠져나와 사방을 둘러보고 번쩍이는 창을 날렸다. 그가 창을 던지자 트로이아 인들은 재빨리 좌우로 흩어졌다. 창은 히케타온의 아들 멜라닙포스에게 가서 맞았다. 멜라닙포스가 덜컥 넘어지자 그의 무기가 소리를 내며 주위에 떨어졌다. 이것을 본 안틸로코스가 사냥꾼의 화살에 맞아 쓰러진 어린 사슴을 덮치는 사냥개처럼 달려갔다. 그러나 헥토르가 자기를 향해 달려오는 것을 눈치 채고 개에게 쫓기는 사슴같이 혹은 양같이 도망치고 말았다. 트로이아 인들이 뒤에서 화살을 쏘았으나 안틸로코스는 자기편 진지로 안전하게 도망쳤다.

이번에는 트로이아 인들이 피에 굶주린 사자 떼처럼 그리스 인들의 진영을 습격해 왔다. 자기 아들 아킬레우스와 마찬가지로 매우 화가 난 테티스 여신이 그리스 군대가 크게 패하게 해달라고 빈 그 잔인한 소원을 제우스 신이 들어주는 것 같았다. 그러나 사실 제우스는 그리스 군의 함선 한 척이 불꽃에 싸여 타오르기를 기다렸을 뿐이다. 그 후부터는 트로이아 인들을 다시 밀려나게 하고 그리스에 승리의 영광을 안겨줄 작정이었다.

그러는 동안 헥토르는 분노에 불타는 무서운 모습으로 전쟁터를 이리저리 누비고 다녔다. 입가에 거품을 물고 눈썹을 곤두세웠으며 눈에서는 광채를 내뿜었다. 투구 앞에 장식한 깃털도 경련을 일으키듯 부르르 떨렸다. 헥토르에게 주어진 목숨이 얼마 남지 않았기 때문에 제우스 신이 그에게 마지막 힘과 영광을 실어준 것이다. 벌써 팔라스 아테네는 그에게 '무서운 죽음'을 그의 운명으로 준비하고 있었다.

헥토르는 가장 견고하고 훌륭한 무장을 한 그리스 인들의 대열을 뚫고 나가려고 몇 번이나 시도했지만 실패를 거듭했다. 그리스 인들의 방비태세는 마치 바다 가운데 솟아 있는 암초처럼 밀려오는 파도를 산산이 부수고 물거품으로 만들어버렸다. 큰 파도가 폭풍을 타고 함선으로 덮쳐오듯 헥토르가 그리스 인들을 덮쳤다. 그리스 인들도 마침내 겁을 집어먹고 흩어지기 시작했다. 그중 뮈케나이에서 온 코프레우스의 아들 페리페데스는 용감하게 뒤돌아 싸웠다. 그는 아버지보다 훨씬 나은 용사였지만 가슴에 헥토르의 창을 맞고 말았다.

그리스 인들은 이미 맨 앞줄 함선에서 물러섰으나, 뿔뿔이 흩어지지 않고 진영의 통로에 있었다. 그들은 불안해하면서도 막사 옆에 떼를 지어 버티고 서서 서로 격려했다. 특히 늙은 영웅 네스토르는 큰 소리로 군사들에게 사기를 불어넣어주었다. 텔라몬의 아들 아이아스는 쇠고리를 잇대어 만든 칠 미터나 되는 기다란 노를 오른손에 들고 갑판 위를 오가며 그리스 인들에게 호통을 쳤다. 그들은 마치 몸이 빠른 곡예사가 이 말에서 저 말로 뛰어넘어 관중의 눈을 놀라게 하듯 이 함선에서 저 함선으로 그렇게 뛰어다녔다. 그러나 헥토르와 그 군사들도 가만있지만은 않았다. 헥토르는 성난 맹수처럼 함선 한 척을 향해 달려들었다. 제우스 신이 등을 밀치는 바람에 그가 맨 앞으로 뛰어나갔고 부하들이 뒤따라 진격했다.

함선을 사이에 두고 또다시 큰 싸움이 벌어졌다. 그리스 인들은 도망치느니 차라리 그 자리에서 죽기로 결심했다. 트로이아 인들은 자기가 먼저 상대편 함선에 불방망이를 던지려고 야단이었다. 때마침 헥토르는 아름다운 배의 키를 쥐고 있었다. 그 배는 프로테실라오스가 몰고 왔지만 고국으로 데려갈 주인을 잃은 신세였다. 프로테실라오스가 이 함선에 올라와 싸우다가 트로이아 인들에게 맨 먼저 희생을 당했기 때문이다.

이 함선을 에워싸고 양쪽 군사들의 목숨 건 싸움이 벌어졌다. 여기서는 활이나 투창을 쓸 수가 없었다. 양쪽 군사들은 서로 밀치며 예리한 손도끼와 큰 도끼와 칼을 휘둘렀고 짧은 창으로 찔렀다. 훌륭한 전사들이 수없이 죽어 칼들이 흙먼지 속에 뒹굴었다. 삽시간에 땅은 피로 물들었다. 그러나 헥토르는 한번 잡은 배에 단단히 매달려 큰 소리로 명령을 내렸다.

"자! 모두 불방망이를 배에 던지고 함성을 질러라. 제우스 신이 우리가 지금까지 겪은 모든 고통을 보상할 기회를 주셨으니, 그것은 우리를 괴롭혔던 이 배를 빼앗는 것이다. 제우스 신이 직접 우리를 격려해주시고 우리에게 명령을 내리고 계시다."

아이아스조차 이제는 헥토르의 공격을 막을 수 없었다. 빗발치는 화살이 그를 향했다. 아이아스는 갑판을 떠나 키잡이 자리로 뛰어 들어가 좀 더 버티게 해줄 만한 곳이 없는지 살폈다. 그는 불방망이를 잡고 달려드는 트로이아 인을 향해 창을 겨누며 천둥 같은 목소리로 그리스 인들에게 외쳤다.

"전우들이여! 그대들이야말로 사나이들이다! 배 뒤에 우리를 도와줄 사람이 있고 그대들을 지켜줄 튼튼한 벽도 있다고 생각하는가? 그대들은 트로이아 인들처럼 성벽으로 둘러싸인 도시로 도망갈 수도 없다. 조국은 멀리 떨어져 있고 우리는 지금 바닷가로 몰렸다. 구원은 오직 우리 팔에 달렸다!"

이렇게 소리 지르며 횃불을 들고 배로 달려드는 적을 하나하나 창으로 쓰러뜨리자 순식간에 열두 명의 시신이 뱃전에 쌓였다.

파트로클로스의 최후

대 아이아스가 탄 배를 에워싸고 양편의 결사적 대결이 한창일 때 파트로클로스는 친구 아킬레우스의 곁으로 급히 달려갔다. 아킬레우스의 막사에 들어서자 파트로클로스의 눈에서 마치 험한 바위틈에서 맑은 샘물이 쏟아지듯 눈물이 흘러내렸다. 아킬레우스는 파트로클로스를 동정의 눈길로 바라보다가 이렇게 말했다.

"파트로클로스여! 자네는 마치 어머니가 안아줄 때까지 뒤를 졸졸 따라다니며 그 옷자락에 매달려 우는 계집아이처럼 눈물을 흘리는군. 뮈르미도네스 인이나 나에게 또는 자네 자신에게 프티아에서 슬픈 소식이라도 가져왔단 말인가? 자네의 부친 메노이티오스도, 나의 아버지 펠레우스도 살아 계신 것으로 아네! 자네는 혹시 그리스 인들이 내게 저지른 악행 때문에 멸망해가는 것을 걱정하는가? 할 말이 있으면 툭 털어놓고 해보게!"

이 질문에 파트로클로스는 깊은 한숨을 내쉬며 겨우 입을 열었다.

"제발 화내지 말고 들어주게, 가장 뛰어난 영웅이여! 그리스 인들이 겪는 슬픔과 고통이 나의 영혼을 짓누르고 있네. 가장 용감한 군사들은 모두 창이나 칼에 맞아 함선 여기저기에 쓰러져 있다네. 디오메데스는 화살을 맞았고, 오뒷세우스와 아가멤논도 창에 찔렸으며, 에우뤼퓔로스도 넓적다리에 화살을 맞았네. 그들은 모두 대열에서 벗어나 의사의 치료를 받고 있네. 그런데 자네는 언제까지 노여움을 풀지 않을 텐가. 영웅 펠레우스와 테티스 여신이 자네 양친이라는 게 도저히 믿기지 않네! 자네를 낳은 것은 암흑의 바다 아니면 바윗덩어리일 걸세. 그만큼 자네의 마음은 모질고 차갑네! 만약 어머니 말씀이나 신들의 명령으로 전쟁터에 나가지 못하는 것이라면 적어도 나나 자네 휘하의 군사를 보내 그리스 군사들을 위로해줘야 하지 않겠나. 그대의 갑옷과 투구를 내게 빌려주게. 아마 트로이아 인들은 나를 보고 틀림없이 자네라 여겨 곧 싸움을 멈출 걸세. 그러면 그리스 인들이 정신 차릴 시간을 벌 수 있네."

이 말에 아킬레우스는 기분이 상한 듯 대답했다.

"괴롭구나, 친구여! 내가 전쟁터에 나가지 않는 것은 어머니 말씀 때문도, 신들의 명령이 있어서도 아닐세. 다만 나와 동등한 어떤 그리스 인이 내게서 명예의 선물을 빼앗았다는 사실이 마음을 아프게 했기 때문일세. 그렇다고 영원히 원한을 풀지 않고 지내겠다는 건 아니야. 전쟁의 함성소리가 함선에까지 번져오면 그때는 원한을 버리려고 진작부터 마음먹었네. 그렇지만 아직 직접 전쟁에 참여해야겠다는 결심은 서지 않는군. 자네가 어깨에 내 갑옷을 걸치고 용감한 내 군사들을 거느리고 나가게. 온 힘을 다해 트로이아 인들을 상대하고 그들을 함선들에서 몰아내. 다만 한 사람, 헥토르와는 상대하지 않는 게 좋겠어. 되도록 신의 계략에 빠지지 않도록 조심해야 하네. 아폴론이 적을 돕고 있으니까 말이야. 함선들에서 적을 몰아내거든 지체하지 말고 되돌아오게나. 다른 사람들이 들판에서 서로 죽고 죽이든 말든 내버려두고 돌아와야 하네. 그리스 인들이 모두 죽더라도 우리 둘은 살아남아 성벽을 뚫고 트로이아를 무너뜨린다면 그보다 더 바랄 것이 무엇이겠나?"

그때 배 안에 있던 아이아스는 차츰 숨이 가빠졌다. 투구는 비처럼 퍼붓는 적의 화살에 맞아 탕탕 울렸고 어깨는 무거운 방패에 짓눌려 저려왔다. 사지에서 식은땀이 흘렀지만 잠시도 숨 돌릴 틈이 없었다. 마침내 헥토르가 아이아스의 창에 자신의 칼을 힘껏 내리쳐 아이아스의 황동 창끝이 소리를 내며 땅에 떨어졌다. 손에 창자루만 남게 되자 아이아스는 아폴론의 위대한 힘이 그리스 인들을 적대하고 있음을 깨닫고 화살의 사정거리에서 물러섰다. 헥토르는 부하 군사들과 함께 횃불을 배 안으로 집어던졌다. 얼마 있지 않아 배의 키 주변으로 불길이 활활 타올랐다. 불타는 배를 막사에서 바라보던, 굽힐 줄 모르는 성품의 아킬레우스도 눈물을 글썽이며 비탄에 잠겼다.

"파트로클로스, 어서 일어나게! 그들에게 배를 빼앗기고 우리 편이 탈출할 길을 빼앗겨서는 안 돼. 내가 먼저 부하 군사들을 모으러 밖으로 나가야겠네."

파트로클로스는 재빨리 정강이보호대를 하고 정교하게 만들어진 갑옷을 입었다. 어깨에 칼을 매달고 머리에는 말갈기로 장식한 투구를 썼다. 왼손에 방패를 오른손에는 긴 창 두 자루를 움켜쥐었다. 파트로클로스는 아킬레우스의 창을 쓰고 싶었으나 너무 크고 무거워 아킬레우스가 아니고서는 다룰 수 없었다. 아킬레우스의 창은 텟살리아 펠리온 산에 있는 물푸레나무로 만든 것으로, 그에게 무술을 가르쳐 준 켄타우로스 케이론이 아버지 펠레우스에게 선물한 것이었다.

파트로클로스는 친구이며 마부인 아우토메돈에게 세 마리의 말을 전차에 매달게 했다. 그 말들은 하르퓌이아이 포다르게와 제퓌로스 사이에서 태어난 신령한 말 크산토스와 발리오스, 아킬레우스가 전에 뮈시아의 테바이에서 약탈해 온 명마 페다소스였다.

한편 아킬레우스는 굶주린 늑대와 같았던 뮈르미도네스 인들을 불러 모았다. 쉰 척의 함선에서 각각 쉰 명씩 모으고 그 대열을 다섯 명의 지휘자가 이끌게 했다. 그들은 펠레우스의 아름다운 딸 폴뤼도레와 강의 신 스페르케이오스 사이에 태어난 아들 메네스티오스, 헤르메스와 폴뤼멜레의 아들 에우도로스, 마이말로스의 아들이자 이 부대 안에서 파트로클로스 다음가는 영웅인 페이산드로스, 늙은 영웅 포이닉스, 그리고 라에르케스의 아들 알키메돈이었다.

아킬레우스는 출전하는 군사들에게 외쳤다.

"뮈르미도네스의 용사들이여! 내가 분노를 이기지 못해 막사 안에 머물러 있는 동안 그대들이 트로이아 인들을 위협하고 있던 것을 잊지 마라! 내가 화 내는 것을 불만스럽게 여겨 욕만 하고 있지 않았던가. 지금이 바로 그대들이 고대하던 때다. 용기 있는 자들은 마음껏 싸워라!"

막사로 돌아온 아킬레우스는 어머니 테티스가 가져다준 속옷과 담요, 외투, 그 밖의 귀중품이 가득 든 궤짝에서 아름답게 세공된 잔을 꺼냈다. 이 잔은 제우스 신에게 술을 바칠 때만 쓰던 것으로, 그 이외의 신들이나 사람을 위해서는 써본 일이 없는 귀한 잔이었다.

아킬레우스는 마당 한가운데로 나와 기도를 드리며 이 잔으로 제우스 신에게 술을 바치고, 그리스 인의 승리와 전우 파트로클로스의 무사귀환을 빌었다. 제우스 신은 첫 번째 기도에는 승낙의 눈짓을 보여주었으나 두 번째 기도에는 머리를 가로저었다. 그러나 아킬레우스에게는 아무것도 보이지 않았다. 아킬레우스는 일단 막사로 되돌아와 잔을 잘 넣어둔 다음 다시 막사 밖으로 나가 트로이아 인과 그리스 인의 피비린내 나는 싸움을 바라보았다.

뮈르미도네스 군사들이 지휘자 파트로클로스를 앞세우고 말벌 떼처럼 그의 뒤를 따라 쳐들어갔다. 트로이아 인들은 파트로클로스가 오는 것을 보고 놀랐고 부대는 대혼란에 빠졌다. 아킬레우스가 마침내 막사에서 뛰어나온 줄로만 알았기 때문이다.

파트로클로스는 적의 공포심을 이용해 번쩍이는 창을 프로테실라

아가멤논과의 감정 대립으로 전장에 나가지 않은 아킬레우스를 가장 친한 친구 파트로클로스가 찾아왔다. 파트로클로스는 아킬레우스의 갑옷과 투구를 빌려 입고 전장에 나갔다. 트로이아인들은 파트로클로스를 보고 놀랐으며 부대는 대혼란에 빠졌다. 마침내 아킬레우스가 막사에서 뛰쳐나온 줄로만 알았기 때문이다.

〈부상당한 파트로클로스의 팔에 붕대를 감아주는 아킬레우스〉, 그리스 도기화, 기원전 500년경.

오스의 뱃고물 옆 가장 혼전이 벌어지고 있는 곳 한가운데로 내던졌다. 파이오니아 인 퓌라이크메스가 그 창을 맞았다. 퓌라이크메스는 오른쪽 어깨 깊숙이 창을 맞고 비명을 지르며 비틀거리다가 뒤로 넘어졌다. 파이오니아 인들은 파트로클로스를 보고 두려움에 일제히 도망쳤다. 그가 타오르는 불길을 끄자 배는 반쯤 타버린 채로 남았다.

겁먹은 트로이아 인들이 모두 도망쳤고 그리스 인들은 함선들 사이의 좁은 길로 적을 추적했다. 이곳저곳에서 혼전이 벌어졌다. 그러나 트로이아 인이 금세 다시 정신을 차리자 그리스 인들은 전차 없이 두 발로 걸어 일대일로 싸울 수밖에 없음을 알았다. 이때 파트로클로스의 창이 레일뤼코스의 넓적다리를 관통했고, 메넬라오스의 창은 토아스의 가슴을 꿰뚫었다. 퓔레우스의 아들 메게스는 암피클로스의 종아리를, 네스토르의 아들 안틸로코스는 아툼니오스의 옆구리를 찔렀다. 그러자 트로이아 인 마리스가 아우의 죽음에 분개하며 안틸로코스에게 달려들어 시신 앞에 버티고 서서 창으로 위협했다. 그러나 네스토르의 다른 아들 트라쉬메데스의 창에 어깨와 팔꿈치를 찔려 그 자리에 쓰러져 죽었다. 이렇게 두 형제가 적의 형제를 해치고 있을 때, 발 빠른 소 아이아스도 뛰어나와 혼전 속에서 뒤처진 클레오불로스의 목덜미를 칼로 내려쳤다.

페넬레오스와 뤼콘은 서로에게 달려들면서 창을 던졌지만 양쪽 다 빗나갔다. 그러나 칼싸움에서는 그리스 인 페넬레오스가 이겼다. 메리오네스는 마침 전차를 타려는 안테노르의 아들 아카마스의 오른쪽 어깨를 찔렀다. 아카마스는 숨이 끊어지며 마차에서 떨어졌다. 그의 두 눈에 어둠이 쏟아졌다.

대 아이아스는 어떻게 헥토르를 창으로 해치울까 하는 생각에 골몰했다. 그러나 백전의 용사 헥토르는 쇠가죽으로 만든 튼튼한 방패로 몸을 가리고 있어 화살도 투창도 모두 튕겨 나갔다. 헥토르는 자기편 사기가 떨어져 도저히 이길 가망이 없음을 알았다. 그런데도 여전히 전쟁터에 버티고 서서 충실히 자기편을 지키며 그들을 위기에서 구하려 했다.

적의 공격을 막아낼 수 없는 지경에 이르자 헥토르는 비로소 전차의 방향을 바꾸고 준마에 채찍질을 해 참호를 뛰어넘었다. 그러나 다른 트로이아 인들은 그럴 수 없었다. 전차 여러 대가 참호 속에서 부서졌고, 말은 끌채를 부수고 주인을 내버려둔 채 도망쳤다. 겨우 참호를 빠져나간 군사들은 뒤를 돌아볼 겨를도 없이 먼지를 일으키며 성을 향해 뛰어갔다. 파트로클로스는 함성을 지르며 도망치는 트로이아 인들을 뒤쫓았다. 많은 사람이 거꾸로 처박혀 바퀴 밑으로 굴러떨어졌고 전차는 우지직 소리를 내며 뒤집혔다.

마침내 파트로클로스는 아킬레우스의 불사의 말을 몰아 참호를 뛰어넘었다. 그리고 나는 듯 도망가는 헥토르의 전차를 따라잡기 위해 달렸다. 헥토르를 쫓으면서도 파트로클로스는 방벽과 하천 사이에서 만난 적들을 죽였다. 그는 돌진해가면서 프로노오스, 테스토르, 에릴라오스와 아홉 명의 트로이아 인들을 창을 던지거나 돌로 쳐서 죽였다. 뤼키아 왕 사르페돈은 비분에 차 부하들을 꾸짖었다. 그리고 무기를 직접 들고 전차에서 뛰어내렸다. 파트로클로스도 전차에서 땅으로 뛰어내렸다. 둘은 고함을 지르며 마치 날카로운 발톱과 부리를 가진 두 마리의 독수리처럼 서로를 향해 돌진했다.

그때 제우스 신은 올림포스 산 위에서 아들 사르페돈을 측은하게 여기며 내려다보고 있었다. 헤라가 그를 나무랐다.

"여보, 무엇을 그렇게 생각하세요? 오래전에 죽을 운명이 정해진 인간을 구하시겠다는 건가요? 만약 모든 신이 자기 자손들을 전쟁터에서 빼 간다면 당신 스스로 정해놓은 운명은 어쩌실 작정입니까? 사르페돈을 그대로 전쟁터에서 쓰러지게 내버려두어 잠과 죽음에 넘겨주세요. 군사들이 그의 시신을 언젠가 뤼키아의 무덤에 장사 지내겠지요."

제우스 신은 여신 헤라의 말을 따랐다. 그는 눈물 한 방울을 땅으로 흘려 곧 죽게 될 아들에게 바쳤다.

두 용사는 서로 창을 던질 수 있는 거리까지 접근했다. 파트로클로스가 먼저 사르페돈의 용감한 친구 트라쉬멜로스에게 창을 던져 맞혔다. 이어 사르페돈이 던진 창은 파트로클로스를 빗나가 그의 곁에 있던 말의 오른쪽 어깨에 꽂혔다. 페다소스가 목을 꾸르륵거리며 쓰러지자 불사의 말들이 놀라 갑자기 달렸다. 멍에가 요란하게 흔들리고 고삐가 뒤엉켰다. 마부 아우토메돈이 재빨리 허리춤의 칼을 뽑아 죽은 말의 끌채를 자르지 않았다면 고삐가 찢겨나갈 뻔했다.

사르페돈이 두 번째로 던진 창은 빗나갔지만 그다음에 파트로클로스가 던진 창은 사르페돈의 옆구리에 가서 맞았다. 사르페돈은 도끼에 잘려 넘어지는 전나무처럼 쓰러져 이를 갈며 피에 젖은 모래를 손으로 움켜쥐었다. 빈사 상태의 사르페돈은 친구 글라우코스에게 뤼키아 군사들을 자기 주위에 모아달라고 외치며 숨이 끊어졌다. 글라우코스는 포이보스 아폴론에게 자기 팔의 상처를 고쳐달라고 기도드렸다. 방벽을 공격할 때 테우크로스가 쏜 화살에 맞은 상처 때문에 싸울 수가 없어서였다. 아폴론은 글라우코스를 불쌍히 여겨 즉시 팔의 아픔을 가라앉혀주었다.

글라우코스는 급히 트로이아 군사들 대열을 돌아다니며 폴뤼다마스, 아게노르, 아이네이아스 등 영웅들을 불러 사르페돈의 시신을 지켜달라고 호소했다. 그들은 이민족이면서도 튼튼한 대들보처럼 트로이아 성을 지켜주던 사르페돈의 죽음을 진심으로 슬퍼했다. 영웅들은 그리스 인들을 향해 맹렬한 기세로 반격을 가했고 헥토르가 앞장섰다. 그리스 인들 역시 파트로클로스의 격려를 받아 사기가 충천했다. 이렇게 양편의 군사들은 무서운 고함소리를 내지르며 사르페돈의 시신을 빼앗기 위해 돌진했다.

주의 깊게 전쟁 상황을 지켜보던 제우스 신은 이제 파트로클로스에게 죽음을 안겨줄까 하는 생각도 잠시 해보았으나 그에게 승리의 기회를 좀 더 주는 것이 좋겠다고 여겼다. 그리하여 아킬레우스의 친구 파트로클로스는 트로이아 인들과 뤼키아 인들을 한꺼번에 물리치고 성으로 쳐들어갔다. 그리스 인들은 쓰러진 뤼키아의 왕 사르페돈의 갑옷과 투구를 빼앗았다.

파트로클로스가 왕의 시신을 뮈르미도네스 인들에게 넘겨주려 할 때, 아폴론이 제우스 신의 명령을 받아 산에서 전쟁터로 몰래 내려왔다. 그러고는 사르페돈의 시신을 그 거룩한 어깨에 메고 멀리 스카만드로스 강가로 옮겨놓았다. 그는 시신을 강물로 깨끗이 씻은 다음 암브로시아를 바르고는 쌍둥이 형제인 잠의 신 휩노스와 죽음의 신 타나토스에게 넘겨주었다. 두 형제 신은 사르페돈의 시신을 고향 뤼키아 국으로 옮겨다 놓았다.

한편 운명의 어두운 그림자가 자신을 좇는 줄도 모르고 파트로클로스는 마부와 말을 재촉해 트로이아 인들과 뤼키아 인들을 뒤쫓아 재앙이 기다리는 곳으로 더 깊숙이 들어갔다. 파트로클로스는 아홉 명의 트로이아 인들을 죽이고 그들에게서 무기를 빼앗았다. 그러고는 숨 돌릴 사이도 없이 선두에 서서 싸웠다. 견고한 탑 위에서 파트로클로스를 멸망시키고 트로이아 인들을 지켜주려 한 아폴론 신이 없었더라면 그는 높은 성벽에 둘러싸인 트로이아 성을 정복했을 것이다. 파트로클로스는 높은 성곽에서 세 번이나 아폴론과 겨뤘으나 아폴론이 불사신의 손으로 세 번이나 그를 밀쳐냈다.

"물러서라!"

아폴론이 이렇게 소리치면서 불사신의 손에 들고 있던 빛나는 방패로 파트로클로스를 밀쳤다. 아폴론의 호통에 파트로클로스가 급히 물러났다.

한편 스카이아이 성문 근처까지 도망쳐 온 헥토르는 잠시 말을 세우고 전쟁터로 돌아갈지 아니면 군사들을 일단 성안으로 후퇴시킬지 고민했다. 헥토르가 어찌할 바를 몰라 말고삐만 움켜잡고 있는데, 아폴론이 헤카베의 오빠이자 헥토르의 외삼촌 되는 아시오스의 모습으로 나타나 그에게 다가서며 말했다.

"헥토르! 너는 왜 싸우지 않고 머뭇거리느냐? 내가 만약 너보다 힘이 세다면 그 태만함을 꾸짖기 위해서라도 너를 하데스에게 보내버리겠다. 이런 말이 듣기 싫으면 어서 말머리를 파트로클로스 쪽으로 돌려라. 아폴론이 네게 승리를 안겨줄지도 모르니까."

모습을 바꾼 아폴론은 헥토르에게 이렇게 귀띔해주고 혼잡한 전쟁터 속으로 모습을 감추었다. 헥토르는 프리아모스의 서자인 마부 케브리오네스를 격려해 전차를 몰고 다시 전쟁터로 갔다. 아폴론이 앞장서서 그리스 인 대열로 뛰어들어 그들을 혼란에 빠뜨렸다. 헥토르는 다른 그리스 인들은 거들떠보지도 않고 단숨에 파트로클로스를 향해 돌진했다.

다가오는 헥토르를 본 파트로클로스가 전차에서 뛰어내려 왼손으로는 창을, 오른손으로는 날카로운 돌을 집어 들었다. 그는 곧바로 케브리오네스의 이마에 돌을 던졌고 마부는 죽어서 땅에 떨어졌다. 파트로클로스가 죽어가는 케브리오네스를 비웃으며 말했다.

"아아, 얼마나 재빠른 사내인가! 정말이지 가볍게 먼지 속으로 뛰어드는구나. 바다에 뛰어들어 굴이라도 따다 팔았다면 좋았을걸!"

이렇게 말하며 파트로클로스가 땅에 쓰러진 케브리오네스에게 사자처럼 달려들자 헥토르가 이복형제의 시신을 지키기 위해 뛰어내렸다. 헥토르는 케브리오네스의 머리를, 파트로클로스는 발을 잡았다. 그러자 트로이아 인들과 그리스 인들이 양쪽에서 몰려들어 마치 동풍과 남풍이 맞부딪치듯 서로 격렬한 전투를 벌였다.

저녁때가 되자 전쟁은 그리스 인들에게 유리해졌다. 그리스 인들은 비 오듯 퍼붓는 화살 속을 뚫고 케브리오네스의 시신을 끌어내 갑옷과 투구를 빼앗았다. 파트로클로스는 이전보다 갑절이나 되는 기세로 트로이아 인들을 공격해 아홉 명씩 세 번이나 해치웠다. 그러나 네 번째 공격을 시작했을 때는 죽음이 그를 기다리고 있었다. 포이보스 아폴론 자신이 파트로클로스와 맞섰기 때문이다.

아폴론이 짙은 안개에 휩싸여 있었던 탓에 파트로클로스는 그가 다가오는 것을 알지 못했다. 아폴론은 파트로클로스의 뒤쪽으로 돌아가 그의 등과 어깨를 손바닥으로 힘껏 내리쳤다. 파트로클로스는 눈앞이 캄캄해졌으며, 이 기회를 놓치지 않고 아폴론은 그의 투구를 쳐서 땅에 떨어뜨렸다. 이에 투구가 소리를 내며 말발굽 밑으로 굴러떨어져 투구의 깃털 장식이 먼지와 피로 뒤범벅되었다. 아폴론은 다시 파트로클로스의 창을 꺾은 다음 방패와 이어진 가죽 끈을 어깨에서 풀어 갑옷을 벗겨버렸다. 게다가 그의 정신마저 빼앗아 어리둥절해진 파트로클로스는 그저 앞을 바라보며 우두커니 서 있었다.

그때 판토오스의 아들이자 이미 그리스 군사를 스무 명이나 죽인 용감한 영웅 에우포르보스가 뒤에서 나타나 파트로클로스를 창으로 찌르고 얼른 자기 진영으로 돌아갔다. 게다가 이번에는 헥토르가 대열에서 뛰어나와 부상당한 파트로클로스의 연약한 복부를 앞에서부터 창으로 찔러 관통했다. 산속 샘물에 물 마시러 온 멧돼지를 사자가 몰아대듯 헥토르는 파트로클로스를 쓰러뜨렸다. 그의 목숨을 끊은 헥토르는 환성을 올리며 기뻐 외쳤다.

"자, 파트로클로스! 내 창 맛이 어떠냐? 넌 우리 도시를 폐허로 만들고 여인들을 데려다 하인으로 부려먹을 작정이었겠지. 그러나 내가 살아 있는 한 여인들이 노예로 끌려가는 날은 뒤로 미뤄질 것이다. 네 시신은 곧 독수리의 먹이가 될 것이다. 네 친구 아킬레우스가 무슨 도움을 주었는가?"

아직도 실낱같은 목숨이 붙어 있던 파트로클로스가 겨우 들릴까 말까 하는 소리로 말했다.

"헥토르, 마음껏 기뻐해라! 제우스와 아폴론이 아무런 노력도 하지 않은 네게 승리를 안겨주었다. 두 신이 내게서 무기를 빼앗아 그 일이 가능하게 되었다. 그렇지 않았더라면 내 창은 너는 말할 것도 없고 너 같은 사람을 스무 명도 더 해치웠을 것이다! 사실 나를 쓰러뜨린 것은 아폴론 신이고, 인간 중에서는 에우포르보스였다. 넌 겨우 내 갑옷과 투구를 빼앗았을 뿐이다! 한 가지만 말하겠다. 너의 죽음도 바로 눈앞에 와 있으며, 또한 나는 네가 누구의 손에 죽게 될지도 알고 있다!"

가까스로 이 말을 마치고 파트로클로스의 혼은 육체를 떠나 지하의 하데스에게로 날아가버렸다. 헥토르가 죽은 자에게 외쳤다.

"파트로클로스여, 왜 내게 갑작스러운 파멸을 예언하는가? 누가 아느냐, 아킬레우스가 내 창에 맞아 목숨을 잃게 될는지!"

이렇게 말하면서 헥토르는 시신 위에 한 발을 얹고 청동 창을 뽑으며 그 시신을 창으로부터 밀쳐 뒤로 나자빠뜨렸다. 그는 파트로클로스의 피가 묻은 창을 들고 아우토메돈에게로 향했다. 그렇지만 불사의 말들이 아우토메돈을 향해 쳐들어오는 추적자로부터 그를 구해주었다.

한편 파트로클로스의 시신을 에워싸고 트로이아 쪽에서는 에우포르보스가, 그리스 쪽에서는 아트레우스의 아들 메넬라오스가 무기를 들고 맞섰다.

에우포르보스가 소리쳤다.

"네놈이 뻔뻔스럽게도 내 형 휘페레노르를 죽이고 형수를 과부로 만들었지! 이제 내 창 맛을 보여주마. 각오해라!"

에우포르보스가 창을 겨누며 메넬라오스의 방패를 향해 돌진했으나 청동 창끝이 구부러지고 말았다. 이번에는 메넬라오스가 창을 휘두르자 에우포르보스의 목 깊숙이 창이 박혔다. 금띠와 은띠로 단단히 땋은 에우포르보스의 머리털이 금세 피로 물들었다. 땅에 부딪히는 무기와 갑옷 소리도 요란하게 그는 먼지 속에 쓰러졌다. 메넬라오스가 재빨리 에우포르보스의 무기를 빼앗았다. 아폴론이 막지 않았다면 메넬라오스는 그에게서 갑옷과 투구를 벗겨내 가져갔을 것이다.

아폴론은 키코네스 족의 지도자 멘테스의 모습으로 변해 헥토르에게 나타났다. 그리고 아킬레우스의 신마를 따라잡는 것은 불가능하니 그 일은 관두고 에우포르보스의 시신이 있는 곳으로 가라고 일러주었다. 돌아온 헥토르는 피가 흐르는 시신에서 갑옷을 벗기고 있는 메넬라오스를 발견했다.

슬픔에 찬 헥토르의 고함소리를 듣고 메넬라오스는 트로이아 인들을 거느리고 달려온 헥토르를 도저히 당해내지 못하리란 것을 알았다. 그는 자기도 모르게 얼굴을 붉혔지만 어쩔 수 없이 시신과 갑옷과 투구를 내버려두고 물러섰다. 그는 뒤로 물러나면서도 어디선가 싸우고 있을 대 아이아스를 찾아보았다. 마침내 혼란한 전쟁터 왼쪽에서 대 아이아스를 찾아낸 그는 곧장 달려가 파트로클로스의 시신을 찾아오게 도와달라고 청했다.

두 사람은 지체 없이 파트로클로스의 시신이 있는 곳으로 가야 했다. 헥토르가 이미 파트로클로스의 시신에서 갑옷을 벗겨내고 있었기 때문이다. 헥토르는 칼로 머리를 자르고 시신은 끌고 가 개들에게 먹이로 줄 참이었다. 그러나 그는 아이아스가 일곱 겹이나 되는 쇠가죽 방패를 치켜들고 오는 것을 보고는 시신에서 얼른 손을 떼고 자기 진영으로 도망쳤다. 전차를 집어타자마자 그는 빼앗은 파트로클로스의 갑옷과 투구를 부하에게 넘겨주었다. 트로이아 성안으로 가져가 전리품으로 삼으려 했던 것이다. 아이아스는 새끼 사자를 보호하는 어미 사자처럼 파트로클로스의 시신 앞으로 천천히 다가섰고, 메넬라오스가 그 뒤를 따랐다.

그러자 뤼키아의 글라우코스가 헥토르를 노려보며 소리쳤다.

"헥토르! 아이아스가 두려워 도망쳐서야 어디 체면이 서겠소? 그대 혼자 트로이아 성을 지키는 게 좋겠소! 다른 사람은 모르지만, 적어도 우리 뤼키아 사람이라면 앞으로 누구 하나 그대 곁에서 싸우지 않을 거요. 손님이며 전우인 우리 뤼키아의 왕 사르페돈마저 그대는 그리스 인과 들개 먹이로 내버려두었소이다. 그러니 하잘것없는 부하 병사 따위를 보호해줄 리 있겠소. 트로이아 인들이 우리 뤼키아 군사들만큼 용감하다면 파트로클로스의 시신 하나쯤은 당장 트로이아 성안으로 끌고 왔을 거요. 그러면 그리스 인은 파트로클로스의 갑옷과 투구를 얻기 위해서라도 사르페돈의 시신을 돌려주었을 것 아니오!"

글라우코스는 아폴론이 사르페돈의 시신을 그리스 인들의 손에서 빼앗아 데려간 것을 모르고 말한 것이었다.

헥토르가 대꾸했다.

"글라우코스여, 정말 현명하지 못하구려! 아이아스의 뛰어난 힘을 내가 겁내리라 생각하는 거요? 나는 지금까지 어떤 싸움도 두려워해 본 적이 없소이다! 그러나 제우스 신의 뜻은 우리 힘으로 이길 수 없는 것임을 알아야 하오. 좀 더 가까이 와서 그대가 생각하는 것처럼 내가 겁쟁이인지 아닌지 잘 보시오!"

이렇게 말하고 헥토르는 파트로클로스가 입고 있던 아킬레우스의 갑옷과 투구를 전리품 삼아 트로이아로 가져가던 전우들의 뒤를 좇아 갔다. 그는 전우들에게 가서 자기 갑옷과 투구를 아킬레우스의 것과 바꾼 다음 불멸의 갑옷을 입었다. 그 갑옷은 펠레우스가 바다의 여신 테티스와 결혼할 때 하늘의 신들이 선물한 것이었다. 펠레우스는 아들 아킬레우스가 어른이 되었을 때 그것을 물려주었다. 그러나 아킬레우스는 아버지의 이 갑옷을 입고 오래 살 운명이 아니었다.

제우스 신은 산 위에서 헥토르가 신과 같은 영웅 아킬레우스의 갑옷과 투구를 몸에 걸치는 것을 보고 엄한 모습으로 머리를 가로저으며 마음속으로 말했다.

"가련하도다! 네 옆에 이미 죽음이 임박했는데 그것을 조금도 모르고 있다니. 너는 다른 사람들도 두려워 떠는 고귀한 영웅 아킬레우스의 사랑하는 친구 파트로클로스를 죽였다. 게다가 그의 머리와 어깨에서 갑옷과 투구를 빼앗아 여신의 아들 아킬레우스의 불멸의 무기로 네 몸을 꾸몄구나. 그러나 너는 이제 두 번 다시 전쟁터에서 돌아올 수 없을 것이며, 네 아내 안드로마케가 네 아름다운 갑옷과 투구를 벗겨주며 너를 맞지도 못할 것이다. 그러나 그에 대한 보상으로 한 번 더 네게 승리의 영예를 안겨주겠다."

제우스 신이 이렇게 말하자 헥토르가 입은 아킬레우스의 갑옷과 투구가 몸에 꼭 맞았다. 그리고 전쟁의 신 아레스의 용감한 혼이 헥토르의 육체 안으로 들어가 온몸에 힘과 용기가 터질 듯 넘쳐흘렀다.

헥토르는 고함소리를 내지르며 동맹군이 있는 곳으로 달려가 창을 휘둘러 그들이 그리스 인들과 맞서게 했다. 이렇게 해서 파트로클로스의 시신을 둘러싼 싸움이 재개되었다. 헥토르가 그리스 인들을 마구 죽이며 사납게 날뛰자 아이아스조차 메넬라오스에게 이렇게 말할 정도였다.

"이보게, 메넬라오스! 더는 죽은 파트로클로스를 지킬 수 없을 것 같네. 파트로클로스의 시신이 트로이아의 독수리나 들개의 먹이가 되는 것도 문제지만, 이제 우리가 더 걱정일세. 헥토르의 군대가 구름처럼 우리를 에워싸고 있지 않은가! 그리스의 영웅들에게 도와달라고 어서 소리치게!"

메넬라오스가 있는 힘을 다해 소리를 지르니 제일 먼저 오일레우스의 발 빠른 아들 로크리스 인 아이아스가 달려왔다. 이어서 이도메네우스와 친구 메리오네스도 달려왔다. 그리고 다른 영웅들도 속속 달려와 그리스 인들은 다시 파트로클로스의 시신 주변에 방패로 울타리를 만들었다.

밀려 들어온 트로이아 인들이 파트로클로스의 시신을 빼앗아 가려 했다. 그러나 마침내 대 아이아스가 달려와 이 위태로운 곤경에서 벗어날 수 있었다. 트로이아 동맹군인 펠라스고이 인의 용사 힙포토오스가 파트로클로스의 발목을 가죽 끈으로 묶어 시신을 끌고 가려는 순간 텔라몬의 아들 아이아스가 창으로 그의 투구를 찔렀다. 투구가 부서지며 피와 뇌수가 쏟아졌다. 헥토르는 대 아이아스를 겨누어 창을 던졌으나 빗나가 포키스 인 스케디오스에게 맞았다. 그 보복으로 아이아스는 힙포토오스의 시신을 놓고 싸우는 파이놉스의 아들 포르퀴스의 갑옷을 창으로 찔렀고, 창끝은 창자 속까지 박히고 말았다.

이렇게 되자 트로이아 인들과 헥토르조차 물러났다. 만약 아폴론이 늙은 전령 페리파스의 모습을 하고 영웅 아이네이아스를 전쟁터로 끌어내지 않았다면, 제우스 신의 뜻대로 되지 않고 그리스 인이 승리를 거두었을지도 모른다. 아이네이아스는 전령이 아폴론 신임을 알아차리고 큰 소리로 부하들의 사기를 북돋우며 전쟁터로 달려가 맨 선두에 서서 싸웠다. 트로이아 인들은 다시 적을 향해 얼굴을 돌렸다. 아이네이아스는 뤼코메데스의 전우 레이오크리토스를 쓰러뜨렸다. 그러자 뤼코메데스는 죽은 친구의 앙갚음으로 파이오니아 인 아피사온을 죽였다. 그리고 그리스 인들은 다시 파트로클로스의 시신 앞에 창으로 울타리를 만들었다.

다른 곳에서도 전쟁이 쉼 없이 계속되었다. 양편은 파트로클로스의 시신을 가운데 두고 하루 종일 살기등등하게 싸웠다. 그들이 흘린 땀이 넓적다리에서 무릎을 타고 발까지 흘러내렸다.

그리스 인들이 소리쳤다.

"우리의 영웅 파트로클로스의 시신을 트로이아 인들에게 빼앗기고 무공도 세우지 못한 채 배로 돌아가느니 차라리 땅이 우리를 삼켜버리는 편이 낫겠다!"

트로이아 인들도 지지 않고 소리쳤다.

"우리 모두가 이 시신 앞에서 숨을 거두는 한이 있어도 이 전쟁을 피하지 않겠다!"

이렇게 양군이 싸우는 동안 아킬레우스의 불사의 말들은 전쟁터 옆에 서 있었다. 전차를 몰던 마부 파트로클로스가 헥토르의 손에 죽어 흙먼지 속에 누워 있다는 소리를 듣자 말들도 인간처럼 소리 내어 울었다. 아우토메돈이 불사의 말들을 몰기 위해 채찍으로 때리기도 하고 달래거나 위협도 해보았으나 아무 소용이 없었다. 불사의 두 말은 함선이 있는 곳으로도, 전쟁터의 그리스 인들에게도 돌아가려 하지 않았다. 말들은 전차 앞에서 머리를 땅에 떨군 채 마치 무덤 앞의 비석처럼 묵묵히 서 있었다. 멍에받침 아래로 말갈기가 물결치듯 흘러내려 먼지로 얼룩졌고 눈동자에서는 뜨거운 눈물이 쏟아졌다. 제우스 신이 그 모습을 산에서 내려다보고 측은한 듯 혼잣말을 중얼거렸다.

"불쌍한 것들! 너희처럼 죽지 않고 영원한 젊음을 가진 것들을 어쩌다가 죽을 운명의 펠레우스에게 주었는지 모르겠구나! 불행한 인간과 더불어 고통을 견뎌내라고 주었는가? 숨을 쉬고 움직이는 것 중에서 인간보다 더 가련한 것은 없으니까. 아무리 헥토르가 너희를 길들여 전차에 매달려고 해도 소용없을 것이다. 내가 절대로 허락하지 않을 테니까. 그가 아킬레우스의 갑옷과 무기를 들고 헛되이 뽐내는 것만으로도 충분하지 않은가?"

제우스 신이 말들에게 용기와 씩씩한 힘을 불어넣으니 불사의 두 말이 말갈기의 먼지를 털어내고 바람에 휘날리며 내달려, 그리스 인들과 트로이아 인들 사이로 전차를 끌고 갔다. 아우토메돈은 말들이 달리는 대로 내버려둔 채 온 힘을 다해 방어했다. 그러나 전차의 높은 자리에 혼자 앉아 말들을 몰면서 적에게 창을 휘두르기는 도저히 불가능했다. 그때 전우 라에르케스의 아들 알키메돈이 그가 마부가 없는 전차를 혼자 타고 있는 것을 보고 의아해했다.

아우토메돈이 큰 소리로 알키메돈에게 말했다.

"그대는 죽은 나의 친구 파트로클로스 다음가는 훌륭한 마부일세. 만약에 채찍과 고삐를 잡을 생각이 있다면 그대에게 넘겨주겠네. 나는 전차에서 내려 싸울 생각일세!"

아우토메돈이 전차에서 뛰어내리자 헥토르가 그것을 보고 친구 아이네이아스에게 외쳤다.

"여보게, 저기 좀 보게! 아킬레우스의 말들이 영웅 같지 않은 마부들을 태우고 전쟁터로 달려오지 않는가. 괜찮다면 우리 둘이 저놈을 때려잡고 그 전차를 우리 것으로 만드세!"

아이네이아스가 눈짓을 하자 둘은 방패를 치켜들고 힘차게 말을 달렸다. 크로미오스와 아레토스가 그 뒤를 따랐다. 그러나 아우토메돈이 제우스 신에게 기도를 드리자 제우스는 그의 마음을 비상한 힘으로 채워주었다.

아우토메돈이 소리쳤다.

"알키메돈, 말들의 입김이 내 등에 닿을 정도로 가까이 몰아주게! 아이아스와 메넬라오스여, 이쪽으로 빨리 좀 오시오! 죽은 파트로클로스는 다른 용사에게 맡기고 살아 있는 우리를 파멸에서 건져주시오. 트로이아에서 가장 용감한 영웅인 헥토르와 아이네이아스가 쳐들어오고 있소!"

이렇게 외치며 아우토메돈이 아레토스에게 창을 던졌고 창은 방패를 뚫고 들어가 몸을 찔렀다. 맨 먼저 달려온 아레토스는 그대로 먼지 속에 나자빠지고 말았다. 그다음에는 헥토르가 아우토메돈에게 창을 던졌으나, 창은 윙 소리를 내며 머리 위를 스치고 지나가 땅에 꽂히고 말았다. 두 아이아스가 두 영웅 사이로 달려들어 트로이아의 영웅들을 파트로클로스의 시신이 있는 곳까지 몰아세우지 않았다면 두 영웅은 칼싸움을 벌여야 했을 것이다.

시신 옆에서는 전보다 더 치열하게 결전의 불꽃이 튀었다. 제우스의 마음이 변했다. 그는 여신 아테네를 검은 구름에 태워 내려보냈다. 그녀는 늙은 포이닉스의 모습으로 변신해 메넬라오스의 옆에 섰다. 영웅 포이닉스를 본 메넬라오스가 말했다.

"포이닉스여, 연로하신 노인이여! 여신 아테네가 내게 힘을 빌려주시면 죽은 친구를 잘 지킬 수 있을 겁니다. 제가 이런 말을 하는 까닭은 마치 저를 비난하는 듯 쳐다보시기 때문입니다."

여신 아테네는 메넬라오스가 아무것도 모르는 상황에서 여러 신 가운데 자기를 선택해 애원한 것이 기뻤다. 그래서 메넬라오스의 어깨와 무릎에 힘을 더 넣어주고 담력을 심어주었다.

메넬라오스가 창을 휘두르며 파트로클로스의 시신이 있는 곳으로 달려갔다. 헥토르의 죽마고우이며 에에티온의 아들인 포데스가 그 기세에 꺾여 도망가자 메넬라오스가 창을 던졌다. 그 창은 포데스의 복대를 꿰뚫었다. 그때 아폴론이 늙은 파이놉스의 모습을 빌려 헥토르 옆에 나타나 나무라듯 말했다.

"헥토르여! 메넬라오스 따위에 겁을 집어먹고 꽁무니를 뺀다면 앞으로 어느 그리스 인이 자네를 두려워하겠는가? 저 사나이는 그리스 인들 중 가장 약한 자일세. 그런 자가 자네의 가장 절친한 친구를 죽이고 시신을 가져가려 한다네!"

이 말에 헥토르는 큰 슬픔에 잠겨 청동 갑옷을 번쩍이며 급히 앞장서 나갔다. 그러나 제우스 신도 아이기스 방패를 휘둘러 이데 산을 검은 구름으로 덮어버리고 천둥과 번개를 쳐서 트로이아 인들에게 승리의 신호를 보냈다.

폴뤼다마스의 창에 어깨를 다친 보이오티아의 페넬레오스가 맨 먼저 달아났다. 헥토르는 레이토스의 손목 관절을 찔러 싸울 수 없게 만들어버렸다. 이도메네우스의 창이 헥토르를 찌르려 했으나 빗맞았다. 헥토르가 함선들 쪽에서 걸어와 막 다가온 이도메네우스를 향해 창을 던졌지만, 그 창은 메리오네스와 함께 전차를 몰고 이도메네우스를 구하러 앞장서 왔던 코이라노스의 귀와 뺨을 꿰뚫었다. 창이 그의 이를 깨뜨리고 들어가 혀를 잘라버렸고 영웅은 전차에서 떨어져 죽었다.

메리오네스가 땅에 떨어진 고삐를 주워 그의 친구 이도메네우스에게 다시 쥐어주었다. 이도메네우스는 잽싸게 전차에 올라타 전차를 함선이 있는 쪽으로 몰았다. 고매한 아이아스가 그것을 보고 옆에서 싸우고 있는 메넬라오스를 향해 눈물 흘리며 큰 소리로 외쳤다. 그 모습을 불쌍히 여긴 제우스가 안개를 흩어버리고 전쟁터에 다시 햇빛을 비추었다.

"이보게, 메넬라오스! 네스토르의 아들 안틸로코스가 아직 살아 있는지 찾아봐주게. 아킬레우스에게 가서 그의 친구 파트로클로스가 먼지 속에 누워 있음을 알려주기에 가장 적합한 사람일세!"

메넬라오스는 주위를 살피다가 얼마 안 가 양군이 뒤범벅되어 싸우고 있는 전장에서 안틸로코스를 찾아냈다.

"이보게, 안틸로코스!"

메넬라오스가 불렀다.

"자네는 아직도 모르고 있나? 신께서는 그리스 인의 패망과 트로이아 인의 승리를 예고하셨다네! 우리 그리스 인들의 첫째가는 영웅 파트로클로스가 죽었어. 그보다 더 용감하고 힘센 영웅은 아킬레우스밖에 없다네. 자네가 빨리 아킬레우스의 막사로 달려가 이 슬픈 소식을 전하게. 그가 틀림없이 시신을 되찾기 위해 달려올 걸세! 갑옷과 투구는 이미 헥토르에게 빼앗겼다네."

이 소식을 듣고 젊은 안틸로코스는 전율했다. 그의 눈에 눈물이 고였고 그는 한동안 말이 없었다. 이윽고 그는 전차에 같이 타고 있던 라오도코스에게 무기를 맡기고는 날 듯이 함선으로 달려갔다. 다시 시신 곁으로 온 메넬라오스는 아이아스에게 둘이 어떻게 시신을 옮길지 의논했다. 그는 아킬레우스가 오리라는 희망을 그리 강하게 품고 있지 않았다. 아킬레우스는 불사의 무기를 잃었기 때문이다. 두 영웅은 시신을 있는 힘껏 머리 위로 들어 올렸다.

트로이아 인들은 무시무시한 함성과 함께 칼과 창을 휘두르며 달려들었으나, 아이아스가 한번 돌아보기만 해도 얼굴이 새파랗게 질려 감히 시신을 빼앗으려 하지 못했다. 이렇게 해서 그들은 파트로클로스의 시신을 전쟁터에서 함선으로 옮겨놓을 수 있었다. 다른 그리스 인들도 시신과 함께 전쟁터에서 물러났다. 헥토르와 아이네이아스는 부리나케 도망치는 적의 뒤를 쫓았다. 그리스 인들이 대오를 이탈해 참호를 건널 때 버린 무기가 여기저기 흩어져 있었다.

아킬레우스의 비통

안틸로코스는 뱃머리에 앉아 생각에 잠긴 아킬레우스를 발견했다. 아킬레우스는 끝을 알 수 없는 자신의 운명에 관해 곰곰이 생각하고 있었다. 이때 먼발치에서 그리스 인들이 다급하게 다가오는 것을 보자 어쩐지 가슴이 뛰었다.

"저 사람들은 또 어째서 겁을 먹고 들판을 가로질러 한꺼번에 함선 쪽으로 밀려오는 걸까? 언젠가 어머니께서는 내가 살아 있는 동안 뮈르미도네스에서 제일가는 용사가 트로이아 인의 손에 죽는 꼴을 보게 될 것이라고 말씀하신 일이 있었다. 신들이 그 불행을 지금 내가 겪게 하시려는 것인가."

그가 이런 일들을 곰곰이 생각하는 동안 안틸로코스가 울부짖으며 달려와 슬픈 소식을 전했다.

"파트로클로스가 전사했습니다! 그의 벌거벗은 시신을 둘러싸고 지금 치열한 싸움이 벌어지고 있습니다. 파트로클로스의 무기를 헥토르가 모두 빼앗아 가버렸습니다."

아킬레우스는 눈앞이 캄캄했다. 그는 두 손으로 검은 먼지를 움켜쥐었다가 머리와 얼굴과 옷에 뿌리더니 그 큰 몸을 바닥으로 내던졌다. 너무도 절망한 나머지 자기 머리털을 쥐어뜯기도 했다. 아킬레우스와 파트로클로스가 빼앗아 온 여자노예들이 놀라서 막사 밖으로 뛰어나왔다. 그러고는 주인이 바닥에 넘어져 있는 것을 보고 비틀거리면서 곁으로 달려왔다. 무슨 일이 일어났는지 알게 된 그들은 가슴을 두드리며 통곡했다. 안틸로코스는 눈물을 흘리며 아킬레우스의 두 손을 꽉 잡았다. 아킬레우스가 칼을 뽑아 자살할까 두려웠기 때문이다.

아킬레우스도 하늘을 우러러 통곡했다. 바다 밑에서 늙은 아버지 곁에 있던 어머니가 그 울음소리를 들었다. 그리고 어머니마저 흐느껴 우는 바람에 은빛으로 번쩍이는 동굴에 바다의 요정들이 몰려들었다. 그들도 모두 가슴을 치며 자매와 함께 통곡했다.

테티스가 자매들에게 말했다.

"슬프구나! 나는 저렇게 고상하고 용기 있는 훌륭한 아들을 낳은 불행한 어미로구나! 나는 그를 과수원의 초목처럼 키운 뒤 트로이아로 향하는 배에 태워 보냈지. 나는 그를 다시 볼 수 없을 것이고, 그는 두 번 다시 펠레우스의 궁으로 돌아갈 수 없을 테지. 내 아들이 아직 태양빛을 볼 수 있는 동안에도 이런 슬픔을 당해야 하는데 어미인 내가 아무것도 도와줄 수 없다니. 그렇다 해도 나는 사랑하는 아들 곁으로 가서 그가 전쟁터에서 동떨어진 배에 있는 동안 어떤 슬픈 일이 벌어진 것인지 물어봐야겠다."

여신 테티스는 자매들을 데리고 파도를 가르며 바닷가로 올라왔다. 그리고 육지에 정박한 배에 올라 흐느끼는 아들 곁으로 갔다.

"아들아! 왜 울고 있느냐?"

테티스가 부드럽게 물었다.

"도대체 너를 그토록 슬프게 한 것이 누구란 말이냐? 숨기지 말고 모조리 털어놓아라! 모든 일이 다 네 뜻대로 되어가는 게 아니더냐? 그리스 인들이 뱃전에 몰려와 너의 도움을 애타게 기다리고 있지 않으냐!"

아킬레우스가 깊은 한숨을 내쉬며 겨우 입을 열었다.

"어머니, 제가 제 머리처럼 소중히 여기며 사랑했던 파트로클로스가 죽어버렸으니 이제 무슨 도움이 필요하겠습니까! 게다가 어머니가 결혼식을 올릴 때 여러 신이 아버지 펠레우스에게 선사한 기념품마저 파트로클로스를 죽인 헥토르에게 빼앗기고 말았습니다. 어머니가 바닷속에서만 사시고 아버지 펠레우스가 인간과 결혼했더라면 당신은 죽을 운명의 아들 때문에 영원한 고통을 당하시지 않았을 겁니다. 어머니의 아들은 이제 고향으로 돌아가지 못할 것입니다. 파트로클로스를 내게서 빼앗아 간 복수를 하기 위해 이 창으로 헥토르의 숨통을 끊어놓기 전에는 제가 살아서 돌아다니는 것을 제 마음이 허락지 않을 겁니다."

이 말을 들은 테티스가 울면서 말했다.

"아들아, 네 삶이 너무나 일찍 시들겠구나. 헥토르가 죽으면 그다음에 곧 네가 죽게 되어 있으니 말이다."

그러나 아킬레우스가 불만에 가득 차 소리쳤다.

"살해된 친구를 지켜주는 것도 허락하지 않는 운명이라면 지금 당장에 죽어버리겠습니다. 파트로클로스는 제 도움도 받지 못하고 멀리 고향에서 떠나 와 죽어야만 했어요. 이제 와서 제 짧은 목숨이 그리스인들에게 무슨 도움을 주겠습니까? 저는 파트로클로스도 전사한 수많은 전우도 그 누구도 구하지 못했어요. 그저 뱃전에 앉아 대지의 무거운 짐이 된 것밖에는 한 일이 없었습니다. 아아, 처음에는 꿀처럼 달콤하게 사람의 마음에 스며들었다가 결국에는 모든 것을 태워버리는 불꽃이 되어 가슴속에서 이글이글 타오르는 분노여! 저주를 받을지어다!"

아킬레우스는 갑자기 스스로를 타이르듯 말했다.

"그러나 이미 끝난 일, 이제는 어쩔 수 없지! 나가서 사랑하는 친구를 죽인 원수를 때려잡자. 내가 오랫동안 쉬고 있었던 것이 결코 헛된 일이 아님을 트로이아 인들에게 보여줄 테다. 나의 사랑하는 어머니,

막지 말아주십시오!"

테티스가 대답했다.

"네 말이 옳다! 너의 빛나는 갑옷은 트로이아 인들의 손에 들어가 지금 헥토르가 자랑스레 입고 있다. 그러나 그자의 기쁨도 그리 오래 가지 못할 것이다! 내일 아침 일찍 해가 뜨자마자 새 무기를 가져다주마. 헤파이스토스가 특별 제작한 것으로 말이다. 대신 내가 돌아올 때까지 결코 전쟁터로 가서는 안 된다."

이렇게 아들을 타이르고 여신은 동생들을 다시 바닷속으로 돌려보낸 뒤 자신은 급히 올림포스 산으로 가서 대장장이 신 헤파이스토스를 찾았다.

그 시각, 트로이아 인들은 전우에게 업혀 가는 파트로클로스의 시신을 향해 다시 한 번 공격을 해왔다. 헥토르는 세 번이나 파트로클로스의 시신에 다가와 뒤에서 다리를 잡아 끌어가려 했으나 세 번 모두 두 아이아스가 물리쳤다.

헥토르는 너무나 혼잡한 전쟁터 옆으로 빠져나가 다시 버티고 서서 큰소리쳤다. 그는 결코 뒤로 물러설 생각이 없었다. 두 아이아스가 이번에도 헥토르를 몰아내려 했으나 소용이 없었다. 그 모습이 마치 밤중에 갈기갈기 몸이 찢긴 소 앞을 서성대는 굶주린 사자를 몰아내려 애쓰는 목동 같았다. 만약 헤라의 명령으로 전령 이리스가 아킬레우스에게 가서 제우스나 다른 신들에게 들키지 않게 슬그머니 무장하라는 전갈을 전하지 않았다면 정말로 헥토르가 시신을 빼앗아 갔을지도 몰랐다.

"그렇지만 제 갑옷과 투구를 적에게 빼앗겼는데 어떻게 전쟁터에

나가라는 말씀이십니까?"

여신 이리스에게 아킬레우스가 물었다.

"게다가 어머니는 헤파이스토스에게서 새 무기를 가져올 때까지는 전쟁터에 나가지 말라고 분부하셨습니다."

그러자 이리스가 대답했다.

"그대가 훌륭한 갑옷과 무기를 빼앗겼다는 건 잘 안다. 그렇지만 멀리 가라는 것이 아니다. 참호 근처로 가서 그대의 모습을 트로이아 인들에게 보여주기만 하면 된다. 아마 트로이아 인들은 먼발치에서 그대의 모습을 보기만 해도 싸움을 그만두고 싶을 것이다. 그렇게 되면 그리스 인들도 한숨 돌릴 수 있지 않겠는가."

이리스가 다시 날아가버리자 신과 같은 아킬레우스가 자리에서 일어났다. 아테네가 자신의 아이기스 방패를 아킬레우스의 어깨에 메주고 그의 얼굴에서 천상의 광채가 나게 해주었다. 그런 모습으로 아킬레우스는 방벽을 지나 급히 참호 쪽으로 갔다. 그러나 아킬레우스는 어머니의 충고를 생각해 싸움에는 가담하지 않고 멀리 떨어져 큰 소리로 외쳤다. 아테네도 거들었기 때문에 그의 소리가 진격나팔처럼 트로이아 인들의 귓속에 울려 퍼졌다.

트로이아 인들은 아킬레우스의 청동 목소리를 듣자 불길한 예감에 사로잡혀 말과 전차를 뒤로 돌렸다. 마부들은 아킬레우스의 머리 둘레에서 불꽃 같은 광채가 나는 데 놀랐다. 참호 근처에서 아킬레우스가 세 번이나 크게 고함을 지르자 트로이아 인들은 세 번이나 큰 혼란에 빠졌다. 그들의 용감한 전사 열두 명이 놀라 전차에서 굴러떨어지는 바람에 자기편 창에 찔리고 말았다.

그리스 인들은 파트로클로스를 들것에 실었다. 친구들이 깊은 슬픔에 잠겨 시신을 에워쌌다. 아킬레우스는 적에게 갈기갈기 찢긴 사랑하는 파트로클로스가 관에 누워 있는 모습을 보고, 처음으로 그리스 군사들과 함께 시신 위로 뜨거운 눈물을 흘렸다. 저물어가는 해가 이 비통한 광경을 비추고 있었다.

4장

Die schönsten Sagen des klassischen Altertums

아킬레우스, 빛나는 활약 끝에 죽음을 맞다

트로이아 전쟁 IV

아킬레우스, 새롭게 무장하다

양편의 군대는 끈질기게 계속되던 전쟁을 잠시 중단했다. 트로이아인들이 전차에서 말을 풀어놓았다. 그들은 식사 전에 먼저 회의를 소집했다. 둥그렇게 모인 사람들은 감히 앉을 생각을 못한 채 서 있었다. 그들은 두려운 아킬레우스가 다시 나타난 데 공포를 느꼈다. 판토오스의 아들이며 과거와 미래를 내다보는 힘을 가진 슬기로운 폴뤼다마스가 겨우 입을 열었다. 그는 내일을 기다릴 것도 없이 당장 성으로 돌아가자고 제의했다.

"만약 무장한 아킬레우스가 내일 여기 있는 우리를 발견한다면 그를 피해 성안으로 돌아가는 자는 행운아인 거요. 아마 우리 대부분은 독수리와 들개의 먹이가 될 테니까. 제발 그런 일이 일어나지 말기를! 그렇기 때문에 내 의견은 오늘 밤 철수해서 높은 성벽과 튼튼한 문이

지켜주는 도시의 광장에서 보내자는 것이오. 그런 다음 이른 새벽부터 성벽 위에서 지킵시다. 만약 아킬레우스가 함선에서부터 돌진해 와서 우리와 싸우고자 하면 성벽에서 그를 막아냅시다."

이어서 헥토르가 자리에서 일어나 언짢은 기색으로 말을 꺼냈다.

"폴뤼다마스여! 그대가 하는 말은 전혀 마음에 들지 않소. 제우스께서 내게 그리스 인들을 바닷가까지 몰아세우는 승리를 허락하신 이 마당에 대체 무슨 말이오? 트로이아 인들은 그대의 의견을 한심하다고 생각할 것이오. 트로이아 인들 중 누구도 그대의 말을 따르지 않을 것이오. 나는 오늘 밤 각 부대에 일일이 야식을 나눠 주고 경계를 철저히 서라 명령하겠소. 수중에 가진 돈이나 재산을 걱정하는 자가 있다면 공동 식사 때 모두 내놓고 나눠 가집시다. 적에게 빼앗겨 기쁘게 해주기보다 자기편을 기쁘게 하는 편이 훨씬 낫지 않소. 그리고 아침이 되면 곧바로 다시 함선들을 공격합시다. 정말로 아킬레우스가 다시 나타난다면 그는 제비를 잘못 뽑은 것이오. 나나 그나 둘 중 한 사람이 승리의 영광을 얻기까지 끔찍한 싸움이 계속될 테니까 말이오."

트로이아 인들은 폴뤼다마스의 사려 깊은 말에는 귀를 기울이지 않고 재난을 불러들이는 헥토르의 말에 갈채를 보냈다. 그러고는 허겁지겁 음식을 먹었다.

그리스 인들은 밤새도록 파트로클로스의 시체를 앞에 놓고 그의 죽음을 애도했다. 누구보다 아킬레우스가 살인적 위력을 지닌 강한 손으로 친구의 가슴을 어루만지며 가장 슬퍼했다.

"아아, 자네가 일리오스를 함락한 뒤 전리품을 갖고 오푸스로 영광스럽게 개선하도록 해주겠다고 약속하며 궁전에서 자네 아버지 메노이티오스를 위로했었는데! 그 약속을 못 지키게 되었네. 우리 두 사람은 모두 이 낯선 땅을 우리의 피로 붉게 물들일 운명인가 보네. 늙은 아버지 펠레우스와 어머니 테티스는 더는 나를 반갑게 맞이하지 못하시고, 나는 트로이아 성 아래 흙 속에 묻히겠지. 나도 곧 자네의 뒤를 따라 하계로 갈 걸세. 파트로클로스! 자네를 죽인 헥토르의 무기와 머리를 자네 앞에 가져오기 전에는 자네의 장례를 치르지 않을 생각이네! 또 자네를 화장할 때는 트로이아 귀족의 아들 열두 명을 제물로 바칠 거야. 사랑하는 나의 친구 파트로클로스여! 그때까지 나의 배에서 잠들어 있게나!"

이렇게 말한 아킬레우스는 전우들에게 세발솥에 물을 가득 붓게 하고는 불을 지폈다. 그는 시체를 깨끗이 씻은 다음 향유를 바르게 했다. 그리고 파트로클로스를 침상 위에 반듯이 눕힌 다음, 머리에서 발끝까지 리넨으로 덮고 그 위에 은은히 빛나는 천을 씌웠다.

그사이 테티스는 헤파이스토스가 사는 영원한 별이 반짝이는 집에 이르렀다. 그 집은 다리를 저는 대장장이 신 헤파이스토스가 청동으로 만든 것이었다. 그는 땀을 뻘뻘 흘리며 산더미 같은 일거리를 처리하느라 연신 풀무질을 하고 있었다. 그는 스무 개의 세발솥을 만드는 중이었다. 바닥에 황금 바퀴가 달려 있어 굳이 누가 옮기지 않아도 저절로 올림포스 회의장에 있는 신들에게 갔다가 제자리로 되돌아오는 신기한 솥이었다. 손잡이만 달면 솥이 완성될 참이었다. 헤파이스토스는 솥에 손잡이를 달려고 한 치의 어긋남도 없이 못을 박고 있었다. 그때 우아한 여신들 중 하나인 그의 사랑스러운 아내 카리스가 테티스의 손을 잡으며 은으로 된 안락의자에 앉기를 권했다. 그녀는 발판을 끌어당겨 테티스의 발을 그 위에 올려놓게 하고 남편을 부르러 갔다. 헤파이스토스는 바다의 여신을 보고 반가워하며 말했다.

"반갑습니다. 갓난아기였던 나를 죽음에서 구해주신, 신들 중에서도 가장 귀하신 분이 우리 집에 오셨군요. 병신으로 태어났다고 어머니 헤라는 나를 품에서 내던져버렸었지요. 만일 에우뤼노메와 테티스 여신이 나를 품에 받아 바다의 동굴에서 아홉 살이 될 때까지 키워주지 않으셨다면 나는 비참한 상황에 처했을 겁니다. 나는 아홉 해 동안 둥근 동굴 안에서 지내며 브로치며 나선형 팔찌며 귀고리며 목걸이 같은 장신구를 수없이 만들었습니다. 그리고 주위에서는 오케아노스 바다의 흐름이 요란하게 거품을 일으키며 끝없이 흘러갔지요. 나를 구해주신 생명의 은인이 내 집을 찾아주셨군요! 사랑스런 여보, 테티스 여신을 잘 대접하시오. 나는 여기 어지럽게 놓인 것들을 치우겠소."

이렇게 말하고 헤파이스토스는 그을음으로 더렵혀진 몸을 절룩거리며 모루에서 일으킨 다음, 풀무를 화로에서 거두고 여러 가지 연장을 은으로 된 상자에 집어넣었다. 그리고 해면으로 두 손과 얼굴, 목, 가슴을 잘 닦은 뒤 긴 옷을 걸쳐 입더니 시녀들의 부축을 받아 뒤뚱거리며 작업장에서 나왔다. 이 시녀들은 사실 살아 있는 것이 아니라 헤파이스토스가 산 사람을 흉내 내어 청춘의 매력을 불어넣어 황금으로 만든 인형이었는데, 힘도 있고 분별력도 있으며 목소리와 공예기술도 갖추고 있었다. 시녀들이 총총걸음으로 주인의 곁을 떠나자 그는 장식 있는 안락의자를 끌어당겨 테티스 옆에 앉았다.

테티스의 손을 잡으며 그가 말했다.

"존경하고 사랑하는 테티스여! 잘 찾아주시지 않던 저희 집에 오시다니 웬일이십니까? 서슴지 말고 원하는 것을 말씀해주십시오. 제가 할 수 있는 일이라면 어떤 일이라도 도와드리겠습니다."

테티스는 헤파이스토스에게 슬픈 사연을 이야기하고 헤파이스토스의 무릎을 끌어안으며 일찍 죽게 될 운명인 아들 아킬레우스가 그리스 인들을 지키기 위해 살아 있는 동안 사용할 투구와 갑옷, 방패, 무릎보호대와 정강이보호대 등을 새로 만들어달라고 부탁했다. 아들이 전에 갖고 있던 신의 무기는 전사한 친구가 트로이아 성 밑에서 빼앗겨버렸다고 설명했다.

"용기를 내십시오. 그런 일이라면 안심하세요, 고귀한 여신이여!"

헤파이스토스가 대답했다.

"아드님을 즐겁게 해줄 뿐 아니라 그것을 본 인간이라면 누구나 놀랄 만큼 훌륭한 무기를 만들어드리겠습니다. 하지만 이 무기로 그를 죽음의 신들에게서 구할 수 있다면야 얼마나 좋겠습니까!"

그렇게 말하고 헤파이스토스는 여신의 옆을 떠나 다리를 절룩거리며 작업장으로 들어갔다. 그는 스무 개의 풀무를 화로에 꽂아놓고 힘껏 풀무질을 했다. 한꺼번에 화로 속에 뜨거운 바람을 불어넣자 청동, 주석, 금, 은을 담은 커다란 용광로가 달아올랐다. 이윽고 헤파이스토스는 모루대 위에 모루를 단단히 고정하고는 오른손으로 큰 망치를 잡고 왼손에 집게를 들어 무기를 만들기 시작했다.

맨 먼저 만든 것은 은으로 된 손잡이와 삼중으로 빛나는 장식이 있고 다섯 겹의 가죽으로 된 크고 튼튼한 방패였다. 불룩한 방패의 겉판에는 땅과 파도치는 바다, 해와 달과 별이 반짝이는 하늘 그리고 번

헤파이스토스는 불의 신으로, 제우스와 헤라의 아들이다. 헤파이스토스는 날 때부터 흉측한 외모에 다리를 절었고, 이를 수치스럽게 생각한 그의 어머니 헤라는 올림포스 꼭대기에서 그를 던져버렸다. 테티스와 에우뤼노메가 그의 목숨을 구해주었고, 헤파이스토스는 이에 가슴 깊이 고마움을 간직하고 있었다. 테티스는 트로이아 전쟁에서 죽게 될 자기 아들 아킬레우스가 살아 있는 동안 사용할 투구와 갑옷, 방패, 무릎보호대, 정강이보호대 등을 새로 만들어달라고 부탁했다.

〈헤파이스토스의 대장간〉, 디에고 로드리게즈 벨라스케스, 1630년, 프라도 미술관.

영하는 두 도시가 그려져 있었다. 한 도시에는 결혼식과 축하연을 즐기려고 모인 많은 사람과 시장의 모습, 서로 싸우는 사람들, 전령들과 관청 등이 그려져 있었다. 다른 한 도시는 두 군대가 대치한 그림이 그려져 있었다. 그중 한 부대는 성을 포위하고 있었다. 성안에는 부인과 어린아이, 비틀거리는 노인 들이 있었다. 사나이들은 성벽 밖 은신처에 숨어 양 떼 속에 숨은 목자를 습격하는 중이었다. 방패의 다른 부분에는 부상자와 시체, 무기 등 전장의 혼란한 모습이 그려져 있었다. 내친김에 헤파이스토스는 농부가 소를 몰고 있는 황폐한 휴경지, 누렇게 익은 보리밭에서 보리 베는 농부들과 은행나무 그늘 아래 마련해놓은 점심상을 섬세하게 그려놓았다.

더 나아가 그는 푸른 강철과 주석으로 울타리가 쳐진 황금 포도밭을 묘사했다. 그 포도밭에는 말뚝을 타고 자란 포도넝쿨에 검은 포도송이가 주렁주렁 매달려 있었고 포도밭을 가로지르는 길도 있었다. 그리고 지금은 수확기였다. 소년들이 환성을 질렀고 볼이 발그레한 처녀들이 아름다운 바구니에 달콤한 과일을 담아 날랐다. 이들 한가운데에서 한 소년이 수금을 뜯었고 다른 소년과 소녀 들은 그를 둘러싸고 춤을 추었다.

헤파이스토스는 여기에다 황금과 주석으로 만든 소 떼와 흘러가는 냇가, 황금으로 된 네 명의 목자와 아홉 마리의 개를 새겨놓았다. 사자 두 마리가 소 떼 맨 앞의 어린 수소를 덮치자 목동이 개들을 부추겼지만 개들은 사자들이 덤벼들 수 없는 거리에서 짖어대고 있었다.

그는 또 은으로 된 양 떼와 철책과 외양간이 있는 산골짜기 목장 풍경을 새겨 넣었다. 끝으로 그는 화려한 의복을 입은 젊은 남녀의 춤추는 모습을 넣었다. 여인들은 모두 머리에 화관을 쓰고 남자들은 황금 단검을 은빛 가죽 끈으로 매달고 있었다. 두 사람의 곡예사가 가수의 노래에 맞춰 빙빙 돌고 있었고 수많은 구경꾼이 춤추는 이들을 둘러싸고 있었다. 방패의 가장자리에는 오케아노스의 물결이 뱀처럼 똬리를 틀고 있었다.

방패를 다 만든 그는 가슴막이를 단련해 불보다도 밝은 광채가 나게 했다. 그리고 머리에 깊숙이 들어맞을 만한 황금 깃털 장식이 붙은 화려한 투구를 완성했고, 좋은 주석으로 정강이보호대까지 만들었다. 헤파이스토스는 이 무구들을 아킬레우스의 어머니 테티스 앞에 쌓아 놓았다. 그녀는 고마워하면서 빛나는 무구를 매가 먹이를 낚아채듯 두 손에 들고 그곳을 떠났다.

아침 햇살이 비치기 시작할 무렵 테티스가 아들 있는 곳으로 왔다. 아들은 비통해하는 동료들에게 둘러싸여 친구 파트로클로스의 죽음을 슬퍼하며 여전히 울고 있었다. 테티스가 아킬레우스 앞에 신기한 장비들을 내려놓자 그것들이 서로 부딪치며 요란한 소리를 냈다. 뮈르미도네스 인들은 겁에 질려 아무도 감히 여신의 얼굴을 쳐다보려 들지 않았다. 그러나 아킬레우스의 눈은 기쁨과 분노로 가득해 불꽃처럼 이글이글 타올랐다. 그리고 대장장이 신 헤파이스토스의 훌륭한 선물을 하나하나 치켜들고는 마음껏 즐겼다. 이윽고 그가 무장을 하기 위해 일어섰다. 전장으로 떠나는 아킬레우스가 전우들에게 말했다.

"나의 친구 파트로클로스의 상처에 파리들이 덤벼들어 아름다운 시신을 흉측하게 만들지 않도록 잘 보살펴주시오!"

그러자 테티스가 말했다.

"그런 걱정은 말아라. 내가 알아서 할 테니까!"

그러고는 암브로시아와 넥타르를 파트로클로스의 반쯤 열린 입에 흘려 넣었다. 그러자 신의 향유가 온몸에 퍼져 파트로클로스는 마치 살아 있는 사람같이 변했다.

아킬레우스는 바닷가로 나가 벽력같이 그리스 인들을 불러 모았다. 그러자 걸을 수 있는 사람은 한 명도 빠짐없이 모여들었다. 그때까지 배에서 한 발자국도 떠난 적이 없던 키잡이까지 달려왔다. 상처 입었던 디오메데스와 오뒷세우스도 창에 몸을 의지해 절룩거리며 왔다. 이렇게 해서 영웅들이 모두 모이자, 마지막으로 총사령관 아가멤논이 나타났다. 그 역시 안테노르의 아들 코온의 창에 상처를 입은 상태였다.

아킬레우스와 아가멤논이 화해하다

그리스 인들이 모두 한자리에 모이자 아킬레우스가 자리에서 일어나 말했다.

"아트레우스의 아들이여, 내가 뤼르넷소스를 파괴하고 전리품으로 브리세우스의 딸을 빼앗아 오던 그날 아르테미스 여신이 그녀를 배에서 화살로 쏘아 죽였더라면 좋았을 뻔했소. 그랬다면 내가 화를 내지도 않고 그토록 많은 그리스 인이 적군에게 쓰러져 이를 갈며 흙먼지를 먹지 않아도 되었을 것 아니오! 지나간 일은 비록 그것이 어떤 고통을 주었다 할지라도 잊어버려야 하오. 적어도 나의 노여움은 누그러졌소. 자, 이제 싸웁시다! 나는 트로이아 인들이 아직도 함선 옆에서 죽을 마음이 있는지 한번 시험해보겠소."

아킬레우스의 말이 끝나자 그리스 인들 전원이 한꺼번에 함성을 올렸다. 그러자 이번에는 아가멤논이 일어섰다.

"모두들 조용히 하시오! 이렇게 시끄럽게 굴면 이야기를 할 수도 들을 수도 없지 않소! 나는 아킬레우스에게 내 생각을 확실히 말해두고 싶소. 그리스의 아들들은 벌써 몇 번이고 그 불운한 날의 내 행동에 대해 비난을 퍼부었소이다. 그러나 내게는 죄가 없소. 제우스 신과 운명의 여신, 그리고 복수의 여신이 내 눈을 완전히 현혹시켰기 때문에 그런 잘못을 저지른 거요. 헥토르가 우리 진영까지 쳐들어와 수많은 군사를 죽이는 동안 줄곧 나의 과오를 뉘우치고 있었소. 그리고 제우스 신께서 나의 분별력을 빼앗아버렸었다는 것을 깨달았소. 지금 이 자리에서 나는 기꺼이 내 잘못을 보상할 작정이오. 아킬레우스여! 그대가 원하는 배상을 내놓을 테니 제발 출전해주시오. 지난번에 오뒷세우스가 약속한 선물을 모두 보내겠소. 그리고 원한다면 지금 당장이라도 부하들을 시켜 보물을 가져오게 하겠소."

"고명하신 총사령관 아가멤논이여! 나에게 선물을 보내든 그대가 갖고 있든 아무래도 상관없소. 지금은 이 전쟁만 생각합시다. 왜냐하면 해야 할 일이 많고 아킬레우스가 선봉에 서는 것을 보고 싶은 사람이 많기 때문이오!"

그러자 빈틈없는 오뒷세우스가 말했다.

"신과 같은 아킬레우스여! 제발 식사도 하기 전에 그리스 인들을 전쟁터로 몰아세우는 일은 그만둡시다. 우선 배에서 음식물을 가져다가 군사들이 배를 채우고 기운을 차릴 여유를 주는 게 좋겠소. 배가 고프면 싸움을 할 수 없으니까! 그동안 아가멤논은 선물을 이곳으로 가져오시오. 그렇게 하면 모든 그리스 인의 눈을 흡족하게 해주고 그대의 마음도 가라앉을 것이오. 아가멤논이 자기 막사에서 아킬레우스를 위해 성대한 잔치를 손수 베풀면 어떻겠소?"

"오뒷세우스! 그것 참 좋은 생각이오."

아가멤논이 말했다.

"아킬레우스여, 그대가 직접 그리스 군에서 똑똑한 젊은이들을 뽑아 그들을 시켜 배에서 보물을 모조리 가져오시오. 그리고 전령 탈튀비오스는 우리 두 사람이 굳은 화해의 서약을 하기 위해 제우스 신과 태양신에게 제물로 바칠 수퇘지를 가져오라고 연락해주게."

"그대들 좋을 대로 하시오."

아킬레우스가 말했다.

"죽은 내 친구가 아직도 막사 안에 누워 있는 동안은 음식이 목으로 넘어갈 것 같지 않소. 나의 소망은 오직 피와 복수뿐이오!"

이 말에 오뒷세우스가 타이르듯 부드럽게 말했다.

"그리스에서 첫손 꼽히는 영웅 아킬레우스여! 그대는 창싸움에서 나보다 훨씬 세고 용감하오. 그러나 책략에는 내가 아마 그대보다 나을 거요. 나는 그대보다 나이도 많고 경험도 풍부하니까 말이오. 그러니 이번만은 마음을 가라앉히고 내가 하자는 대로 움직여주면 좋겠소. 죽은 사람을 애도하는 데 산 사람의 창자까지 굶주릴 필요는 없소. 누가 죽든 얼른 매장하고 그를 위해서는 하루만 울면 족할 것이오. 다행히 죽음을 면한 자는 쉼 없이 싸우기 위해서라도 마음껏 먹고 기운을 차려야 한다오."

이렇게 말하고 오뒷세우스는 네스토르의 아들들과 메게스, 메리오네스, 토아스, 멜라닙포스, 뤼코메데스를 데리고 아가멤논의 막사로 갔다. 거기서 네스토르의 아들들은 약속한 보물, 즉 일곱 개의 세발솥, 잘 뛰는 말 열두 필, 스무 개의 큰 질그릇 그리고 나무랄 데 없이 아름다운 처녀 일곱 명과 볼이 붉은 브리세이스를 여덟 번째로 데리고 왔다. 오뒷세우스가 십 탈란톤의 금덩어리를 들고 앞장서자 젊은 이들이 다른 선물을 들고 뒤따랐다.

그들은 둥그렇게 둘러선 사람들 가운데에 섰다. 아가멤논이 자리에서 일어나 전령 탈튀비오스가 가져온 수퇘지를 제물로 올리기 위해 기도를 하면서 목을 잘랐다. 그리고 잡은 수퇘지를 바다에 내던져 물고기 먹이로 주었다.

이윽고 아킬레우스가 일어나 그리스 인들 앞에서 말했다.

"아버지 제우스 신이여! 당신은 종종 사람들을 엄청난 미망에 빠지게 하십니다. 당신께서 많은 그리스 인의 죽음을 원하지 않으셨다면 아가멤논이 이처럼 나에게 심한 분노를 안겨주지도, 저 처녀를 억지로 빼앗아 가지도 않았을 것입니다. 자, 그대들은 이제 식사를 하고 싸우러 나갈 준비를 하시오."

그렇게 말하고 나서 아킬레우스는 그들 곁을 떠났다. 아프로디테를 닮은 브리세우스의 딸이 전 주인의 막사로 들어왔다. 그녀는 영웅 파트로클로스가 창에 깊은 상처를 입고 누워 있는 것을 보고 가슴과 두 뺨을 두드리며 시신 위에 엎드려 울었다.

"아, 소중한 파트로클로스 님! 당신은 가련한 처지에 있는 저를 가장 친절하게 보살펴주셨는데!"

다른 보물들과 함께 아킬레우스에게 돌려보내진 브리세이스. 그림 한편에 죽은 파트로클로스의 모습도 보인다. 오뒷세우스는 네스토르의 아들들과 메게스, 메리오네스, 토아스, 멜라닙포스, 뤼코메데스를 데리고 아가멤논의 막사로 갔다. 거기서 네스토르의 아들들은 약속한 보물, 즉 일곱 개의 세발솥, 잘 뛰는 말 열두 필, 스무 개의 큰 질그릇 그리고 나무랄 데 없이 아름다운 처녀 일곱 명과 볼이 붉은 브리세이스를 여덟 번째로 데리고 왔다.

〈아킬레우스에게 돌려보내진 브리세이스〉, 페테르 파울 루벤스, 1631~1632년,

디트로이트 인스티튜트 오브 아트.

브리세이스가 울부짖었다.

"제가 이 막사를 떠나 당신과 헤어질 때는 그렇게도 씩씩하시더니 어쩌다 이렇게 되셨나요! 아킬레우스가 남편을 죽이던 그날 사랑하는 나의 세 형제도 모두 파멸을 맞이했지요. 그러나 당신은 내가 우는 모습을 보고 싶어하지 않으셨어요. 당신은 저를 배에 태워 프티아로 데리고 가자마자 아킬레우스와 결혼시켜주겠다고 약속하셨지요. 프티아에서 당신은 뮈르미도네스 인들이 지켜보는 가운데 저의 결혼식을 올려주실 생각이었습니다. 항상 친절했던 당신을 평생 애도하면서 잊지 않겠어요."

그녀가 울면서 말하자 함께 잡혀 온 다른 여인들도 탄식하며 눈물을 흘렸다. 얼핏 보기에는 파트로클로스를 위해 우는 것 같았지만 마음속으로는 모두 자신들의 불행을 한탄하고 있었다.

한편 나이 많은 그리스의 왕들이 아킬레우스의 주위로 와서 그에게 음식을 들라고 간청했다. 그러나 아킬레우스는 한숨을 내쉬며 거부했다.

"사랑하는 전우들이여, 그대들이 진심으로 나를 사랑한다면 기운을 차리라고 요구하지 말아주시오. 지금은 음식을 먹을 때가 아니오. 태양이 바닷속으로 가라앉을 때까지 제발 나를 이대로 내버려두오."

이렇게 말하며 그는 왕들을 돌아가게 했다. 그러나 아가멤논과 메넬라오스, 오뒷세우스, 네스토르, 이도메네우스, 포이닉스만은 그대로 남았다. 그들은 비탄에 빠진 아킬레우스를 위로하려 했지만 소용이 없었다. 아킬레우스가 크게 한숨을 쉬고 한마디했지만 그마저도 죽은 파트로클로스를 향한 것이었다.

"아, 파트로클로스여! 그리스의 군대가 전쟁에 나갈 때마다 자네는 막사에 있는 나를 위해 서둘러 맛있는 아침을 차려주곤 하지 않았던 가! 지금 여기에서 자네는 찢겨 죽어 있으니 어떠한 맛난 음식도 나의 기운을 북돋아줄 수가 없다네. 설령 나의 아버지 펠레우스가 돌아가셨다는 소식을 들어도, 스퀴로스에서 자란 사랑하는 아들 네옵톨레모스가 죽었다는 소식을 들어도 이보다 큰 불상사는 아니었을 걸세. 여태까지 나를 위로해온 희망은 이것이었다네. 내가 홀로 여기서 죽더라도 자네는 프티아에 돌아가 내 아들을 스퀴로스에서 데려다가 나의 모든 재산을 보여주게 되리라는 것 말일세. 아버지 펠레우스는 이미 돌아가셨거나 나의 죽음을 알리는 끔찍한 소식을 기다리느라 얼마 안 되는 여생을 슬픔으로 보내고 계실 게 분명하기 때문이지. 나는 그렇게 생각하고 있었다네."

아킬레우스가 울면서 말하자 모여 있던 왕들이 함께 탄식했다. 각기 고향에 두고 온 사랑하는 가족 생각이 났기 때문이다. 제우스 신은 하늘에서 아킬레우스가 슬퍼 한숨짓는 것을 내려다보고 측은한 마음이 들어 갑자기 딸 아테네를 돌아보며 말했다.

"사랑하는 딸아, 너는 저 고귀한 영웅을 더는 돌볼 생각이 없는 거냐? 다른 사람들은 아침을 먹으러 가는 데도 친구의 죽음을 슬퍼하느라 먹지도 마시지도 않는구나. 얼른 내려가서 아킬레우스가 전쟁에서 허기지지 않도록 암브로시아와 넥타르를 주어라."

여신 아테네는 벌써부터 아킬레우스를 도와주고 싶었던 참이라 큰 날개를 가진 독수리처럼 빠르게 하늘을 날아갔다. 그리스 인들이 열심히 싸울 준비를 하는 동안 아테네는 눈치 채지 못하게 암브로시아와 넥타르를 아킬레우스의 뱃속에 부어 넣었다. 그리고 전능한 하늘의 신인 제우스의 궁전으로 돌아왔다.

그러는 사이에 그리스 인들은 투구와 투구, 방패와 방패, 갑옷과 갑옷, 창과 창을 맞대고 함선에서 쏟아져 나왔다. 대지는 온통 청동 무기들로 빛나고 그들이 걸을 때마다 땅에서 청동 울리는 소리가 났다. 그들 가운데 무장한 아킬레우스가 있었다. 그는 이를 갈았고 눈에서는 이글이글 불꽃이 타올랐다. 그는 신에게 선물받은 갑옷을 집어 우선 무릎보호대와 정강이보호대를 댄 뒤 가슴막이를 입고서 칼을 어깨에 걸친 다음 방패를 잡았다. 긴 금빛 깃털로 장식한 투구를 머리 위에 쓰니 별처럼 반짝였다. 아킬레우스는 갑옷을 입고 나서 손발이 자유롭게 움직이는지를 시험해보았다. 놀랍게도 그 갑옷은 마치 날개처럼 아킬레우스를 공중으로 띄워주는 듯했다.

아킬레우스는 아버지 펠레우스에게서 물려받은 창을 아름다운 창집에서 꺼냈다. 아킬레우스 말고는 그리스 인들 중 누구도 휘두를 수 없는 무겁고 튼튼한 창이었다. 아우토메돈과 알키모스가 전차를 이끌 말에다 멍에를 얹고 각각 재갈을 물리고 고삐를 뒤로 당겨 팽팽하게 했다. 아우토메돈이 전차의 마부석에 올라타 번쩍이는 채찍을 손에 쥐자 아킬레우스가 갑옷과 투구를 번쩍이며 뒤따라 탔다.

"불사의 말들아! 너희들은 죽은 파트로클로스를 들판에 버려둔 채로 돌아왔지만, 이번에 태우고 가는 영웅들은 반드시 우리 편 쪽으로 데려와야 한다! 알겠느냐?"

아킬레우스가 아버지에게서 물려받은 한 쌍의 말을 향해 타이르듯 말하자 놀라운 기적이 일어났다. 아킬레우스의 말 크산토스가 깊이 머리를 숙이자 출렁이는 갈기가 멍에에서 흘러내려와 땅에 닿았다.

그리고 이때 여신 헤라에게서 말하는 능력을 받은 크산토스가 슬픈 목소리로 대답했다.

"좋습니다, 용감한 아킬레우스여! 나는 지금 당신을 모시고 전쟁터로 나가겠습니다. 그러나 당신의 마지막 날이 다가오고 있습니다. 파트로클로스가 목숨을 빼앗기고 헥토르에게 승리의 영예가 돌아간 것은 우리가 태만했거나 부주의했던 탓이 아닙니다. 신들의 전능함과 숙명 때문이었습니다. 우리들은 바람의 신 중에서 가장 빠른 제퓌로스와 경주하며 피곤을 모르고 달릴 것입니다. 그러나 당신은 신의 손에 죽어야 할 운명을 타고났습니다."

크산토스가 말을 더 하려 하자 복수의 여신들이 억지로 입을 틀어막았다. 아킬레우스가 몹시 불쾌해하며 말했다.

"크산토스! 어째서 내게 죽음에 관해 이야기하느냐? 네가 예언 같은 것을 할 필요는 없다. 운명이 나를 부모 곁에서 멀리 떨어진 이곳까지 끌고 와 죽게 하려는 것을 나도 알고 있다! 그렇지만 나는 트로이아 인들을 마음껏 해치우지 않고는 결코 가만있지 않을 테다!"

이렇게 말한 아킬레우스는 고함을 지르며 앞발로 땅을 긁고 있는 말들을 군대의 선두로 내몰았다.

신들도 싸우고 인간들도 싸우다

올림포스에서는 제우스가 신들을 모아놓고 트로이아건 그리스건 각자 마음 내키는 대로 편을 들어도 좋다고 허락했다. 만약 아킬레우스가 지금 트로이아 인들과 싸우면 운명을 거슬러 당장에 트로이아를 점령하고 말 것이기 때문이었다.

제우스의 허락이 떨어지자 신들은 금세 두 편으로 나뉘었다. 신들의 어머니 헤라, 팔라스 아테네, 포세이돈, 헤르메스와 헤파이스토스 등은 그리스 인들의 진지인 선단으로 향했다. 아레스는 포이보스 아폴론, 아르테미스, 두 쌍둥이 신의 어머니 레토, 신의 세계에서는 크산토스라 불리는 강의 신 스카만드로스, 아프로디테 등을 거느리고 트로이아 인들에게로 갔다.

접전을 벌이려고 다가서는 양쪽 군대에 신들이 가담하기 전까지는 그리스 인들이 의기양양했다. 무서운 아킬레우스가 그들과 함께했기 때문이다. 트로이아 인들은 멀리서 번쩍이는 갑옷을 입고 나타난 아킬레우스를 보자 무서워 사지가 떨렸다. 그 모습이 전쟁의 신 아레스와 닮아 있어서다. 그러나 갑자기 양쪽에서 신들이 나타나 전쟁을 다시 무승부로 만들겠다고 위협했다.

아테네는 때로는 참호에 잇대어 있는 방벽 바깥에서, 때로는 바닷가로 나가서 힘차게 고함을 질렀다. 한편 아레스도 성안의 가장 높은 곳에 서서 폭풍 같은 소리를 내며 트로이아 인들을 격려했다. 또 어떤 때는 시모에이스 강변 트로이아 군사들의 선두대열에 끼기도 했다. 이 두 진영 사이를 불화의 여신 에리스가 날뛰고 다녔으며, 전쟁의 지배자 제우스 신이 올림포스 산 위에서 무서운 천둥소리를 울렸다. 포세이돈이 땅 밑에서 대지를 뒤흔드는 바람에 모든 산봉우리와 이데 산의 뿌리까지도 요란했다. 밤의 왕 플루톤도 놀라 자기 자리에서 뛰어내릴 정도였다. 당장 땅이 갈라져 자신의 비밀스런 나라가 인간과 신 앞에 드러날까 봐 두려웠기 때문이다.

이번에는 신들이 맞붙어 싸움을 벌였다. 포이보스 아폴론은 활을 당기며 포세이돈과 맞섰고, 전쟁의 신 아레스에게는 팔라스 아테네가, 신들의 어머니 헤라에게는 활을 가진 아르테미스가, 레토에게는 헤르메스가, 헤파이스토스에게는 스카만드로스가 각각 맞섰다.

이렇게 전쟁터에서 신들이 서로 싸우고 있을 때 아킬레우스는 오직 헥토르만 찾아다녔다. 그러자 아폴론은 프리아모스의 아들 뤼카온으로 변신해 영웅 아이네이아스를 아킬레우스와 맞서게 했다. 아이네이아스는 빛나는 청동 갑옷을 입고 맨 앞으로 나왔다. 양군이 맞부딪치는 와중에 아이네이아스는 여신 헤라에게 들키고 말았다. 헤라는 급히 자기편 신들을 불러 모아 말했다.

"포세이돈과 아테네여! 앞으로 일이 어떻게 되어야 하는지 그대 둘이 잘 생각해보세요. 저기 아폴론의 선동으로 아이네이아스가 아킬레우스에게 달려가고 있어요. 우리가 아이네이아스를 몰아내든지 아니면 우리 둘 중 누군가가 아킬레우스에게 힘을 실어주어 가장 힘센 신이 그와 함께한다는 것을 느끼게 해줘야 합니다. 적어도 오늘만은 아킬레우스가 트로이아 인으로부터 아무런 상처도 입지 않도록 해줘야 해요. 우리가 올륌포스 산에서 내려온 것도 그 때문이니까. 언젠가는 아킬레우스도 자신이 태어날 때 운명의 여신이 실로 자아낸 것을 모두 겪게 될 테지만요."

포세이돈이 대답했다.

"헤라 여신이여! 신중하시오. 우리가 함께 다른 신들을 공격하는 것은 좋지 않습니다. 우리 쪽이 훨씬 우세하기 때문이오. 그러기보다는 길옆으로 물러나 기다립시다. 만일 아레스나 아폴론이 싸움에 개입하거나 아킬레우스를 방해해 마음대로 싸울 수 없게 하면 그때 전투에 참가하는 것이 좋겠소. 그렇게 되면 우리도 싸움에 참여할 권리가 있으니까요. 그들은 우리 힘에 눌려 어쩔 수 없이 올림포스 산으로 돌아갈 겁니다!"

바다의 신은 헤라의 대답을 기다리지 않고 검푸른 곱슬머리를 흔들며 헤라클레스의 방벽으로 갔다. 이 방벽은 옛날에 헤라클레스를 바다괴물로부터 지키기 위해 팔라스 아테네와 트로이아 인들이 만든 것이었다. 그곳을 향해 포세이돈이 발걸음을 서두르자 다른 신들도 뒤를 따랐다. 그들은 거기 앉아 자신들의 어깨를 보이지 않는 안개로 감쌌다. 맞은편 칼리콜로네 언덕에는 아레스와 아폴론이 앉아 있었다. 불사의 신들은 서로 멀지 않은 곳에서 속으로만 전쟁 준비를 하며 생각에 잠겨 있었다.

그러는 동안 들판은 양쪽 군대로 가득 찼고 청동 무기와 전차가 번쩍이며 빛났다. 몰려드는 양군의 발소리가 요란하게 대지를 울렸다. 곧바로 양쪽 군대에서 앙키세스의 아들 아이네이아스와 펠레우스의 아들 아킬레우스 두 사람이 전의에 불타 제 모습을 드러냈다. 먼저 아이네이아스가 앞으로 나서 무거운 투구의 깃털 장식을 휘날리며 큰 방패로 가슴을 가리고 위협하듯 투창을 휘둘렀다. 아킬레우스가 그것을 보고 화난 사자처럼 맹렬하게 앞으로 내달았다. 두 영웅이 아주 가까이 마주 섰을 때 아킬레우스가 말했다.

"아이네이아스여! 어찌하여 무리에서 벗어나 이렇게 멀리 앞으로 나왔느냐? 나를 쓰러뜨리고 트로이아의 왕이라도 될 생각이냐? 나를 죽이더라도 프리아모스가 그대의 손에 왕권을 넘겨주지는 않을 것이다. 그에게는 아들이 여럿 있는 데다 왕권을 넘겨줄 정도로 자신이 늙었다고 생각하지도 않을 테니까. 아니면 트로이아 인들이 나를 쓰러뜨리면 광장한 영지를 주겠다고 약속했느냐? 전쟁이 시작될 무렵, 이데 산에서 소 떼 사이에 혼자 떨어져 있다가 나에게 쫓겨났던 일을 벌써 잊어버렸단 말인가? 뒤도 돌아보지 않고 도망쳐 마침내 뤼르넷소스까지 가더군! 그래서 나는 아테네, 제우스 신과 더불어 그 도시를 폐허로 만들었다. 내가 그 도시에서 여인들과 전리품을 충분히 챙기는 동안 너는 제우스 신의 자비로 살아남았다. 그러나 신들도 너를 두 번씩이나 살려주지는 않을 것이다. 충고하건대 어서 네 편으로 돌아가 모습을 숨겨라. 나하고 다시 마주쳐 화를 입지 않도록 해라."

아이네이아스도 아킬레우스를 향해 외쳤다.

"아킬레우스여! 마치 어린아이 다루듯 말로 나를 겁주려는 거냐? 마음을 상하게 하는 말은 나도 할 수 있다. 우리는 서로 상대방의 혈통을 잘 알고 있지. 바다의 여신 테티스가 그대를 낳은 것을 알고 있으며, 나도 아프로디테의 아들이고 제우스 신의 손자라는 것을 자랑스럽게 여긴다. 전쟁터에서 어린애 같은 말을 주고받아봐야 쓸모없는 짓이다. 그러니 허튼소리는 그만두자. 서로에게 쓰고 싶어하는 것은 바로 이 청동 창이 아니냐!"

이렇게 말하고 아이네이아스가 창을 던졌다. 창이 아킬레우스의 방패에 맞자 그 소리가 주위로 울려 퍼졌다. 그러나 창끝은 다섯 겹으로 된 방패의 겉면인 청동 두 겹을 뚫었을 뿐이다. 주석으로 된 안쪽의 두 겹은 그 바로 앞의 황금으로 이루어진 한 겹 때문에 뚫리지 않았다.

이번에는 아킬레우스가 창을 던졌다. 창은 아이네이아스 방패의 바깥쪽, 곧 청동과 쇠가죽 두 겹이 가장 얇게 입혀진 부분에 맞았다. 놀란 아이네이아스가 몸을 움츠리며 방패를 높이 쳐들었고, 창은 소리를 내며 방패를 뚫고 아이네이아스의 어깨를 스쳐 바로 옆의 땅에 가푹 꽂혔다. 아슬아슬하게 위기를 모면한 아이네이아스는 눈앞이 아찔했다. 기회를 놓치지 않고 아킬레우스는 칼을 빼 들고 큰 고함을 지르며 달려들었다. 아이네이아스는 재빨리 바윗돌을 들었다. 장정 둘이 겨우 들 만큼 커다란 돌이었다. 이대로 가면 아이네이아스는 이 바윗돌로 상대방의 투구나 방패를 치고 틀림없이 아킬레우스의 칼에 맞아 죽을 것이었다. 헤라클레스의 방벽에 모여 있던 트로이아를 좋아하지 않는 신들조차 아이네이아스를 가엾게 여겼다.

"아이네이아스가 아폴론의 말대로 움직였다고 해서 그를 그대로 하데스에게로 보내버린다면 너무 불쌍하지 않소?"

포세이돈이 입을 열었다.

"게다가 나는 제우스 신이 노하지 않을까 걱정되오. 제우스 신은 프리아모스의 종족을 미워하지만 그렇다고 완전히 멸망시키려는 것은 아니거든! 아이네이아스로 하여금 토로이아 왕가를 대대로 이어나가도록 해주는 것이 어떻겠소."

그러자 헤라가 말했다.

"좋을 대로 하세요. 나와 아테네는 트로이아 인들에게 어떤 재난이 덮쳐도 모르는 체하겠다고 이미 맹세했으니까요!"

이런 의논은 금세 끝났다. 포세이돈은 전쟁터로 날아가 아킬레우스의 눈앞에 짙은 안개를 일으킨 뒤 들키지 않게 아이네이아스의 방패에서 창을 뽑아 아킬레우스의 발 앞에 놓아두었다. 그러고는 아이네이아스를 번쩍 들어 진격해 오는 트로이아의 동맹군 카우코네스 족의 대열 끝을 향해 전차와 군사들 위로 내던졌다. 포세이돈이 아이네이아스를 크게 꾸짖었다.

"아이네이아스여, 신들의 총애를 받는, 그대보다 훨씬 센 아킬레우스와 싸우다니! 그 용기를 불어넣어준 신이 누구더냐? 앞으로 아킬레우스를 만나면 두 말 말고 도망가라. 언젠가는 그에게도 운명의 날이 올 테니 그때는 마음 놓고 전선으로 싸우러 나가도 좋다."

포세이돈은 이렇게 말하고 아이네이아스의 곁을 떠나면서 아킬레우스의 눈앞을 가리던 짙은 안개를 거두었다. 아킬레우스는 자기 창이 땅에 떨어져 있고 상대방은 없어진 것을 보고 깜짝 놀랐다. 아킬레우스는 화를 내며 말했다.

"그놈, 신의 도움을 받아 도망 한번 잘 치는구나! 도망치려면 도망쳐봐라."

아킬레우스는 자기편 진영으로 돌아와 군사들을 격려했다. 이때 상대편 진영에서는 헥토르가 트로이아 인들을 격려하고 있었다. 양편 군사들은 그야말로 물불을 안 가리고 격렬한 싸움을 벌였다. 포이보스 아폴론은 헥토르가 투지에 불타 아킬레우스를 해치우려 날뛰는 것을 보고는 그만두라고 조용히 귀띔했다. 헥토르는 놀라서 자기편 군사들 속으로 들어가버렸다.

그러나 아킬레우스는 적들 속을 뚫고 들어갔다. 그가 처음 던진 창이 용감한 이피티온의 머리를 박살내자 그는 바닥에 고꾸라졌다. 그리스 인들의 전차 바퀴가 쓰러진 이피티온을 짓누르고 지나가며 앞에서 커다란 소동이 벌어졌다. 그다음에 아킬레우스는 안테노르의 아들 데몰레온을 창으로 찔러 죽였다. 그는 마침 전차에서 뛰어내린 힙포다마스의 등도 창으로 찔러 죽였다. 그리고 프리아모스의 아들 팜몬* 을 스쳐 지나가면서 멜빵 장식이 있는 척추 쪽을 창으로 찔러 관통했다. 젊은 용사는 비명을 지르며 털썩 무릎을 꿇으며 쓰러졌다.

헥토르는 아우 팜몬이 땅에 푹 고꾸라지는 것을 보자 눈앞이 캄캄해졌다. 더는 이 싸움을 피할 수 없다고 생각한 나머지 아폴론의 경고에도 불구하고 아킬레우스를 향해 번개처럼 창을 번쩍이며 단숨에 달려갔다. 달려드는 헥토르를 본 아킬레우스는 속으로 무척 기뻤다.

"내 마음속 깊이 슬픔을 안겨준 자로구나. 헥토르, 이제 서로 피할 도리가 없게 되었다! 자, 좀 더 가까이 오너라. 이제 곧 저세상으로 보내주마!"

헥토르도 태연히 이 말을 받아넘겼다.

"네가 얼마나 용맹한 사나이인지 잘 알고 있다. 게다가 내가 너보다 힘이 약하다는 것도 잘 안다. 그러나 신들께서 내가 던진 이 창으로 너의 목숨을 빼앗도록 도움을 주실지도 모르지!"

헥토르는 말을 끝내자마자 재빨리 창을 내던졌다. 그러나 아테네가 아킬레우스 뒤에 섰다가 살짝 입김을 불어 헥토르의 창을 거꾸로 되돌렸기 때문에, 그가 던진 창은 힘없이 자기 발 앞에 떨어지고 말았다. 그러자 아킬레우스가 적을 단번에 찔러 죽이려고 덤벼들었다. 그러나 이번에는 아폴론이 헥토르 주위에 짙은 안개를 일으켜 그를 데

* 호메로스는 이 장면에 팜몬이 아니라 프리아모스의 막내아들인 폴뤼도로스를 등장시키고 있다.

려갔다. 아킬레우스가 달려가며 세 번이나 창을 힘껏 내질렀으나 번번이 허공을 찔렀다. 네 번째 공격 역시 허탕이었다. 그때 아킬레우스가 위협하듯 고함을 쳤다.

"네놈은 이번에도 죽음을 벗어났구나. 아마 아폴론에게 제발 살려달라고 빌었을 테지. 그러나 내게도 편들어주는 신은 있다. 너도 내 손에 죽을 날이 있을 것이다!"

아킬레우스는 크게 노해 군사들이 맞붙어 싸우는 곳으로 뛰어들어 닥치는 대로 창을 휘둘렀다. 그 바람에 용감한 트로이아 군사 열 명이 목숨을 잃었다. 신과 같이 동에 번쩍 서에 번쩍 하며 싸우는 아킬레우스의 모습은 무서운 산불이 났을 때 불길을 몰아치는 바람과도 같았다. 아킬레우스의 말은 방패와 시체들을 짓밟으며 뛰어다녀 전차의 바퀴 축에서 피가 뚝뚝 떨어졌으며 난간 장식에까지 핏방울이 튀었다.

강의 신 스카만드로스와 대결하는 아킬레우스

도망가는 트로이아 인들과 그 뒤를 쫓는 아킬레우스가 소용돌이치는 스카만드로스 강에 이르렀을 때 트로이아 인들은 두 갈래로 나뉘었다. 일부는 트로이아 시를 향하기 전에 광야로 도망쳤다. 그곳은 헥토르가 그리스 인들과 싸워 그들을 격퇴한 곳이었다. 헤라가 짙은 안개를 내려보내 그들의 도주를 방해했다. 그러나 또 다른 일부는 강가로 몰리자 하는 수 없이 급류의 소용돌이 속으로 몸을 던졌다. 요란한 물소리가 강기슭에 메아리쳤다. 트로이아 인들은 들불에 쫓겨 물에 뛰어든 메뚜기 떼처럼 혼란스럽게 허우적거렸다. 강이 사람과 말로 가득 찼다.

아킬레우스는 창을 강변의 위성류나무에 세워놓고 손에 칼만 든 채 트로이아 인들 쫓아 마치 신처럼 강물로 뛰어들었다. 강물은 곧 피로 물들었다. 그가 휘두르는 칼에 맞은 자들이 물속으로 가라앉으면서 꼬르륵거리는 소리가 들렸다. 아킬레우스는 물고기란 물고기는 닥치는 대로 집어삼키는 바닷속 거대한 돌고래와 같이 맹위를 떨쳤다. 너무도 많은 적을 무찔러 점점 손이 저려왔으나 그래도 물속에서 젊은 용사 열두 명을 사로잡았다. 그는 이 포로들을 자기 막사로 끌고 가 파트로클로스의 죽음에 대한 속죄의 제물로 삼을 생각이었다.

다시 강물로 뛰어든 아킬레우스는 급류에서 빠져나오려 발버둥치는 프리아모스의 아들 뤼카온을 만났다. 아킬레우스는 그를 보고 깜짝 놀랐다. 전에 프리아모스의 과수원으로 야습을 나갔다가 뤼카온을 사로잡은 적이 있었기 때문이다. 그때 뤼카온은 전차를 장식할 야생 무화과나무를 자르고 있었다. 아킬레우스는 뤼카온을 억지로 배에 태워 렘노스 섬으로 가서 이아손의 아들 에우네오스에게 노예로 팔아넘겼다. 그 후 이아손의 다른 아들이자 임브로스 섬의 지배자인 에에티온이 렘노스 섬의 배다른 형제를 찾아왔을 때였다. 에에티온은 아름다운 이 소년을 비싼 값으로 사들여 자기 마을 아리스베로 데리고 갔다. 뤼카온은 한동안 거기서 지내다가 몰래 도망쳐 트로이아로 되돌아갔다. 그리고 도망친 지 열이틀 만에 지금 다시 아킬레우스에게 잡히고 만 것이다. 뤼카온이 무릎을 덜덜 떨며 강에서 힘없이 기어 올라오는 것을 보고 아킬레우스가 놀라 중얼거렸다.

"아아, 이럴 수가! 무슨 기적이 일어났단 말인가, 내가 죽인 트로이아 인들도 이제 밤이면 다시 일어서겠구나! 오래전 렘노스 섬에 팔아넘긴 이 청년이 이렇게 다시 찾아오다니 말이다. 그러나 좋다. 이번에는 우리의 창 맛을 그에게 보여주리라. 그래도 그가 다시 땅속에서 되돌아오는지 두고 보자!"

아킬레우스가 창을 겨냥하기 전 뤼카온이 달려들어 한 손으로 아킬레우스의 무릎을 껴안고 다른 한 손으로는 그의 창을 잡고 애원했다.

"자비를 베푸소서, 아킬레우스여! 저를 불쌍히 여겨주십시오! 저는 이전에 한 번 당신의 보호를 받았습니다. 그때는 소 백 마리를 당신께 벌어드렸지만 이번에는 그 세 배를 벌어드리겠습니다. 잡혀간 몸으로 오래도록 고생하다 고향에 돌아온 지 겨우 열이틀밖에 되지 않습니다. 그런데 당신에게 다시 잡힌 몸이 되었으니 아마 제우스 신이 저를 미워하고 계신 모양입니다. 제발 저를 죽이지 마십시오. 저는 라오토에의 아들이지 당신의 친구를 죽게 한 헥토르와 동복형제가 아닙니다."

그러나 아킬레우스는 양미간을 찌푸리며 무자비한 목소리로 말했다.

"어리석은 자여! 몸값에 대해 떠들지 마라. 파트로클로스가 죽기 전이었다면 나도 트로이아 인들의 목숨을 소중하게 생각했겠지만 이제는 누구도 죽음을 피하지 못하리라. 자, 친구여! 그대도 죽을지어다. 그대보다 훨씬 훌륭하고 남자다운 파트로클로스도 죽었다! 나를 봐라, 내가 얼마나 잘생겼으며 크고 강한지 말이다. 그러나 언젠가는 나도 적의 손에 목숨을 잃을 날이 오리라는 것을 잘 알고 있다!"

아킬레우스의 말에 뤼카온은 모든 것을 체념한 듯 몸을 부르르 떨며 창을 내려놓았다. 그리고 두 손을 벌리며 땅에 주저앉았다. 아킬레우스의 칼이 그의 목을 찔렀다. 아킬레우스는 방금 죽은 뤼카온의 발을 잡아 소용돌이치는 물속에 던져버리고는 비웃으며 말했다.

"강물이 너를 구해줄지 어디 두고 보자! 너희들은 이 강물에 오랫동안 많은 속죄의 제물을 바쳐왔지만 이젠 소용이 없을 것이다."

트로이아 인들을 편들던 강의 신 스카만드로스는 아킬레우스의 이 말을 듣고 화가 났다. 강의 신은 어떻하면 무시무시한 영웅을 막아 자기가 보호하는 자들이 재앙을 피하게 할 수 있을까 마음속으로 계산하고 있었다.

아킬레우스는 그사이 창을 가지고 펠레곤의 아들 아스테로파이오스를 향해 덤벼들었다. 아스테로파이오스는 두 개의 창을 손에 들고 강에서 나왔다. 강의 신이 그의 영혼에 용기를 불어넣어주었다. 아킬레우스의 무자비한 살육에 화가 난 그는 살인자를 향해 대담하게 달려들었다. 아킬레우스가 그에게 외쳤다.

"감히 내게 덤비는 자가 누구냐? 내 힘에 대항하는 자의 부모는 불행해질 것이다!"

아스테로파이오스가 대답했다.

"내 가문은 왜 묻느냐? 나는 강의 신 악시오스의 손자다. 펠레곤이 나를 낳으셨다. 열하루 전에 나는 트로이아의 동맹군인 파이오니아 인들과 함께 여기 왔다. 이제 나와 싸우자, 고귀한 아킬레우스여!"

아킬레우스가 창을 들었다. 그때 아스테로파이오스가 창 두 개를 동시에 던졌다. 그는 오른손과 왼손을 모두 쓸 수 있었다. 창 하나가 아킬레우스의 방패를 맞혔지만 관통하지는 못했다. 다른 하나는 그의 오른쪽 팔꿈치를 스쳐 지나갔다. 스친 자리에서 피가 흘렀다. 이번에는 아킬레우스가 창을 던졌다. 그러나 창은 적을 맞히지 못하고 강가에 떨어져 절반이나 파묻혔다. 아스테로파이오스가 세 번이나 그 창을 힘껏 흔들며 애써보았으나 바닥에서 뽑아낼 수 없었다. 네 번째로 창에 손을 댔을 때 아킬레우스가 칼을 들고 덮쳐 그를 베어버렸다. 창자가 모두 튀어 나왔고 아스테로파이오스는 숨을 헐떡이며 바닥으로 쓰러졌다.

아킬레우스는 환호를 지르며 갑옷을 벗겨내고 시체는 뱀장어 먹이가 되도록 강가에 내버려두었다. 그는 다시 파이오니아 인들을 향해 돌진했다. 그들은 잔뜩 겁을 먹고 강을 따라 우왕좌왕하며 도망쳤다. 아킬레우스는 그중 일곱을 칼로 베어 죽이고, 이제 더 많은 사람을 죽이려는 참이었다. 그때 화가 난 강의 신 스카만드로스가 갑자기 인간의 모습을 하고 깊은 강물 속에서 나타나 아킬레우스에게 소리쳤다.

"아킬레우스여! 그대의 횡포가 지나쳐 이미 인간의 도를 넘어섰다. 내 강이 죽은 사람으로 가득 차 바다로 흘러 들어가기가 힘들 정도다. 이제 그만 손을 떼는 것이 좋겠다!"

아킬레우스가 대답했다.

"당신의 말을 따르겠습니다. 그래도 트로이아 인들을 도시로 쫓아버리고 헥토르와 자웅을 겨루기 전까지 내 팔은 트로이아 인들을 죽이는 일을 멈출 수 없습니다."

아킬레우스는 그렇게 말하고 도망치는 트로이아 인들을 덮쳐 또다시 강변으로 내몰았다. 트로이아 인들이 살기 위해 강물로 뛰어들었다. 그는 스카만드로스의 경고도 잊고, 그들을 뒤쫓고자 소용돌이치는 물속으로 뛰어들었다. 그러자 강물이 노해 물결을 쳤고, 탁한 물이 일어나 우렁찬 물소리를 내며 죽은 자들을 강변으로 밀어 올렸다.

커다란 물결이 아킬레우스의 방패에 부딪혀 엄청난 소리를 냈다. 아킬레우스가 비틀거리며 느릅나무를 손으로 잡았다. 그러나 나무가 뿌리째 뽑혔다. 그는 나뭇가지들을 타 넘어 겨우 강변으로 기어올라 왔다. 그리고 다급하게 들판을 건너 도망치려 했다. 그러나 강의 신은 산더미 같은 거센 물결로 빠르게 달리는 아킬레우스를 바짝 뒤쫓았다. 아킬레우스가 안간힘을 다해 뛰어도 커다란 물결이 그의 어깨를 치고 다리를 휘감았다. 그러자 아킬레우스가 하늘을 우러러보며 제우스 신에게 빌었다.

"아버지 제우스 신이여! 영원한 신들 중 나를 불쌍히 여겨 강의 폭력에서 구해주실 분이 안 계십니까? 나의 죽음은 아폴론의 고귀한 화살로 이루어진다고 어머니께서 말씀하셨는데 거짓말이었습니까? 이럴 바에는 차라리 사나이답게 헥토르 같은 영웅의 손에 맞아 죽는 편이 낫겠습니다! 돼지 치는 소년이 겨울에 시냇물을 건너다 빠져 죽는 것 같은 수치스러운 죽음을 당해야 하다니!"

이러한 한탄을 들은 포세이돈과 아테네가 사람의 모습으로 찾아와 아킬레우스의 손을 잡으며 위로했다.

"그대는 강물에 빠져 죽을 운명이 아니다."

두 신이 다시 사라졌다. 그러나 아테네가 아킬레우스에게 굳센 힘을 불어넣어주었기 때문에 아킬레우스는 밀려드는 물 위로 높이 뛰어올라 다시 뭍으로 나올 수 있었다. 그러나 스카만드로스는 노여움을 거두기는커녕 더욱더 거센 파도를 보내 앞을 가로막았다. 그러고는 큰 소리로 아우 시모에이스를 불렀다.

"아우야! 어서 빨리 와라! 우리가 힘을 합쳐 저 힘센 사나이를 잡자! 저자를 놓치면 그는 오늘 안으로 프리아모스 성을 짓밟아버릴 것이다. 어서 힘을 빌려다오! 모든 산에 있는 샘물의 도움을 얻어 샛강을 일어나게 해라! 너의 물결을 높여 돌멩이를 굴려 오거라! 저 사나이의 힘과 갑옷을 소용없게 만들어야 한다. 아킬레우스는 내가 조개와 모래로 파묻어 그리스 인들이 시체도 찾지 못하도록 해주겠다. 그렇게 그놈의 기념비를 높이 쌓아 올리면 그리스 인들도 잔디밭 속에 무덤을 가꾸는 수고를 면하게 될 거다!"

이렇게 외치면서 스카만드로스는 더욱 세차게 물거품과 핏물과 시체를 한꺼번에 휘몰아쳐 영웅 아킬레우스 쪽으로 밀어붙였다. 산더미 같은 파도가 아킬레우스를 덮쳤고, 시모에이스 강도 저편에서 급히 휘몰아쳐 왔다.

이 광경을 보고 있던 헤라는 사랑하는 아킬레우스가 걱정되었다. 여신은 자기도 모르게 큰 소리로 급히 헤파이스토스를 불렀다.

"절름발이 아들아! 너의 커다란 불길로 무서운 강을 상대해줘라. 어서 아킬레우스를 도와라! 나는 바닷가에서 남풍과 서풍을 몰아다가 너의 뜨거운 불길이 트로이아 군대 쪽으로 번져가게 하겠다. 너는 강변의 나무들을 태워 저 스카만드로스 강물도 불로 뒤덮이게 만들어라. 달콤한 말이나 협박에 멈추지 마라. 불길이 송두리째 태워버릴 때까지 그만두면 안 된다."

헤라의 명령대로 헤파이스토스의 불이 들판으로 번져갔다. 불은 먼저 아킬레우스의 창에 쓰러진 트로이아 인들의 시체를 태웠다. 이어서 들판을 완전하게 말려 물을 막았다. 불이 강변에 있는 느릅나무, 버드나무, 위성류나무로 옮아갔다. 뱀장어와 다른 물고기도 뜨거워 어쩔 줄 모르며 신선한 물을 찾아 위아래로 헤맸다. 마침내 이글이글 타오르는 불꽃 아래서 강물도 심하게 요동을 쳤다. 강의 신 스카만드로스가 물속에서 신음하며 소리 질렀다.

"불꽃을 토하는 신이여! 나는 그대와 싸울 생각이 없소. 이제 그만 둡시다! 트로이아 인들과 아킬레우스의 싸움이 나랑 무슨 상관이오. 제발 불꽃을 거두시오!"

불에 올려놓은 기름냄비가 지글거리듯 물이 끓어오르는 동안 강의 신이 한탄하더니 신들의 어머니 헤라 여신을 향해 간절히 호소했다.

"헤라 여신이여! 당신의 아들 헤파이스토스가 어째서 내 강을 이렇게 괴롭히는 겁니까? 내가 트로이아 편을 들어주는 다른 신들보다 무슨 잘못을 더 저질렀습니까? 그러나 당신의 명령이라면 기꺼이 물러서겠습니다. 제발 헤파이스토스에게 나를 괴롭히지 말라고 해주십시오!"

이윽고 헤라가 아들에게 명령했다.

"헤파이스토스, 이제 그만하자! 인간을 위해 불사의 신을 더는 괴롭힐 수 없지 않느냐!"

불의 신 헤파이스토스가 곧 불꽃을 거두었고 강물도 제자리로 돌아갔다. 멀리 있던 시모에이스도 만족스럽게 물러갔다.

다른 신들의 마음에는 서로에 대한 적개심이 격렬히 요동쳤다. 신들이 폭풍을 일으키며 서로 충돌하자 넓은 대지를 뒤흔드는 하늘의 나팔소리가 울려 퍼졌다. 제우스 신은 올림포스 산 정상에서 이 소리를 들었다. 그는 불사의 신들이 큰 싸움을 벌이기 시작한 것을 보고 기쁨에 들떴다. 전쟁의 신 아레스가 먼저 나서서 청동 창을 휘두르고 욕설을 퍼부으며 팔라스 아테네에게 덤벼들었다.

"뻔뻔한 날파리 같으니! 어쩌자고 그대는 신들을 전쟁판으로 끌어들이는 거냐? 전에도 튀데우스의 아들을 부추겨 나를 찌르게 하더니, 그대 스스로 번쩍이는 창을 휘둘러 이 불사의 몸에 상처까지 냈다. 벌써 잊은 건 아니겠지? 이번에는 반드시 그 빚을 갚아줄 테다!"

아레스는 아테네의 무서운 아이기스 방패를 창으로 찔렀다. 여신은 뒤로 물러나며 들판에 있던 커다랗고 울퉁불퉁한 경계석을 던져 광포한 전쟁의 신의 목을 맞혔다. 전쟁의 신이 땅으로 쓰러지더니 청동 갑옷에서 요란한 소리가 났다. 그의 몸은 칠십 헥타르의 땅을 뒤덮었고 성스러운 머리털은 먼지를 뒤집어썼다.

그러자 아테네가 웃으면서 환호성을 질렀다.

"어리석은 자여! 감히 나와 맞서려 하다니, 내가 그대보다 훨씬 강하다는 사실을 모르는 모양이구나! 어머니 헤라의 저주를 받은 줄로 알아라. 그대가 그리스 인들을 저버리고 거만한 트로이아 인들을 감싸준다고 몹시 화가 나 계시거든."

괴로운 듯 신음하고 있는 전쟁의 신 아레스를 아프로디테가 전쟁터에서 옮겨 가려 했다. 그러나 헤라가 그들을 알아보고 얼른 아테네에게 말했다.

"아테네야! 보이느냐? 저기 사랑의 여신 아프로디테가 대담하게도 야만적 살인자를 전쟁터 한복판에서 끌어내려 하고 있다. 빨리 쫓아가라!"

팔라스 아테네는 재빠르게 그 뒤를 쫓아가 억센 손으로 사랑의 여신의 가슴을 쳤다. 아프로디테는 부상을 입은 전쟁의 신과 함께 땅 위에 무너지듯 쓰러졌다.

"트로이아 편을 드는 자들은 모두 이렇게 쓰러지리라!"

아테네가 외쳤다.

"우리 편 신들이 모두 나처럼만 해주었다면 오래전에 이미 우리는 휴식을 누리게 되고 트로이아는 폐허가 되어 있을 텐데."

이 말을 들은 헤라의 얼굴에 가벼운 미소가 떠올랐다. 이어 대지를 뒤흔드는 신 포세이돈이 아폴론에게 말했다.

"아폴론이여! 다른 신들은 벌써 싸움을 시작했는데 어째서 우리는 이렇게 멀찍이 떨어져 있단 말인가? 우리가 서로 힘을 겨뤄보지도 못하고 올륌포스로 돌아간다면 그야말로 큰 수치가 아니겠는가? 더 어린 그대가 먼저 시작하라! 무엇을 망설이는가? 신들 중에서도 우리 둘이 트로이아를 위해 고생한 것을 벌써 잊었는가. 그때 우리는 제우스의 명령에 따라 거만한 라오메돈에게 가서 성벽 쌓는 일을 강제로 했지만, 그는 우리의 노역을 모욕으로 보답하지 않았던가. 그대가 우리와 함께 트로이아를 멸망시키고 기만적인 라오메돈 족을 돕지 않겠다고 한 게 이젠 생각나지 않는가!"

아레스는 아테네의 무서운 아이기스 방패를 창으로 찔렀다. 여신은 뒤로 물러나며 커다랗고 울퉁불퉁한 경계석을 던져 광포한 전쟁의 신의 목을 맞혔다. 전쟁의 신이 땅으로 쓰러지더니 청동 갑옷에서 요란한 소리가 났다. 그의 몸은 칠십 헥타르의 땅을 뒤덮었고 성스러운 머리털은 먼지를 뒤집어썼다. 전쟁의 신 아레스는 아프로디테의 정부였으며 트로이아 전쟁에서 트로이아의 편을 들었다. 에로스가 아레스와 아프로디테의 발을 끈으로 묶고 있다.

〈아레스와 아프로디테〉, 파올로 베로네세, 1565년, 메트로폴리탄 박물관.

그러자 아폴론이 대답했다.

"바다의 지배자 포세이돈이여! 숲속의 나뭇잎과도 같은 인간 때문에 존경받아 마땅한 당신 같은 신과 싸우는 것은 그야말로 신중하지 못한 일입니다."

아폴론은 그렇게 말하고 돌아섰다. 아버지의 형제와 싸우는 것을 부끄럽게 생각했기 때문이다. 그때 누이 아르테미스가 아폴론을 조롱했다.

"백발백중의 명사수인 네가 전장에서 도망치려는 것이냐? 거만한 포세이돈에게 승리를 양보할 작정인가 보구나. 그렇다면 뭐 하러 쓸데없이 어깨에 활을 메고 다니는 것이냐? 그건 어린애 장난감인 모양이구나!"

헤라는 아르테미스의 모욕적인 말에 기분이 상했다.

"너도 활을 메고 있음을 생각해라! 누가 더 나은지 솜씨를 겨뤄보겠느냐? 뻔뻔스러운 것 같으니! 너 같은 건 얼굴 쳐들고 신들과 싸우기보다는 차라리 숲속에서 멧돼지나 사슴을 사냥하는 편이 낫겠다. 끝내 고집을 부려 나와 맞서겠다면 내 손맛을 보여주마!"

이렇게 나무라면서 헤라는 여신 아르테미스의 두 손목을 왼손으로 움켜잡고 오른손으로는 그녀의 어깨에서 활을 벗겨내 이리저리 피하는 아르테미스의 뺨을 후려쳤다. 독수리에게 쫓기는 어린 비둘기처럼 아르테미스는 화살과 활을 잃은 화살집을 던져버리고 울면서 도망갔다. 아르테미스의 어머니 레토는 딸을 도와주기 위해 달려가려 했으나 헤르메스가 근처에 숨어 이 모든 일을 자세히 보다가 레토에게 말을 걸었다.

"레토여! 나는 그대와 결코 싸우지 않을 것입니다. 천둥의 신 제우스가 사랑하는 여신들과 싸우는 건 위험하기 짝이 없으니까요! 그러니 신들에게 가서 힘으로 나를 이겼다고 하셔도 됩니다."

헤르메스가 너무도 점잖게 말하는 바람에 레토는 급히 가서 모래밭 여기저기에 흩어져 있는 화살들을 주워 들고 딸의 활을 챙겨 올림포스로 향했다. 올림포스에서는 아르테미스가 울면서 아버지 제우스 신의 무릎에 매달려 있었다. 그녀가 움직일 때마다 암브로시아 향이 나는 고운 옷이 펄럭였다. 제우스 신은 아르테미스를 품에 안고 사랑스럽게 쓰다듬으면서 미소 짓고 말했다.

"귀여운 딸아, 어느 신이 그토록 못살게 굴더냐?"

"아버지!"

아르테미스가 대답했다.

"제게 고통을 안겨준 것은 아버지의 부인이에요. 모든 신을 반목과 불화에 빠뜨리고 싶어 안달하는 헤라 말이에요."

제우스 신은 껄껄 웃으며 딸을 쓰다듬고 위로해주었다.

그때 아래 세상에서는 포이보스 아폴론이 트로이아 시로 급히 달려가고 있었다. 그리스 인들이 운명의 결정을 거슬러 그날 중에 트로이아 성벽을 부수고 쳐들어갈 기세였기 때문에 걱정이 된 것이었다. 나머지 다른 신들 중 어떤 신은 승리에 취해서, 어떤 신은 노여움과 원한에 가득 차서 올림포스 산으로 돌아갔다. 그들은 천둥의 신 제우스 신을 중심으로 둘러앉았다.

아킬레우스와 헥토르가 대결하다

늙은 왕 프리아모스가 높은 탑에서 강력한 아킬레우스를 내려다보고 있었다. 아킬레우스는 도망치는 트로이아 인들을 뒤쫓고 있었고 신도 인간도 그를 막지 못할 것만 같았다. 프리아모스가 탄식하며 탑에서 내려와 성벽을 지키는 수비병들에게 주의를 주었다.

"성문을 열어라! 그리고 도망쳐 돌아오는 트로이아 인들이 모두 성 안으로 들어올 때까지 문을 열어놓아라! 아킬레우스가 무리를 바짝 뒤쫓아 오고 있으니 나쁜 일이 일어날지도 모르겠다. 병사들이 성안으로 다 들어오면 즉시 문을 닫아라. 그러지 않으면 저 망할 놈이 트로이아 인들을 따라 바로 성문 안으로 뛰어들 것이다."

수비병이 빗장을 벗기고 문을 양쪽으로 당기자 구원의 성문이 열렸다. 먼지와 땀에 절고 갈증으로 고생하던 트로이아 인들이 들판을 가로질러 성문 안으로 들어왔다. 아킬레우스가 창을 들고 미친 듯 그 뒤를 쫓았다.

아폴론은 트로이아 인들을 위기에서 구해내기 위해 열린 성문을 벗어나, 안테노르의 용맹스러운 아들 아게노르에게 다가가 더욱더 용기를 불어넣었다. 그런 다음 자신은 짙은 안개 속에 숨어 제우스 신의 참나무에 몸을 기대고 있었다. 쫓기던 트로이아 인들 중에서 아게노르가 맨 먼저 발길을 멈추었다. 그는 자기 행동을 돌이켜 보고는 부끄러운 마음에 혼자 중얼거렸다.

"도대체 내 뒤를 쫓는 자가 누구란 말이냐? 나는 날카로운 창으로 저 사내에게 상처를 입힐 수 없단 말인가? 저 사내도 다른 사람처럼 죽음을 면할 수 없는 몸이 아닌가 말이다!"

아게노르는 그런 생각에 사로잡혀 아킬레우스가 달려오기를 기다렸다. 그는 방패를 앞으로 내세우고 창을 흔들면서 아킬레우스를 향해 크게 외쳤다.

"어리석은 자여, 트로이아 시를 쉽게 정복할 수 있다고 생각하지 마라! 우리 중에도 부모와 처자를 위해 자기 성을 지키려는 용사들이 얼마든지 있다!"

이렇게 말하고 아게노르가 창을 던지니 그것이 주석으로 만든 아킬레우스의 무릎보호대에 맞았다. 그러나 그 창은 꽂히지 못하고 튕겨져 나왔다. 상처를 입은 아킬레우스는 아게노르에게 덤벼들었으나 그 뒤에 숨어 있던 아폴론이 안개로 감싸 데려갔다. 아폴론은 아킬레우스에게 술책을 써서 그의 추적이 잘못되도록 만들었다. 즉 자신이 아게노르로 변해 보리밭을 가로질러 스카만드로스 강 쪽으로 달아난 것이다. 아킬레우스는 나는 듯 도망가는 아게노르를 따라갔으나 잡을 듯하다 놓치곤 했다.

그사이 트로이아 인들은 열린 성문 안으로 무사히 들어갈 수 있었다. 성안은 쫓겨 온 군사들로 법석을 이뤘다. 다른 사람을 기다려주는 이가 하나 없고 누가 살아남고 누가 죽었는지 뒤돌아보는 사람도 없었다. 그저 자기가 다치지 않고 성안으로 들어온 것을 다행으로 여길 뿐이었다. 군사들은 땀을 씻고 타는 목을 축인 다음 성벽에 기대어 누웠다.

그리스 인들은 방패를 쭉 세워 성을 향해 한꺼번에 진격해 들어왔다. 트로이아 인들 중에서는 헥토르 한 사람만이 스카이아이 성문 밖에 버티고 있었으나, 그것도 운명이 시킨 일이었다. 아킬레우스는 여전히 아폴론을 아게노르라 생각하고 뒤쫓고 있었다. 그런데 갑자기 아폴론이 발을 멈추고 돌아서서 신의 목소리로 말했다.

"펠레우스의 아들이여! 무엇 때문에 끈질기게 나를 쫓아오는 것이냐? 나를 쫓느라 트로이아 인들을 추격하는 것을 잊었느냐? 넌 사람을 뒤쫓는 줄 알 테지만 죽일 수 없는 불사의 신을 쫓고 있다는 걸 모르겠느냐?"

아킬레우스는 그제야 자신의 눈을 덮었던 비늘이 떨어지는 것을 느꼈다. 그는 화가 잔뜩 나서 소리쳤다.

"잔인하고 기만적인 신이시여! 나를 속여 성벽에서 이렇게 멀리 끌고 오다니! 그러지 않았다면 트로이아 성으로 들어가기 전에 많은 자가 흙먼지를 입에 물었을 텐데. 당신은 내게서 승리를 빼앗고 트로이아 인들을 어렵지 않게 구해내셨습니다. 당신은 신이시니까 복수를 두려워하지 않겠지요. 그러나 할 수만 있다면 복수를 하고 싶은 심정입니다!"

아킬레우스는 얼른 발길을 돌렸다. 그는 승리로 사기충천해진 전차의 말처럼 성을 향해 사납게 달려갔다. 아킬레우스의 모습을 맨 먼저 본 것은 탑의 망루에 있던 늙은 왕 프리아모스였다. 왕의 눈에 아킬레우스는 밤하늘에서 번쩍이며 농민들에게 파멸을 가져다주는 가뭄의 별처럼 보였다.

늙은 왕은 두 주먹으로 가슴을 두드리며 탄식했고, 투지에 불타 스카이아이 성문 밖에서 아킬레우스를 기다리고 있는 아들을 큰 소리로 불렀다.

"헥토르야, 내 귀한 아들아! 너는 어째서 다른 군사들과 떨어져 혼자 성 밖에 머물러 있느냐? 어째서 저 잔인한 살인자의 손에 몸을 맡기려는 거냐? 저 사나이가 용감한 내 자식들의 목숨을 지금까지 얼마나 많이 빼앗아 갔는지 모르느냐! 자, 얼른 성안으로 들어와 트로이아의 시민들을 지켜다오. 무엇 때문에 목숨까지 버려가며 아킬레우스의 명예를 높여주려 하느냐? 나를, 이 늙고 힘없는 아버지를 불쌍히 여겨다오! 제우스 신은 내 남은 생애를 슬픔 속에서 보내도록 큰 괴로움을 안겨주실 작정인가 보구나. 아들들은 죽고, 딸은 빼앗기고, 왕궁은 약탈당하고, 죄 없는 어린것들은 마룻바닥에 내팽개쳐지고, 며느리들은 손발이 묶여 끌려 나가는 꼴을 보게 될 것이다. 마지막에는 나도 창에 맞아 왕궁 문지방에서 쓰러지고, 기르던 개가 내 살을 갈기갈기 물어뜯고 내 피를 마시겠지!"

늙은 왕은 탑 위에서 흰 머리털을 쥐어뜯으며 아들에게 통사정했다. 어머니 헤카베도 그 옆에 나타나 옷을 찢고 눈물을 흘리며 아들에게 호소했다.

"헥토르야, 내 슬픔도 생각해다오! 저 무서운 사내를 성벽 안으로 들어와서 막아라. 절대로 그와 맞서면 안 된다!"

하지만 양친의 울음도 호소도 헥토르의 고집을 꺾을 수 없었다. 헥토르는 성문 앞 광장에 그대로 버티고 서서 아킬레우스가 돌진해 오기만을 기다렸다.

헥토르가 혼잣말을 중얼거렸다.

"내 친구 폴뤼다마스가 트로이아 인을 이끌고 성안으로 후퇴하자고 내게 충고했을 때 그때 퇴각했어야 했다. 그런데 내가 어리석어 백성을 파멸의 구렁으로 몰아넣었으니 이제 트로이아 백성들을 보기가 두렵구나. 언젠가는 나보다 못한 자가, 헥토르는 제 힘만 믿고 수많은 백성을 희생시켰다고 말하겠지. 그럴 바에야 이기건 지건 모든 사람이 두려워하는 아킬레우스와 맞붙어 싸우는 것이 훨씬 나을 테지! 아니면 이건 어떨까? 갑옷과 투구를 벗어 땅에 놓고 창을 성벽에 세워둔 다음, 아킬레우스 앞으로 가서 헬레네와 파리스가 약탈해 온 모든 재물과 그 밖에 더 많은 것을 주겠다고 제의한다면? 트로이아의 귀족들에게 맹세하게 해 우리가 가진 재물의 정확히 절반을 뚝 떼어 주겠다고 하면? 고통스럽구나. 어째서 이런 생각이 내 마음을 파고드는 것인가? 내가 그에게 다가가 간청하면 어떨까? 아킬레우스는 갑옷을 벗어버려 알몸이 된 나를 마치 여인처럼 무자비하게 베어버리겠지. 지금은 처녀 총각이 수다 떨듯 그와 밀어를 나눌 때가 아니다. 우리 둘은 맞붙어 싸우는 편이 더 좋다. 올륌포스의 신들이 어느 쪽에 승리를 안겨줄지 곧 결정할 것이다!"

이렇게 마음을 정한 헥토르는 그곳에 그냥 버티고 서 있었다.

헥토르가 죽다

점차 다가오는 아킬레우스의 걷는 모습은 무섭고도 당당한 전쟁의 신과 같았다. 그는 오른쪽 어깨 위에 펠리온 산의 물푸레나무로 만든 무시무시한 창을 들었다. 그의 청동 무기는 마치 타오르는 불과 떠오르는 태양처럼 빛났다. 그 모습을 본 헥토르는 자기도 모르게 몸이 떨려 더는 버티고 서 있을 수가 없었다. 헥토르는 성문 쪽으로 몸을 돌렸고 아킬레우스가 그 뒤를 쫓아왔다. 그 모습이 마치 옆으로 피하는 비둘기를 향해 날갯짓하며 곧장 달려드는 매와 같았다. 헥토르는 트로이아 성벽을 따라 전차의 길을 벗어나 더운물과 찬물이 솟구치는 스카만드로스 강의 두 수원을 지나쳐 갔다. 그는 계속해서 성벽을 따라 도망쳤다. 강한 자가 도망을 쳤고 더 강한 자가 그를 추격했다. 이리하여 두 영웅은 트로이아 성을 세 바퀴나 돌았다. 올륌포스 산에 있는 불멸의 신들 또한 이 광경을 숨도 크게 못 쉬며 내려다보았다.

"올륌포스 산의 신들이여, 잘 생각해보아라!"

제우스 신이 입을 열었다.

"결정의 시간이 다가왔다. 헥토르를 다시 한 번 죽음에서 건져줄지, 아니면 비록 그가 용감하지만 이번 싸움에서 죽게 내버려둘지 각자의 의견을 말해봐라."

그러자 팔라스 아테네가 먼저 입을 열었다.

"아버님은 무슨 생각을 하고 계십니까? 이미 오래전에 운명의 손에 맡겨진 사람을 죽음에서 구해주려 하십니까? 생각하시는 대로 하십시오. 그러나 당신의 뜻에 모든 신이 찬성하리라고는 기대하지 마십시오."

제우스 신은 딸의 말에 고개를 끄덕여 동의했고, 그래서 아테네는 올륌포스의 바위산에서 새처럼 날개를 퍼덕이며 전쟁터로 내려갔다.

헥토르는 추격자를 피해 달아나는 중이었다. 추격자는 마치 사슴을 보금자리에서 몰아내 숨 돌릴 여유도 주지 않고 뒤쫓는 사냥개 같았다. 아킬레우스는 자기편 백성들에게 눈짓으로 신호해 헥토르에게 창을 던지지 못하게 했다. 그리스 최대의 적을 쓰러뜨린 최초의 사람이자 유일한 사람이라는 명예를 다른 이에게 빼앗기고 싶지 않았다.

두 영웅이 성벽 주위를 네 번째로 돌면서 스카만드로스 강의 수원 옆에 왔을 때 올림포스 산의 제우스 신은 황금 저울을 꺼내 아킬레우스와 헥토르 두 사람의 운명을 판가름할 죽음의 추를 저울의 접시 위에 올려놓았다. 저울의 한가운데를 잡고 저울질해보니 헥토르의 접시가 하데스 쪽으로 쑥 내려갔다. 그 순간 포이보스 아폴론이 헥토르의 곁을 떠났다. 그러나 여신 아테네는 아킬레우스에게 다가가 귓전에 대고 속삭였다.

"내가 헥토르에게 가서 대담하게 그대와 맞서 싸우도록 격려하는 동안 잠시 쉬어라!"

아킬레우스는 여신의 말을 따라 그 자리에 멈춰 물푸레나무 창에 의지해 서 있었다. 그리고 아테네는 헥토르의 아우 데이포보스의 모습으로 변신해 헥토르 곁으로 갔다.

"아, 형님! 아킬레우스가 추격하니 얼마나 괴롭습니까! 이제 그만 버티고 서서 우리 둘이 함께 막아봅시다!"

헥토르가 기쁜 마음에 눈을 번쩍 뜨며 대답했다.

"데이포보스! 너는 형제들 중 나와 가장 가까운 아우였지만 이번에야말로 마음속 깊이 너를 우러러봐야겠다. 다른 자들은 모두 성벽 뒤에 앉아 있는데 너만은 나를 보고 성 밖으로 감히 뛰쳐나왔으니까 말이다!"

아테네는 헥토르에게 눈짓하더니 먼저 창을 쳐들고 앞장서서 아킬레우스 쪽으로 향했다.

헥토르가 아킬레우스를 향해 소리쳤다.

"펠레우스의 아들이여! 이제 더는 너를 피하지 않겠다. 내 마음은 죽든 죽이든 너와 싸우라고 지금 나를 재촉하고 있다. 그러니 여러 신을 증인으로 세우고 서약하자! 만약 제우스 신이 내게 승리를 주신다면 결코 너의 시체를 마구 다루지 않겠다. 갑옷과 투구를 갖더라도 시체만은 반드시 그리스 편에 돌려주겠다. 너도 나처럼 해줄 것을 약속해라!"

그러나 아킬레우스는 이 제의를 깔아뭉갰다.

"그 따위 약속이 내 귀에 들어올 것 같은가? 사자와 사람 사이의 협약이나 늑대와 양 사이의 화해 따위를 바랄 수 있겠는가? 마찬가지로 나는 너와 우의를 맺을 수 없다. 두 사람 중 누구 하나는 죽어야만 한다. 재주껏 솜씨를 부려라. 창을 쓰거나 칼을 쓰거나 그건 자유다. 다만 한 가지 분명한 것은 이제 내 손에서 벗어날 수 없다는 사실이다. 이제야말로 네놈이 창을 써서 내 부하들에게 끼친 화를 한꺼번에 갚아줄 테다."

이렇게 외치면서 아킬레우스는 힘껏 창을 내던졌다. 그 순간 헥토르가 얼른 무릎을 꿇었기 때문에 창은 헥토르의 머리 위를 지나 땅에 꽂혔다. 그러자 아테네가 헥토르 몰래 창을 뽑아 다시 아킬레우스에게 돌려주었다. 화가 난 헥토르도 창을 던졌지만 아킬레우스가 내민 방패 한가운데를 맞히고 그대로 튕겨 나갔다. 당황한 헥토르가 뒤를 돌아다보며 아우 데이포보스를 찾았다. 재빨리 다시 던질 창이 없어서였다. 그러나 데이포보스는 아무 데도 없었다.

헥토르는 아테네에게 속은 것을 알아차리고 자기 운명이 다했음을 깨달았다. 그래도 불명예스럽게 죽는 꼴은 보이지 말아야 한다고 다짐했다. 그는 재빨리 허리에 찬 긴 칼을 뽑아 오른손에 들고는, 하얗게 질린 토끼나 양을 보고 하늘에서 내려오는 독수리처럼 아킬레우스를 덮쳤다. 아킬레우스도 가만있지 않았다. 방패를 머리 위로 높이 치켜들고 헥토르를 향해 앞으로 나아갔다. 투구가 아래위로 움직였고 긴 머리털이 날렸으며, 그가 오른손으로 휘두르는 창은 별처럼 번쩍였다.

아킬레우스의 눈은 헥토르의 방비가 허술한 곳을 노리고 있었다. 헥토르는 이전에 빼앗은 눈부시게 훌륭한 아킬레우스의 갑옷으로 온몸을 가리고 있었으나 목과 어깨를 잇는 쇠고리 쪽에서 어깨가 살짝 드러나 보였다. 아킬레우스는 거기를 향해 창을 힘껏 던졌다. 창은 목줄기를 푹 찌르고 뒷덜미까지 관통했다. 그렇지만 헥토르의 목젖을 찌르지는 못했다. 아킬레우스는 환성을 올리며 시체를 들개와 독수리의 먹이로 던져주겠다고 소리쳤다. 부상당한 헥토르는 먼지 속에 넘어졌으나 아직 말은 할 수 있었다. 그는 가쁜 숨을 몰아쉬며 간청했다.

"아킬레우스여! 그대의 목숨과 무릎과 그대의 부모 이름에 걸고 청하겠소. 그리스의 함선들 옆에서 나를 개의 먹이가 되지 않게 해주오! 그대가 원하는 만큼 황금과 청동을 줄 테니 내 시체를 트로이아로 돌려보내주시오. 그곳 사람들이 화장을 치르도록 해주시오."

그러나 아킬레우스는 무서운 얼굴을 가로저으며 말했다.

"나의 무릎과 나의 부모에 걸고 맹세하지 말아라. 내 가장 사랑하는 친구를 죽인 살인자야! 아무리 청해도 소용없다. 아무도 네놈의 시체에 덤벼드는 개를 쫓아내주지 않을 것이다. 프리아모스가 네 몸뚱이와 똑같은 무게의 황금을 가져다준다 해도 말이다!"

헥토르가 죽어가며 말했다.

"음, 이제야 너를 알겠다! 관대함이라고는 전혀 모르는 자임을 이미 짐작했지만 말이다! 네 마음은 쇠처럼 차갑구나! 그러나 신들은 반드시 내 원수를 갚아줄 것이다. 너는 저 높은 스카이아이 성문 앞에서 아폴론의 화살에 맞으리라. 지금의 나 같은 꼴이 되어 먼지구덩이에 엎드려 죽게 될 때 내 생각이 날 것이다."

이런 예언을 하고 헥토르의 영혼은 육체를 떠나 하데스로 날아갔다. 아킬레우스가 소리쳤다.

"너 같은 놈은 얼른 죽어버려라! 내 운명은 제우스 신이나 그 밖에 다른 신들이 원하실 때 다할 것이다!"

이윽고 아킬레우스는 헥토르의 목에 꽂힌 창을 뽑아 옆에 놓은 다음 이전에는 자기 것이던 피투성이 갑옷과 투구를 헥토르에게서 빼앗았다.

많은 그리스 전사가 달려와 우람한 헥토르의 시체를 바라보고 경탄해 마지않았다. 시체를 만지며 사람들이 말했다.

"아아, 헥토르가 타오르는 불방망이로 함선들을 불사를 때보다 한결 부드러워졌구나!"

이제 아킬레우스가 백성들 한가운데에 서서 말했다.

"사랑하는 전우들, 용사들이여! 신들의 호의로 나는 여기, 트로이아 인들 전체보다도 더 큰 재앙을 그리스 인들에게 주었던 이 사내를 때려눕힐 수 있었다. 그러니 앞으로는 더욱 굳게 마음먹고 투구의 끈을 졸라매고 트로이아 인이 성문을 열어줄 것인지, 아니면 헥토르를 잃고도 계속 저항할 것인지 한번 공격해보자. 아니다, 내가 지금 무슨 말을 하는 건가? 나의 친구 파트로클로스는 아직 장례도 치르지 못한 채 배에 누워 있지 않은가! 모두 승리의 노래를 부르며 우선은 파트로클로스에게 바칠 희생의 제물을 운반해 가는 것이 좋겠다!"

이렇게 말하면서 잔혹한 아킬레우스는 다시 헥토르의 시체 쪽으로 가더니 그의 양쪽 발 복사뼈와 뒤꿈치 힘줄에 구멍을 뚫고 쇠가죽 끈을 꿰어 전차의 좌석에 꽉 붙들어 맸다. 그리고 전차에 올라타더니 채찍을 휘둘러 시체를 질질 끌면서 그리스 군의 함선이 있는 쪽으로 말을 몰았다. 헥토르의 아름다웠던 머리칼은 자욱한 먼지에 휩싸여 온통 엉클어졌다. 헥토르의 시체가 모래 위에 굵은 줄을 그으며 끌려갔다.

성벽 위에서 헥토르의 어머니 헤카베가 이 잔혹한 광경을 내려다보고 있었다. 그녀는 얼굴을 가렸던 베일을 벗어버리고는 비통한 마음으로, 끌려가는 아들의 뒷모습을 눈으로 좇고 있었다. 프리아모스 왕도 눈물 흘리며 슬퍼했다. 트로이아 인들과 다른 나라 사람들이 통곡하는 소리와 공포의 외마디 비명이 온 거리에 울려 퍼졌다. 늙은 왕은 슬픔과 노여움에 스카이아이 성문을 열고 뛰쳐나가 아들을 죽인 살인자를 뒤쫓으려다 겨우 발을 멈췄다. 그리고 땅바닥에 몸을 던지며 소리쳤다.

"헥토르야! 헥토르야! 네가 죽다니, 이 슬픔은 적에게 맞아 죽은 다른 아들들의 슬픔을 잊어버릴 만큼 크구나! 아, 너만은 내 팔에 안겨 죽었어야 했는데!"

한편 헥토르의 아내 안드로마케는 이 슬픈 일을 아직 모르고 있었다. 남편이 성 밖에 있음을 전해주는 전령이 오지 않은 탓이었다. 안

잔혹한 아킬레우스는 다시 헥토르의 시체를 향해 가더니 그의 양쪽 발 복사뼈와 뒤꿈치 힘줄에 구멍을 뚫고 쇠가죽 끈을 꿰어 전차의 좌석에 꽉 붙들어 맸다. 그리고 전차에 올라타더니 채찍을 휘둘러 시체를 질질 끌면서 함선이 있는 쪽으로 말을 몰았다. 헥토르의 아름다웠던 머리칼은 자욱한 먼지에 휩싸여 온통 엉클어졌다. 헥토르의 시체는 모래 위에 굵은 줄을 그으며 끌려갔다.

〈아킬레우스가 헥토르를 전차에 묶다〉, 그리스 도자기, 기원전 510년경, 델로스 박물관.

드로마케는 궁전의 자기 방에 조용히 앉아 아름다운 자주색 옷에 여러 가지 무늬로 수를 놓고 있었다. 그리고 시녀를 불러 주인이 돌아올 때가 되었으니 큰 솥에 불을 지펴 물을 끓이고 목욕 준비를 하라고 일렀다. 그때 탑 쪽에서 통곡과 비명 소리가 들려왔다.

불길한 마음에 안드로마케가 말했다.

"혹시 아킬레우스가 나의 용감한 남편을 성에 들어가지 못하게 하는 건 아닐까? 결코 무리 속에 있으려 하지 않는 대담한 내 남편을 위협하는 게 아닐까? 자, 시녀들아! 너희들 둘은 내 뒤를 따라오너라. 무슨 일이 일어났는지 가보자꾸나!"

안드로마케는 가슴을 두근거리며 궁전을 빠져나가 급히 성루에 올라 성벽 밖을 내려다보았다. 성 밖에서는 아킬레우스의 말이 남편의 시체를 들판으로 끌고 달리는 참이었다. 안드로마케는 프리아모스 왕 내외의 팔에 쓰러지고 말았다. 머리에서 고귀한 장식 핀과 리본, 머릿수건, 베일 등 아프로디테의 결혼 선물이 떨어지며 멀리 흩어졌다.

겨우 정신을 차려 숨을 쉬기 시작한 그녀는 트로이아의 여인들 앞에서 가슴이 찢어지는 목소리로 남편을 애도했다.

"헥토르여, 불쌍한 내 신세여! 그대는 나처럼 비참하고 불운하게 태어났군요. 당신은 떠나고 고통과 슬픔 속에 나 홀로 남았어요. 아버지를 강탈당해 눈을 들지도 못하고 눈물에 볼이 젖는 어린 자식의 과부로 남았군요! 이제 우리 아들은 아버지의 친구들을 찾아다니며 외투나 소매를 붙잡고 구걸하겠지요. 그들은 그에게 술잔을 내밀겠지만 입술이나 축일 정도일 뿐 충분히 주지는 않겠지요! 그리고 부모가 모두 살아 있는 어떤 아이가 그 애를 주먹으로 때리고 욕설을 퍼부으며 잔칫자리에서 밀어내며 말하겠지요. '어서 꺼져! 네 아버지는 잔치에 없잖아!' 그러면 아이는 울면서 과부가 된 어머니에게 돌아오겠지요. 그리고 내 남편의 시신으로 개들은 배를 채울 테고 나머지는 구더기들에게 뜯어 먹히겠지요. 옷장에 있는 화려하고 고운 옷이 다 무슨 소용 있나요? 모두 불태워버리겠어요. 그게 내게 무슨 소용입니까? 내 남편 헥토르는 더는 그 옷을 입고 눕지도 못하고 더는 그 옷을 입어 빛나지도 못할 텐데 말입니다."

이렇게 그녀가 울며 탄식하니 그녀 주변에 모여든 트로이아 여인들도 같이 비탄에 잠겼다.

파트로클로스의 장례식

헥토르의 시신을 끌고 함선으로 돌아온 아킬레우스는 파트로클로스의 침대 아래 시신을 엎어놓아 얼굴이 흙먼지 속에 묻히게 했다. 그동안 그리스 인들 수천 명은 갑옷과 투구를 벗은 뒤 아킬레우스의 함선 옆으로 모여들어 장례식을 준비했다. 아킬레우스는 소와 양, 돼지를 잡아 군사들을 먹였다. 죽은 파트로클로스 곁을 떠나지 않으려는 아킬레우스를 친구들이 억지로 떼내 아가멤논 왕의 막사로 데리고 갔다. 그곳에는 큰 가마솥에 하나 가득 물이 데워져 있었다. 그들은 전쟁터에서 뒤집어쓴 피투성이 먼지를 씻어내라고 아킬레우스에게 권했다. 그러나 아킬레우스는 완강히 거절하고 맹세했다.

"제우스 신이여, 보살펴주소서! 파트로클로스의 화장이 끝나기 전에는 내 머리털을 자르지 않을 것이고, 친구의 묘비를 세워주기 전에는 목욕으로 내 머리를 적시지 않겠습니다. 그대들은 내 걱정 말고 지금은 음식을 드는 것이 좋겠소. 그러나 아가멤논 왕이여! 내일은 숲의 나무를 베어다 파트로클로스의 장례에 필요한 모든 절차를 밟아주시오. 화장하는 불로 비참한 친구의 모습을 빨리 떨쳐버리고 군사들을 다시 전쟁터로 향하게 합시다!"

지휘관들은 아킬레우스의 말에 따라 음식을 먹으러 갔다. 그들은 식사를 마친 다음 각자 쉬러 갔다. 그러나 펠레우스의 아들은 자기 막사 안에 죽은 자들을 둔 탓에, 뮈르미도네스 인들에게 둘러싸인 채 파도에 깨끗이 씻긴 조약돌이 깔린 바닷가로 내려가 걸터앉았다.

오랫동안 그는 딱딱한 곳에 앉아 죽은 친구를 생각하며 탄식했다. 그러다가 마침내 아킬레우스가 잠들었을 때 불쌍한 파트로클로스의 영혼이 꿈속에 나타났다. 그는 키나 외양, 목소리며 눈이며 모든 것이 생전의 모습 그대로였고 입고 있는 옷도 똑같았다. 파트로클로스의 망령이 아킬레우스의 머리 곁에 다가오더니 말했다.

"자네는 나를 잊고 잠이 들었는가, 아킬레우스여! 자네는 내가 살아 있을 때의 일만 생각하고 죽은 나에 대해서는 생각하지 않고 있네! 제발 무덤을 만들어주게! 하데스의 문을 통과하려면 무덤이 필요하다네. 아직까지 나는 이승에서 헤매고 있네. 그 문 앞에서 파수꾼 혼령이 나를 쫓아내고 있기 때문일세. 화장을 해주기 전까지는 조용히 쉴 수가 없다네. 그리고 친구여, 자네도 트로이아 성문 근처에서 목숨을 잃게 될 운명임을 알아두게나. 그러니까 무덤은 우리 둘의 뼈가 나란히 쉴 수 있도록 준비해주게나. 자네 아버님 궁전에서 우리가 함께 자라던 때처럼 말일세."

"모두 시키는 대로 하겠네, 형제여!"

이렇게 외친 아킬레우스가 파트로클로스의 망령에게 두 손을 내밀었다. 그러자 망령은 연기처럼 사라지고 말았다. 영웅 아킬레우스는 놀라서 벌떡 일어나 손뼉을 치며 비통하게 말했다.

"하데스의 집에도 혼령이 살고 있구나. 그러나 전혀 의미 없는 삶이지! 가련한 파트로클로스의 혼령이 밤에 내 앞에 나타나 슬피 울었는데 생전 모습과 똑같았소."

아킬레우스의 이 말은 모든 영웅에게 죽은 자에 대한 그리움을 새삼 일깨웠다.

먼동이 트자 아가멤논의 명령으로 군사들이 노새를 끌고 진영을 떠났다. 메리오네스가 앞장서 노새를 재촉했고 군사들은 도끼와 밧줄을 가지고 뒤를 따랐다. 이데 산 숲속에 이르자 군사들은 나무를 베어낸 다음 잘게 쪼개 노새 등에 쌓았다. 노새는 목재를 함선들이 있는 진지로 열심히 실어 날랐고, 군사들도 통나무를 어깨에 메고 날라다가 해안에 늘어놓았다.

아킬레우스는 뮈르미도네스 군사들에게 갑옷과 투구를 입으라 하고 전차에 말을 매라 명령했다. 이윽고 장례식 행렬이 움직였다. 먼저 왕과 영웅들이 기수와 함께 전차에 올라타 앞장섰고, 그 뒤를 수천 명의 보병이 구름처럼 따랐다. 행렬의 중간에서 전우들이 파트로클로스의 관을 천천히 옮겼다. 그 유해는 전우들이 잘라 뿌려놓은 곱슬머리로 덮였으며 아킬레우스는 깊은 슬픔에 잠겨 친구의 머리를 두 손으로 받치고 있었다.

장례 행렬이 묘지로 정해진 곳에 이르자 파트로클로스의 관이 내려졌다. 화장을 위한 나무를 산더미처럼 쌓았다. 이 장작더미를 등지고 서 있던 아킬레우스가 자신의 갈색 머리털을 자른 다음 멀리 검은 바다 쪽을 바라보며 말했다.

"아, 텟살리아의 고향에 있는 스페르케이오스 강이여! 내가 고향으로 살아 돌아갈 수만 있다면, 이 머리털을 잘라 거룩한 숲과 제단이 있는 그대의 수원지에 쉰 마리 숫양과 함께 제물로 바치겠다고 한 아버지 펠레우스의 서약도 허사가 되었습니다! 강의 신이여, 당신은 아버지의 애절한 소원을 들어주지 않았습니다. 당신은 나를 고향으로 돌려보내주지 않는군요! 그렇다면 내 머리털을 친구 파트로클로스와 함께 하데스에게 보내도 결코 노하지는 않겠지요."

이렇게 말하고 아킬레우스는 잘라낸 자기 머리털을 파트로클로스의 손에 쥐어주었다. 그리고 아가멤논에게 다가가 말했다.

"왕이시여! 이제 그리스 백성들은 충분히 슬퍼했소. 우선 흩어져 식사를 하고 쉬게 한 다음 매장을 마무리합시다!"

아가멤논의 명령으로 군사들이 각자의 함선으로 돌아갔고 화장을 맡은 왕들만 남았다. 그들은 사방으로 백 보 정도 되는 지점에 산에서 베어 온 장작을 거대한 더미로 쌓아 올렸다. 그리고 그 위에다 슬픈 마음으로 시체를 올려놓았다. 장작더미 앞에서 수많은 양과 황소의 가죽을 벗겨 주위에 쌓아 올린 뒤 그 기름기를 떼어 시체를 덮었다. 그리고 관을 받친 틀 위에 벌꿀과 기름 단지를 올려놓고 네 마리의 살아 있는 말을 장작더미 위로 몰아 올렸다. 그리고 기르는 개 아홉 마리 가운데 두 마리를 잡았고 마지막으로 트로이아 포로 중 용감한 젊은 병사 열두 명을 칼로 찔러 죽였다. 이렇게 아킬레우스는 친구의 죽음에 대해 무서운 앙갚음을 했다.

장작더미에 불이 붙자 아킬레우스는 불을 더 거세게 일으키게 한 다음 죽은 친구를 향해 외쳤다.

"파트로클로스여! 하계에 가서도 그대에게 즐거움이 함께하기를 빌겠네! 내가 말했던 바를 나는 지켰다네. 지금 불꽃이 열두 명의 희생자를 불태우고 있네. 그러나 헥토르만은 불에 태우지 않고 개의 먹이가 되게 하겠네!"

아킬레우스가 위협하듯 소리쳤다. 그러나 신들은 그것을 용납하지 않았다. 아프로디테가 밤이나 낮이나 헥토르의 시체 옆을 지키고 앉아 굶주린 개들을 쫓아버렸다. 또한 장미향 나는 암브로시아를 시신에 발라준 덕분에 끌려오면서 난 상처의 흔적도 감쪽같이 없어졌다. 아폴론은 헥토르의 시체가 있는 곳에 구름을 끌어들여 태양이 시체를 말려버리지 않게 했다.

파트로클로스를 화장하는 장작더미에 불이 붙었지만 좀처럼 타오를 기미가 보이지 않았다. 아킬레우스는 다시 장작더미를 등지고 북풍의 신 보레아스와 서풍의 신 제퓌로스에게 제물을 맹세하고, 황금잔에 포도주를 부으면서 신들에게 장작불이 활활 타오르게 해달라고 빌었다. 무지개 신 이리스가 바람의 신들에게 연락을 했다. 그러자 두 바람의 신은 무시무시한 소리를 내며 바다를 건너 달려와 장작더미에 세찬 바람을 보내주었다. 보레아스와 제퓌로스는 밤새도록 장작더미에 바람을 불어넣어 불길을 일으켜주었다.

아킬레우스는 황금 주전자와 잔으로 밤새 포도주를 부어 죽은 친구 파트로클로스의 영혼을 위한 제주를 바쳤다. 새벽녘이 되자 바람이 잦아들면서 불도 꺼졌고 장작더미도 무너져 재가 되었다. 잿더미 한 가운데에 파트로클로스의 뼈가 떨어져 있었으며 그보다 훨씬 바깥쪽에 제물로 바쳐진 짐승과 인간의 뼈가 뒤섞인 채 흩어져 있었다.

아킬레우스의 명령으로 영웅들은 뜨거운 재 속의 불씨를 빨간 포도주를 부어서 껐다. 그들은 눈물을 흘리며 친구의 백골을 주워 황금 단지에 넣고 막사 안에 안치했다. 그리고 곧 무덤을 만들기 위해 넓이를 재고, 타다 남은 장작더미 언저리에 빙 둘러 돌을 깔고 그 위에 모래를 덮어 무덤을 만들었다.

파트로클로스의 매장이 끝나자 이번에는 죽은 영웅의 명예를 기리는 제전을 열었다. 아킬레우스는 그리스 인들을 모두 모아 원형으로 둘러앉힌 다음 세발솥, 쟁반, 좋은 말, 노새, 살찐 소, 포로 중에서 춤 잘 추는 여인들, 순금 등을 상품으로 늘어놓았다.

첫 순서로 전차 경기가 열렸다. 아킬레우스는 이 경기에 나서지 않았다. 가장 사랑했던 기수가 무덤 속에 잠들어 있기 때문이었다. 그 대신 아드메토스의 아들이며 전차를 가장 잘 아는 에우멜로스가 일어났다. 그다음 아이네이아스에게서 빼앗은 말을 전차에 달고 있는 디오메데스가, 자신의 수말 포다르고스와 아가멤논의 암말 아이테를 거느린 메넬라오스가, 네 번째로 아버지한테서 전차 경주에 대해 여러 가지 훌륭한 조언을 듣고 나온 네스토르의 젊은 아들 안틸로코스가, 마지막이자 다섯 번째로 빛나는 말이 이끄는 전차를 몰고 메리오네스가 나왔다.

다섯 영웅이 전차에 앉았다. 아킬레우스가 경기를 어떻게 치를지를

아킬레우스는 뮈르미도네스 군사들에게 갑옷과 투구를 입으라 하고 전차에 말을 매라 명령했다. 이윽고 장례식 행렬이 움직였다. 먼저 왕과 영웅들이 기수와 함께 전차에 올라타 앞장섰고, 그 뒤를 수천 명의 보병이 구름처럼 따랐다. 행렬의 중간에서 전우들이 파트로클로스의 관을 천천히 옮겼다. 그 유해는 전우들이 잘라 뿌려놓은 곱슬머리로 덮였으며 아킬레우스는 깊은 슬픔에 잠겨 친구의 머리를 두 손으로 받치고 있었다.

〈파트로클로스의 장례식〉, 자크 루이 다비드, 1779년, 아일랜드 내셔널 갤러리.

정하는 제비를 넣은 투구를 흔들었다. 안틸로코스의 제비가 투구에서 맨 먼저 나왔다. 그다음에 차례차례 에우멜로스, 메넬라오스, 메리오네스, 디오메데스의 제비가 나왔다. 경기의 심판은 아킬레우스의 아버지 펠레우스의 친구인 늙은 포이닉스가 맡았다. 이제 동시에 다섯 영웅이 채찍으로 때리고 고삐를 당기며 말을 몰아 들판을 달렸다. 자욱한 모래연기가 일고 말갈기가 헝클어지며 휘날렸다. 수레바퀴는 땅에 깊이 파묻힐 듯 구르다가도 튀어 올라 공중을 날기도 했다. 기수들은 자리에서 일어났고 승부욕에 가슴이 두근거렸다. 바닷가 가까이에 있는 경주로의 마지막에 들어서자 속도를 내기 위해 전속력으로 질주했다.

맨 앞을 달리는 것은 에우멜로스의 암말들이고 바로 등 뒤에서 디오메데스의 수말들이 거친 숨결을 토하고 있었다. 아폴론이 화가 나서 디오메데스의 손에서 채찍을 떨어뜨리자 말의 속도가 떨어졌다. 아폴론의 계략을 눈치 챈 아테네는 디오메데스의 손에 채찍을 다시 쥐어주었다. 그러고는 에우멜로스의 전차 멍에를 부숴버려 암말들이 따로 떨어져 뛰었고, 기수인 에우멜로스는 바퀴 옆으로 굴러떨어져 부상을 입었다. 이렇게 해서 튀데우스의 아들 디오메데스가 맨 앞에 나섰고, 바로 뒤에는 메넬라오스가, 그 뒤에 안틸로코스가 말을 야단치는 소리를 내지르며 따라갔다. 메넬라오스는 패인 길 때문에 주춤했으나 안틸로코스는 대담하게도 좁게 패인 길을 넘어 메넬라오스를 앞서 갔다.

이 광경을 구경하던 용사들이 흙먼지 속에서 달리는 말과 마차를 분간하려 애쓰는 동안 주석과 황금으로 번쩍이는 마차를 탄 디오메데스가 결승점에 다다랐다. 열이 오른 말의 목덜미에서 땀이 줄줄 흘렀다. 디오메데스는 기수 자리에서 뛰어내려 채찍을 멍에에 기대놓았다. 그의 친구 스테넬로스가 상으로 아름다운 여인과 손잡이가 달린 주전자를 받아 그것을 친구에게 나르게 한 다음 그 자신은 말을 마차에서 떼어냈다.

곧이어 안틸로코스가 들어왔고 거의 같은 시각 메넬라오스가 들어왔다. 그다음에 창을 던질 간격만큼 떨어져 들어온 것이 메리오네스였다. 맨 끝으로 관절을 접질린 에우멜로스가 부서진 전차를 끌고 겨우 들어왔다. 아킬레우스는 에우멜로스가 뜻하지 않은 재난을 당했지만 기수로서 가장 뛰어났기 때문에 이등 상을 주려 했다. 그러자 안틸로코스가 화를 내며 자리에서 일어섰다.

"이등 상으로 줄 훌륭한 여섯 살짜리 암말은 내 것입니다. 에우멜로스를 가엾게 여기는 그대의 막사에는 황금과 청동, 가축, 말, 게다가 여인들이 수두룩하니 마음 내키는 대로 나눠 주면 될 게 아닙니까!"

아킬레우스는 웃으며 젊은 친구에게 약속대로 말을 주었다. 에우멜로스에게는 전에 아스테로파이오스에게서 빼앗은 훌륭한 가슴막이를 주었다. 그러자 이번에는 메넬라오스가 안틸로코스는 계략을 써서 자신의 말이 달리는 것을 방해했다며 비난하고 나섰다. 그러고는 자기 이야기가 틀렸다면 말에 손을 얹고 포세이돈 신에게 맹세하라고 다그쳤다. 창피함을 느낀 안틸로코스는 옳지 못한 행위를 실토하고 자기가 받은 암말을 끌고 가 메넬라오스에게 넘겨주었다. 화가 풀린 메넬라오스는 젊은 안틸로코스에게 말을 다시 양보하고 자기는 삼등 상인 술잔을 받았다. 사등 상으로 메리오네스가 두 탈란톤의 황금을 받았고, 남은 오등 상 곧 한 번도 불에 올려놓지 않은 손잡이 달린 냄비는 나이 든 네스토르를 공경해 그에게 주었다.

전차 경기가 끝나고 이번에는 권투 시합이 열렸다. 승리자에게는 노새를 주고 패한 자에게는 손잡이 달린 잔을 주기로 되어 있었다. 이 발표를 듣자 갑자기 몸집이 크고 늠름한 사나이가 벌떡 일어섰다. 그는 파노페우스의 아들 에페이오스였다. 그는 노새를 잡고 소리쳤다.

"이 상은 내 것이오. 누구든 잔을 가져가고 싶으면 앞으로 나오시오! 그러나 미리 말해두겠소. 잔을 가지고 싶은 자는 내 주먹에 몸뚱이가 박살나고 뼈는 가루가 될 줄 아시오!"

이 엄청난 엄포에 영웅들은 한동안 입을 다물고 있었다. 이윽고 메키스테우스의 아들 에우뤼알로스가 허리띠를 졸라맨 다음 에페이오스와 싸우러 나갔다. 곧바로 두 사람의 팔이 왔다 갔다 했고 주먹이 서로의 턱에서 세찬 소리를 냈다. 두 사람의 몸에서 식은땀이 흘러내렸다. 마침내 에페이오스가 상대방 볼을 주먹으로 치자, 에우뤼알로스는 파도 사이에서 바닷가 풀숲 위로 튀어나온 물고기처럼 땅바닥에 널브러지고 말았다. 에페이오스는 두 손으로 그를 번쩍 쳐들어 모두에게 보였다. 친구들은 피를 토하고 머리를 축 늘어뜨린 에우뤼알로스를 시합장에서 데리고 나왔다.

이어서 열린 씨름 경기에도 아킬레우스는 상품을 내걸었다. 승리자에게는 소 열두 마리의 값어치가 있는 커다란 세발솥을 주고, 패한 자에게는 손재주 뛰어난 꽃 같은 처녀를 준다는 것이었다. 곧 유연한 팔을 가진 오뒷세우스와 대 아이아스가 나와 목수가 통나무를 짜 맞추듯 서로 꽉 움켜잡았다. 땀이 흘러내렸고 등뼈에서는 뚝뚝 소리가 났다. 옆구리와 어깨 근처의 핏줄이 부풀어올랐다. 구경하던 그리스 인들은 두 사람 모두 아무런 움직임이 없자 화가 나서 시합에 불만을 터뜨렸다. 그때 대 아이아스가 오뒷세우스를 공중으로 들어 올렸다. 그 순간 오뒷세우스가 무릎을 굽혀 뒤에서 찼고 아이아스는 벌렁 자빠졌다. 오뒷세우스가 그의 가슴 위로 겹쳐 넘어졌다. 그러나 그는 대 아이아스를 전혀 들어 올리지 못해 두 사람은 서로 껴안은 채 먼지 속을 뒹굴었다.

아킬레우스가 외쳤다.

"두 사람 모두 승자요! 두 영웅에게는 같은 상품을 주겠소."

이어 벌어진 달리기 시합의 승리자에게는 예술적으로 훌륭하게 세공된 여섯 되들이 은 항아리, 이등 상에는 소 한 마리, 삼등 상에는 반 탈렌톤의 금을 주기로 했다. 달리기 경주에는 발 빠른 소 아이아스, 오뒷세우스, 안틸로코스가 참가했다.

아킬레우스가 출발 신호를 했다. 아이아스가 맨 앞으로 치고 나왔으며 오뒷세우스가 그 뒤를 따랐다. 둘 사이의 거리는 베틀과 베를 짜는 여인의 거리만큼이나 가까웠다. 오뒷세우스가 내뿜는 숨결이 아이아스의 목에 느껴질 정도였다. 그리스 인들이 달리는 영웅들에게 성원을 보냈다. 두 사람이 결승점 가까이 이르렀을 때 오뒷세우스는 마음속으로 수호신 아테네에게 빌었다. 아테네는 곧 오뒷세우스의 발을 가볍게 해주었고 아이아스가 파트로클로스에게 제물로 바쳤던 소와 양의 똥을 밟아 미끄러지게 했다. 그 때문에 아이아스의 입과 코가 오물로 가득 찼다.

오뒷세우스가 은 항아리를 차지하고 아이아스가 오물을 뱉어가며 소를 받자 구경하는 사람들이 웃음을 터뜨렸다. 끝으로 상을 받은 안틸로코스가 미소 지으며 말했다.

"신들은 나이 많은 분에게 명예를 안겨주셨습니다. 아이아스는 나보다 나이가 약간 많지만 우리보다 오래된 민족의 후손이지요."

이 말을 들은 아킬레우스는 마음씨 고운 젊은이에게 말했다.

"그대는 시기도 하지 않고 말을 잘하는구나! 그대의 상금에 황금 반 탈란톤을 더 얹어주겠다."

그리고 아킬레우스는 예전에 파트로클로스가 빼앗아 온 사르페돈의 훌륭한 창을 사람들이 모인 곳으로 가져와 방패, 투구와 함께 내려놓았다. 그리고 이것을 가지려면 가장 용감한 두 영웅이 무장하고 싸워야 하며, 갑옷과 무기는 두 사람의 공동 소유로 해주겠다고 했다. 또한 자신의 막사에서 두 영웅을 위해 성대한 잔치를 베풀고 이긴 사람에게는 별도로 아스테로파이오스에게서 빼앗은 트라케의 은못이 박힌 칼을 주겠다고 했다. 텔라몬의 아들 대 아이아스와 디오메데스가 나섰다. 그들은 서로를 위협적으로 노려보며 창을 들고 세 번이나 달려들었다. 아이아스의 창은 디오메데스의 방패를 꿰뚫었지만 디오메데스는 아이아스의 목덜미를 노렸다. 아이아스를 걱정하는 그리스인들이 두 사람을 떼어놓았고 트라케의 칼은 결국 디오메데스 차지가 되었다.

이어서 투포환 경기가 벌어졌다. 이 투포환은 아킬레우스에게 맞아 죽은 테바이 왕 에에티온이 사용하던 무기의 하나였다. 에페이오스가 원을 그리며 돌다가 힘껏 던졌건만 그 모습에 모두가 웃었다. 그다음으로는 레온테우스가 던졌고, 이어서 힘센 아이아스가 다른 사람들보다 더 멀리 던졌다. 그러나 폴뤼포이테스가 던지자 마치 목자가 풀 뜯는 소들 너머로 막대기를 던지는 것처럼 멀리 날아갔다. 폴뤼포이테스는 투포환을 상품으로 받았다.

다음은 활쏘기였다. 아킬레우스는 궁수를 위해 푸른빛이 감도는, 쇠로 만든 양날도끼와 손도끼를 각각 열 개 내놓았다. 그리고 돛대 위에 가느다란 실로 비둘기 한 마리를 매어놓았다. 쏘아 맞힌 사람은 양날 도끼를 받고 빗나간 사람은 손도끼로 만족해야 했다. 누가 먼저 활을 쏠지 결정하기 위해 테우크로스와 메리오네스가 제비를 뽑자 투구에서 테우크로스의 제비가 나왔다. 그러나 그는 아폴론의 악의로 비둘기가 아닌, 그것을 잡아 맨 실을 맞혔다. 그 때문에 비둘기는 하늘 높이 날아가버렸다.

테우크로스가 화가 나 바라보는 동안 메리오네스는 그의 손에서 활을 빼앗아 하늘 높이 날아가는 비둘기의 날개를 쏘아 맞혔다. 메리오네스는 급히 아폴론에게 소 백 마리를 제물로 바치겠다고 맹세했다. 상처 입은 비둘기는 돛대 위에 내려앉았으나 곧바로 날개와 목을 축 늘어뜨리고 땅에 떨어졌다. 사람들이 모두 놀라 환호성을 질렀다. 이렇게 해서 메리오네스는 큰 도끼를 차지하고 테우크로스는 작은 손도끼를 받아 들고 슬그머니 자리를 떴다.

마지막으로 열린 창던지기 상품으로는 창 한 자루와 함께 아름다운 꽃무늬가 조각된 가마솥이 나왔다. 맨 먼저 총사령관 아가멤논이 나섰고 그 뒤를 이어 메리오네스가 일어났다.

아킬레우스가 말했다.

"아트레우스의 아들 아가멤논이여! 그대가 어느 영웅보다 창을 잘 던진다는 것은 우리 모두 전쟁을 통해 알고 있소. 그러니 싸우지 말고 창은 영웅 메리오네스에게 주고 그대가 솥을 받아주시오!"

아가멤논은 두말없이 이를 받아들여 메리오네스에게 창을 주고 자기는 가마솥을 받았다. 이렇게 해서 영웅 파트로클로스를 위한 제전이 끝났다.

프리아모스, 아킬레우스를 찾아가다

제전을 구경하려고 모였던 사람들이 흩어져 각자 맛있는 식사를 한 다음 잠자리에 들었다. 그러나 아킬레우스만은 밤새도록 잠들지 못했다. 그는 장례를 치른 친구 생각에 잠겨 있었다. 그는 잠자리에서 모로 누웠다가 똑바로 누웠다가, 또 엎드리기도 하다가 결국 벌떡 일어나 바닷가를 이리저리 헤맸다. 날이 새자마자 아킬레우스는 말을 전차에 연결하더니 헥토르의 시체를 전차에 매달아 묶고 파트로클로스의 무덤 주위를 세 바퀴나 질질 끌고 다녔다. 그러나 아폴론이 황금 아이기스 방패로 시체를 감싸 다치지 않도록 지켜주었다. 아킬레우스는 모랫바닥에 엎드려 뒹구는 헥토르의 시체를 버려두고 떠났다.

올림포스 산에서는 헤라를 제외한 모든 신이 헥토르를 불쌍하게 여겼다. 제우스 신은 전령을 보내 아킬레우스의 어머니 테티스를 불러들였다. 그는 테티스에게 지체 없이 그리스 진영으로 가서 아킬레우스가 헥토르의 시체를 무자비하게 함선 옆에 버려둔 데 대해 제우스 신을 비롯한 여러 신이 몹시 화내고 있음을 알려주라고 명했다.

명령을 받은 테티스가 아들의 막사로 갔다. 여신은 아킬레우스 옆에 앉아 그를 상냥하게 어루만지며 말했다.

"사랑하는 아들아! 음식과 잠도 잊은 채 언제까지 슬픔으로 네 마음을 괴롭힐 작정이냐? 이제 그만 삶의 즐거움을 되찾는 것이 좋겠구나. 네가 나를 위해 지상에 머물 날도 이제 얼마 남지 않아 잔인한 운명이 이미 네 곁에 와 있으니 말이다. 내가 전하려는 제우스 신의 말씀을 잘 들어라. 네가 헥토르의 시체를 심하게 다루고, 함선 옆에 내버려둔 것을 보고 제우스 신과 다른 신들이 모두 노하고 계시다. 아들아! 이제 많은 보상을 받고 시체를 돌려주는 것이 좋겠다."

아킬레우스가 눈을 들어 어머니의 얼굴을 쳐다보았다.

"좋습니다, 어머니! 제우스 신과 다른 신들의 충고라면 그대로 따를 수밖에요. 누구든지 보상금을 가져오면 시체를 돌려주겠습니다."

거의 같은 시각 제우스는 신들의 전령인 재빠른 이리스를 프리아모스에게 보냈다. 이리스가 도착했을 때 거기서 들리는 것이라고는 탄식과 통곡 소리뿐이었다. 궁전 앞마당에서는 아들들이 프리아모스 왕 곁에 둘러앉아 눈물로 옷을 적시고 있었다. 그 한가운데에 늙은 왕이 외투를 푹 뒤집어쓰고 앉아 있었는데, 목과 머리가 땅을 뒹굴며 통곡할 때 묻은 먼지로 가득했다. 방에서는 딸과 며느리들이 창에 맞아 죽은 헥토르를 생각하며 무릎 꿇고 앉아 통곡하고 있었다. 이때 갑자기 제우스 신의 심부름을 온 이리스가 나타나 늙은 왕 앞으로 다가서더니 낮은 목소리로 말을 걸었다. 프리아모스는 너무나 엄숙한 분위기를 느끼고 온몸을 떨었다.

"다르다노스의 아들이여! 정신 차리고 용기를 내라. 제우스 신은 그대를 불쌍히 여기고 계시다. 그래서 그대에게 아킬레우스를 찾아가 선물을 주고 헥토르의 시체를 찾아오도록 명령하셨다. 그대 혼자 떠나되 나이 많은 전령 이외에는 어떤 트로이아 인도 데리고 가지 말아라. 그 전령에게는 노새가 끄는 수레를 몰고 헥토르의 시신을 나르게 해라. 어떤 해를 입거나 죽는 꼴은 당하지 않을 테니 걱정할 것 없다. 제우스 신이 힘센 헤르메스를 호위병으로 딸려 보내실 테니까. 헤르메스가 그대와 함께 아킬레우스에게 가 그대를 지켜줄 것이다. 아킬레우스도 앞뒤를 가리지 못하는 막된 불한당은 아니니 애원하러 찾아간 사람을 오히려 위로하고 어떤 위험에서도 그대를 보호해줄 것이다."

프리아모스는 여신의 말을 믿고 아들을 시켜 마차에 노새를 연결하게 했다. 그리고 자신은 향기가 풍기는 뽕나무 널빤지로 둘러막은 보물창고로 내려갔으며, 아내 헤카베를 불러 제우스의 전갈을 들려주었다.

"불쌍한 여인이여, 제우스의 전령이 내게 와서 아킬레우스의 함선으로 찾아가라고 하셨소. 가서 그의 마음을 즐겁게 해줄 선물을 주고 사랑하는 우리 아들을 되찾아 오라고 하시는구려. 당신 생각은 어떤지 말해보시오. 그의 함선으로 가려는 나의 간절한 바람을 당신한테는 속이고 싶지 않소."

늙은 왕의 말에 아내 헤카베가 흐느껴 울며 그를 말렸다.

"아아, 프리아모스! 예전에 그렇게 칭송받던 당신의 지혜는 어디로 사라져버렸나요? 늙은 당신 혼자서 그리스 인들의 함선으로 가서 용감한 아들들을 죽인 사내 앞에 서겠다니 말도 안 됩니다. 피에 굶주린 그 사악한 자는 당신에게 전혀 동정심을 갖지 않을 거예요. 그러니 멀리 떨어진 집에서 아들을 애도하는 게 훨씬 나아요. 그 애는 낳을 때부터 개한테 뜯겨 먹히는 운명으로 정해져 있었던 겁니다."

"나를 막지 마시오!"

프리아모스가 단호히 말했다.

"당신 스스로 내 집에서 불길함을 알리는 새가 되지 마시오. 함선들 옆에서 내가 죽는다고 해도 나를 막지 마시오! 저 광포한 사나이에게 죽는 한이 있더라도 가장 사랑하는 아들을 품에 안고 실컷 울 수 있다면 그것으로 족하오."

이렇게 말하고 프리아모스는 보물창고에 있는 궤짝들의 뚜껑을 열어 열두 벌의 값비싼 잔치옷과 열두 장의 윗옷, 그리고 그만큼의 융단과 호화로운 외투를 골랐다. 그런 다음 그는 황금을 저울에 달아보더니 그중 열 탈란톤을 내놓았고 번쩍이는 가마솥 네 개, 세발솥 두 개 그리고 트라케에 사절로 갔을 때 그들로부터 선물받은 귀중한 술잔까지 아끼지 않았다. 그만큼 그는 가장 사랑하는 아들을 되찾으려는 마음이 간절했다. 그는 자신을 말리는 모든 트로이아 사람을 넓은 방에서 쫓아내며 호통쳤다.

"이 비열한 것들아! 너희는 제 집에서 슬퍼하는 것도 모자라 여기까지 와서 내 걱정을 해주고 있단 말이냐? 제우스께서 나의 가장 용감한 아들을 잃는 고통을 주신 것이 아직도 모자란다고 생각하느냐? 너희도 곧 그런 일을 겪게 될 것이다. 나는 너희 도시가 파멸하는 꼴을 보기 전에 하데스에게 가고 싶구나!"

이렇게 말하면서 프리아모스는 그들을 왕홀로 쫓아냈다. 그런 다음에는 자신의 아들들을 꾸짖었다.

"이 못나고 무능한 놈들아! 너희들이 헥토르 대신 함선들 옆에서 죽었어야 했다. 훌륭한 사람들은 다 죽고 남은 것들은 하나같이 창피한 놈들뿐이다. 백성들의 축제에서 마시고 노는 사기꾼에 협잡꾼, 춤꾼 같으니라고! 내가 길을 떠날 수 있도록 얼른 수레를 준비하고 이 선물들을 바구니에 실어라!"

아들들은 아버지의 호통에 놀라 노새를 끌어다 마차 앞으로 대고 보상에 쓸 선물을 실었다. 그런 다음 프리아모스의 전차에 그동안 세심하게 길러온 빼어난 말들을 맸다. 프리아모스를 따라갈 늙은 전령도 옆에 대기 중이었다. 헤카베는 걱정스러운 마음으로 프리아모스에게 헌주 때 쓸 황금 술잔을 내밀었다. 시녀가 손 씻을 그릇과 물병을 들고 다가왔다. 프리아모스는 맑은 물을 손에 붓고 나서 술잔을 받아 들고 마당 가운데에 섰다. 그는 헌주를 바치고 소리 높여 제우스 신에게 기도했다.

"아버지 제우스 신이시여, 이데 산의 주인이시여! 펠레우스의 아들 앞에서 자비와 은혜를 베푸소서. 제가 그리스의 함선에 안심하고 갈 수 있도록 징조를 내려주시옵소서."

프리아모스의 기도가 끝나자마자 한 마리 검은 독수리가 오른쪽에서 날개를 펴고 도시 위로 날아왔다. 트로이아의 백성들이 모두 기뻐했고 늙은 왕도 안심하고 전차의 자리에 앉았다. 늙은 전령 이다이오스가 이끄는 노새가 무거운 짐을 잔뜩 실은 네 바퀴 수레를 끌고 앞서 갔다. 그 뒤에서 늙은 왕이 채찍을 휘두르며 두 마리의 말을 몰았다. 가족과 신하들은 마치 죽음의 길을 떠나는 사람을 배웅하듯 슬프게 탄식하며 왕의 뒤를 따랐다.

수레가 도시 밖으로 나가 옛날 일로스 왕의 무덤 옆을 지났다. 그들은 말과 노새에게 물을 먹이기 위해 강가에 전차와 짐수레를 잠시 멈췄다. 어느새 저녁이 되고 넓은 들에 어둠이 깔리기 시작했다. 그때 이다이오스는 가까이에 어떤 사나이가 있는 것을 알아차리고는 놀라서 프리아모스에게 말했다.

"저쪽을 자세히 보십시오. 사람이 있습니다. 숨어서 지켜보다가 우리를 죽이려는 건 아닌지 모르겠습니다. 우리는 무기도 없고 또 나이도 많은 사람들입니다. 발길을 돌려 급히 성안으로 들어가든지 아니면 저 사나이 앞에 무릎 꿇고 자비를 비는 수밖에 없겠습니다."

불안에 사로잡힌 늙은 왕은 공포로 머리털이 곤두섰다. 그때 사람의 모습이 다가왔다. 그는 사실 적이 아니라 신들에게 선택된 사람들과 동행해주는 구원의 신이자 제우스의 심부름꾼인 헤르메스였다. 헤르메스가 프리아모스의 손을 잡았지만 프리아모스는 그가 누구인지 알지 못했다.

헤르메스가 말했다.

"늙은 왕이시여! 다른 사람들이 다 잠자는 이 깊은 밤중에 말과 노새를 몰고 어디로 가시려는 겁니까? 당신은 화가 머리끝까지 치민 그리스 인들이 두렵지도 않으십니까? 만약 그들 중 누군가가 밤중에 이 많은 보물을 싣고 가는 당신을 보기라도 하면 어쩔 생각이십니까? 나는 당신을 해치려는 사람이 아니니 안심하십시오. 오히려 당신을 다른 사람들로부터 지켜드리고 싶습니다. 당신은 나의 사랑하는 아버지와 모습이 많이 닮으셨군요. 그런데 솔직히 말씀해주십시오. 이 보물들을 싣고 이방인에게로 가시는 겁니까? 참으로 어떤 그리스 인도 그를 따를 자가 없었지요."

프리아모스는 안도의 한숨을 내쉬며 말했다.

"내 아들의 죽음에 대해 좋게 말할 뿐 아니라 친절하고 사리 판단을 잘하는 동행을 만났으니 정말 어떤 신의 손이 나를 보호하고 있음을 알겠소. 하지만 그대는 대체 누구이며 양친은 누구시오?"

헤르메스가 대답했다.

"아버지는 폴뤽토르라 하고, 나는 그의 일곱 아들 중 막내로 뮈르미도네스 인입니다. 말하자면 아킬레우스와 같은 고향 사람이지요."

"아니, 그대가 저 무서운 아킬레우스와 같은 고향 사람이라고?"

왕이 다급하게 물었다.

"그렇다면 내 아들이 아직도 함선들 옆에 있는지, 아니면 이미 갈기갈기 찢겨 개들한테 던져졌는지 말해주시오!"

헤르메스가 대답했다.

"아닙니다. 헥토르는 아직도 아킬레우스의 막사에 있습니다. 벌써 열두 번째 아침이 지나고, 새벽마다 아킬레우스가 잔인하게 친구 무덤 주위로 끌고 다녔지만 헥토르는 썩지 않았습니다. 핏자국이 말끔히 씻기고 상처 난 곳은 모두 아물어 살아 있는 듯 생생하게 누워 있는 아들을 보면 아마 당신도 놀랄 것입니다. 죽은 후에도 신들은 헥토르를 돌보고 계십니다."

프리아모스는 너무나 기뻐 마차에 두었던 훌륭한 술잔을 내밀었다.

"이 술잔을 받아주시오. 그 대신 나를 그대의 주인이 있는 막사로 안전하게 데려다주시오."

헤르메스는 아킬레우스 모르게 선물을 받는 게 꺼려져 거절했다. 그러나 곧 늙은 영웅의 전차에 훌쩍 올라타 고삐와 채찍을 잡았다. 얼마 지나지 않아 프리아모스 일행은 참호와 방벽 가까이에 도착했다. 마침 초소 경비병들의 저녁 식사가 한창이었는데, 헤르메스가 눈짓을 하자 그들은 곧 깊은 잠에 빠졌다. 헤르메스가 한 손으로 문을 밀자 빗장이 스르르 벗겨졌다. 이렇게 해서 프리아모스는 무사히 아킬레우스의 막사 앞에 이르렀다.

이 막사는 대들보로 높이 지붕을 올려 갈대로 덮었으며, 막사 주변으로는 촘촘하게 말뚝을 박아 넓은 마당을 만들었다. 문에는 전나무로 만든 빗장이 걸려 있었다. 이 빗장은 너무도 무거워 힘센 그리스인들 여럿이 달라붙어 여닫곤 했다. 오직 아킬레우스만이 도움 없이 혼자서 이 빗장을 다룰 수 있었다. 그러나 헤르메스는 힘도 들이지 않고 열었다. 그는 마차에서 내려와 늙은 왕에게 아킬레우스의 무릎을 잡고 아버지와 어머니의 이름을 걸고 간청하라 일러주고는 자기가 실은 신임을 밝히고 사라졌다.

프리아모스는 마차에서 뛰어내려 말과 노새를 이다이오스에게 맡겼다. 그는 곧바로 아킬레우스가 있는 처소로 들어갔다. 아킬레우스는 부하들과 따로 떨어져 있었으며, 아우토메돈과 알키모스만이 그의 시중을 들고 있었다. 방금 식사를 마친 듯 아직 식탁을 치우지 않은 상태였다.

늙은 프리아모스는 슬며시 펠레우스의 아들 아킬레우스에게 다가가 그의 무릎을 끌어안고 자기 아들들을 죽인 그 무서운 두 손에 입을 맞췄다. 아킬레우스와 두 동료가 어리벙벙하여 프리아모스를 바라보았다.

늙은 왕이 아킬레우스에게 애원했다.

"신과 같은 아킬레우스여! 나처럼 늙은 그대의 아버지를 생각해보시오. 이웃의 적한테 괴로움을 당하더라도 두려움에 떨며 도움받을 곳 없이 불안한 나날을 보낼 것이오. 그래도 그대의 아버지에게는 사랑하는 아들이 트로이아에서 돌아오리라는 희망이 아직 남아 있겠지. 하지만 나는 그리스 인들이 몰려오기 시작했을 때는 쉰 명이나 되던 아들들을 이번 전쟁에서 거의 다 잃었소. 그리고 끝내는 트로이아를 지켜줄 단 한 사람의 아들마저 그대가 빼앗아 가고 말았소! 내가 이 함선을 찾아온 것은 그대에게 몸값을 주고 내 아들 헥토르를 데려가기 위해서요. 막대한 재물을 가져왔소! 펠레우스의 아들이여! 신들을 두려워하고 그대의 아버지를 생각해, 늙은 나를 불쌍히 여겨주시오. 그대의 아버지보다 내가 더 불쌍하오. 어떤 사람도 겪지 못한 고통을 겪고 있지 않소. 아들을 죽인 그 손에 입을 맞춰야 하니 말이오."

프리아모스가 이렇게 말하자 아킬레우스의 마음속에 늙은 아버지를 그리는 슬픈 마음이 일었다. 그는 살며시 노인의 손을 잡아 한쪽으로 밀어냈다. 늙은 왕은 아들 헥토르 생각에 갑자기 큰 소리로 울음을 터뜨렸다. 아킬레우스도 아버지와 죽은 친구 파트로클로스 생각이 났다. 둘이 함께 울자 막사 안은 비통한 소리로 가득 찼다. 아킬레우스가 드디어 안락의자에서 일어나 머리와 수염이 하얀 프리아모스 왕의 손을 잡아 일으키며 동정 어린 말을 건넸다.

"불쌍한 어른이여! 당신은 너무나 많은 슬픔을 견뎌왔습니다. 그런 중에도 이처럼 그리스 인들의 함선에 홀로 찾아오시다니 그 용기를 칭송하지 않을 수 없습니다. 아마도 무쇠 같은 심장을 가지셨나 봅니다! 자, 이제 의자에 앉으십시오. 아무리 슬픔이 우리 마음을 붙잡고 있을지라도 잠시 슬픔을 달래보십시다. 비통한 마음으로는 아무것도 할 수가 없을 테니까 말입니다. 신들은 불쌍한 인간들이 슬픔을 참아야 하도록 정해놓으셨습니다. 그러나 신들 자신은 정작 아무런 걱정도 하지 않지요. 제우스의 궁전 입구에 가면 두 개의 단지가 놓여 있습니다. 한 단지에는 불행이라는 선물이 들어 있고 다른 한 단지에는 행복의 선물이 들어 있습니다. 제우스 신이 이 두 가지 선물을 섞어서 내려주면 그 사람은 때로는 궂은일을 만나고 때로는 좋은 일을 만나기도 하지요. 그러나 그분께서 나쁜 것만 내려주시면 그 사람은 멸시의 대상이 되어 마음을 쥐어뜯는 고통을 당하며 대지 위를 옮겨 다니게 됩니다. 신들은 내 아버지 펠레우스에게 멋진 선물, 즉 부귀와 권력을 내려주었을 뿐 아니라 죽지 않는 여신까지 아내로 주었습니다. 그러나 그에게 또 나쁜 것도 주셨습니다. 일찍 죽어야 하기에 아버지를 돌볼 수 없는 외아들을 주셨으니까요. 나는 멀리 떨어진 이곳 트로이아 앞에 앉아 당신과 당신의 자식들을 괴롭히고 있습니다. 늙은 왕이시여! 당신도 전에는 트로이아 인들로부터 다시없는 행운을 타고난 분이라는 칭송을 받았을 것입니다. 그런데 이번에는 올륌포스의 신들이 당신에게 이러한 불행을 내려주어, 당신의 성벽에서 끊임없는 전쟁과 살육이 일어나고 있습니다. 그러니까 그저 참고 견디십시오. 슬픔 속에서 세월을 보내실 필요는 없습니다. 그렇다고 당신이 죽은 아들 헥토르를 다시 살려낼 수도 없지 않습니까!"

프리아모스가 대답했다.

"제우스 신의 사랑을 받는 자여! 헥토르가 장례도 치르지 못한 채 그대의 막사에 있는 한 나에게 앉으라는 말은 말아주시오! 헥토르를 어서 넘겨주시오. 나는 아들이 보고 싶소. 이 충분한 재물로 위안을 삼으시고, 또한 우리를 해치지 말고 고향으로 돌아가주시기 바라오!"

프리아모스의 말에 아킬레우스는 이마를 찌푸리며 말했다.

"노인이시여, 나를 더는 화나게 하지 마십시오! 저는 당신에게 헥토르를 돌려드릴 생각이었습니다. 그것은 나의 어머니가 직접 제우스 신의 말을 전해주었기 때문입니다. 그리고 나는 프리아모스 당신을 내 막사까지 인도해준 분도 신이라는 것을 마음속으로 잘 알고 있습니다. 우리 경비병들을 속이고 육중한 빗장을 여는 일은 결코 혼자서, 그것도 용감한 젊은이가 아닌 분께서 할 수 있는 일이 아니니까요. 그러니까 제발 상처받은 나의 마음을 자극하지 마십시오. 자칫 제우스의 명령도 잊은 채 노인께서 아무리 애원하고 빌어도 당신을 해칠지 모르니 말입니다!"

프리아모스는 무서워하며 그 말을 따랐다. 아킬레우스는 사자처럼 막사의 문 밖으로 뛰어나갔고 부하들이 뒤따랐다. 그는 막사 앞에 있는 마차에서 말을 풀어놓고 전령은 안으로 들여보냈다. 아킬레우스는 짐수레에서 몸값을 내려놓았지만 두 벌의 외투와 긴 옷은 남겨두었다. 헥토르의 시체를 싸기 위한 것이었다. 그리고 프리아모스가 보지 않는 곳에서 헥토르의 시체를 말끔히 씻기고 향유를 바른 다음 가져간 옷을 입히라고 명령했다. 아킬레우스가 손수 시체를 침상 위에 눕히자 동료들이 노새에 매어놓은 짐수레에 시체를 옮겼다. 그동안 그는 파트로클로스의 이름을 부르며 말했다.

"파트로클로스여! 헥토르의 시체를 그 아버지에게 돌려주었다고 어두운 하계에서 나를 원망하지 말아주게! 헥토르의 아버지가 충분한 몸값을 가져왔고 그중에는 그대의 몫도 있으니까!"

아킬레우스는 다시 막사로 돌아와서 프리아모스와 마주 앉아 말했다.

"노인이시여, 이제 당신의 아들은 소원대로 풀려났습니다. 헥토르는 훌륭한 옷을 입고 침상에 누워 있습니다. 날이 새면 곧 만나보고 데려가시기 바랍니다. 그러나 우선 저녁을 드시는 게 좋을 것 같습니다. 성으로 데려간 뒤에도 사랑하는 아들을 위해 울 시간은 충분하니까요. 당신의 아들은 여러 사람이 눈물을 흘릴 만큼 아까운 인물이었습니다."

말을 마친 아킬레우스는 다시 자리에서 일어나 급히 밖으로 나가더니 양 한 마리를 잡았다. 그의 두 친구가 가죽을 벗기고 고기를 잘게 잘라 정성스레 꼬치에 끼워 구웠다. 모두 식탁에 앉았다. 아우토메돈이 빵을 예쁜 바구니에 담아 나눠 주었고, 아킬레우스가 고기를 나눠 주어 모두 배부르게 먹고 술도 마셨다. 프리아모스는 그를 대접하는 고귀한 주인인 아킬레우스의 모습을 경이롭게 쳐다보았다. 마치 신의 모습과도 같았기 때문이다. 그러나 아킬레우스도 프리아모스의 위엄 있는 얼굴을 보고 그의 현명한 말을 들으며 감탄하고 있었다.

식사가 끝나자 프리아모스가 먼저 입을 열었다.

"고귀한 영웅이시여! 기운을 차릴 수 있도록 잠을 자고 싶소. 아들이 죽고 난 후로는 한숨도 못 잤다오. 고기를 먹고 포도주를 마신 것도 처음이라오."

아킬레우스는 동료와 시녀들에게 침상을 마련하고 그 위에 자줏빛 요를 깔라고 명령했다. 그리고 그 위에 담요를 펴고 푹신푹신한 털외투를 덮을 수 있게 했다. 이렇게 두 손님의 잠자리를 각각 준비해놓고 아킬레우스가 친절하게 말했다.

“고귀한 노인이시여, 어서 주무십시오. 그리스 인들의 참모 중에 누가 이리 올지도 모르니까. 그들은 관례에 따라 늘 내 막사에 와서 나와 의논하곤 하지요. 그들 중에 누가 어둠 속에서 살그머니 떠나는 당신을 보고, 백성들의 지도자인 아가멤논에게 일러바칠지 모릅니다. 그렇게 되면 아가멤논은 당신과 시신을 두고 싸움을 벌이려 할 겁니다. 그런데 한 가지만 말씀해주십시오. 고귀한 당신의 아들의 장례를 며칠 동안 지낼 생각입니까? 그동안에는 나도 쉬고 군사들도 공격을 하지 못하게 하겠습니다.”

프리아모스가 대답했다.

“나에게 아들의 장례식을 치르도록 열하루 정도 그대가 호의를 베풀었으면 하오. 아시다시피 트로이아 성이 포위당한 탓에 나무를 하려면 먼 곳까지 가야 하고 장작 준비만 해도 아흐레는 걸릴 거요. 그러니 열흘 안에 장사를 마치고 재를 올린 다음, 열하루 날에 헥토르의 무덤을 만들어줄 작정이오. 꼭 해야 한다면 전쟁은 열이틀째에 시작했으면 하오.”

“당신이 원하는 대로 해드리지요.”

아킬레우스가 대답했다.

“요구하신 기간 동안 우리 군대를 뒤로 물리겠습니다.”

아킬레우스는 노인의 마음을 안심시키기 위해 그의 오른손 손목을 꽉 쥐었다. 그러고는 늙은 왕을 잠자리에 들게 하고 자신도 막사의 가장 안쪽 방에 가서 자리에 누웠다.

모두 잠이 든 뒤에도 신들의 사자 헤르메스만은 눈 한 번 붙이지 않고 어떻게 하면 프리아모스를 경비병에게 들키지 않고 함선들 밖으로 무사히 데려갈지를 생각했다. 이윽고 헤르메스 신이 곤히 잠든 프리아모스의 머리맡으로 와서 말했다.

"노인이여! 당신은 지금까지 아무런 해를 입지 않았다고 해서 적군들 사이에서 안심하고 잠이 든 모양이군요. 당신이 비싼 몸값을 치른 것은 사실입니다. 그러나 아가멤논과 그 밖의 다른 그리스 인들이 그걸 알게 되면 성안에 두고 온 다른 아들들이 살아 있는 당신을 구하기 위해 헥토르보다 세 배나 비싼 값을 치러야 할 겁니다!"

프리아모스가 깜짝 놀라 전령을 깨웠다. 헤르메스가 몸소 말과 노새를 마차에 연결한 다음 늙은 왕의 옆자리에 앉았다. 전령 이다이오스가 헥토르의 유해를 실은 수레의 노새를 몰았다. 일행은 누구의 눈에도 띄지 않게 진영을 빠져나가 그리스 군대를 뒤로했다.

헥토르의 유해가 돌아오다

헤르메스는 프리아모스 왕을 스카만드로스 강의 여울까지 인도했다. 거기서 그는 마차에서 내려 왕과 작별하고 올림포스 산을 향해 떠났다. 프리아모스와 전령 이다이오스는 긴 한숨을 내쉬고 한탄하면서 마차를 트로이아 성으로 몰았다. 먼동이 트기 전이라 사람들은 모두 깊은 잠에 취해 있었고 아무도 두 사람을 보지 못했다. 다만 페르가모스의 요새에 올라가 있던 캇산드라만이 멀리 마차에 앉아 있는 아버지와 노새가 끄는 수레를 모는 이다이오스 그리고 수레 위에서 옷에 싸여 누워 있는 헥토르의 시체를 보았다.

캇산드라가 큰 소리로 통곡하며 외쳤다.

"트로이아의 남자들이여, 트로이아의 여자들이여! 이리 와서 보세요! 저기 헥토르가 돌아옵니다! 그런데 헥토르가 죽어서 돌아옵니다. 옛날에 여러분이 전쟁터에서 이기고 돌아오는 산 자를 환영했듯 이번에는 죽은 자를 맞이해야 합니다."

캇산드라의 고함을 듣고 시민들이 너도나도 뛰쳐나왔다. 그리고 성문 앞에서 헥토르의 어머니와 아내를 선두로 남자와 여자 들이 줄지어 서서 유해를 운반해 오는 프리아모스 왕을 맞아들였다. 헤카베와 안드로마케는 머리를 쥐어뜯으며 마차로 달려들어 죽은 사람의 얼굴을 손으로 어루만졌다. 사람들은 눈물을 흘리며 이들을 에워쌌다. 프리아모스 왕이 마차에서 백성들을 향해 말했다.

"노새들이 지나갈 수 있게 길을 비켜주시오. 집에 뉘어놓은 뒤에 실컷 울 수 있을 테니까."

늙은 왕이 이렇게 말하지 않았더라면 그들은 해가 질 때까지 하루 종일 마차를 붙잡고 애도했을 것이다. 백성의 무리가 마차 앞에서 공손히 물러났다.

이윽고 왕궁에 도착하자 유해는 아름다운 침대에 옮겨졌고, 여인들의 흐느낌 속에서 구슬픈 조가(弔歌)를 부르는 가수들이 늘어섰다. 그에 앞서 안드로마케가 통곡했다. 아직 젊은 나이에 과부가 된 그녀는 남편의 유해 앞에서 두 손으로 머리를 끌어안고 있었다.

"당신은 스스로 목숨을 잃어 나를 과부로 만들었군요. 나를 어린 자식들과 함께 궁 안에 남겨놓고 혼자 떠나셨군요. 아! 아들들이 훌륭한 젊은이로 커갈 가망은 이제 거의 없어졌나 봅니다. 트로이아는 그렇게 되기 전에 멸망하고 말 것입니다. 이 성을 지켜주고 여인들과 아이들을 보호해주셔야 할 당신이 가셨으니 이제 누구를 믿고 살아가야 하나요? 트로이아 인들은 머지않아 모두 잡혀 배로 끌려가고 저도 그리될 것입니다. 불쌍한 아들 아스튀아낙스야! 너는 몰인정한 주인 밑에서 이 어머니와 함께 치욕과 고난을 겪어야겠구나! 그렇지 않으면 그리스 인들은 네 아버지 헥토르가 자기들의 부모 형제를 죽였다고 널 탑 위에서 밀어 떨어뜨려 죽이겠지. 네 아버지는 결정을 내려야 할 때 그리스 인들에게 결코 자비롭지 않았다. 그렇기에 지금 백성들이 저렇게 아버지의 죽음을 슬퍼하고 있는 것이다. 여보! 당신은 부모님께는 말할 수 없는 슬픔을 안겨드렸고 제게는 끝없는 절망을 주었습니다."

안드로마케의 푸념에 이어 어머니 헤카베도 슬퍼하면서 탄식했다.

"헥토르, 내 가장 사랑하는 아들아! 신들도 너를 진정으로 사랑해서 괴로운 죽음을 당한 다음에도 너를 잊지 않았다. 칼에 찔려 죽은 뒤에도 질질 끌려다녔지만 너는 꼭 살아 있는 사람처럼 깨끗한 모습으로 여기 누워 있구나! 마치 아폴론의 부드러운 은빛 화살에 맞아 쓰러진 사람 같구나."

이렇게 그녀는 스스로를 위로하면서 끝없이 눈물을 흘렸다. 이번에는 헬레네가 탄식했다.

"헥토르 님! 당신은 남편의 형제들 중 가장 좋은 분이셨어요. 파리스가 나 같은 불행한 여인을 트로이아로 데려온 지도 벌써 십 년 세월이 흘렀습니다. 그 오랜 세월 동안 저는 한 번도 당신에게서 섭섭한 말을 들어본 적이 없습니다. 물론 프리아모스 왕께서도 언제나 친아버지처럼 상냥하게 대해주셨지요. 그러나 남편의 다른 형제분과 자매분이, 또 누이와 시어머니가 저를 심하게 다루실 때면 당신은 언제나 그분들을 타이르곤 하셨습니다. 아, 이제 당신이 가셨으니 제가 의지하고 제게 친구가 되어줄 사람이 없군요! 저는 어떻게 하면 좋을까요? 모두가 절 싫어하고 미워하며 얼굴을 돌리리라 생각하니 죽을 것만 같습니다!"

헬레네가 울부짖자 수없이 많은 사람이 탄식했다. 그때 프리아모스가 몰려드는 군중을 향해 외쳤다.

"트로이아 백성들이여! 이제 화장을 치를 장작을 도성으로 가져오시오. 그리스 인들이 그대들을 노리며 매복해 있을까 봐 걱정할 필요는 없소. 펠레우스의 아들 아킬레우스는 나에게 열이틀째 되는 날 아침까지는 공격하지 않겠다고 약속했소."

백성들은 왕의 명령대로 서둘러 수레에다 소나 노새를 연결하고 마을 앞에 모두 모였다. 그들은 아흐레 동안 숲 하나를 완전히 베어내 도시로 실어 날랐다. 열흘째 되는 날 아침, 헥토르의 유해를 북받치는 울음 속에서 들고 나와 높이 쌓은 장작더미 위에 올려놓고 불태웠다. 활활 타오르는 장작더미를 트로이아의 모든 백성이 에워쌌다. 불이 다 타자 그들은 스러져가는 재에 포도주를 부었고, 헥토르의 형제와 친구들이 눈물을 흘리며 재 속에서 하얀 뼈를 골라냈다.

헥토르의 뼈는 자주색 천에 싸여 황금 상자 속에 담긴 다음 땅속에 파묻혔다. 무덤의 구멍은 네모진 돌로 닫았고 그 위에 봉분을 쌓아 올렸다. 그리고 주위에 보초를 세웠다. 그리스 인들이 갑작스러운 습격으로 장례를 방해할까 염려한 것이다. 장례를 끝낸 백성들은 모두 도시로 돌아왔다. 그리고 프리아모스의 왕궁에서 장례식 성찬을 대접받았다.

펜테실레이아가 트로이아 군을 돕다

헥토르의 장사를 치른 후 트로이아 인들은 다시 성벽 뒤에 틀어박혀 있었다. 사나운 펠레우스의 아들이 지닌 힘을 너무나 무서워해 가까이 가기가 두려웠기 때문이다. 마치 무시무시한 사자의 보금자리에 가까이 가기를 거부하는 수소들 같았다. 도시는 그들의 가장 고귀한 시민이자 강력한 보호자였던 사람을 위해 슬퍼하며 애도하는 소리로 가득 찼다. 비통해하는 소리가 어찌나 크던지 트로이아가 이미 정복자의 불에 파멸하고 있는 듯했다.

트로이아가 그리스 군에 포위되어 절망 상태에 빠졌을 때 뜻하지 않게 후원군이 나타났다. 전쟁의 신 아레스의 딸이며, 아마조네스 여왕인 펜테실레이아였다. 그녀는 소아시아 지방의 테르모돈 강변에 있는 폰토스에서 트로이아 군을 지원하려고 여자들로 구성된 소수의 군대를 이끌고 원정을 왔다. 펜테실레이아 여왕이 이런 모험을 하게 된 것은 이 여인족이 전쟁을 즐기는 남자들처럼 용감하기 때문이기도 하지만, 다른 하나는 마음에도 없이 사람을 죽인 죄책감에 무겁게 짓눌렸던 탓이다. 게다가 고향에서는 그 일을 나쁘게 생각하고 있었다.

펜테실레이아는 사냥하는 도중 사슴을 겨냥해 창을 던졌는데, 그 창에 사랑하는 동생 힙폴뤼테가 맞아 죽었다. 그 후부터는 복수의 여신들이 어디를 가나 여왕을 따라다녔고 어떤 제물을 바쳐도 그들을 달랠 수 없었다. 그녀는 신들의 마음에 드는 원정을 통해 괴로움에서 벗어나는 게 낫겠다고 생각했다. 그래서 선발된 열두 명의 여전사와 함께 트로이아의 싸움터로 나온 것이었다. 그녀들은 모두 전쟁과 사나이들의 싸움을 목말라했다.

여왕 펜테실레이아에 비하면 그녀를 따라온 아름다운 여자들은 그저 노예처럼 보일 뿐이었다. 여왕의 눈부신 아름다움과 광채는 밤하늘의 별들 사이에서 빛나는 달과 같았다. 그녀는 마치 올림포스 산 위에서 호라이 여신들의 부축을 받아 대지로 내려오는 여명의 여신처럼 아름다웠다.

이 부드럽고도 힘센 여왕이 청동 가슴막이와 황금으로 된 무릎보호대로 무장하고 여인들의 선두에 서서 마치 여신과도 같이 당당하게 성안으로 들어오는 모습을 성벽에서 내려다본 트로이아 인들이 깜짝 놀라며 사방에서 몰려들었다. 그리고 처녀들의 군대가 가까이 다가오자 여왕의 아름다움에서 눈을 뗄 수가 없었다. 여왕의 얼굴에 무서움과 사랑스러움이 놀랄 정도로 잘 결합되어 있었기 때문이다. 그녀의 입술에는 상냥한 미소가 머물렀고, 긴 속눈썹 아래의 사랑스러운 두 눈은 마치 햇살처럼 빛났으며, 두 뺨은 다소곳한 홍조를 띠었다. 소녀의 우아함이 몸 전체에 배어 있으나 영혼은 전투욕에 불타고 있었다. 트로이아 인들은 슬픔도 잊어버리고 여왕의 모습에 탄성을 내뱉었다. 슬픔에 잠겨 있던 프리아모스 왕조차 다소 기분이 나아질 정도였다.

눈부시게 아름다운 펜테실레이아를 본 프리아모스 왕은 눈이 반쯤

감긴 눈병 환자에게 갑자기 영험한 빛이 비쳐드는 기분을 느꼈다. 그러나 펜테실레이아 못지않게 아름답고 용감한 아들들을 잃어버렸다는 생각에 미치자 그 기쁨도 삽시간에 사라지고 말았다. 그렇지만 프리아모스는 여왕을 궁 안으로 인도해 자기 딸처럼 여기며 가장 맛있는 음식을 대접했다. 늙은 왕은 몇 가지 선물을 골라 여왕 앞으로 나르게 했다. 그는 여왕에게 만약 트로이아를 위기에서 구해준다면 더 많은 선물을 주겠다고 약속했다.

그러자 아마존의 여왕은 앉아 있던 명예로운 의자에서 벌떡 일어나 지금껏 어떤 인간도 생각지 못하던 건방진 맹세를 했다. 프리아모스 왕을 위해 신과 같은 사나이 아킬레우스를 죽이겠다고 말한 것이다. 또한 그리스 인의 군대를 전멸시키고 적의 함선들을 모두 불태우겠다고 했다. 이런 이야기를 함께 듣던, 헥토르의 아내 안드로마케가 속으로 생각했다.

'아, 불쌍한 자여, 그대가 무슨 이야기를 하는지, 그 우쭐함이 그대를 죽이리라는 것을 모르고 있구나. 사나이들을 죽인 영웅과 싸우려면 엄청난 힘이 필요한데 어떻게 그대가 그 일을 할 수 있겠는가? 내 남편 헥토르는 모든 트로이아 인들에게서 신 같은 존재로 존경받아왔지만, 그런 남편조차 아킬레우스의 창에 목이 꿰뚫려 죽었다! 아, 나도 차라리 죽는 편이 낫겠다!'

그러는 사이 날도 저물고 여전사들은 피로를 회복했으며 모두들 음식을 먹고 기운을 차렸다. 궁전의 하인들이 멀리서 찾아온 여왕과 그녀의 동료 전사들을 위해 포근한 잠자리를 마련했다. 펜테실레이아는 자리에 눕자마자 깊은 잠이 들었다. 그런데 아테네의 명령으로 무서운 꿈이 그녀에게 다가오고 있었다. 그녀의 아버지 아레스가 그녀에게 나타나 발이 빠른 아킬레우스와 대결하라고 권했다.

꿈속에서 아버지의 얼굴을 본 펜테실레이아는 가슴이 뛰면서 그날 안으로 엄청난 일을 해야겠다고 생각했다. 그녀는 자리를 박차고 일어나 아버지 아레스에게서 선물받은 빛나는 갑옷을 입고 투구를 쓴 다음 무릎보호대와 가슴막이를 찼다. 칼띠를 어깨에 드리우고 은과 상아로 된 칼집에 든 큰 칼을 매달았다. 이어 거울 같은 바다에서 떠오르는 달처럼 빛나는 방패를 팔에 걸고, 금빛 말갈기를 앞에 꽂아 장식한 투구를 머리에 썼다. 왼손에는 두 개의 창을, 오른손에는 불화의 여신에게서 선물받은 무기인 양날 도끼를 잡았다. 그렇게 무장하고 궁전에서 나오자 그녀는 마치 제우스의 손이 땅을 향해 던진 번갯불 같았다.

펜테실레이아는 큰 소리를 내지르면서 성문 밖으로 뛰어나가며 성벽 안에 있는 트로이아 인들에게 영광스러운 싸움에 참여하라고 격려했다. 펜테실레이아의 고함소리에, 감히 아킬레우스에게 맞설 생각조차 하지 않던 용사들까지 모여들었다. 여왕은 바람의 신 보레아스의 아내가 보내준 선물인, 하르퓌이아이처럼 빠른 아름다운 말에 훌쩍 올라타 전쟁터로 달려 나갔다. 말 탄 처녀 전사들과 모든 트로이아 인이 그 뒤를 따랐다. 궁전에 남은 프리아모스 왕은 두 팔을 하늘로 쳐들어 제우스 신에게 기도를 드렸다.

"아버지 신이시여, 제 말을 들어주소서! 오늘 그리스 인의 군대가 아레스의 딸 앞에서 먼지 속에 쓰러지도록 해주시고 그녀가 무사히 궁으로 돌아오게 해주소서! 당신의 위대한 아들 아레스의 명예를 위해서, 신의 자식이자 불사의 신들을 닮은 그녀를 위해서, 그리고 수많은 아들이 그리스 군사의 손에 쓰러지는 것을 볼 수밖에 없었던 가련한 이 몸을 위해서 소원을 들어주소서! 다르다노스의 고귀한 핏줄이 끊기기 전에, 오래된 트로이아 도시가 파괴되기 전에 이 소원을 들어주소서!"

기도가 끝나자마자 프리아모스의 왼쪽에서 독수리 한 마리가 날카로운 울음소리를 내면서 예리한 발톱에 살이 찢긴 비둘기 한 마리를 잡아가지고 날아왔다. 흉조를 보자 늙은 왕은 공포에 떨었고 그의 소원도 어느새 가슴속에서 사라져버렸다.

한편 그리스 인들은 자신들의 진영에서 용기를 잃은 트로이아 인들을 보는 데 이미 익숙해져 있었다. 그런데 갑자기 트로이아 군사들이 쳐들어오자, 그리스 인들은 맹수가 산에서 양들이 있는 목장으로 내려온 것을 보기라도 한 듯 이상하게 생각했다.

어떤 병사가 몹시 의아해하며 다른 사람에게 말했다.

"헥토르가 죽은 후로는 싸울 용기를 완전히 잃어버린 트로이아 인들 아니었나? 누가 그들을 다시 뭉치게 해서 우리와 싸우게 한 걸까? 틀림없이 신이 돌봐주고 있을 것이다. 좋다! 우리 편을 들어주는 신도 없는 건 아니니까. 지금까지 우리가 그들을 몰아쳤으니 오늘도 지지 않을 것이다."

그리스 인들은 갑옷과 투구로 무장하고 각자 소리치며 함선들에서 뛰쳐나왔다. 곧바로 혈전이 벌어졌다. 창이 하늘을 날고, 갑옷과 갑옷이 부딪치며 방패와 방패가, 투구와 투구가 서로 충돌했다. 트로이아의 대지는 또다시 붉은 피로 물들었다.

펜테실레이아는 그리스 용사들 사이에 뛰어들어 잘 싸웠고 그녀를 따르는 여전사들도 여왕의 용맹에 지지 않았다. 여왕은 몰리온과 다른 영웅들 일곱 명을 쓰러뜨렸다. 그러나 아마조네스의 용사 클로니아가 힘센 영웅 포다르케스의 전우 메니포스를 쓰러뜨리자, 포다르케스가 크게 노해 창으로 클로니아의 옆구리를 찔러 관통시켰다. 펜테실레이아가 창을 들고 있는 포다르케스의 손을 잘랐으나 클로니아는 목숨이 끊어졌고 포다르케스는 전우들에게 구출되었다.

행운이 그리스 인들을 향했다. 이도메네우스는 아마조네스의 브레무사를 죽였고, 메리오네스는 에우안드라와 테르모도아를 해치웠다. 오일레우스의 아들 소 아이아스의 손에 데리모네가 쓰러졌고, 디오메데스는 알키비아와 데리마케이아를 베어 넘겼다. 그의 칼은 그들의 어깨에서 목과 머리 부분을 잘라냈다. 전투는 트로이아에 불리해졌다.

스테넬로스가 세스토스 출신의 카베이로스를 죽였기 때문에 파리스가 급히 스테넬로스에게 활을 쏘았으나, 잔혹한 운명의 여신들의 방해로 화살이 빗나갔다. 대신 그리스 둘리키온 섬 출신의 다른 영웅 에우에노르가 그 화살에 맞아 죽고 말았다. 이것을 본 둘리키온 인들의 지휘관이자 필레우스 왕의 용감한 아들인 메게스가 크게 노하여 사자처럼 달려들었다. 당황한 트로이아 인들은 메게스에게서 도망쳤다. 메게스는 트로이아 인이 가장 믿고 의지하는 동맹군으로 밀레토스에서 온 이튀모네우스와 아겔라오스 두 사람을 잡아 죽이고 창을 계속 휘둘러 수많은 트로이아 인을 죽였다.

서로 죽이고 죽였다. 끔찍하고 혼란스러운 살육이 이어졌다. 이날 양쪽 편의 수많은 영웅이 먼지 속에 쓰러져갔다. 그러나 펜테실레이아는 여전히 소를 키우는 목장에 들어간 사자처럼 그리스 인들 속으로 막힘없이 돌진했다. 그녀가 다가서면 그리스 인들은 무서워서 도망을 쳤다. 후퇴를 모르는 이 여전사는 승리에 도취하여 큰 소리로 그리스 인들을 향해 외쳤다.

"이 개 같은 놈들아, 오늘이야말로 너희들이 프리아모스에게 준 치욕을 내가 갚을 것이다. 너희들은 썩어서 들짐승이나 새 들의 먹이가 될 것이다. 집에 돌아가 아내와 자식들의 얼굴을 볼 생각일랑 말아라. 너희들의 뼈를 파묻을 어떤 무덤도 만들 수 없을 것이다! 너희들이 자랑하는 영웅 디오메데스와 텔라몬의 아들 아이아스 그리고 아킬레우스는 어디 있느냐? 어째서 그들은 나와 맞서려 들지 않느냐! 물론 그랬다가는 나한테 박살이 나 죽게 되리라는 사실을 잘 알고 있겠지만!"

펜테실레이아는 그리스 인들을 경멸하며 달려들었다. 어떤 때는 투창을 어떤 때는 도끼를 휘둘렀다. 그녀의 말은 화살이 잔뜩 든 화살집을 짊어지고 거침없이 달렸다. 프리아모스의 아들들과 트로이아의 귀족들이 그녀의 뒤를 따랐다. 그리스 인들은 이 공격을 막아낼 수가 없었다. 그들은 바람에 날리는 나뭇잎처럼 차례차례 쓰러졌다. 얼마 지나지 않아 그리스 인들의 시체가 들판을 뒤덮었다. 트로이아의 전차를 끄는 말들은 부상자와 전사자를 낟알을 밟듯 짓밟고 지나갔다. 트로이아 인들은 그녀가 하늘의 신이 자기들을 도우려고 사람의 모습으로 내려온 것이라고 생각했다. 어리석게도 그들은 기쁨에 들떠 이제 적을 완전히 섬멸할 수 있다고 믿었다.

하지만 힘센 대 아이아스와 신의 아들 아킬레우스는 소란스러운 전장의 소리를 아직 듣지 못한 상황이었다. 두 영웅은 전쟁터에서 멀리 떨어진 파트로클로스의 무덤 옆에서 죽은 친구의 추억에 잠겨 있었기 때문이다. 다시 말해 아마조네스의 여왕은 잠시나마 전과를 즐기고 나서 명예의 화관을 머리에 쓰고 죽음을 향해 달려갈 운명이었다. 도시의 성벽 위에서는 트로이아 여인들이 함성을 올리며 여인족의 용감한 전투를 찬양했다. 그 여인들 가운데 트로이아의 용사 티시포노스의 아내 힙포다메이아가 갑자기 투지를 불태우며 이렇게 소리쳤다.

"여러분! 어째서 우리는 남편들처럼 조국을 위해, 또 우리 자신과 아이들을 위해 싸우지 못합니까? 우리는 트로이아의 젊은이들만 못한가요? 우리도 그들과 똑같은 힘을 받았습니다. 우리의 눈은 남자들 못지않게 날카롭게 감시할 수 있으며, 우리의 무릎도 그들처럼 움직입니다. 햇빛, 공기, 음식은 그들처럼 우리에게도 똑같이 주어졌습니다. 그런데 어째서 우리는 전쟁터로 나가면 안 되는 건가요? 모든 사내보다 훨씬 뛰어난 저 여인이 보이지 않나요? 저런 여인이 우리에게서 나오지 말라는 법은 없지요. 그녀는 남의 나라 왕을 위해 고향도 아닌 도시에서 싸우고 있습니다. 남자들을 전혀 개의치 않고 용기를 내서 적에게 재앙을 불러일으키고 있단 말입니다. 그러니 우리도 바로 자기 운명을 위해 싸우고 우리의 불행에 대해 적에게 복수해야 하지 않겠습니까? 이 불행한 전쟁에서 자식과 남편과 아버지를 잃어버리지 않았거나, 형제와 가까운 친척을 위해 슬퍼하지 않았던 사람이 우리 중 한 명이라도 있습니까? 남자들이 쓰러지면 노예 생활 말고 무엇이 우리를 기다리겠어요? 그러니 더는 미루지 말고 싸우러 나갑시다! 남편들이 죽고 도시가 불바다가 되어 아이들과 함께 적에게 포로로 끌려가느니 싸우다 죽는 편이 차라리 낫다고 생각합니다."

힙포다메이아는 이렇게 트로이아의 여인들 가슴에 투지를 불러일으켰다. 여인들은 손에 들고 있던 털실과 짜던 것을 내던지고, 벌 떼처럼 자기 집으로 돌아가 무기를 들고 밖으로 나왔다. 왕비 헤카베의 동생이며 안테노르의 아내인 테아노가 그들의 분별없는 행동을 말리지 않았다면 트로이아의 여인들은 틀림없이 비상식적인 흥분의 제물이 되었을 것이다. 테아노가 여인들을 타일렀다.

"정신이 나갔군요. 무슨 짓을 하려는 겁니까? 분별없는 짓은 그만두세요. 도대체 어쩌자는 겁니까?"

그녀가 출전하려는 여인들을 막아섰다.

"당신네들은 지금 무기를 들고 싸움에 능숙한 그리스 남자들과 맞서겠다는 건가요? 어떻게 그들과 싸우겠다는 생각을 할 수가 있지요? 그대들이 아마조네스 용사들처럼 훈련을 한번 받아봤나요, 아니면 말을 몰거나 사내들이 하는 다른 일을 배워본 적이 있나요? 저 놀라운 여인은 전쟁의 신의 딸이지만, 당신들은 모두 인간의 자식들입니다. 그렇기에 그대들은 여기 전쟁터에서 멀리 떨어진 이곳에 남아 집에서 물레를 돌려야 합니다. 더구나 남자들은 아직도 사기충천해 도시를 지키고 있습니다. 아직 여인들에게 도움을 청할 만큼 사태가 위급하지는 않단 말입니다."

나이 든 테아노의 현명한 말에 흥분했던 여인들이 차츰 누그러졌고, 다시 성벽 위로 올라가 예전처럼 멀리서 전투하는 모습을 바라보았다. 그동안에도 펜테실레이아의 살육은 계속되었고 그녀 앞에서 그리스 군대는 떨고 있었다. 영웅들도 도망치기 시작해 이리저리 흩어졌다. 어떤 사람은 어깨에 멘 갑옷을 바닥에 내던지고 뛰었고 어떤 사람은 무장을 한 채 도망갔다. 말과 전차가 마부도 없이 이쪽저쪽으로 날뛰었다. 죽어가는 사람들의 비명소리가 도처에서 들렸다. 모두 아마조네스 여인족의 창에 쓰러진 사람들이었다.

트로이아 인들은 계속해서 돌진했다. 그리스 함선들 가까이 다가가 막 불을 지르려 할 때였다. 마침내 텔라몬의 힘센 아들 대 아이아스가 전쟁터에서 일어난 함성을 들었다. 그는 파트로클로스의 무덤에서 얼굴을 들어 아킬레우스에게 말했다.

"전우여! 어디선가 끊임없이 소란한 소리가 들리지 않는가? 어디서 위험한 전쟁이 일어난 게 아닌가 싶네. 트로이아 인들이 배에 불을 지르기 전에 빨리 가보세!"

이 말에 아킬레우스도 자리에서 일어났다. 그의 귀에도 비명소리가 분명하게 들려왔다. 두 사람은 황급히 빛나는 갑옷을 갖춰입고 무기를 번쩍이며 투지에 불타 전쟁의 함성이 들려오는 지역으로 달려갔다.

용감무쌍한 두 영웅이 달려오는 것을 보자 대오를 이탈했던 그리스 인들도 활기를 되찾았다. 두 영웅은 분노를 불태우며 전장에 뛰어들어, 트로이아 군대의 목을 조르기 시작했다. 아이아스는 단번에 창으로 네 명의 적을 찔러 죽였다. 아킬레우스는 아마조네스 여전사들을 향해 칼을 휘둘러 네 명의 처녀가 그 칼에 맞아 죽었다. 두 영웅이 몰려드는 적을 순식간에 무찌르자 적의 전열은 쉽게 무너졌다.

이 상황을 본 펜테실레이아는 분이 치밀어 마치 사냥꾼에게 덤벼드는 표범처럼 날쌔게 아이아스와 아킬레우스를 향해 달려들었다. 두 영웅은 딱 버티고 서서 청동 갑옷 소리를 울리며 창을 높다랗게 치켜들고 막아낼 태세를 갖췄다. 펜테실레이아는 먼저 아킬레우스에게 창을 던졌다. 아킬레우스가 방패로 가볍게 창을 막아내자 그녀의 창이 큰 바윗돌에 맞은 것처럼 튕겨 나가며 부서졌다. 펜테실레이아는 아이아스를 향해 두 번째 창을 겨누면서 두 영웅에게 소리쳤다.

"첫 번째 창은 빗나갔지만, 이 두 번째 창으로 그리스 군대에서 가장 힘센 자라고 우쭐대는 너희 허풍쟁이들의 목숨을 빼앗고 말겠다. 너희는 둘이 한꺼번에 덤벼도 한 여인을 당해내지 못했음을 알게 될 것이다."

그녀가 이렇게 외치자 두 영웅은 웃음을 터뜨렸다. 펜테실레이아가 던진 창은 아이아스의 은으로 된 다리보호구에 맞았다. 그녀는 창이 맞은 자리에서 피가 솟구쳐 나오기를 기다렸으나 창은 아이아스의 피부에 상처조차 내지 못했다. 창이 발목을 감싼 보호구에 맞아 튕겨 나갔기 때문이다. 아이아스는 아마조네스의 여왕을 거들떠보지도 않고 트로이아 인의 전열을 뚫고 돌진했고, 그래서 그녀는 아킬레우스에게 맡겨졌다. 아킬레우스 혼자서도 독수리가 비둘기를 낚아채듯 이 여인을 충분히 해치우리라 믿었기 때문이다.

펜테실레이아는 두 번째 창도 실패로 끝나자 크게 한숨을 쉬었다. 아킬레우스가 소리쳤다.

"여인이여, 어찌 대담하게도 우리와 맞설 생각을 했느냐? 이 땅에서 가장 힘센 영웅이자 천둥의 신 제우스의 피를 물려받은 우리다. 저 유명한 헥토르조차 우리 앞에서 벌벌 떨다 목숨을 잃었다! 그대의 입이 우리를 죽여버리겠다고 위협하다니 혹시 미친 것이냐? 너의 마지막 시간이 점점 다가오고 있는 것을 보아라."

이렇게 말하면서 아킬레우스는 자신을 가르친 켄타우로스 케이론이 만든 무적의 창을 휘두르며 펜테실레이아에게 다가갔다. 아킬레우스가 던진 창이 펜테실레이아의 오른쪽 가슴에 깊숙이 박혀 검붉은 피가 펑펑 솟아났고 그녀의 팔과 다리에서는 온 힘이 빠졌다. 손에 쥐고 있던 도끼도 떨어뜨렸다. 그러나 펜테실레이아는 다시 한 번 숨을 몰아쉬고는 자기를 말에서 떨어뜨리려 달려드는 적의 얼굴을 똑바로 노려보았다. 그 순간 여왕은 칼집에서 칼을 빼서 막을지, 아니면 말에서 내려 금과 청동을 충분히 줄 테니 목숨만은 살려달라고 간청할지 망설였다. 그러나 아킬레우스는 생각할 여유를 주지 않았다. 그녀의 거만함에 화가 난 아킬레우스는 여자와 말을 한꺼번에 창으로 꿰뚫었다. 펜테실레이아가 말에서 미끄러져 먼지를 일으키며 죽었다. 그녀는 창에 찔린 몸을 부르르 떨며 무릎을 꿇고 죽은 말에 등을 기댄 채 숨이 끊어졌다. 마치 북풍이 부러뜨려놓은 마른 전나무 가지 같았다.

트로이아 인들은 자기들의 영웅이 말에서 떨어지는 것을 보고는 전의를 상실해 성문을 향해 도망쳤다. 그들은 아마조네스의 여왕 펜테실레이아와 트로이아 군사들의 죽음을 슬퍼했다. 그러나 펠레우스의 아들은 승리에 도취해 크게 소리쳤다.

"불쌍한 자여, 거기 누워 들짐승과 들개의 먹이가 돼라! 누가 나와 맞서 싸우라고 말했느냐? 프리아모스 왕에게서 엄청난 선물을 받고 싶어 수많은 그리스 인을 죽였던 것이냐? 그러나 그대에게 또 다른 보상이 주어진 셈이지!"

그렇게 말하면서 아킬레우스는 그녀와 말을 관통한 창을 뽑다가 몸을 움찔했다. 그는 그녀의 머리에서 투구를 벗긴 다음 죽은 여왕의 얼

트로이아가 그리스 군에 포위되어 절망 상태에 빠졌을 때 뜻하지 않게 후원군이 나타났다. 전쟁의 신 아레스의 딸이며, 아마조네스의 여왕인 펜테실레이아였다. 그녀는 소녀의 우아함이 몸 전체에 배어 있었으나 영혼은 전투욕에 불타 있었다. 펜테실레이아는 그리스 용사들 사이에 뛰어들어 잘 싸웠다. 하지만 그녀의 거만함에 화가 난 아킬레우스가 던진 창이 펜테실레이아의 오른쪽 가슴에 깊숙이 박혀 검붉은 피가 솟구쳤다.

〈아킬레우스와 펜테실레이아〉, 암포라, 기원전 540~기원전 530년, 영국 박물관.

굴을 내려다보았다. 피와 먼지로 덮여 있었지만 그녀의 우아한 용모는 죽은 뒤에도 기품이 깃들어 있었다. 시체 주위로 모여든 그리스 인 모두가 처녀의 빼어난 아름다움에 놀라움을 금하지 못했다. 그녀는 마치 산속에서 힘든 사냥을 끝내고 곤하게 잠든 아르테미스처럼 갑옷을 입은 채 쓰러져 있었다. 그녀를 한참 들여다보던 아킬레우스는 건잡을 수 없는 슬픔에 휩싸였고, 차라리 이 훌륭한 여왕을 죽이지 말고 아내로 삼아 고향 프티아로 데려갈걸 하는 안타까운 심정이 들었다.

그러나 펜테실레이아의 죽음을 보고 가장 큰 슬픔에 잠긴 것은 그녀의 아버지인 전쟁의 신 아레스였다. 그가 뇌성벽력처럼 무장하고 올림포스에서 지상으로 내려와 이데 산의 봉우리와 계곡을 밟고 지나가자 산과 골짜기가 그의 발걸음으로 뒤흔들렸다. 만약 그리스 인들의 친구 제우스 신이 아레스의 머리 위에 연속적으로 번개를 치며 무섭게 소나기를 퍼붓지 않았다면 아레스는 분명 그리스 인들을 전멸시켰을 것이다.

아레스가 아무리 전쟁을 하고 싶다 해도 제우스의 뜻을 거스르는 행동을 할 수는 없었기에 전쟁터로 향하던 발길을 멈출 수밖에 없었다. 그는 올림포스로 되돌아갈지 아니면 아버지의 뜻을 거스르고 두 손에 아킬레우스의 피를 묻힐지 결정을 못 내리고 망설였다. 그러나 제우스가 자기 뜻을 거역한 자식들을 얼마나 많이 죽였는지와 전쟁의 신인 자신조차 그들을 구해낼 수 없었음을 생각했다. 그는 번갯불에 꽁꽁 묶여 하계의 티탄에게 보내지고 싶지 않았기에 아버지의 뜻을 거역하는 일은 그만두기로 했다.

그동안 그리스 인들 사이에서는 펜테실레이아의 시체를 둘러싸고 갑옷과 투구를 차지하려는 경쟁이 벌어지고 있었다. 조금 전까지만 해도 시체를 들개와 새들의 먹이로 던져주려 했던 아킬레우스는 이제까지와는 사뭇 다른 기분으로 시체 옆에 서 있었다. 그는 깊은 슬픔에 빠져 처녀의 얼굴을 내려다보았다. 이전에 가장 사랑하는 친구인 죽은 파트로클로스를 슬퍼하던 것 못지않은 비통함이 아킬레우스의 마음을 괴롭혔다.

몰려드는 그리스 인들 가운데 가장 추하게 생긴 테르시테스가 다가와 아킬레우스에게 조롱하는 말을 퍼부었다.

"혹시 그대는 바보 아니오? 우리 모두에게 여러 가지 재앙을 안겨준 여인의 죽음을 그리 안타까워해도 되는 거요? 죽은 여인의 아름다운 자태에 취해 꼼짝을 못하니 그야말로 호색한이로구만! 세상의 모든 여인을 자기 노예로 삼으려 하다니 그대는 욕심쟁이요. 차라리 펜테실레이아의 창에 찔려 죽는 편이 나을 뻔했소!"

아킬레우스는 추한 사나이의 입에서 그런 모욕적인 말을 듣자 분노가 머리끝까지 치밀었다. 그래서 이 추한 사나이의 뺨을 주먹으로 후려쳤다. 테르시테스의 입에서 부러진 이가 튀어나오고 피가 철철 흘러내렸다. 테르시테스가 쓰러져 허우적거리더니 그의 비겁한 영혼이 숨을 멈췄다. 주위에 서 있던 사람들 중 그를 동정하는 사람은 하나도 없었다. 테르시테스는 그동안 하는 일이라고는 남을 비방하는 것밖에 없으면서 전쟁터나 회의 자리에서 늘 겁쟁이처럼 굴었기 때문이다. 아킬레우스가 몹시 불쾌해하며 말했다.

"너 같은 놈은 여기 먼지 속에 누워서 네 멍청함을 잊어버리는 게 좋겠다! 못난 놈이 자기보다 나은 사람들과 같이하려 드는 것이야말로 멍청한 짓이기 때문이다. 예전에도 오뒷세우스의 비위를 잔뜩 긁어놓은 일이 있었지? 그는 관대한 사람이라 너를 벌하지 않았지만, 펠레우스의 아들은 모욕을 받으면 그대로 두지 않는다는 것을 알았으리라. 자, 이제 죽은 사람들한테나 가서 욕해라!"

하지만 그리스 인들 중 테르시테스의 죽음을 보고 마음이 편치 않은 사람이 하나 있었으니, 튀데우스의 아들 디오메데스였다. 맞아 죽은 테르시테스는 디오메데스와 한핏줄이었고, 디오메데스의 할아버지 오일레우스와 테르시테스의 아버지는 친형제지간이었기 때문이다. 그래서 이번에는 디오메데스가 화를 냈다. 만약에 여러 왕이 중간에서 말리지 않았더라면 아킬레우스가 무기를 휘둘렀을 것이다. 디오메데스가 친척의 피를 보고 복수하겠다며 나서는 것에 아킬레우스도 칼을 뽑아 응해줄 작정이었기 때문이다. 그러나 두 사람은 주변의 만류로 진정되었다.

프리아모스 왕이 펜테실레이아의 시체를 돌려받아 라오메돈 왕의 무덤에 장사 지내고 싶다고 사신을 보내왔을 때 아가멤논도 메넬라오스도 죽은 처녀에 대한 동정과 경의로 승낙을 해주었다. 프리아모스는 마을 앞에 커다란 화장터를 만들어 장작더미 위에 펜테실레이아의 시체와 많은 선물을 올려놓고 불을 질렀다. 장작이 활활 타올라 시체가 다 타자 주위에 서 있던 트로이아 인들이 타고 남은 뼈에 달콤한 향기를 내뿜는 포도주를 부었다. 그리고 펜테실레이아의 뼈를 추려 작은 상자에 넣었다. 그들은 통곡하며 장례 행렬을 이루고, 도시에서 가장 높이 솟은 탑이 있는 라오메돈 왕의 무덤으로 그 상자를 날랐다. 사내들의 전쟁에서 죽은 열두 명의 여전사도 그녀와 나란히 안치되었다. 아트레우스의 아들인 아가멤논과 메넬라오스가 그 명예를 허락해 주었기 때문이다.

그리스 인들도 자기편 전사자들을 매장했다. 그들은 누구보다 포다르케스의 죽음을 애통해했다. 헥토르에게 죽임을 당한 형제 프로테실라오스의 뒤를 이은 죽음이었기 때문이다. 그의 무덤은 다른 죽은 자들과 달리 특별히 봉분을 높이 쌓았고 멀리서도 뚜렷이 보이는 기념비를 세워주었다. 마지막으로 추한 얼굴을 한 테르시테스도 땅에 묻었다. 그리고 그들은 다시 함선으로 돌아왔으며, 이번에도 그리스 인들의 구원자가 된 힘센 아킬레우스에게 모두들 마음속으로 감사했다.

밤이 되자 아트레우스의 아들들의 넓은 막사에 가장 뛰어난 영웅들이 만찬을 위해 모였다. 그리스 인들이 여기저기 누워 아침이 올 때까지 마음껏 먹고 마시며 쉬었다.

멤논이 트로이아 군에 합류하다

떠오르는 태양이 슬픈 도시 트로이아를 비추기 시작했다. 성벽 위에는 경계를 보는 트로이아 인들이 앉아 있었다. 그들은 무서운 아킬레우스가 금세라도 달려들어 성벽에 사다리를 걸쳐 쳐들어와 트로이아의 오래된 집들을 불지르지나 않을까 두려웠다. 그 무렵 사태를 걱정하는 사람들이 회의를 열었다.

튀모이테스라는 노인이 일어서서 말했다.

"여러분! 나는 파멸 직전에 있는 트로이아를 구해낼 방법을 여러 가지로 생각해보았지만 별로 신통한 것이 없었소. 헥토르가 저 힘센 아킬레우스의 손에 죽은 지금, 트로이아를 돕기 위해 설령 신이 나선다 해도 전쟁에서 패할 게 분명하오. 아킬레우스라는 사나이는 그리스 인들을 떨게 만들던 아마조네스의 여왕까지 해치우고 말았소이다. 그녀는 우리 모두가 하늘에서 내려온 여신이라 믿고 마음에 기쁨이 넘쳐흐르게 할 정도로 무섭고 힘센 여자였소. 그러니 어차피 파멸 직전에 놓인 이 불행한 도시를 버리고, 두려운 그리스 인들이 쳐들어올 수 없는 안전한 곳을 찾아가는 편이 어떻겠소?"

프리아모스가 자리에서 벌떡 일어나더니 튀모이테스의 의견에 반박했다.

"친애하는 친구와 트로이아의 동맹군 여러분! 사랑하는 이 고향을 비겁하게 버리고 떠나지 맙시다. 전쟁터에서 적에게 포위되어 몰살당하는 것보다 더 큰 위험에 우리를 내맡기지 맙시다. 그보다는 아이티오피아 왕 멤논*이 도착하기를 기다리는 편이 훨씬 나을 것이오. 그는 지금 강력한 군사들을 이끌고 우리를 도우러 오고 있소이다. 그러니 조금만 더 기다려봅시다. 이방인에게 굴욕을 당하며 살아가느니 다 함께 싸우다 죽는 편이 낫소!"

의견이 대립하자 트로이아 인들 가운데 사려 깊은 영웅 폴뤼다마스가 일어나 다음과 같이 자신의 의견을 말했다.

"프리아모스 왕이여! 만약 멤논이 정말로 우리를 도와주러 온다면

* 라오메돈의 아들이자 프리아모스 왕의 형인 티토노스는 굉장히 잘생긴 미남이었다. 그는 새벽의 여신 에오스에게 유괴되어 그녀의 남편이 되었다. 둘 사이에서는 아들 에마티온과 멤논이 태어났다. 멤논은 삼촌인 프리아모스 왕을 돕기 위해 출정했다.

나는 반대하지는 않겠습니다. 그러나 멤논이 와서 그의 군사들과 더불어 전멸하여 재난이 더 커질까 봐 두렵습니다. 그렇다고 우리가 고국을 버리고 떠나야 한다는 말은 아닙니다. 비록 늦은 감은 있으나 이 싸움의 근본 원인인 헬레네 왕비를, 그녀가 스파르테에서 가져온 재물과 함께 그리스 인들에게 돌려보내는 것이 가장 좋은 방법이라 생각합니다. 적이 트로이아의 재산을 나눠 갖고 도시를 불바다로 만들기 전에 말입니다!"

트로이아 사람들은 마음속으로 이 말에 찬성했지만 감히 왕에게 반대하고 나서지 못했다. 그러자 한쪽에서 헬레네의 남편 파리스가 벌떡 일어나더니 폴뤼다마스에게 비겁한 사람이자 그리스 인들의 앞잡이라는 비난을 퍼부었다.

"그따위 말을 하는 자일수록 싸움터에서는 맨 먼저 도망치는 거요! 트로이아 인들이여, 이런 인간의 말을 따르는 게 현명한 일인지 잘 생각해보시오!"

폴뤼다마스는 파리스가 헬레네를 내놓지 않을 것임을, 트로이아 군에서 반란을 일으키거나 그가 죽기 전에는 헬레네를 포기하지 않으리라는 것을 잘 알고 있었다. 그래서 그는 입을 다물었다. 회의에 모였던 다른 사람들도 입을 열지 않았다. 이렇게 사람들이 신중하게 회의를 진행하고 있을 때 멤논이 도착했다는 반가운 소식이 전해졌다. 트로이아 인들은 무서운 폭풍이 지나간 뒤 하늘에서 빛나는 별을 다시 본 뱃사람처럼 되살아났다. 프리아모스 왕은 아이티오피아의 대군이 합세해준다면 그리스 인들의 함선을 모두 불태워버릴 수 있으리라 여겼기에 누구보다 기뻤다.

새벽의 여신 에오스의 위대한 아들 멤논이 도착하자 프리아모스 왕은 멤논과 그의 부하들에게 가장 훌륭한 선물을 주고 성대한 잔치를 베풀어 경의를 표했다. 그들은 기분 좋은 대화를 나누며 전사한 트로이아의 영웅들을 기렸다. 멤논은 불사의 존재인 양친 티토노스와 에오스의 이야기라든가, 끝없는 세계의 바다와 대지 이야기 그리고 대양의 기슭에서 높은 이데 산을 넘어 프리아모스 왕이 있는 트로이아까지 오는 도중에 일어난 여러 가지 무용담을 들려주었다.

프리아모스 왕은 만족스럽게 멤논의 이야기에 귀를 기울이고 있다가 그의 손을 잡으며 말했다.

"멤논이여! 여러 신께 어떻게 감사드려야 할지 모르겠소. 신들이 이 늙은이에게 그대와 그대의 군사들을 보게 해주고 또 우리 궁전에서 대접할 수 있게 해주셨으니 말이오. 정말 그대는 죽을 수밖에 없는 인간들 중 가장 많이 신을 닮았소. 그대가 우리 적들을 해치울 수 있다고 믿는 것도 그 때문이오!"

이렇게 말하면서 프리아모스는 순금으로 만든 큰 잔으로 새 동맹군을 위해 축배를 들었다. 멤논은 헤파이스토스가 만들었고 트로이아 왕가에 전해지는 그 훌륭한 금잔을 놀란 눈으로 바라보다가 침착하게 입을 열었다.

"만찬 자리에서 큰소리친다거나 확실한 약속을 하는 것은 삼갈 일인 듯하오. 그러므로 왕이시여, 그 대답은 하지 않겠소. 그저 음식을 즐기고 필요한 것을 준비하겠소. 누가 영웅인지는 전쟁터에서 드러날 것입니다. 그러나 곧 쉬게 해주시오. 우리를 기다리는 싸움을 앞두고 과음하거나 떠들썩하게 밤을 지새는 것은 좋지 않소."

그렇게 말하고 사려 깊은 멤논은 자리에서 일어났다. 프리아모스도 손님을 배려해 오래 잡아두지 않았다.

사람들이 모두 잠들어 고요해졌을 때 올림포스에서는 아직 신들이 술잔을 나누며 트로이아의 전쟁에 대해 이야기를 나누고 있었다. 미래의 일도 현재의 일처럼 훤히 내다볼 수 있는 제우스가 마지막으로 입을 열어 말했다.

"너희들 중 어떤 자는 그리스 편을 들고 어떤 자는 트로이아 편을 들고 있는데 모두 소용없는 짓이다! 양편 모두 더 많은 말과 사람이 싸움으로 인해 죽을 것이다. 너희들 마음에 걸리는 친구들이 많이 있겠지만 그 때문에 내게 부탁하러 올 생각은 하지도 말아라! 운명의 여신들은 가혹하다. 나에게나 너희들에게나 사정을 봐주지 않는다."

신들의 아버지 제우스 신의 이 말을 거스르는 신은 아무도 없었다. 모두들 잠자코 자리에서 일어나 각자의 집으로 돌아갔다. 무거운 기분으로 자리에 누우니 잠의 신이 살며시 그들을 찾아왔다.

다음 날 아침, 새벽의 여신 에오스는 내키지 않는 마음으로 하늘로 올라갔다. 간밤에 제우스 신의 이야기를 듣고 그리운 자기 아들 멤논의 운명이 어떻게 되리라는 것을 대강 짐작했기 때문이다. 멤논은 새벽녘 별빛이 차츰 흐려질 무렵에 이미 눈을 떴다. 그리고 눈썹에 붙어 있는 이 세상에서 마지막이 될 졸음을 떨쳐버리고, 친구들을 위해 그리스 인들과 싸우기 위해 자리에서 벌떡 일어났다. 트로이아 인들도 갑옷과 투구로 무장을 하고 아이티오피아에서 온 수많은 군사와 함께 했다. 얼마 지나지 않아 바람에 밀려가는 먹구름처럼 군대가 성문을 나서서 들판을 향해 몰려갔다. 그들의 발밑에서 먼지가 일었다.

멀리서 이 광경을 본 그리스 군사들은 당황하며 재빨리 무장을 갖추고 돌격했다. 한가운데에는 그들이 의지하는 아킬레우스가 마치 티탄처럼, 제우스의 손에 들린 번개처럼 위풍당당하게 전차에 타고 있었다. 그러나 트로이아 군대의 한가운데에는 그에 못지않게 훌륭한 모습을 한 전쟁의 신과 흡사한 모습의 멤논이 있었다. 엄청나게 많은 용사가 투지를 불태우며 그를 둘러싸고 대열을 이루고 있었다.

마침내 전쟁이 시작되었다. 바다의 밀물처럼 두 군대가 밀려들어 파도에 파도가 부딪치듯이 충돌했다. 칼들이 부딪치며 내는 소리, 바람을 찢는 창소리, 요란한 함성소리가 전투대열에 퍼졌다. 곧 양군 사이에서 죽은 자를 애도하는 슬픈 소리가 들려왔다. 폭풍에 나무가 뿌리째 뽑히고 집들이 무너지듯 아킬레우스가 휘두르는 창 앞에 트로이아 인들이 한 사람씩 넘어졌다. 다른 쪽에서는 멤논이 인간에게 많은 슬픔과 화를 가져다주는 재난이 덮치기라도 한 듯 그리스 인들을 드러눕히고 있었다.

멤논의 손에 네스토르의 고귀한 친구 두 사람이 쓰러졌고, 이어서 그는 퓔로스의 늙은 왕 네스토르에게 달려들었다. 네스토르도 아이티오피아 왕 멤논의 창에 찔려 죽는 줄만 알았다. 그가 타고 있던 전차의 말 하나가 파리스의 화살에 맞아 절룩거리자 멤논이 창을 휘두르며 달려드는 것도 모른 채 전차를 세웠기 때문이다. 네스토르는 깜짝 놀라 아들 안틸로코스를 불렀다. 아들이 급히 달려와 아버지 앞을 가로막고 멤논을 향해 창을 던졌다. 멤논이 몸을 살짝 피하자 창은 그의 친구 피르하소스의 아들 아이톱스에게 맞았다. 이를 본 멤논이 크게 노하여 산돼지에게 덤벼드는 사자처럼 안틸로코스에게 달려들어 창을 심장에 꽂아버렸다. 안틸로코스가 자신의 죽음으로 아버지 네스토르의 목숨을 구한 것이었다.

안틸로코스의 죽음을 본 그리스 인들은 말할 수 없는 슬픔에 잠겼다. 그중 가장 슬퍼한 사람은 자기를 대신해 눈앞에서 아들이 쓰러지는 것을 본 아버지 네스토르였다. 그러나 그는 조금도 당황하지 않고 다른 아들 트라쉬메데스를 불러 안틸로코스의 시체 옆에서 멤논을 쫓으려 했다. 트라쉬메데스는 소란한 싸움터에서 아버지가 부르는 소리를 듣고 미친 듯 날뛰는 에오스의 아들 멤논과 겨루기 위해 페레우스와 함께 달려왔다.

멤논은 여유만만하게 두 용사가 다가오기를 기다리고 있었다. 둘이 던진 창은 모두 멤논의 갑옷을 스치고 갔다. 그의 어머니 에오스 여신이 마력을 써서 갑옷과 투구를 보호해주었기 때문이다. 그사이 멤논은 안틸로코스의 갑옷과 투구를 벗기려고 달려들었다. 두 명의 그리스 용사는 마치 사자에게 죽은 사슴의 주위를 맴도는 이리처럼 죽은 안틸로코스를 둘러싸고 돌았다. 그러나 아무 소용이 없었다. 네스토르가 탄식하며 울부짖어 다른 동료들을 불렀다. 그뿐 아니라, 비록 기운이 다했지만 그 자신도 마차에서 뛰어내려 아들의 시체를 지키고자 싸웠다. 멤논은 네스토르가 달려들자 일부러 등을 돌리고 자기 아버지를 만난 것처럼 공손하게 말했다.

"노인이시여! 당신과 싸운다는 것은 나에게 어울리지 않는 일입니다. 멀리서 보고 젊은 전사인 줄 알고 창을 겨누었지만, 이제 연로하신 분인 줄 알았습니다. 마음에도 없이 당신을 해쳐 먼지 속에 쓰러뜨리지 않도록 이 자리를 피해 돌아가십시오. 승부가 되지 않는 싸움을 걸어오신다면 사람들은 당신을 어리석은 분이라 비난할 것입니다!"

그러나 네스토르가 대답했다.

"쓸데없는 소리다, 멤논! 아들의 죽음을 눈앞에서 보고 잔인한 살인자에게서 시체를 지키려는 아버지에게 어리석다 욕할 자는 없다! 아, 네가 나의 젊은 시절을 알았더라면! 나는 이제 양치기 개한테도 쫓기는 늙은 사자 신세가 되었구나! 아니다, 나는 수많은 전사에게 승리할 것이고 내 나이를 이길 자는 없을 것이다!"

네스토르는 아들을 잠시 모래 위에 남겨두고 뒤로 물러섰다. 네스토르를 따라 트라쉬메데스와 페레우스도 물러섰다. 이제 멤논은 아수라장이 된 싸움터에서 방해받지 않고 아이티오피아 군사들과 함께 맹위를 떨쳤고, 그리스 인들은 놀라서 그의 창을 피했다.

그러자 네스토르가 아킬레우스를 향해 말했다.

"그리스 인들의 수호자여! 내 아들이 저기 저렇게 쓰러져 있소. 멤논이 그의 무기를 빼앗아 갔다오. 얼마 안 있으면 개의 먹이가 되고 말 거요. 어서 가서 도와주시오! 참된 전우라면 전사한 동료까지 돌봐줘야 하지 않겠소!"

그 말에 아킬레우스는 아이티오피아 인들이 그리스 인들을 무더기로 쓰러뜨리는 모습을 보았다. 깊은 슬픔이 그의 영혼을 내리눌렀다. 그때까지 그는 닥치는 대로 트로이아 인들을 베어 넘기고 있었으나, 그들을 내버려두고 멤논에게로 달려들었다. 그러자 멤논은 땅에 박혀 있던 경계석을 번쩍 뽑아들어 적의 방패를 향해 내던졌다. 하지만 돌은 튕겨 나갔다. 아킬레우스는 전차를 전열 뒤쪽에 남겨두고 왔기 때문에 걸어서 멤논을 덮쳐 창으로 오른편 어깨를 찔렀다. 멤논 왕은 부상에 아랑곳하지 않고 재빨리 달려나가 창으로 아킬레우스의 팔을 찔렀다. 영웅의 피가 땅에 떨어지자 멤논이 우쭐대며 소리쳤다.

"불쌍한 놈! 자비심도 없이 트로이아 인들을 죽이더니, 이제 너 따위와는 상대가 되지 않는 신의 아들을 만났구나. 내 어머니는 올림포스의 여신 에오스시다. 바다의 괴물들하고 지내는 그대의 어머니 테티스 따위와는 다르단 말이다!"

아킬레우스가 빙긋이 웃었다.

"어느 쪽 부모가 더 훌륭한지는 싸움의 결과가 말해줄 것이다. 지난번에 친구 파트로클로스의 원수를 갚기 위해 헥토르를 해치웠듯 이번에는 젊은 용사 안틸로코스의 원수를 갚아주겠다!"

이 말과 함께 아킬레우스는 두 손으로 큰 창을 잡았고 멤논도 똑같이 했다. 두 영웅은 서로를 향해 돌진했다. 그러나 그 순간 제우스 신이 두 사람에게 초인적으로 강한 힘을 불어넣어 어느 쪽도 상대방을 쓰러뜨리지 못했다. 둘은 투구의 앞장식이 맞닿을 정도로 근접했다. 정강이보호대의 위쪽이나 가슴막이의 틈새를 서로 찌르려 했으나 모두 실패하고 갑옷 소리만 요란하게 울렸다.

아이티오피아 인, 트로이아 인, 그리스 인 들의 함성이 하늘로 울려 퍼졌다. 발밑에서는 먼지가 자욱하게 피어오르고 우두머리들이 싸우는 동안 군사들끼리도 격렬한 전투를 벌였다. 하늘에서 내려다보고 있던 올림포스의 신들은 이 끝나지 않는 대결을 기뻐했다. 어떤 신들은 아킬레우스의 막강한 힘에, 어떤 신들은 멤논의 굽힐 줄 모르는 저항에 응원을 보냈다. 만약 제우스 신이 두 운명의 여신을 불러들여 어두운 여신을 멤논에게, 밝은 여신을 아킬레우스에게 가도록 명하지 않았다면 신들은 당장에 두 파로 갈라져 싸움을 벌였을 것이다. 제우스의 이 명령을 들은 올림포스 신들 중 한편은 좋아하고 다른 한편은 슬퍼서 소리를 질렀다.

그러나 두 명의 영웅 멤논과 아킬레우스는 운명의 여신 따위는 쳐다보지도 않고 대결을 계속했다. 그들은 창으로, 칼로 혹은 돌로 싸웠다. 두려움을 모르는 두 영웅은 바위처럼 딱 버티고 서서 한 발도 물러서지 않았다. 양옆에 있는 군사들도 마찬가지로 승패가 가려지지 않는 싸움을 계속했다. 땀과 피가 뒤범벅되어 바닥으로 흘렀으며 땅은 시체로 뒤덮였다. 그러나 결국 운명이 승리했다. 아킬레우스가 멤논의 가슴 깊숙이 창을 찌르자 창끝이 등으로 빠져나왔고, 멤논은 땅바닥에 쓰러져 피를 흘렸다.

트로이아 인들이 도망치기 시작했고 아킬레우스가 이 여세를 몰아 태풍처럼 쫓아갔다. 멤논의 시체를 약탈하는 일은 전우들에게 맡겼다. 하늘에서 새벽의 여신 에오스가 탄식하며 구름으로 얼굴을 가린 탓에 어둠이 땅을 뒤덮었다. 여신의 자식들인 바람들이 들판에 내려와 적들의 손에서 멤논의 시체를 빼앗아 하늘로 안고 올라갔다.

멤논이 누웠던 땅에는 그가 흘린 피만 남았다. 이 핏자국은 후세에도 멤논의 기일만 되면 이데 산골짜기에서 시체 냄새를 풍기며 흘러내렸다. 마르지 않는 피의 냇물이 된 것이었다. 바람들이 멤논의 시체를 안고 땅에서 그리 높지 않은 하늘을 날아갔기 때문에 죽은 주인에게서 떠나지 않으려는 아이티오피아 인들이 줄지어 그 뒤를 따랐다. 그들은 마침내 트로이아 인과 그리스 인의 시야에서 사라졌다. 바람들은 멤논의 시체를 아이세포스 강의 신 발밑에 놓았다. 아이세포스의 딸들이 아름다운 숲속에 멤논의 무덤을 쌓았다. 하늘에서 내려온 그의 어머니 에오스는 님프들의 손을 빌려, 뜨거운 눈물을 흘리며 아들의 장사를 지냈다. 트로이아 인들도 그들의 도시로 돌아가 고귀한 멤논을 진정으로 애통해했다.*

그리스 인들이 완전한 기쁨을 누리지는 못했다. 그들은 자신들의 영웅이자 승리자인 아킬레우스를 찬양했지만, 네스토르와 함께 그의 사랑하는 아들 안틸로코스를 위해 눈물을 흘려야 했다. 그들은 슬픔과 기쁨 속에서 전쟁터의 밤을 지새웠다.

아킬레우스가 죽다

다음 날 아침 퓔로스 사람들은 애통한 마음으로 네스토르 왕의 아들 안틸로코스의 유해를 함선들 쪽으로 옮겨 헬레스폰토스 해안에 장사 지냈다. 늙은 네스토르는 마음을 가다듬고 생각에 잠겨 슬픔을 억누르고 있었다. 그러나 아킬레우스는 밤새 한숨도 못 잤다. 친구의 죽음에 대한 분노는 새벽이 되자마자 아킬레우스를 트로이아 인들에게로

* 전설에 의하면 멤논을 따라온 신하들은 새가 되었다고 한다. 그 새들은 해마다 먼 고향에서 날아와 자기 왕의 무덤에서 울고 그의 명예를 칭송하여 전쟁 흉내를 낸다. 멤논 자신은 어머니 에오스의 간청으로 제우스 신에 의해 죽지 않는 신의 자리에 올랐다고 한다. 그 후 이집트의 테바이 땅에서 왕이 앉아 있는 조각상이 발견되었는데 해 돋기 전에 이상한 소리를 낸다고 해서 아름다운 전설이 생겨났다. 이 조각상은 멤논의 상으로, 이상한 소리는 떠오르는 새벽의 여신인 어머니에게 인사를 보내고 있는 것이며, 그러므로 멤논은 지금도 살아 있다는 것이다. 에오스는 사랑하는 아들의 죽음을 슬퍼해서 울고 그 눈물이 아침 이슬이 되어 땅에 내린다는 것이다.

이끌었다.

트로이아 인들도 비록 신과 같은 아킬레우스의 창 앞에 벌벌 떨기는 했지만 다시 전의를 불태우며 이미 성벽 앞으로 나와 있었다. 싸움은 곧 전면전이 되었다. 아킬레우스는 수없이 많은 적을 무찌르며 트로이아 인들을 성벽 아래로 몰아세웠다. 자신의 초인적 힘을 잘 알고 있는 아킬레우스는 성문 문짝을 들어 문고리에서 뽑아내 빗장을 벗긴 다음 그리스 군사들을 성안으로 들여보내려 했다.

그러나 이때 수없이 많은 전사자가 쓰러져 있는 모습을 올륌포스에서 내려다보던 아폴론이 아킬레우스에게 몹시 분노했다. 그는 맹수처럼 무서운 기세로 신의 자리에서 내려와 아킬레우스와 맞섰다. 그는 한번 맞으면 치료할 수 없는 필살의 화살이 든 화살집을 등에 메고 있었다. 활과 화살집이 서로 부딪치는 소리가 났고, 아폴론의 눈빛은 분노로 불타올랐으며, 그가 걸을 때마다 땅이 흔들렸다. 아폴론은 영웅 뒤에 서서 무서운 소리로 외쳤다.

"펠레우스의 아들아, 다르다노스의 후손들을 내버려둬라! 그만 미쳐 날뛰어라! 불사의 신들 중 누군가에게 네 목숨을 빼앗기지 않도록 조심해라!"

아킬레우스는 그것이 아폴론의 목소리임을 똑똑히 알아차렸지만 주눅 들지 않았다. 그는 신의 경고에도 아랑곳하지 않고 아폴론에게 대답했다.

"트로이아 인들을 항상 총애하는 당신이 어째서 나를 성나게 해서 신들과 맞서게 하시려는 겁니까? 이전에도 헥토르를 빼돌려 나를 화나게 한 적이 있으시지요! 당신에게 충고하겠는데 아무리 불사의 신

일지라도 나의 창을 피해 다른 신들에게로 멀리 물러나 계시는 게 좋을 겁니다!"

이 말과 함께 아킬레우스는 아폴론에게서 등을 돌려 다시 트로이아인들 속으로 쳐들어갔다. 화가 잔뜩 난 아폴론은 검은 구름 속에 몸을 숨기고 화살을 꺼내 활에 메겼다. 그리고 안개 속에서 아킬레우스의 취약한 발뒤꿈치를 향해 활을 쏘았다. 곧 찌르는 듯한 아픔이 아킬레우스의 심장까지 퍼져나갔다. 그는 땅 밑이 파헤쳐진 탑이 넘어지듯 땅에 털썩 쓰러지고 말았다. 아킬레우스는 땅에 엎드린 채 사방을 돌아보며 찢어질 듯 무시무시한 소리로 크게 외쳤다.

"먼 곳에 숨어 내게 비겁한 활을 쏜 자가 누구냐? 당당하게 나와서 대결하지 못하겠는가! 그놈의 저주받은 영혼이 하데스에게 가기 전에 몸에서 창자를 뽑아내고 모든 피를 쏟아버리게 하겠다. 비겁한 놈만이 항상 숨어서 영웅을 노린다! 내게 화를 내고 있는 신이라도 그 점은 알 것이다! 아, 나에게 활을 쏜 것은 아마 아폴론이겠지. 언젠가 나의 어머니 테티스가 나에게 스카이아이 성문 앞에서 아폴론의 무서운 화살을 맞고 죽는다고 예언한 적이 있었는데, 그 말이 사실이었구나!"

아킬레우스가 신음하며 치명적 상처에서 화살을 뽑아냈다. 화살을 뽑은 자리에서 검은 피가 솟구쳤다. 그는 크게 분노하며 화살을 땅바닥에 내던졌다. 아폴론은 그 화살을 집어 들고 구름 속에 몸을 감춘 채 올림포스로 돌아왔다. 올림포스에 도착한 아폴론은 안개 속에서 나와 다른 신들 속으로 모습을 숨겼다. 그리스 인들의 친구인 헤라 여신이 몹시 언짢아하며 그를 나무랐다.

"명사수 아폴론이여, 그대가 망할 짓을 저질렀구나! 언젠가 그대는 펠레우스의 결혼잔치에 초대를 받았었지. 다른 신들처럼 함께 먹고 마시고 노래를 부르며 펠레우스에게서 훌륭한 아들이 나오기를 축원했다. 그런데도 그대는 트로이아 인들을 총애해 펠레우스의 외아들을 죽이고 말았구나. 시기심에서 그런 일을 저지르다니! 어리석은 자여, 이제 앞으로 무슨 면목으로 네레우스의 딸 테티스를 보겠느냐?"

아폴론은 아무 말도 하지 않았다. 다른 신들 옆에 앉아 차마 눈을 들지 못했다. 올림포스의 신들 중 어떤 신들은 화를 냈고 다른 신들은 마음속으로 아폴론에게 고마워했다. 아킬레우스의 엄청난 몸에서는 여전히 검은 핏줄기가 용솟음쳤다. 그러나 그는 아직도 투지에 불탔으므로 아무리 부상을 당했다 해도 그에게 접근하는 트로이아 인들은 감히 없었다.

아킬레우스는 바닥에서 벌떡 일어나 창을 던지며 적들을 향해 돌진했다. 창은 죽은 헥토르의 친구 오리타온의 관자놀이에 맞아 창끝이 뇌까지 가 박혔다. 이어서 그는 창으로 힙포노오스의 눈을 찔렀고 알카토오스의 뺨을 관통시켰다. 그리고 도망치는 많은 적의 목숨을 빼앗았다. 그러나 서서히 사지가 차가워졌다. 그는 잠시 멈춰 창에 기대서야만 했다. 여전히 트로이아 인들은 아킬레우스와 그의 목소리를 피해 도망쳤다. 그가 벽력같은 소리로 도망가는 군사들을 향해 이렇게 외쳤기 때문이다.

"얼른 도망쳐라! 내가 죽어도 너희들은 내 창을 피할 수 없을 것이다. 복수의 여신이 너희들을 벌할 것이다!"

트로이아 인들은 아킬레우스가 상처 입은 사실을 몰랐기 때문에 두려워 떨며 피해 다녔다. 그러나 그의 사지가 굳으면서 아킬레우스는 마침내 죽은 자들 사이에 푹 쓰러지고 말았다. 땅이 진동했고 갑옷과 투구에서 둔탁한 소리가 났다.

파리스가 제일 먼저 불구대천의 원수 아킬레우스가 쓰러지는 것을 보았다. 그는 기쁨의 환성을 올리며 트로이아 인들에게 시체를 빼앗으라고 소리쳤다. 그러자 아킬레우스의 창을 피해 도망 다니던 트로이아 군사들이 한꺼번에 시체 가까이 몰려들었다. 그러나 영웅 아이아스가 시체 주위를 빙빙 돌며 창을 높이 치켜들고 다가오는 적을 쫓아냈다. 싸움을 걸어오는 자는 단번에 창을 맞아 죽었다.

결국 아이아스는 방어전에 만족하지 않고 트로이아 인들에게 달려들어 근처 일대를 피바다로 만들었다. 뤼키아의 장수 글라우코스도 아이아스의 창에 맞아 쓰러졌고 트로이아의 영웅 아이네이아스도 부상을 입었다. 아이아스 옆에서는 오뒷세우스와 다른 그리스 인들도 함께 싸우고 있었다. 그러나 트로이아 인들은 계속해서 저항했다. 파리스는 아이아스를 겨냥해 창을 던지기까지 했다. 순간적으로 그것을 본 아이아스가 파리스에게 돌을 집어던져 파리스의 투구가 박살났다. 파리스는 먼지 속에 쓰러졌으며 화살집에서 화살이 쏟아져 나와 여기저기 흩어졌다. 동료들은 간신히 숨만 쉬는 파리스를 헥토르의 빠른 말이 끄는 전차에 태워 트로이아 성안으로 보냈다. 아이아스는 모든 트로이아 인을 다시 성안으로 몰아넣은 다음 흩어진 시체와 갑옷과 투구 들을 넘어 급히 되돌아왔다. 트로이아의 성벽에서부터 파도가 철썩거리는 헬레스폰토스 해안에 이르기까지 들판이 온통 죽은 자들의 시체로 뒤덮였다.

그동안 그리스의 왕들은 아킬레우스의 시체를 싸움터에서 함선으

불구대천의 원수 파리스가 아킬레우스가 쓰러지는 것을 가장 먼저 보았다. 그는 기쁨의 환성을 올리며 트로이아 인들에게 시체를 빼앗으라고 소리쳤다. 그러자 이전에 아킬레우스의 창을 피해 도망 다녔던 트로이아 전사들이 한꺼번에 아킬레우스의 시체로 몰려들었다. 하지만 영웅 아이아스가 시체 주위를 빙빙 돌면서 창을 높이 치켜들어 다가오는 적을 쫓아냈다. 싸움을 걸어오는 자는 단번에 창을 맞아 죽었다.

〈아킬레우스의 시신을 옮기는 아이아스〉, 클레이티아스, 기원전 570년경.

로 옮겨놓고 그의 죽음을 애도하며 눈물을 흘리고 있었다. 가장 소리 내어 통곡을 한 자는 막 달려온 아이아스였다. 죽은 아킬레우스는 아이아스가 사랑하는 사촌이었다. 늙은 왕 포이닉스도 힘센 펠레우스의 아들의 커다란 시신을 끌어안고 비통해했다. 그는 죽은 영웅의 아버지 펠레우스가 아들의 교육을 간절히 부탁하던 일과 자기가 가르친 그 아킬레우스와 함께 출정하던 날을 생각했다. 그런데 아버지와 스승이 더 오래 살아남다니!

아트레우스의 아들들과 모든 그리스 인이 그를 위해 울었다. 그들은 하늘을 향해 계속 통곡했고 그들이 비통해하며 함선을 두들기자 둔탁한 소리가 났다. 결국 늙은 영웅 네스토르가 통곡을 멈추게 하고 자신의 죽은 아들을 생각하며 영웅 아킬레우스의 시체를 깨끗이 씻겨 침대에 눕혔다. 그리고 죽은 자를 위해 장례식을 거행하자고 이야기했다. 그는 아킬레우스의 시체를 더운 물로 씻기고 원정의 길을 떠나올 때 어머니 테티스가 보내온 아름다운 옷을 입혔다.

이렇게 해서 아킬레우스의 시체가 막사에 눕혀졌을 때 올륌포스에서는 아테네가 사랑하는 아킬레우스를 동정의 눈길로 바라보며 시체의 머리에 암브로시아를 몇 방울 떨어뜨렸다. 이 기름은 죽은 사람의 모습이 변하거나 썩는 것을 막아주었다. 암브로시아를 바른 시체는 곧 살아 있는 사람처럼 변했다. 이어서 아테네는 아킬레우스의 이마에 친구 파트로클로스가 죽었을 때 격분하던 무서운 모습을 불어넣어 얼굴에 생기가 돌게 했다. 그리고 온몸을 살아 있는 듯 아름다운 모습으로 만들어주었다. 그를 보러 온 그리스 인들은 모두 놀라워했다. 침상에 아름답고도 우아하게 조용히 누워 있는 거대한 영웅 아킬레우스가 당장이라도 눈을 뜨고 일어날 것 같았기 때문이다.

그리스 최고의 영웅을 애도하는 그리스 인들의 커다란 통곡소리가 깊은 바다 밑에 있는 아킬레우스의 어머니 테티스와 그곳에서 함께 지내는 네레우스의 딸들에게도 들렸다. 너무나 큰 충격에 테티스와 그 딸들은 헬레스폰토스가 메아리치도록 큰 소리로 울었다. 그리고 날이 어두워지자 바다 밑에서 떼를 지어 그리스 선단 근처로 올라왔다. 바다의 괴물들도 함께 울었다. 그녀들은 통곡하며 시체 옆으로 가서 시체를 끌어안고 입 맞추며 눈물로 땅을 적실 만큼 흐느껴 울었다. 그리스 인들은 바다 밑에서 올라온 여신들을 두려워하여 뒤로 물러서 있었으나, 날이 새기 시작해 여신들이 돌아가자 다시 시체 옆으로 모여들었다.

사람들은 이데 산에서 많은 장작을 구해다 높이 쌓아 올리고 그 위에 전사자들의 갑옷과 투구, 제물로 바치는 가축들 그리고 황금과 귀금속 등을 올려놓았다. 그리스의 영웅들은 머리털을 잘랐고 아킬레우스가 가장 사랑하던 노예 브리세이스도 마지막 선물로 곱슬머리를 바쳤다. 그런 다음 그들은 쌓아 올린 장작더미에 헌주로 몇 단지나 되는 많은 기름을 붓고, 넥타르처럼 향기 나는 포도주가 담긴 그릇과 귀중한 양념으로 가득한 접시들을 장작 사이에 놓았다. 장작더미의 가장 높은 곳에 아킬레우스의 유해가 안치되었다.

갑옷과 투구로 완전무장한 기병과 보병 들이 장작더미 주위를 빙 둘러섰다. 이윽고 장작에 불을 붙여 전사들의 통곡 속에 불길이 순식간에 일어났다. 제우스 신의 명령으로 바람의 신 아이올로스가 센 바람을 불어넣어주어 장작더미가 힘차게 타올라 몇 시간 만에 시체와 함께 깨끗이 타고 재만 남았다. 마지막 남은 불은 포도주를 부어 껐다. 아킬레우스의 뼈는 거인다운 모습을 그대로 나타내 함께 불탄 다른 시체들과는 분명히 구별되었다. 동료 영웅들은 탄식하면서 뼈를 모아 금과 은으로 만든 큰 상자에 넣었다. 그리고 바닷가의 가장 높은 곳에 있는 친구 파트로클로스의 무덤 옆에 묻고 높은 봉분을 쌓아주었다.

아킬레우스의 불사의 말들도 주인의 죽음을 알았다. 그래서 자신들이 묶여 있던 고삐를 끊고 달아났다. 주인이 죽은 이상 더는 인간의 고통과 함께하고 싶지 않았기 때문이다. 아킬레우스의 친구들이 겨우 찾아내 데려와 달래자 말들은 그제야 슬픔을 누그러뜨렸다.

아킬레우스를 기리기 위한 제전을 열다

이날 트로이아에서도 장례식이 거행되고 있었다. 트로이아의 성실한 동맹국 뤼키아의 지도자 글라우코스가 지난밤에 전사했던 것이다. 동료들은 그의 시체를 적의 손에서 구해 와 화장 후 묻어주었다.

아킬레우스를 장사 지낸 다음 날 그리스 인의 군사 회의가 열렸다. 튀데우스의 아들 디오메데스가 자리에서 일어나 적들이 아킬레우스의 죽음으로 사기를 되찾기 전에 당장 전차와 말과 군사들을 동원해 트로이아를 점령해야 한다고 주장했다. 그러나 텔라몬의 아들 아이아스가 반대했다.

"아들의 죽음을 슬퍼하는 고귀한 바다의 여신에게 상처를 주는 일이오. 다른 모든 일에 앞서서 아킬레우스를 기리기 위해 거룩한 제전부터 거행해야 하지 않겠소? 여신은 어제 바닷속으로 돌아가기 전에 내 옆을 지나가면서 아들을 불명예스럽게 내버려두지 말라는 눈짓을 보내셨소. 제전을 열면 여신이 개인적으로 참석하실 거요. 아킬레우스가 죽었다고는 하지만 그대와 나, 아가멤논이 살아 있는 동안에는 트로이아 군이 감히 쳐들어오지 못할 것이오!"

그러자 디오메데스가 양보했다.

"만약 테티스가 정말로 오늘 나타난다면 당신의 뜻에 따르겠습니다. 아무리 전쟁이 급해도 여신의 소원이 더 중요하니까요."

디오메데스가 이렇게 말하자마자 해안에 있는 파도가 반으로 갈라지더니 아침의 산들바람처럼 테티스가 밀물 속에서 솟아올라 그리스인들 한가운데로 걸어왔다. 여신의 시녀로 온 님프들이 보자기에 싼 눈부신 상품들을 꺼내어 들판에 있는 그리스 인들 앞에 늘어놓았다. 테티스가 제전의 시작을 알리며 영웅들을 직접 격려했다.

넬레우스의 아들 네스토르가 일어섰다. 나이 들어 사지가 뻣뻣한 그가 일어선 것은 경기에 나가기 위해서가 아니었다. 그는 기분 좋은 말로 마음씨 고운 네레우스의 딸을 찬양하고 여신과 펠레우스의 결혼식에 대해 이야기했다.

"결혼식에는 불사의 신들이 잔치에 참석했고, 계절의 여신 호라이들이 황금으로 짠 바구니에 암브로시아를 담아 와 손수 잔칫상을 차렸지요. 님프들은 황금 잔에 신들의 술을 따랐습니다. 우아한 미의 여신들이 춤을 추며 돌고, 무사이 여신들이 시를 읊었더랬습니다. 하늘도 땅도, 신들도 인간들도 그때는 더할 나위 없는 즐거움을 같이 나눴었지요."

네스토르는 이렇게 이야기하고 이 부부 사이에서 태어난 아킬레우스의 영원한 업적을 찬양했다. 네스토르의 이야기는 침울한 테티스의 마음에 부드러운 위안이 되어주었다. 그리스 인들은 경기에 참여하려는 투지에 불타면서도 네스토르의 이야기에 귀를 기울이고 영웅 아킬레우스의 생전 업적을 찬양했다.

테티스는 네스토르에게 아들이 가졌던 훌륭한 말 두 필을 유품으로 선사했다. 그리고 달리기 경주에서 이긴 용사를 위해 우선 열두 필의 살찐 암소를 내놓았다. 경주에 참가한 사람에게는 어린 젖먹이 송아지를 주기로 했다. 이것은 아킬레우스가 이데 산의 싸움에서 빼앗아 온 전리품이었다.

그리스 영웅들 중 텔라몬의 아들 테우크로스와 오일레우스의 아들이자 발이 빠른 로크리스 인 소 아이아스가 자리에서 벌떡 일어나 달리기 경주에 참가하기 위해 윗옷을 벗었다. 아가멤논이 경주의 결승점을 정했다. 그들은 매같이 달려나갔다. 경주를 구경하는 그리스 인들이 좌우로 늘어서서 응원의 박수를 보냈다. 두 사람이 결승점 가까이 왔을 때 위성류나무가 길을 가로막았다. 그 때문에 앞을 달리던 테우크로스가 비틀거리다 넘어지자 그리스 인들은 큰 소리로 응원을 보냈다. 소 아이아스가 그 틈을 타 앞서나가 결국 우승을 했다. 그는 소를 끌고 의기양양하게 배로 돌아왔다. 테우크로스는 부하의 도움을 받아 절룩거리며 돌아갔다. 의사들이 테우크로스의 발에 흐르는 피를 닦아내고 향유를 바른 다음 붕대를 감아주었다.

다음에 벌어진 씨름 경기를 위해 다른 두 영웅 디오메데스와 그보다 더 강력한 텔라몬의 아들 대 아이아스가 일어났다. 동료들이 결과를 궁금해하며 지켜보는 가운데 두 사람은 씨름을 했다. 그들은 힘이나 투지에서 엇비슷했다. 마침내 아이아스가 힘줄이 툭툭 불거진 두 팔로 디오메데스의 허리를 잡아 조르려 했다. 그러나 힘뿐 아니라 순발력도 있는 디오메데스가 살짝 비켜나면서 어깨에 힘을 주어 거대한 상대를 번쩍 들어 올렸다. 그 때문에 아이아스의 팔이 미끄러지며 풀려버렸고, 이에 디오메데스는 왼쪽 발로 아이아스를 걷어차 바닥에 넘어뜨렸다. 구경하던 사람들이 일제히 환성을 올렸다. 그러나 아이아스는 벌떡 일어나 다시 싸움을 시작했다. 두 영웅은 마치 산에서 두 마리의 황소가 억센 뿔을 부딪치듯 맞부닥치며 힘을 겨뤘다. 이번에는 아이아스가 디오메데스의 어깨를 잡아 바위를 굴리 듯 무서운 힘으로 땅바닥에 메치자 디오메데스가 데굴데굴 굴렀다. 구경하는 사람들은 다시 한 번 박수갈채를 보내면서 응원했다. 디오메데스 역시 벌떡 일어나 세 번째로 승부를 겨루려 했다. 그때 네스토르가 두 영웅 사이에 뛰어들었다.

"씨름은 이제 그만두세! 위대한 아킬레우스가 죽은 후 자네들 두 사람이 그리스 인들 중 가장 힘센 장사임을 우리 모두 알고 있다네!"

구경하러 모였던 사람들이 찬성하는 박수를 보냈다. 두 영웅도 이마의 땀을 씻고 서로 끌어안으며 입을 맞췄다. 테티스는 두 사람에게 네 명의 여자 노예를 주었다. 그들은 아킬레우스가 레스보스 섬 원정에서 포로로 잡아 온 부지런하고 마음씨 고운 여자들이었다. 그들 중 한 여인은 부엌에서 음식을, 다른 한 여인은 식사 때 포도주를, 다른 한 여인은 식사 끄트머리에 물을 담당했고, 마지막 여인은 상을 잘 치웠다. 그러나 이 네 명의 여자 노예를 모두 합쳐도 아름다운 곱슬머리 브리세이스의 매력을 당해내지는 못했다. 두 영웅은 선물로 받은 사랑스러운 여인들을 사이좋게 나눠 가진 뒤 각각 자기 배로 보냈다.

그다음으로 권투 경기가 시작되었고 이도메네우스가 자리에서 일어나 경기에 나섰다. 이도메네우스는 모든 종류의 싸움에 능한 자였다. 그는 나이 많은 영웅 중 한 사람이기도 하여 선뜻 나서는 상대가 없었다. 그래서 테티스는 파트로클로스의 전차를 상으로 내리기로 했다.

한쪽에서는 포이닉스와 네스토르가 젊은이를 격려하며 권투 경기로 끌어냈다. 파노페우스의 아들 에페이오스가 나섰고 테세우스의 아들 아카마스가 그 뒤를 따랐다. 두 선수는 급히 양쪽 손에 잘 마른 가죽 띠를 칭칭 감고 무리 없이 움직이는지 주먹을 휘둘러보았다. 그런 다음 서로를 향해 주먹을 들고 발돋움으로 아주 조심스럽게 한발 한발 다가섰다. 갑자기 두 사람은 바람에 쫓기는 비구름이 천둥을 치고 벼락을 치듯 서로를 향해 달려나갔다. 두 선수의 뺨에 가죽 소리가 울렸고 땀과 범벅이 된 피가 흘렀다.

테세우스의 아들 아카마스는 쉴 새 없이 공격하는 적을 교묘히 피하다가 갑자기 상대편의 두 눈썹 사이를 뼈가 으스러지도록 가격해 피가 솟구쳐 나오게 했다. 상대도 그의 관자놀이를 후려쳐 아카마스가 비틀거리며 쓰러졌다. 하지만 아카마스는 곧 정신을 차렸고 싸움은 다시 시작되었다. 격분해서 싸우는 두 사람 사이로 동료들이 뛰어들어 지금 그리스 인과 트로이아 인이 서로 싸우는 게 아니라며 진정시켜야 했을 정도로 경기는 치열했다.

테티스는 두 선수에게 은으로 만든 훌륭한 단지를 하나씩 주었다.

이 단지는 아킬레우스가 렘노스에서 명예로운 선물로 받은 것이었다. 피를 흘리며 싸우던 두 영웅은 상처 치료도 잊은 채 기쁜 마음으로 상을 받았다.

다음 경기는 활쏘기 시합이었다. 먼저 달리기 경주에서 겨루었던 오일레우스의 아들 소 아이아스와 테우크로스가 다시 한 번 활쏘기로 상을 놓고 겨루었다. 아가멤논은 말갈기 장식이 나부끼는 투구를 과녁으로 삼아 멀리 세워놓았다. 그 갈기를 쏘아 맞히는 사람이 이기는 것이었다. 먼저 소 아이아스가 재빠르게 활을 당겼다. 화살은 투구를 정통으로 맞혀 청동 투구에서 큰 소리가 났다. 테우크로스도 급히 활을 당겼다. 그의 화살촉이 투구의 갈기를 맞혀 떨어뜨렸다. 구경하던 용사들이 함성을 내질렀다. 왜냐하면 테우크로스는 먼저 치른 달리기 경주에서 다친 발이 거의 마비되었음에도 훌륭하고 정확하게 맞혔기 때문이다. 여신 테티스는 아킬레우스가 전쟁 초기에 트로이아의 젊은 왕자 트로일로스를 죽이고 빼앗았던 갑옷과 투구를 승리자에게 주었다.

활쏘기 시합이 끝나자 원반던지기 경기가 벌어졌다. 네 영웅이 참가했는데, 그 무거운 원반을 텔라몬의 아들 대 아이아스만큼 거뜬히 들어서 멀리 던진 사람은 없었다. 대 아이아스는 마치 마른 나뭇가지라도 던지는 것처럼 원반을 던졌다. 테티스가 신의 아들 멤논의 갑옷을 상으로 주자 대 아이아스는 그 자리에서 바로 입어보았다. 거대한 갑옷 한쪽 한쪽이 마치 대 아이아스를 위해 만들어진 듯 몸에 꼭 맞는 것을 그리스 인들이 놀라서 바라보았다.

이어 멀리뛰기 경기가 열렸는데, 창던지기의 명수인 아가페노르가 이겨 아킬레우스의 손에 죽은 퀴크노스의 창을 받았다. 사냥창던지기 경기에서는 에우뤼알로스가 이겨 아킬레우스가 뤼르넷소스에게서 빼앗았던 은 접시를 받았다.

다음으로 전차 경주가 벌어졌다. 다섯 영웅이 전차에 말을 연결했는데 아트레우스의 아들 메넬라오스, 에우뤼알로스, 폴뤼포이테스, 토아스, 에우멜로스였다. 다섯 영웅이 전차와 함께 출발점 앞에 늘어섰다. 다섯 사람이 채찍을 휘두르며 정해진 목표를 향해 동시에 들판을 가로지르자 모래먼지가 하늘을 자욱히 뒤덮었다. 에우멜로스의 말들이 앞질러나갔고 그 뒤를 토아스와 메넬라오스가 바짝 따랐다. 다른 두 사람은 선두에서 차츰 멀어지더니 영영 뒤처지고 말았다. 그러나 앞에서 달리던 토아스도 피로를 느끼기 시작했다. 그때 에우멜로스의 말들이 너무 급하게 달리다가 발을 헛디뎠다. 전차를 몰던 에우멜로스가 억지로 힘을 쓰자 말들이 앞발을 번쩍 들고 일어서는 바람에 전차가 뒤집혔고 에우멜로스는 모랫바닥에 굴러떨어졌다. 주변에서 구경하는 사람들이 비명을 질렀다.

마침내 메넬라오스의 끈기 있는 말들이 다른 말들을 멀리 제치고 결승점에 도착했다. 아트레우스의 아들 메넬라오스는 승리를 기뻐했지만 다른 영웅들에게 거만을 떨지는 않았다. 테티스는 상으로 아킬레우스가 예전에 에에티온의 궁전에서 전리품으로 가져온 황금 잔을 메넬라오스에게 주었다.

5장

Die schönsten Sagen des klassischen Altertums

그리스, 트로이아 전쟁에서 승리하다

트로이아 전쟁 V

대 아이아스의 죽음

신과 같은 아킬레우스를 기리기 위한 제전은 그렇게 끝났다. 그리스 군대의 모든 지휘관 중 오뒷세우스만 제전에 참여할 수가 없었다. 아킬레우스의 시신을 둘러싼 싸움에서 트로이아 인 알콘에게 상처를 입었기 때문이다. 그는 얼마 안 가 영웅들과 다시 어울렸지만 상처는 여전히 고통스러웠다.

마지막으로 테티스는 늠름한 아들이 쓰던 불멸의 무기들을 경기의 상품으로 그리스 인들에게 내놓았다. 영웅의 방패는 멀리서도 빛이 났다. 그 방패는 헤파이스토스가 직접 양각 부조로 새긴 기묘한 형상이 빛을 발하고 있었다. 방패 옆에는 제우스의 모습이 새겨진 무거운 투구가 놓여 있었다. 분노한 제우스가 하늘에서 티탄과 싸우는 모습이었다. 또한 그 옆에는 둥그런 모양의 아름다운 가슴막이가 있었다.

창이 뚫을 수 없는 이 검은색 가슴막이는 아킬레우스의 가슴을 지켜 주던 것이었다. 그리고 무겁지만 편안한 정강이보호대가 있었다. 아킬레우스는 이것을 마치 새의 깃털처럼 무릎 아래쪽에 달고 다녔다. 또한 그 곁에서는 은제 칼집에 든 무적의 칼이 빛나고 있었다. 칼에는 황금 띠와 상아 손잡이가 달려 있었다. 칼 옆에는 쓰러진 전나무처럼 무거운 창이 놓여 있었다. 그 창에는 아직도 헥토르의 붉은 피가 말라 붙어 있었다.

무기 뒤에 서 있던 테티스는 검은 베일로 얼굴을 가린 채 침통한 목소리로 그리스 인들에게 말했다.

"나의 아들을 위한 장례 제전에 내놓은 상들을 그대들이 모두 차지했다. 그러나 이제는 아들이 지니고 있던 훌륭한 무기들을 주겠다. 이것은 불사의 신들이 기뻐했던 신의 선물이다. 그러므로 아들의 시신을 구해준 그리스 최고의 영웅들은 앞으로 나와라."

이 말이 끝나기 무섭게 두 영웅이 말다툼을 하며 동시에 일어섰다. 라에르테스의 위대한 아들 오뒷세우스와 텔라몬의 아들 대 아이아스였다. 대 아이아스는 샛별처럼 빠르게 몸을 움직여 무기를 잡으면서 이도메네우스, 네스토르, 아가멤논 세 영웅에게 증언을 해달라고 부탁했다. 그러나 오뒷세우스도 그들에게 도움을 청했다. 이들 세 영웅은 그리스 진영에서 가장 덕망 있고 생각이 깊은 사람들로 알려져 있었다. 네스토르는 이도메네우스와 아가멤논을 곁에 불러 침울한 표정으로 넌지시 말했다.

"우리 군대에서 제일가는 두 용사가 죽은 아킬레우스의 무기를 얻기 위해 싸우려 하는군. 이러다 우리 모두에게 큰 불행이 일어나겠네!

아킬레우스의 장례를 치르기 전 그를 기리기 위한 성대한 제전이 열렸다. 아킬레우스가 쓰던 물건들은 승리자에게 포상으로 주어졌다. 제전이 끝난 뒤 테티스는 늠름한 아들이 쓰던 불멸의 무기들도 그리스 인 앞에 내놓았는데, 그러자 두 영웅이 말다툼을 하며 동시에 일어섰다. 오뒷세우스와 대 아이아스였다.

〈아킬레우스의 갑옷을 놓고 싸우는 대 아이아스와 오뒷세우스〉, 두리스의 도자기 그림, 기원전 480년경, 빈 미술사 박물관.

둘 중 어느 한 사람이 무시당하면 그는 화가 나 전쟁에서 물러날 것이고, 우리 모두는 그가 전쟁에 참여하지 않는 것을 가슴 아프게 생각할 걸세. 그러니 이번 일은 경험 많은 노인네의 뜻을 따라주게나. 지금 우리 진지에는 얼마 전에 잡아 온 트로이아 인이 많네. 대 아이아스와 오뒷세우스의 싸움을 이 포로들에게 심판하게 하세. 그들이라면 어느 누구 편도 들지 않을 테고 두 영웅하고 가까운 사람도 없을 테니까!"

그들은 네스토르의 말에 동의해 심판 자리를 포기했다. 비록 포로이기는 하지만 트로이아 인들 중 가장 높은 지위에 있는 자가 심판을 맡았다. 대 아이아스가 먼저 심판자 앞에 나섰다.

"오뒷세우스여! 도대체 어느 악마가 그대의 눈을 가렸기에 나와 맞서려는 것이오?"

아이아스가 불쾌해하며 계속 말했다.

"솔직히 개가 사자와 싸우는 것처럼 그대는 나를 이길 수가 없소. 자신이 트로이아 원정을 떠나지 않으려고 얼마나 애썼는지를 벌써 잊어버렸소? 차라리 그때 그대로 남았으면 좋았을 거요! 우리를 설득해 끔찍한 비명을 질러대는 영광스러운 포이아스의 아들 필록테테스를 렘노스 섬에 버려둔 사람이 바로 그대였소. 그대가 꾸민 짓 때문에 힘도 지혜도 뛰어났던 영웅 팔라메데스가 죽지 않았소? 내가 그리스 인들을 위해 행한 모든 공적을 그대는 잊은 것이오? 또 모든 사람이 떠나고 그대 혼자 전쟁터에서 남아 다 죽게 된 것을 살려주었더니만 그 일도 잊어버린 거요? 아킬레우스의 시체를 둘러싸고 싸움이 일어났을 때 시신을 무기와 함께 옮겨놓은 것이 바로 나였소. 아킬레우스의 무기를 끌고 올 힘조차 없었던 그대가 하물며 시신을 옮겨 올 수 있었겠소? 그러니 내게 양보하시오. 나는 그대보다 힘이 셀 뿐 아니라 고귀한 가문 출신이며 우리가 서로 가지려고 다툼을 벌이는 무기의 임자인 아킬레우스와도 친척이니까 말이오."

이렇게 대 아이아스가 흥분해서 소리쳤다. 그러자 오뒷세우스가 비웃음으로 대답했다.

"아이아스여! 무엇 때문에 그런 헛소리를 늘어놓는 거요? 그대는 나를 겁쟁이이며 힘도 없다고 욕하는데, 그대야말로 참된 힘은 영리함이라는 것을 모르는구려! 선원들에게 성난 파도를 헤치고 항해하는 법을 가르쳐주는 것도 지혜이고, 사자나 표범 같은 맹수를 다스리며 소를 부리는 것도 지혜라오! 긴급한 회의가 열렸을 때 뛰어난 머리를 가진 사람이 힘만 센 바보보다 훨씬 가치가 있는 것이오. 디오메데스가 트라케 왕의 거처를 습격할 때 지략가로 나를 선택한 것도 나의 영리함 때문이었소! 지금 여기 있는 무기의 주인 아킬레우스를 트로이아 원정에 끌어들인 것도 나의 영리함 덕분이니 그 점에 대해 그리스 인들은 고마워해야 하오. 그리고 그리스 인들이 새로운 영웅을 필요로 하게 될 때 아이아스 그대의 둔한 팔이나, 어떤 사람의 지혜로도 그런 영웅을 데려올 수는 없을 거요. 좋은 말로 새로운 영웅을 데리고 올 수 있는 사람은 오직 나뿐이외다. 게다가 신들은 나에게 영리함뿐 아니라 필요한 육체의 힘도 주셨소. 그대가 적의 손에서 도망치던 나를 구했다는 건 진실이 아니지. 오히려 나는 달려드는 적에 맞서 나를 공격하려는 자들을 죽였소. 그대야말로 몸을 다칠까 봐 그 자리에 가만히 서 있었잖소!"

두 영웅은 그렇게 오랫동안 서로 다투었다. 그러나 결국 심판자로 뽑힌 트로이아 인들은 오뒷세우스의 말이 더 근거가 있다고 판정을 내렸다. 아킬레우스의 훌륭한 무기들은 모두 오뒷세우스에게 주기로 정해졌다.

이렇게 판결이 나자 대 아이아스는 마음속 깊은 곳에서 분노가 끓어올랐다. 사지에 피가 거꾸로 도는 것 같고 배알이 뒤틀렸다. 바늘로 찌르는 것같이 머리가 아프면서 온몸이 떨려왔다. 대 아이아스는 바닥만 쳐다보며 한참 동안 그곳에 조각상처럼 서 있었다. 결국 동료들이 슬퍼하는 그를 달래며 데려갔고, 아이아스는 무거운 발걸음으로 함선에 돌아갔다.

그사이 어두운 밤이 바다 쪽에서 올라왔다. 그러나 대 아이아스는 자기 막사에 앉은 채 식사를 하거나 자리에 누울 생각도 잊고 있었다. 오히려 그는 갑옷과 투구를 입은 그대로 오뒷세우스를 단칼에 해치울까, 아니면 그의 함선을 태워버릴까, 아니면 날카로운 이 칼을 들고 그리스 인들에게로 쳐들어갈까 하는 생각에 잠겨 있었다.

만약 아테네 여신이 자기 친구 오뒷세우스를 염려해 아이아스를 제지하지 않았다면 아이아스는 세 가지 중 하나를 택해 일을 벌였을 것이다. 아테네 여신은 아이아스를 미치게 만들었다. 고통의 가시가 가슴을 찌르자 아이아스는 막사에서 뛰쳐나와 그리스 인들이 몰고 온 양 떼를 향해 달려들었다. 아테네 여신이 아이아스로 하여금 이 양 떼를 그리스 인들로 착각하게 만든 것이었다. 양치기들이 아이아스가 달려드는 것을 보고 죽지 않으려고 스카만드로스 해변 숲속으로 숨었다. 그러나 아이아스는 양 떼 속으로 들어가 오른편과 왼편에 있는 양을 닥치는 대로 도살했다. 그는 커다란 두 마리 숫양을 향해 계속 창을 휘두르며 지독한 욕설을 퍼부었다.

"먼지 속에 죽어 독수리 밥이나 돼라! 이 개 같은 놈들아! 이제 더는 부정한 판결이 유효하다고 하지 않겠지. 이 망할 놈의 아트레우스의 자식들아!"

그는 계속해서 말했다.

"그리고 너, 양심에 찔려 구석에 숨어 덤불에 머리를 처박고 있는 녀석! 네가 나에게서 빼앗아 입고 있는 아킬레우스의 갑옷은 결코 너를 돕지 못할 것이다. 겁쟁이가 영웅의 갑옷을 걸쳐봐야 무슨 소용이겠느냐!"

이렇게 말하고 아이아스는 커다란 다른 숫양 한 마리를 잡아 막사로 질질 끌고 갔다. 그는 숫양을 막사 문기둥에 묶어놓고 가슴에서 채찍을 뽑아 힘껏 매질을 했다. 그때 아테네가 뒤로 다가와 아이아스의 머리에 가볍게 손을 대자 광기가 사라졌다.

불행한 아이아스가 정신을 차려보니 자기 손에 채찍이 들렸고 앞에는 결박당한 양의 등이 갈기갈기 찢겨 있었다. 어떤 일이 일어났는지 잘 알 수 있었다. 너무도 수치스러운 나머지 그는 채찍을 땅에 떨어뜨리고 맥이 풀려 바닥에 쓰러지고 말았다. 그리고 신들이 자신에게 분노하고 있음을 어렴풋이 짐작했다. 말로 다할 수 없는 슬픔이 가슴에 차올랐다. 다시 일어났을 때 그는 억울하고 분한 생각에 앞으로도 뒤로도 가지 못하고 바위 위에 세워진 감시탑처럼 오랫동안 꼼짝도 하지 못했다.

이윽고 아이아스는 크게 한숨지으며 말했다.

"아, 신들은 어찌하여 내게 이토록 모욕을 주고 저 교활한 오뒷세우스를 펀드시는 것인가? 어떤 싸움에서도 조금도 두려움 없이 적을 무찌르던 나였는데, 아무 죄도 없는 양들의 피로 손을 적셔 군대 전체에 웃음거리가 되고 적들에게는 조롱거리가 되어버릴 줄이야!"

아이아스가 이렇게 비통해하고 있을 때 그의 아내이자 프뤼기아 왕의 딸인 테크멧사는 어린 아들 에우뤼사케스를 품에 안고 남편을 찾아 진영과 함선들을 돌아다니고 있었다. 테크멧사는 조국 프뤼기아가 아이아스의 습격을 받았을 때 볼모로 잡혀 왔으나 아이아스가 아내로 대해주어 그를 진정으로 사랑하고 있었다. 테크멧사가 침울한 표정의 남편을 보고 까닭을 물었으나 아이아스는 아무 대답도 하지 않았다. 아이아스가 막사를 떠난 뒤 그녀는 불길한 예감에 사로잡혔다. 결국 그녀는 양 우리에서 아이아스가 무참하게 죽여버린 양 떼를 발견했다. 그녀가 절망에 가까운 심정으로 급히 막사로 되돌아오니 굴욕감을 견디지 못해 자포자기 심정이 된 아이아스가 있었다.

아이아스는 아우 테우크로스의 이름을 부르다 아들 에우뤼사케스의 이름을 부르다 이젠 차라리 영예롭게 죽어버리고 싶다고 외치고 있었다. 테크멧사는 눈물을 흘리며 남편 옆으로 다가가 무릎을 끌어안고 제발 평생의 반려자인 자기를 적의 포로로 남겨두고 떠나지 말라고 애원했다. 그녀는 살라미스에 있는 늙은 부모를 생각하라고 말했다. 그리고 어린 아들을 내밀며 아버지를 잃고 무정한 사람의 손에 넘어가 자란다면 이 아기의 운명이 어떻게 되겠는지 생각해보라고 설득했다. 아이아스의 마음이 크게 움직여 아들을 끌어안으며 말했다.

"얘야! 너의 행운은 아버지보다 커야 한다. 그렇지만 다른 것은 모두 아버지를 닮도록 해라. 그러면 너는 훌륭한 인물이 될 거야. 나의 이복형제 테우크로스가 너를 잘 돌봐줄 것이다. 그러나 지금은 너를 방패잡이에게 맡겨야겠구나. 그가 너를 텔라몬과 에리보이아가 계신 살라미스로 데려다줄 테니, 할아버지와 할머니가 돌아가실 때까지 그 분들께 위안이 되어드려라."

이렇게 말하고 그는 아들을 하인들에게 넘겨주었다. 그리고 그는 사랑하는 아내 테크멧사도 품에서 떼어내 하인들더러 테우크로스에게 데려가라 했다. 그는 지난날의 적이었던 헥토르에게서 선물로 받은 칼을 뽑아 막사 안의 땅에 꽂았다. 그리고 하늘을 향해 두 팔을 들고 기도를 드렸다.

"아버지 제우스 신이여, 저에게 작은 은총을 내려주십시오. 제가 죽으면 제 형제 테우크로스를 먼저 이곳으로 보내주십시오. 적이 제가 죽은 것을 알고 저를 개나 새들의 먹이로 집어던지지 않도록 말입니다. 그러나 복수의 여신들께 청합니다. 여기서 자살로 생을 마감하는 저를 보시고, 그자들도 가장 가까운 핏줄에게 죽임을 당하게 해주십시오. 이제 주저하지 마시고 마음껏 그리스 군에게 복수하소서! 그러나 하늘을 비추며 다니는 태양의 신이여! 당신의 수레가 고향 살라미스의 하늘을 날아갈 때 잠시 고삐를 늦추고 나이 많은 아버지와 불쌍한 어머니에게 나의 슬픈 최후를 알려주십시오. 안녕히 계십시오. 거룩한 빛이여! 살라미스여, 잘 있어라! 고국의 산과 들이여, 모두 안녕. 냇물과 샘이 많은 선조의 고향 아테나이여, 오랫동안 머물던 트로이아의 들판이여, 영원히 안녕이다. 자, 죽음의 신이여, 이제 당신이 나타날 차례인가 봅니다. 나에게 동정하는 눈길을 보내주십시오."

그러고는 아이아스는 칼로 자기 몸을 찔러 벼락 맞은 사람처럼 그

자리에 덜컥 쓰러지고 말았다.

아이아스가 죽었다는 소식에 그리스 인들이 급히 달려와 땅에 엎드려 통곡하며 모래를 집어 머리 위에 뿌렸다. 이복형제 테우크로스는 아버지 텔라몬에게서 반드시 아이아스와 함께 돌아오라는 명령을 받았기에 형 앞에서 같이 죽으려 했으나 그리스 인들이 칼을 빼앗는 바람에 뜻을 이루지 못했다. 테우크로스는 시체를 끌어안고 아버지 없는 아이가 어머니마저 잃었을 때보다 더 슬프게 울었다. 그러나 과연 영웅답게 마음을 고쳐먹고 시체에서 몸을 일으켜 테크멧사를 향해 돌아섰다. 그녀는 하인에게서 넘겨받은 아기를 팔에 안고 절망 속에서 죽은 남편의 시체를 하염없이 바라보고 있었다. 테우크로스는 아버지 텔라몬의 엄한 분부 때문에 살라미스로 함께 돌아갈 수는 없지만 두 번째 아버지로서 어린 아기를 돌봐주겠다고 그녀에게 약속했다.

테우크로스가 형의 시체를 장사 지내려 하는데 아트레우스의 아들 메넬라오스가 다가서면서 말렸다. 그리고 이렇게 외쳤다.

"감히 우리의 적인 트로이아 인들보다 더욱 무도한 인간인 이런 자를 장사 지내줄 생각을 마시오! 아이아스는 악하게 자살을 저질렀으니 그에게 명예로운 무덤을 세워줄 필요는 없다고 보오!"

메넬라오스가 테우크로스와 맞서서 아이아스의 시체를 두고 말다툼을 하는데 아가멤논이 다가왔다. 그리고 아우 메넬라오스의 편을 들어 지독한 말다툼을 하더니, 장사를 치러줘야 한다고 주장하는 테우크로스에게 노예의 자식이라고 욕설을 퍼부었다.

테우크로스는 이 죽은 영웅이 그리스 인들에게 감사받아야 할 수많은 공적을 세웠음을 일깨워주려 했다. 그리스 함선들이 트로이아 군

아킬레우스의 불멸의 무기를 놓고 오뒷세우스와 아이아스가 싸우자, 잡혀 온 트로이아 포로에게 누가 적임자인지 판결해달라고 했다. 이에 오뒷세우스라는 판결이 나자 아이아스는 분노에 치를 떨었고, 잠시 정신이 나간 아이아스는 양 떼를 그리스 인들로 착각해 잔인하게 살육한다. 제정신으로 돌아온 아이아스는 자신이 저지른 짓을 보고는 심한 모욕감에 사로잡혀 칼로 스스로를 찔렀다.

〈자살 준비를 하는 아이아스〉, 암포라, 기원전 530년경, 불로뉴 쉬르메르 샤토 박물관.

의 맹렬한 공격을 받아 불탈 뻔했을 때, 적의 지휘자 헥토르가 참호를 넘어 배의 갑판에까지 올라왔을 때, 아이아스가 그리스 군을 위기에서 구해냈다고 말했으나 소용이 없었다. 참다 못해 테우크로스가 외쳤다.

"어째서 나를 노예라고 욕하는 거요? 내 아버지 텔라몬은 그리스의 영웅이며 어머니는 라오메돈 왕의 딸이시오. 가장 고귀한 혈통을 이어받은 내가 내 핏줄을 돕는 게 부끄러워할 일이오? 죽은 아이아스를 묻어주지 않겠다는 것은 테크멧사와 그의 아들과 아이아스의 형제인 나를 모욕하는 것임을 알아야 하오! 사람들 사이에 어떤 소문이 퍼지고 하늘에서 어떤 천벌을 내릴지 생각해봤소?"

그들이 한창 설전을 벌이는 동안 영리한 영웅 오뒷세우스가 나타나 아가멤논에게 물었다.

"그대들의 충실한 친구로서 내가 진실을 이야기할 터이니 언짢게 생각지 말고 들어줄 수 있겠소?"

아가멤논이 의아한 눈길로 오뒷세우스에게 대답했다.

"말해보시오! 나는 모든 그리스 군을 통틀어 그대를 가장 가까운 친구로 여기고 있으니까."

"그렇다면 내 말을 잘 들어주시오."

오뒷세우스가 말했다.

"신들에게 맹세코 죽은 아이아스를 장사도 지내지 않고 무자비하게 내버려두지 마시오! 그대의 권력을 그릇된 증오심에 사용해서는 안 되오! 생각해보시오. 만약 그대가 아이아스 같은 영웅을 욕보인다면 그것은 아이아스가 아니라 신의 정의와 신의 뜻을 모독하는 것이오."

아트레우스의 아들들은 이 말을 듣고 놀라 한동안 말없이 서 있었다. 이윽고 아가멤논이 입을 열었다.

"오뒷세우스! 그대는 아이아스 편을 들어 나와 싸우려는 거요? 그대가 커다란 자비를 베풀려는 이 사나이는 그대와 불구대천의 원수 아니었던가?"

오뒷세우스가 대답했다.

"물론 그는 나의 적이었소! 내가 지긋지긋하게 증오한 사나이였소. 그러나 이미 그가 죽어, 우리로서는 고귀한 영웅을 잃은 것을 슬퍼해야 할 이 마당에 더는 적대시할 수 없고 그렇게 해서도 안 되오. 나는 아이아스를 정중히 장사 지내고 그의 아우인 테우크로스가 이 신성한 의무를 이행하도록 도움을 줄 작정이오."

오뒷세우스가 나타나자 그가 미워 한쪽으로 자리를 피한 테우크로스도 그 말을 듣고는 오뒷세우스에게 다가가 악수를 청하며 손을 내밀었다.

"고귀한 자여! 죽은 아이아스와 가장 원수인 그대가 유일하게 내게 도움을 주는구려! 그러나 이 시신에 손을 대는 것만은 그대에게 허락할 수 없소. 왜냐하면 그대와 화해하지 않고 죽어버린 영혼이 그것을 좋아하지 않을 테니까. 그 외의 다른 모든 일에서는 부디 도와주시오. 그대의 너그러운 마음을 필요로 하는 일이 너무나 많소!"

테우크로스의 이 말은 그저 눈물만 흘리며 앉아 있는 테크멧사를 돌봐달라는 뜻이었다. 오뒷세우스는 테크멧사를 향해 호의적으로 말했다.

"여인이여, 어느 누구도 그대를 노예로 보지 못할 겁니다. 테우크로스와 내가 살아 있는 한 그리스 인의 방패 구실을 해온 아이아스가 옆에 있을 때처럼 그대와 아들을 안전하게 돌봐줄 것입니다."

아트레우스의 아들들인 아가멤논과 메넬라오스는 오뒷세우스의 고상한 생각에 감히 반대하지 못했다. 영웅들이 힘을 모아 아이아스의 거대한 시신을 바닥에서 들어 함선에다 옮겨놓았다. 그들은 갑옷을 입은 시신에 묻은 먼지와 피를 깨끗이 닦아냈다. 그리고 아킬레우스 못지않게 호화로운 화장 의식을 치렀다. 이리하여 아이아스의 죽음은 그리스 인들에게 두 번째로 감당하기 어려운 큰 손실을 가져왔다.

마카온과 포달레이리오스 형제

다음 날이 되자 메넬라오스가 소집한 민중회의에 그리스 인들이 모여들었다. 모두 모이자 메넬라오스가 일어나 말했다.

"내 말을 경청해주시오, 민족의 지도자들이여! 우리 그리스 군사가 눈앞에서 죽어가는 것을 볼 때마다 가슴이 찢어지는 듯하오. 그리스 민족이 나 때문에 여기까지 끌려왔건만 결국 아무도 고향으로 돌아가 안부를 전할 수 있을 것 같지가 않소. 그렇게 되기 전에 이 저주스러운 해안을 떠납시다. 살아남은 자들은 저마다 배를 타고 조국을 향해 떠나는 게 좋겠소. 아킬레우스와 아이아스가 죽었으니 이제 더는 승리의 가망이 없소. 내게는 부정한 아내 헬레네보다 여러분이 더 소중하오. 그녀가 비겁한 파리스와 함께 죽든 말든 상관없소!"

메넬라오스가 이렇게 말했지만 이는 단지 그리스 인들의 마음을 떠보기 위한 것이었다. 그의 마음속에는 오직 트로이아 인들을 멸망시켜야 한다는 생각뿐이었다. 그러나 우직한 창던지기의 명수 튀데우스의 아들 디오메데스는 그것이 계략인 줄도 모르고 화를 내며 자리를 박차고 일어나더니 비난을 퍼부었다.

"말도 안 되는 소리 하지 마시오! 당신이 그런 말을 하다니, 도대체 뭣 때문에 겁을 집어먹었단 말입니까? 나는 아무렇지 않습니다. 트로이아 성벽을 무너뜨리기 전까지 그리스의 용감한 아들들은 결코 그대 뒤를 따르지 않을 겁니다! 만약 그러겠다는 놈이 있으면 내 이 시퍼런 칼날이 그 목을 쳐버리겠습니다!"

디오메데스가 자리에 앉자마자 거짓 불화를 가라앉히기 위해 예언자 칼카스가 일어나 현명한 제안을 했다.

"우리가 이곳에 온 지 아홉 해도 더 지났소. 그때 어떻게 우리가 이곳에 왔는지 여러분 모두 잘 아실 거요. 우리가 이 저주받은 트로이아를 정복하기 위해 배를 타고 떠나왔을 때 헤라클레스의 친구인 고결한 영웅 필록테테스가 독사에 물려 그를 황량한 렘노스 섬에 내버려두고 떠나오지 않을 수 없었소. 실제로 상처 썩는 냄새와 불행한 영웅의 비참한 신음소리는 도저히 견디기 어려웠소. 그러나 불쌍한 사람을 그렇게 내버려두고 떠나는 것은 잔인하고 옳지 못한 일이었소. 그런데 포로로 잡힌 어떤 예언자가 이런 예언을 했소. 필록테테스가 친구 헤라클레스에게 물려받은 신성한 백발백중의 화살과 필록테테스, 아킬레우스의 어린 아들 퓌로스의 도움이 없이는 트로이아를 점령할 수 없으리라는 예언이오. 트로이아의 예언자가 나에게 그런 말을 해준 것은 아마 그를 데려오지 못하리라 여겼기 때문일 거요. 자기를 치욕스럽게 내버리고 떠난 그리스 인들을 증오하는 필록테테스가 과연 화살을 내주고 또한 트로이아 성 앞에 서서 싸울 수 있겠는가 하고 생각했을 테니 말이오. 나는 지금 당장 영웅들 중에서 가장 용감한 디오메데스와 가장 말 잘하는 오뒷세우스를 스퀴로스 섬으로 보내자고 제의하는 바요. 그곳에서는 아킬레우스의 아들이 외할아버지 밑에서 자라고 있소이다. 그리고 아킬레우스 아들의 도움을 받아 렘노스 섬에 있는 필록테테스를 설득해, 다시 우리와 함께하고 트로이아를 정복할 헤라클레스의 화살을 가져오게 합시다."

그리스 인들은 이 제의에 박수를 쳤고 두 영웅이 배를 타고 떠났다. 그동안 양쪽 군대는 다시 전쟁 준비를 했다. 뮈시아에서 텔레포스 왕의 아들 에우뤼퓔로스가 도와주러 왔기 때문에 트로이아 군대는 사기가 충천했다.* 반면에 최고의 영웅 두 사람을 잃어버린 그리스 인들은 다시 시작된 전투에서 불리한 처지에 놓여 있었다. 그리스 인들 가운데 가장 미남으로 알려진 네레우스도 에우뤼퓔로스의 창을 맞고 다른 전사자들처럼 흙먼지 속에 쓰러졌다. 그 모습은 강물에 뿌리 뽑혀 물가로 밀려 올라온 올리브나무 같았다. 그 나무의 어린 가지에는 피로 물든 꽃이 만개해 있었다. 그러나 에우뤼퓔로스는 쓰러진 네레우스를 비웃으며 그의 시체에서 훌륭한 갑옷과 투구를 벗기려 했다.

네레우스의 죽음을 보고 격분한 포달레이리오스의 형 마카온이 에우뤼퓔로스에게 대항했다. 그가 갑옷과 투구를 강탈하려는 도둑의 힘

* 앞서 1장 '트로이아 전쟁 I'에서 그리스 군대는 트로이아로 원정을 오던 도중 뮈시아에 도착해 텔레포스 왕과 전쟁을 벌였었다. 아킬레우스의 창에 상처를 입었던 텔레포스는 훗날 상처를 치료받고 다시는 그리스 인들과 싸우지 않겠다고 맹세했다. 그러나 그의 아내 아스튀오케는 프리아모스 왕의 남매였다. 그녀는 아들 에우뤼퓔로스를 설득해 트로이아로 지원군을 보냈다.

센 어깨를 창으로 찌르자 피가 솟구쳐 나왔다. 그러나 에우뤼필로스는 상처 입은 산돼지처럼 마카온에게 달려들었다. 마카온은 방어하기 위해 돌을 집어 던졌으나 투구가 에우뤼필로스를 보호했다. 그리고 에우뤼필로스가 번개처럼 빠르게 마카온의 가슴을 창으로 찌르자 마카온은 땅에 갑옷 부딪히는 소리를 내며 쓰러지고 말았다. 에우뤼필로스는 쓰러진 적의 시신에서 창을 뽑아 들고 비웃음과 함께 다음 전쟁터로 향했다.

두 전우가 쓰러진 것을 본 테우크로스는 그리스 인들을 불러 시신을 지키게 했다. 그러나 결국 그리스 인들은 트로이아 인들에게 패했다. 아이네이아스가 던진 돌에 맞아 로크리스 인 소 아이아스가 중상을 입고 바닥에 쓰러졌기 때문에 그리스 인들은 목숨이 겨우 붙어 있는 그를 데리고 모두 함선으로 후퇴했다. 트로이아 인들은 도망가는 적들에게 큰 패배를 안겨주었다. 만약 날이 어두워지지만 않았더라면 트로이아 인들이 불을 질러 그리스 함선을 모두 태워버렸을 것이다. 뮈시아에서 온 승리자 에우뤼필로스는 해가 지기 전에 부하들과 함께 시모에이스 강어귀로 물러나와 기쁜 마음으로 그곳에서 야영했다. 이에 반해 그리스 인들은 함선 옆의 모랫바닥에 누워 부상의 아픔으로 밤새도록 비명을 질렀고 싸움에서 죽은 수많은 전우들의 운명을 한탄했다.

그러나 먼동이 트자마자 그리스 인들은 에우뤼필로스에 대한 복수심에 불타 다시 출정했다. 일부 그리스 인들은 미남 네레우스와 용감한 전사이며 재능 많은 의사 마카온을 함선 근처에 묻어주었다. 한편 진지에서 멀리 떨어진 전쟁터에서 다시 치열한 싸움이 벌어지는 동안에도 그리스 군대에서 가장 뛰어난 의사로 형처럼 유명했던 마카온의 형제 포달레이리오스는 식음을 전폐하고 모래밭에 엎드려 큰 소리로 통곡했다. 그는 사랑하는 형의 무덤에서 떨어지려 하지 않았다. 자살하려는 생각으로 칼에 손을 대보기도 했고 늘 몸에 지니고 다니는 극약을 먹으려고도 했다. 동료들이 말리며 위로해보았으나 소용이 없었다. 만일 늙은 영웅 네스토르가 오지 않았다면 포달레이리오스는 방금 막 만든 형의 무덤 앞에서 자살하고 말았을 것이다. 네스토르가 슬픔에 빠진 포달레이리오스를 타일렀다.

"사랑하는 아들이여, 슬프고 비통하겠지만 그 정도로 해두는 게 좋겠네. 무덤 앞에서 울부짖는 것은 아녀자들이나 할 일이지 사내대장부가 할 일이 아니야! 자네가 아무리 슬퍼하고 안타깝게 울어도 죽은 사람이 되돌아오지는 않아. 마카온의 몸은 이미 불태워졌고 그 뼈는 땅속에 잠들어 있네. 땅에서 나서 땅으로 돌아간 거야. 자네가 지금 겪는 큰 슬픔은 내 아들이 에오스의 아들에게 살해되었을 때와 같은 것이라네. 그 아이는 내가 가장 좋아하는 아들이었고, 또 누구보다도 이 아비를 생각해주는 훌륭한 아이였지. 나를 대신해 죽어준 일을 생각하면 그보다 큰 고통은 없지만, 나는 여느 때나 마찬가지로 음식을 먹었고 보기도 싫은 햇빛을 꾹 참으며 결코 피하지 않았다네. 우리도 언젠가는 모두 같은 운명의 길을 더듬어 하데스로 떠나가리라 생각했기 때문이지."

포달레이리오스는 뺨 위로 눈물을 줄줄 흘리며 노인에게 귀 기울이다 입을 열었다.

"어르신! 살해된 형에 대한 비통한 마음이 가시지 않으니 어떡합니까? 우리 아버지 아스클레피오스가 올림포스 산으로 떠나버린 후 형은 나를 마치 친자식처럼 품에 안아주고, 한 식탁에서 밥을 먹고 잠도 같이 자면서 모든 기술을 가르쳐 저를 사람답게 키워주었습니다. 그런 형이 죽었으니 이제는 밝은 햇빛조차 대하기가 싫습니다."

그러나 노인은 계속해서 위로하며 슬퍼하는 포달레이리오스를 타일렀다.

"잘 생각해보게. 우리 운명을 결정하는 것은 신들이야! 그리고 우리 모두의 운명은 어두운 운명의 여신들이 지배하지. 그 여신들은 눈을 가린 채 땅을 향해 운명을 아무렇게나 던져주거든. 그러니까 때때로 훌륭한 사람에게도 큰 불행이 덮쳐오지. 그래서 아무도 마음 놓고 살 수가 없는 걸세. 삶이란 항상 변하는 것이야. 어떤 때는 큰 슬픔을 만나게 되고 또 어떤 때는 더 나아지기도 하는 거라네. 우리 인간들 모두 알고 있는 이야기 중에 착한 사람은 천국에 가고 악한 사람은 암흑의 공포 속으로 떨어진다는 말이 있지. 자네 형은 다른 사람에게 친절했고, 더욱이 신의 아들 아닌가. 하늘로 올라가 신들과 한 식구가 되었다고 믿어도 좋을 게야."

네스토르는 이렇게 말하며 오랫동안 다른 이의 손길을 뿌리치던 포달레이리오스를 잡아 일으켜 비통한 장소에서 데리고 떠났다. 끌려가다시피 떠나며 그는 형의 무덤을 여러 번 뒤돌아보았다.

그사이 뮈시아 사람 에우뤼퓔로스가 전쟁터에 다시 나타났다. 그리스 인들은 겁을 먹고 자기 진영 쪽으로 도망쳐 방벽 뒤에서 싸웠다.

이런 일들이 트로이아 앞에서 벌어지고 있을 때 그리스 사절단으로 떠난 디오메데스와 오뒷세우스는 스퀴로스 섬에 무사히 도착했다. 그곳에서 그들은 아킬레우스의 어린 아들 퓌로스를 만났다. 그리스 인들은 퓌로스를 나중에 어린 전사라는 뜻의 네옵톨레모스라고 불렀다. 그는 할아버지의 궁전 앞에서 활쏘기와 창던지기를 연습한 다음 날랜 말이 끄는 전차를 몰고 있었다. 전령들은 퓌로스의 모습을 한동안 구경하다가 그의 얼굴에 어린 슬픈 기색을 보자 동정심을 느꼈다. 그 어린 전사도 이미 아버지의 죽음을 알고 있었던 것이다. 좀 더 가까이 갔을 때 두 사절은 놀라움을 금치 못했다. 소년의 아름답고 늠름한 모습이 자기 아버지를 쏙 빼닮았기 때문이었다.

퓌로스가 전령들에게 다가와 인사했다.

“어서 오십시오. 낯선 분들이시여! 당신들은 누구시며 어디에서 오셨습니까? 제게 무슨 볼일이 있으십니까?”

오뒷세우스가 그의 물음에 대답했다.

“우리들은 자네 아버지 아킬레우스의 친구라네. 자네는 틀림없이 아킬레우스의 아들일세. 자네의 얼굴이며 몸집이며 모두 아킬레우스를 빼닮았으니까. 나는 라에르테스의 아들인 이타케 섬의 오뒷세우스이고, 함께 온 친구는 불사의 신 튀데우스의 아들 디오메데스일세. 예언자 칼카스의 말을 듣고 자네를 트로이아의 전쟁터로 데려가려고 먼 길을 왔다네. 자네가 우리와 함께 가야만 이 전쟁을 승리로 이끌 수 있어. 그리스의 아들들은 그대에게 훌륭한 선물을 줄 걸세. 여기 온 나도 자네 아버지에게서 받은 불멸의 무기들을 그대에게 돌려줄 생각이라네."

기쁜 마음으로 퓌로스가 대답했다.

"신의 말씀에 따라 그리스 인들이 저를 찾고 있다면 내일 당장 바다로 떠나시지요! 그러나 지금은 저와 함께 할아버지의 궁에 들어가 식사 대접을 받으십시오."

궁 안으로 들어선 그들은 아직도 상심한 마음을 가라앉히지 못한 채 눈물을 흘리고 있는 아킬레우스의 미망인 데이다메이아를 보았다. 퓌로스가 어머니 곁으로 가서 손님이 왔다는 소식을 전했다. 그러나 그들이 온 까닭은 다음 날 아침까지 숨긴 채 말하지 않았다. 사절단과 퓌로스는 배불리 먹고 편안히 곤한 잠에 빠져들었다. 그러나 데이다메이아는 밤새도록 눈을 붙일 수가 없었다. 싸우기 좋아하는 자기 남편을 설득해 전쟁에 끌어들이고 자기를 과부로 만들어 울게 한 사람들이 집에 머물고 있다는 생각이 머리에서 떠나지 않았다. 그리고 이젠 아들마저 전쟁에 휩쓸리려 한다는 예감이 들었다. 그래서 그녀는 날이 밝자마자 아들의 가슴에 매달려 울면서 애원했다.

"오, 나의 아들아! 네가 나에게 말하지 않아도 다 알고 있단다. 너는 지금 저 손님들과 함께 슬픔의 땅인 트로이아로 가려 하지 않느냐. 그곳은 수많은 영웅과 네 아버지가 죽은 곳이란다! 너는 아직 어리고 군대를 거느려본 경험도 없지 않니? 그러니 이 어미의 말대로 내 곁을 떠나지 말고 집에 머물러다오. 네 아버지처럼 네가 싸움터에서 죽었다는 불행한 소식이 내 귀에 들려오지 않게 해다오!"

퓌로스가 대답했다.

"어머님, 불행한 말은 하지 마세요! 운명의 뜻을 거역할 수 있는 사람은 없습니다. 어차피 전쟁터에서 죽을 운명이라면 차라리 저의 뿌리인 그리스 인들을 위해 죽는 것이 더 낫지 않겠습니까?

그때 안락의자에 앉아 졸고 있던 할아버지 뤼코메데스가 벌떡 일어나더니 손자에게 다가가 말했다.

"용감하기도 하지! 정말 아버지를 쏙 빼닮았구나. 그러나 트로이아에서 무사히 돌아오더라도 귀향길에 어떤 운명이 널 기다리고 있을지 모르는 거다. 바닷길은 위험하니까!"

노인은 그렇게 말하고 손자에게 입을 맞췄다. 그러나 떠나는 것을 말리지는 않았다. 얼굴에 부드러운 미소를 머금은 퓌로스는 매달리는 어머니를 떼놓고 할아버지의 궁전과 고향을 떠났다. 그의 걷는 모습이 마치 하늘의 별들처럼 밝게 빛났다. 두 명의 그리스 영웅과 데이다메이아의 심복 스무 명이 뒤따라가 바닷가에서 배에 올라탔다.

포세이돈이 순풍을 보내주었다. 그들은 얼마 지나지 않아 아침 햇빛을 받아 빛나는 이데 산봉우리와 크뤼세 시, 시게온 곶 그리고 아킬레우스가 묻힌 무덤을 먼발치에서 볼 수 있었다. 오뒷세우스는 퓌로스에게 누구의 무덤인지 가르쳐주지 않고 아무 말 없이 테네도스 섬을 지나 트로이아 쪽으로 배를 몰았다. 그들이 트로이아 해안가에 도착했을 때는 그리스 인들이 함선을 둘러싼 방벽을 무너뜨리려는 에우뤼필로스를 막아내기 위해 격전을 벌이던 상황이었다. 디오메데스는 배에서 뛰어내려 다른 사람들에게 뒤를 따르라고 소리쳤다.

그들은 곧바로 가장 가까이 있는 오뒷세우스의 막사로 달려갔다. 막사 안에는 오뒷세우스의 무기와 그가 약탈해 온 무기들이 있었다.

앞으로 네옵톨레모스라고 불리게 될 퓌로스는 아버지 아킬레우스의 갑옷을 입었다. 이 갑옷은 다른 사람에게는 너무 커서 맞지 않았지만 네옵톨레모스에게는 가슴막이도 투구도 꼭 맞았다. 그는 창과 방패와 칼을 가볍게 휘둘렀다. 모든 면에서 아버지 아킬레우스를 빼닮은 그는 곧장 격전이 벌어진 전쟁터로 나갔다. 그와 함께 상륙한 영웅들도 뒤를 따랐다. 그러자 트로이아 인들이 방벽에서 다시 물러나기 시작했다. 사방에서 그리스 인들의 공격을 받게 되자 텔레포스의 아들 에우뤼퓔로스 주변으로 물러난 것이다. 천둥 치는 소리가 무서운 아이가 아버지 품으로 도망가는 것과 같은 형국이었다.

그러나 네옵톨레모스가 창을 던질 때마다 적이 쓰러져나갔다. 절망에 빠진 트로이아 인들은 틀림없이 영웅 아킬레우스가 다시 나타나 싸우고 있는 것이라고 생각했다. 사실 아킬레우스의 혼이 아들과 함께 있었으며, 아킬레우스의 친구인 아테네 여신이 네옵톨레모스의 후견인이 되어 있었다. 그래서 흩날리는 눈발처럼 바위 위로 쏟아지는 화살도 네옵톨레모스의 피부에 상처 하나 입히지 못했다. 그는 또다시 전사한 아버지를 위해 제물을 바치고 있었다.

부자 메게스의 쌍둥이 아들은 한 시간 차로 태어나 한 시간 차로 죽음을 당했다. 한 명은 네옵톨레모스가 찌른 창에 가슴을 맞고 다른 한 명은 네옵톨레모스가 던진 돌에 머리를 맞아 무거운 투구가 박살나면서 머리가 터져 죽었다. 저녁이 가까워져 에우뤼퓔로스가 후퇴를 명할 때까지 아킬레우스의 아들은 셀 수 없이 많은 트로이아 군사들을 쓰러뜨렸다.

네옵톨레모스가 전쟁터에서 돌아와 쉬고 있을 때 늙은 영웅 포이닉스가 찾아왔다. 그는 네옵톨레모스의 할아버지 펠레우스의 친구이며 아버지 아킬레우스의 양아버지였다. 이 젊은 영웅을 자세히 바라보던 포이닉스는 그가 죽은 아킬레우스와 너무 닮은 데 놀랐다. 슬픔과 즐거움이 교차하는 마음으로 훌륭한 어린 전사 네옵톨레모스를 끌어안고 머리와 가슴 등 닥치는 대로 입을 맞추며 말했다.

"오, 아들아! 나는 요즘 날마다 죽은 네 아버지 생각을 하고 슬퍼했는데, 이제 아킬레우스가 다시 살아난 것 같구나! 지금은 아버지를 잃은 슬픔 때문에 용기를 잃을 때가 아니다. 오히려 복수심을 불태우며 그리스 인들을 도와 텔레포스의 잔인한 아들 에우뤼필로스를 쓰러뜨려야 한다. 그는 우리에게 큰 손실을 입혔다. 그러나 네 아버지가 그자의 아버지를 능가했듯 너도 에우뤼필로스보다 훨씬 힘이 셀 것이다!"

그러자 네옵톨레모스는 겸손하게 대답했다.

"누가 더 용감하고 힘이 센지는 실제로 싸워보지 않고는 모릅니다. 그리고 운명이 결정지어줄 것입니다."

이 말을 하고 그는 함선으로 돌아갔다. 밤이 찾아왔고 영웅들도 막사로 돌아가 다음 날의 전투를 위해 휴식을 취했다.

날이 밝자마자 또다시 전투가 시작되었다. 창에는 창으로 칼에는 칼로 서로를 상대했고, 싸움은 일대일 육박전이 벌어질 정도로 막상막하였다. 오랫동안 우열을 가릴 수 없었다. 양편에서 수많은 영웅이 죽이고 죽였다. 에우뤼필로스는 전우가 죽는 것을 보자 분노가 폭발했다. 그는 밀림의 나무들을 베어 좁은 골짜기를 메우듯 그리스 인들을 마구 베어 넘겼다. 그러나 드디어 네옵톨레모스가 그와 마주 섰다. 두 영웅은 오른손에 든 커다란 창을 흔들었다. 에우뤼필로스가 상대방을 향해 먼저 소리쳤다.

"어린 것이 도대체 누구냐? 감히 나와 싸우겠다니 어디서 온 놈이냐? 정말로 죽고 싶어 환장했구나!"

그러자 네옵톨레모스가 응답했다.

"적인 주제에 친구라도 되는 양 왜 내 출신을 묻는가? 그렇게 알고 싶다면 말해주마! 나는 옛날 그대 아버지에게 상처를 입힌 아킬레우스의 아들이다! 펠리온 산에서 만들어진 이 창은 바로 아버지의 창이다. 그대도 이 창 맛을 보게 될 것이다."

말이 끝나기가 무섭게 전차에서 뛰어내린 네옵톨레모스가 창을 흔들었다. 에우뤼퓔로스는 얼른 땅에서 큰 돌을 집어 들어 상대방의 금빛 방패를 향해 힘껏 내던졌다. 그러나 방패는 끄떡도 하지 않았다. 두 영웅은 맹수처럼 상대에게 달려들어 본격적으로 맞붙어 싸웠다. 기다랗게 형성된 전선이 그들의 좌우에서 물결쳤다. 두 영웅은 서로를 향해 방패를 내려치고 정강이보호대와 투구를 서로 맞부딪쳤으나 두 집안 모두 신의 혈통이었으므로* 싸울수록 의기가 솟구쳤다. 그러나 마침내 네옵톨레모스의 창이 에우뤼퓔로스의 숨통을 정확히 끊어 검붉은 피가 솟구쳐 올랐다. 에우뤼퓔로스는 뿌리 뽑힌 나무처럼 쿵하고 땅에 쓰러져 그대로 숨이 끊어지고 말았다.

에우뤼퓔로스가 쓰러지자 트로이아 인들은 사자 앞의 송아지들처럼 갈팡질팡하며 네옵톨레모스를 피해 성안으로 도망치려 했다. 그때

* 네옵톨레모스는 바다의 여신 테티스의 손자다. 한편 에우뤼퓔로스는 텔레포스의 아들이므로, 제우스 신의 아들인 헤라클레스의 손자다.

무서운 전쟁의 신 아레스가 다른 신들 몰래 올림포스를 떠나 불꽃을 뿜어내는 말이 끄는 전차를 몰고 트로이아 인들을 돕기 위해 전쟁의 소용돌이 속으로 들어왔다. 아레스는 큰 창을 휘두르며 딱 버티고 서서 도망치려는 트로이아 인들에게 적에 맞서라고 호통쳤다. 신의 목소리가 들리자 트로이아 인들은 깜짝 놀랐다. 정작 아레스의 모습은 안개 속에 가려 보이지 않았기 때문이다. 프리아모스의 아들이며 이름난 예언자 헬레노스가 맨 먼저 신이 내려온 것을 알아차리고 트로이아 인들을 향해 외쳤다.

"두려워하지 마라! 그대들의 친구인 위대한 전쟁의 신이 스스로 그대들 가운데에 내려오셨다. 아레스 신이 외치는 소리가 들리지 않는가?"

트로이아 인들은 다시 버티고 섰고 양편에서 새로운 살육이 시작되었다. 아레스가 트로이아 인들에게 맹렬히 사기를 불어넣자 그리스 군의 전열이 흩어졌다. 그러나 전쟁의 신 아레스도 네옵톨레모스만은 어쩔 수 없었다. 그는 용감한 싸움을 멈추지 않고 계속해서 적을 하나하나 쓰러뜨리고 있었다.

아레스 신은 그의 대담한 행동을 괘씸하게 여겼다. 그래서 자신을 감싸고 있던 구름을 뚫고 나와 모습을 드러내 어린 영웅과 맞서려 했다. 그때 그리스 편을 들고 있는 여신 아테네가 올림포스에서 전쟁터로 내려왔다. 여신이 내려오자 대지와 스카만드로스 강의 물결도 뒤흔들렸다. 여신의 무기 끝에 달린 번갯불이 번쩍였으며 고르고의 방패 위에서는 뱀이 불을 토해냈다. 여신의 발은 땅을 딛고 서 있었지만 투구는 구름을 찌르고 있었다. 그러나 인간의 눈에는 그 모습이 보이지 않았다.

제우스 신이 무서운 천둥소리를 울려 두 사람에게 경고를 주지 않았더라면 전쟁의 신과 전쟁의 여신은 서로 결투를 벌였을 것이다. 두 신은 아버지 신의 뜻을 알아차리고 아레스는 트라케로, 아테네는 아테나이로 각각 돌아갔다. 전쟁은 이렇게 해서 다시 인간의 손으로 넘어갔다. 아레스가 트로이아 인들에게 불어넣었던 엄청난 힘도 썰물처럼 빠져나갔다. 전의를 잃은 트로이아 인들은 성을 향해 도망쳤고 그리스 인들이 그 뒤에 바짝 붙어 성문까지 쫓아갔다. 운명의 뜻을 잘 알고 있는 제우스 신이 도시를 구름으로 감춰버리지 않았더라면 그리스 인들은 성문을 부수었을 것이다. 현명한 지휘관 네스토르가 그리스 인들에게 함선으로 철수하도록 명령하고 죽은 자들을 장사 지내게 했다.

다음 날, 그리스 인들은 맑게 갠 아침 하늘에 트로이아의 성이 높이 솟아 있는 것을 보고 놀랐다. 그리하여 지난밤 안개는 신들의 아버지 제우스 신이 행한 기적이었음을 알아차렸다. 이날에는 휴전이 이루어졌다. 트로이아 인들은 이때를 이용해 뮈시아의 왕 에우뤼퓔로스를 성대하게 장사 지냈다. 반면에 네옵톨레모스는 아버지의 거대한 무덤을 찾아가 장식 기둥에 입을 맞추고 눈물을 흘리며 이렇게 이야기했다.

"아버님! 비록 죽은 사람들과 함께 계시더라도 제 인사를 받아주십시오. 저는 결코 아버님을 잊을 수 없습니다. 아, 그리스 인들 가운데 아버님이 살아 계셨더라면 얼마나 좋았겠습니까? 아버님은 자식을 볼 수 없었고 저도 그처럼 그리워하던 아버지를 만나지 못했습니다. 그러나 아버님은 언제나 제 마음속에 살아 계십니다. 그리고 아버님이 이 창과 함께함을 느낍니다. 그리스 인들은 기쁜 눈빛으로 저를 보고 있으며, 제 모습과 행동 모두가 아버지와 똑같다고들 말합니다!"

그는 울면서 이렇게 말하고 다시 배로 돌아왔다. 그다음 날 그리스 인들은 하루 종일 트로이아의 성벽을 에워싸고 격전을 벌였으나 트로이아 성안으로 쳐들어가지 못했다. 네옵톨레모스가 없을 때 치러진 스카만드로스 강변 전투에서 많은 그리스 인이 이미 전사한 상황이었다. 그곳에서 프리아모스의 용감한 아들인 데이포보스가 탈출에 성공해 포위군을 위협했다. 이 소식을 듣고 네옵톨레모스는 마부 아우토메돈에게 불멸의 말들을 그곳으로 몰라고 했다. 트로이아의 왕자 데이포보스는 그가 다가오자 놀라서 쳐다보았다. 달아나야 할지 아니면 무시무시한 영웅과 맞서 싸워야 할지 마음속에 동요가 일었다. 그러나 네옵톨레모스는 멀리서부터 그에게 소리치며 다가왔다.

"프리아모스의 아들아! 벌벌 떠는 그리스 인들을 향해 왜 난동을 부리느냐! 너는 스스로를 땅 위에서 가장 용감한 영웅으로 생각하는 모양이구나. 그렇다면 어디 나하고 한번 겨뤄보자!"

그는 그렇게 소리치며 사자와도 같이 데이포보스에게 달려들었다. 아폴론이 검은 구름으로 모습을 감추고 올림포스에서 급히 내려와 위험에 처한 데이포보스를 트로이아로 데려가지 않았더라면 네옵톨레모스는 분명 그를 마부와 함께 베어버렸을 것이다. 남은 트로이아 인들도 뒤따라 성안으로 도망쳤다.

네옵톨레모스가 창으로 허공을 찌르며 외쳤다.

"이 개 같은 놈이 도망쳐버렸구나. 그러나 네 힘으로 한 일은 아니다. 어떤 신이 네놈을 나에게서 도둑질해 갔구나!"

그렇게 말하고는 다시 전투에 뛰어들었다. 하지만 트로이아의 성벽에 있던 아폴론이 성을 지켜주었다. 이때 예언자 칼카스는 그리스 인들에게 진영으로 철수하여 당분간 이 힘들고 얻을 것 없는 전투에서 손을 떼도록 권고했다.

"전우들이여! 내가 예언한 다른 부분이 실현되지 않는다면 아무리 이 성을 공격해도 헛수고가 될 것입니다. 필살의 화살을 가진 필록테테스를 렘노스 섬에서 데려와야 합니다!"

곧바로 영리한 오뒷세우스와 용감한 어린 전사 네옵톨레모스를 렘노스 섬으로 보내자는 결의가 이루어졌다. 둘은 지체 없이 배를 타고 떠났다.

렘노스 섬의 필록테테스

두 영웅은 사람의 발길이 닿지 않는 무인도 렘노스의 황량한 해안에 도착했다. 아홉 해 전에 오뒷세우스는 총사령관의 결정에 따라 필록테테스를 입구가 두 개인 동굴에 버려두고 떠나왔었다. 겨울에는 햇빛이 드는 입구 쪽으로 가서 추위를 피하고, 여름에는 그늘지고 시원한 또 다른 입구로 옮겨 갈 수 있게 한 것이었다. 부근에서는 신선한 샘물도 졸졸 흘렀다.

두 영웅은 곧바로 필록테테스가 있는 곳으로 갔다. 오뒷세우스가 보기에 모든 것이 옛날 그대로였지만 동굴은 텅 비어 있었다. 다만 나뭇잎으로 만든 넓은 잠자리에 누군가 누웠던 흔적이 있고 나무를 깎아 아무렇게나 만든 잔과 불 피우는 도구가 몇 가지 뒹구는 것을 보아, 아직 사람이 살고 있는 것은 분명해 보였다. 더욱이 진물과 고름이 흠뻑 밴 걸레 조각이 햇볕에 널려 있는 걸 보면 필시 병을 앓는 필록테테스가 살고 있는 것이었다. 그래서 두 사절은 우선 하인 하나를 시켜 망을 보게 했다. 갑자기 나타난 병자가 당황하지 않도록 하기 위해서였다. 오뒷세우스가 먼저 입을 열어 아킬레우스의 어린 아들 네옵톨레모스에게 말했다.

"필록테테스가 없는 때를 이용해 그가 우리의 계획을 따를 수 있도록 의논하는 게 좋겠네. 속임수를 써서 그의 마음을 돌릴 수밖에 없겠지. 자네가 그와 만날 때 나는 자리를 피해 있는 것이 좋겠네. 그는 나를 죽도록 미워할 테니까. 미워하는 것도 당연하지! 필록테테스가 그대에게 누구이며 어디서 왔느냐고 묻거든 아킬레우스의 아들이라고 정직하게 대답하게. 그다음에는 그리스 인들에게 화가 나서 그들을 등지고 고향으로 돌아가는 길이라고 꾸며 말해야 하네. 그들이 트로이아 공격을 도와달라고 스퀴로스에서 그대를 데려다놓고는 정작 아버지가 쓰던 무기와 갑옷과 투구는 넘겨주지 않았기 때문이라고 하게. 그들이 그것을 오뒷세우스에게 줘버렸다고 하고 나에게 욕을 마구 퍼부으란 말일세. 언짢게 생각하지 않을 테니까 심할수록 좋아. 이런 속임수를 쓰지 않으면 저 사나이와 화살을 손에 넣을 수가 없네. 어떡하면 그에게서 신성한 화살을 얻어낼 수 있을까만 생각하게나."

이때 네옵톨레모스가 오뒷세우스의 말을 가로막았다.

"라에르테스의 아들이여! 듣기만 해도 역겨운 그런 짓은 할 수 없습니다. 저나 제 아버지나 나쁜 술책이라고는 쓸 줄 모르게 태어난 사람입니다. 힘으로 상대방을 잡아 오는 거라면 얼마든지 하겠습니다.

그렇지만 음모를 꾸미는 일은 시키지 마십시오. 혼자이고 한쪽 발로 설 수밖에 없는 그가 어떻게 여럿인 우리를 이길 수 있겠습니까?"

"헤라클레스의 백발백중 화살로 우리를 이길 수 있지."

오뒷세우스가 침착하게 대답했다.

"그대가 속임수에 재능이 없다는 건 나도 잘 아네. 그리고 정직한 아버지 밑에서 자란 나 역시 젊었을 때는 손이 빨랐지 혀는 더뎠다네. 그러나 경험을 통해 비로소 깨닫게 되었다네. 세상을 움직이는 것은 행동보다 말이라는 것을 말이야. 헤라클레스의 화살만이 트로이아를 정복할 수 있고, 자네의 거짓말이 용맹과 슬기로움의 영광을 가져온다는 것을 생각하게. 또한 승리를 얻어내기만 한다면 이런 행위는 완전히 정당화될 수 있다는 것도 말일세. 그래도 이 잠깐 동안의 거짓말을 거부할 텐가!"

네옵톨레모스는 나이 많은 친구의 이야기에 따르기로 했다. 그리하여 오뒷세우스는 그 자리를 떴다. 얼마 지나지 않아 멀리서 고통당하는 필록테테스의 신음소리가 들려왔다. 필록테테스가 항구도 아닌 바닷가에 배가 닿아 있는 것을 멀리서 보고 네옵톨레모스와 하인이 있는 곳으로 찾아왔다.

"이 무인도에 상륙한 당신들은 누구요? 사랑스러운 그리스 옷을 입고 계신데 말소리를 좀 들어봅시다. 그대들이 적대적 의도를 지니지 않았다면 내가 몰골이 말이 아니라는 이유로 두려워하지 말고, 모든 친구에게 버림받고 병고에 시달리는 이 불행한 사나이를 불쌍하게 생각해주시오."

네옵톨레모스가 오뒷세우스가 가르쳐준 대로 대답했다. 그러자 필록테테스가 기뻐 소리를 질렀다.

"아, 얼마나 소중한 그리스의 말인가! 얼마나 오랜만에 나의 귀에 울리는 그리스 말인가. 오, 가장 그리운 아킬레우스의 아들이여! 아, 사랑하는 스퀴로스여, 선량한 뤼코메데스여! 그 노인이 그대를 길렀구나. 그런데 지금 자네가 하는 말은 뭔가? 그리스 놈들이 나한테 그랬듯 그대에게도 몹쓸 짓을 했구먼! 아는가, 나는 포이아스의 아들인 필록테테스라네. 아가멤논과 메넬라오스 그리고 오뒷세우스가 한통속이 되어 끔찍한 병으로 고통받는 나를 버렸지. 이 높은 암벽 지붕 아래 해안가에서 내가 아무것도 모르고 잠든 사이에 그들은 신의 없이 나를 두고 도망쳐버렸다네. 몇 벌의 누더기 옷과 비상용 식량만 조금 남겨둔 채 말일세! 사랑하는 젊은이여, 내가 잠에서 깨어났을 때 어땠을지를 한번 생각해보게. 나를 이곳까지 태우고 왔던 배로부터 더는 인정 어린 보살핌이나 병을 낫게 해줄 의사와 약을 기대할 수 없다는 것을 알았을 때 눈물 흘리고 고통스러운 비명을 지른들 무슨 소용이 있었겠나. 넘칠 정도로 남은 것이라고는 비탄뿐이었다네! 그 후로 하루하루 그리고 한해한해 흘렀고, 이 좁은 동굴 지붕 아래 나를 돌봐주는 것은 나 자신뿐이었네. 이 활로 새를 사냥해 먹고살 수는 있었지. 그러나 하늘에서 떨어진 새를 잡으러 다친 다리를 끌고 절룩이며 가는 고통은 엄청났다네! 또 샘으로 물을 길러 다니거나 겨울이 되어 불을 피우기 위해 숲속으로 나무를 구하러 다닐 때마다 힘들게 동굴을 기어 나와 모든 것을 혼자 해나갈 수밖에 없었지. 불을 피우기 위해 부싯돌이 될 만한 것을 찾기까지는 정말 오랜 시간이 걸렸다네. 그 돌이 이 순간까지 나를 살려준 걸세. 이렇게 생필품을 얻고 난 뒤로 나는 근근이 삶을 이어왔지만 건강만 나빠졌지. 젊은이, 이제 이 섬에 대해 이야기해주겠네. 이 섬은 세상에서 가장 황폐한 곳이라네. 어떤 뱃사람도 이 섬에 가까이 오려 하지 않아. 배를 댈 자리도 마땅치 않고 여기서 무슨 물건을 교환할 것도 아니고 사람과 접촉할 수도 없기 때문이지. 이 섬에 오는 사람은 어쩔 수 없이 표류한 경우뿐이라네. 그렇게 표류해 온 뱃사람들은 날 불쌍히 여겨 음식과 옷을 주었지만 아무도 날 고향으로 데려가려 하지는 않더군. 내가 이 섬에서 가난과 굶주림으로 시달려온 지도 십 년째로 접어들었네. 이 모든 것이 오뒷세우스와 아트레우스의 아들들인 아가멤논과 메넬라오스가 내게 해를 끼쳐 일어난 일이네. 신들께서 그자들에게도 나와 똑같은 벌을 내려주실 것일세!"

이 말을 듣자 네옵톨레모스는 마음속으로 분을 느꼈다. 그러나 오뒷세우스의 경고를 생각하고 꾹 참았다. 그리고 비탄에 빠진 이 영웅에게 아버지의 죽음과 그가 듣고 싶어하는 고향사람들과 친구들 이야기를 들려주었다. 그는 오뒷세우스가 시킨 대로 이야기에다 그럴듯한 거짓말을 섞었다. 필록테테스는 동정과 놀라움에 고개를 끄덕이더니 네옵톨레모스의 손을 꽉 잡고 비통한 눈물을 흘리며 말했다.

"사랑스런 소년이여, 어머니와 아버지를 걸고 자네에게 간청하네! 제발 나를 이 고통스러운 곳에 버려두지 말게. 물론 내가 그대에게 귀찮은 짐이라는 건 잘 알지만 함께 데려가주게나. 아무 데나 내키는 곳에 던져놓아도 좋아. 키가 있는 곳이나 고물이 있는 끝이나 승무원들에게 거추장스럽지 않게 배 밑바닥이라도 좋다네. 제발 날 더는 이 고독한 곳에 남겨두지만 말아주게. 나를 자네 고향으로 데려다주게. 거기서 오이타 산과 아버지가 계신 나라까지는 얼마 멀지 않다네. 지금까지 이곳에 상륙한 사람들에게 여러 번 소식을 전했으나 아무도 아버지 소식을 들려주는 자가 없었지. 아마 이제 아버지도 돌아가셨을 거야. 아버지 무덤 옆에 묻힐 수만 있다면 더 바랄 게 없다네."

네옵톨레모스는 발아래 엎드려 애원하는 병든 사나이에게 무거운 마음으로 거짓 승낙을 하며 말했다.

"원하신다면 곧 배를 타시지요. 한 분의 신이라도 우리에게 빠른 항해를 허락해 이 지역에서 벗어나 우리가 가고자 하는 목적지에 닿았으면 좋겠습니다."

이 말에 필록테테스는 발의 아픔도 잊고 벌떡 일어나더니 기쁨에 넘쳐 외마디 소리를 지르며 젊은이의 손을 꽉 잡았다. 바로 그 순간 필록테테스를 망보던 사내가 그리스 선장으로 가장해 선원들을 데리고 동굴에 나타났다. 그는 네옵톨레모스를 향해 디오메데스와 오뒷세우스가 필록테테스라는 사나이를 잡으러 오는 중이며, 이는 트로이아를 점령하고 싶다면 그를 잡아 트로이아로 데려와야 한다는 칼카스의 예언에 따른 것이라는 거짓 소식을 전했다.

이 무서운 이야기에 필록테테스는 네옵톨레모스의 팔에 몸을 내던졌다. 그리고 서둘러 헤라클레스의 신성한 화살을 모으더니 안전하게 지켜달라며 어린 영웅 네옵톨레모스에게 넘겨주고는 함께 동굴 입구로 갔다. 네옵톨레모스는 더는 견딜 수 없었다. 젊은 영웅의 순수한 마음속에서 진실이 거짓을 이긴 것이었다. 그들이 해안가에 도착하기 전에 그가 말했다.

"필록테테스여! 이제 더는 진실을 숨길 수가 없습니다. 당신은 나와 함께 아트레우스의 아들들과 그리스 인들이 있는 트로이아로 가셔야 합니다!"

이 고백을 듣자 필록테테스는 뒤로 물러나 몸을 부르르 떨며 저주를 퍼붓다가 기도를 올렸다. 그러나 네옵톨레모스가 이 노인을 불쌍히 여기기도 전에 숲속에 숨어 있던 오뒷세우스가 재빨리 뛰어나와 불행한 늙은 영웅을 묶으라며 마치 죄인 다루듯 강하게 명령했다. 필록테테스는 그 첫마디에 오뒷세우스의 목소리임을 알아차리고 외쳤다.

"아, 슬프구나! 나는 배신당했다! 구 년 전에 나를 버려두고 갔던 자가 아닌가. 이자가 속임수로 내게서 화살을 도둑질해 가는구나!"

필록테테스가 네옵톨레모스를 향해 애원했다.

"착한 젊은이, 제발 나에게 화살을 돌려주게!"

그러나 오뒷세우스가 그의 말을 가로막았다.

"그러면 안 되오! 설사 젊은 친구가 그렇게 하더라도 그대는 나와 함께 가야만 하오. 그대에게 그리스 인들의 행복과 트로이아의 멸망이 달려 있소!"

오뒷세우스는 이렇게 말하고 필록테테스를 부하들에게 맡기고 입을 꽉 다문 네옵톨레모스를 데리고 나갔다. 필록테테스는 동굴 입구에 버티고 서서 오뒷세우스에게 수치를 모르는 사기꾼이라고 욕을 퍼부으며 신에게 복수를 기원했다. 그때 두 영웅이 무엇인가 말다툼을 하다가 갑자기 되돌아오는 것이 보였다. 멀리서 젊은 네옵톨레모스의 화난 목소리가 들려왔다.

"안 됩니다! 내가 잘못을 저질렀습니다. 고귀한 분을 비열한 책략으로 속인 겁니다. 더는 그런 짓을 할 수 없어요! 이분을 트로이아로 끌고 가려면 나를 먼저 죽여야 할 겁니다!"

두 영웅은 칼을 뽑아들었다. 그러자 필록테테스가 네옵톨레모스의 발아래 몸을 내던지며 말했다.

"약속해주게, 나를 구해주겠다고. 그렇게 해준다면 내 친구 헤라클레스의 화살이 어떤 적의 공격에서도 자네의 나라를 지켜줄 걸세!"

"저를 따라오세요."

네옵톨레모스가 노인을 안아 일으키며 말했다.

"오늘 제 고향 프티아로 가시는 겁니다!"

그때 영웅들의 머리 위에 펼쳐진 파란 하늘이 갑자기 어두워졌다. 그들은 하늘을 쳐다보았다. 필록테테스는 가장 먼저 흔들리는 검은 구름 속에서 신이 된 친구 헤라클레스의 모습을 보았다.

"이제 그만해라!"

헤라클레스는 하늘에서 울려 퍼지는 신의 목소리로 말했다.

"잘 듣게, 나의 친구 필록테테스여! 나의 입을 통해 제우스 신의 권고를 듣고 그대로 따르게. 내가 어떤 고초를 겪고 나서 불사의 몸이 되었는지는 그대도 잘 알 걸세. 자네의 운명은 그 고난에서 영광스레 벗어나도록 정해져 있다네. 이 어린 친구와 함께 트로이아에 나타나면 무엇보다도 병에서 벗어날 수 있고 신의 도움을 받아 모든 재난의 장본인인 파리스를 쓰러뜨리고 트로이아를 멸망시키게 될 걸세. 전리품 중 가장 값진 것을 차지하게 될 테니 그 보물을 배에 싣고 자네 아버지 포이아스가 아직 살아 계신 조국으로 돌아가게나. 그리고 전리품을 조금 남겨 그것으로 내 묘비 앞에서 제사를 지내주게. 그럼 편안히 가게!"

필록테테스는 친구 헤라클레스가 사라진 하늘을 향해 두 팔을 벌리고 가슴이 벅차서는 감격 어린 말투로 약속했다.

"그럼, 영웅들이여! 배로 갑시다! 그리고 고귀한 아킬레우스의 아들 네옵톨레모스여, 내 손을 잡아주게. 그리고 오뒷세우스여, 그대는 옆에서 나를 부축해주시오. 그대가 행하고자 한 일이 신의 뜻임을 알았으니까!"

파리스의 죽음

그리스 인들은 필록테테스와 두 영웅을 태운, 고대하던 배가 헬레스폰토스 항구로 들어서는 것을 보고 환호성을 지르며 한꺼번에 바닷가로 몰려왔다. 필록테테스가 힘없이 손을 내밀며 양측에서 부축을 받아 해변으로 내려섰다. 다리를 절룩거리는 필록테테스는 초조하게 기다리던 그리스 인들에게 인도되었다. 그때 군중 속에서 한 영웅이 앞으로 나와 그의 상처를 주시하더니 감격 어린 말투로 필록테테스의 아버지 포이아스의 이름을 부르고는 신의 가호로 곧 치료해주겠다고 약속했다. 이에 그리스 인들이 크게 환호했다. 이 약속을 해준 사람은 바로 의사 포달레이리오스로 포이아스의 오랜 친구였다. 그는 급히 필요한 약재를 가져오게 했다.

불사의 신들이 축복을 내려주어 타는 듯 아프던 상처가 곧 아물었다. 마음속 고뇌도 모두 사라졌다. 영웅 필록테테스의 쇠약한 몸은 폭우에 풀이 죽었다가 여름 바람에 생기를 되찾는 들판의 이삭처럼 피어올랐다. 그리스 민족의 우두머리인 아트레우스의 아들들도 흡사 죽음에서 부활한 것 같은 필록테테스의 모습을 보고 놀랐다. 그가 식사를 마치고 술을 마신 뒤 완전히 기운을 차렸을 때 아가멤논이 나와 필록테테스의 손을 잡고 참회했다.

"사랑하는 친구여! 그대를 렘노스 섬에 버린 것은 우리가 정신이 나갔기 때문이었지만, 신의 뜻이기도 했소. 이제 더는 그에 대해 원한을 갖지 마시오. 신들은 우리에게 충분히 벌을 내리셨다오. 아마도 신들의 노여움을 알려주기 위해 이런 운명을 안겨주신 것 같소. 이제 우리가 준비한 선물을 기쁘게 받아주기 바라오. 트로이아 처녀 일곱 명, 말 스무 필, 세발솥 열두 개요. 기운을 차리면 내 막사에 머물러주기 바라오. 식탁에서나 또 어디에서나 그대는 왕으로서 모든 대접을 받게 될 것이오."

필록테테스가 관대하게 대답했다.

"사랑하는 친구여! 아가멤논이여! 나는 그대나 다른 그리스 인에게 더는 화를 내지 않을 것입니다. 설혹 나에게 어떤 몹쓸 짓을 했더라도 말입니다. 고귀한 사람들은 유연함을 갖춰 어떤 때는 엄격하고 어떤 때는 관대해야 합니다. 그러나 지금은 자러 갑시다. 전쟁을 하려는 자는 먹는 것보다는 자는 것을 더 잘 챙겨야 합니다!"

그렇게 말하고 그는 친구의 막사로 들어갔다. 그곳에서 그는 아침까지 평화로운 휴식을 취했다.

다음 날 성벽 바깥에서 죽은 사람들을 장사 지내던 트로이아 인들은 그리스 인들이 다시 싸우러 몰려오는 것을 보았다. 전세가 불리함을 느낀 죽은 헥토르의 슬기로운 친구 폴뤼다마스는 트로이아 인들에게 우선 성안으로 퇴각해 그곳에서 안전하게 방어하는 것이 좋겠다고 충고했다. 그가 말했다.

"트로이아는 신들의 작품이라 쉽게 파괴되지 않소. 먹을 것도 마실 것도 아직 떨어지지 않았소. 우리가 모시는 부유한 프리아모스 왕의 궁전에는 트로이아 민족의 세 배나 되는 사람들을 배불리 먹일 수 있을 만큼 식량이 비축되어 있소."

그러나 트로이아 인들은 그의 충고를 따르지 않고 영광스러운 승리나 죽음을 택하자고 주장하는 아이네이아스에게 갈채를 보냈다.

양쪽 군대 사이에 치열한 싸움이 다시 벌어졌다. 네옵톨레모스는 아버지 창으로 트로이아 군사 열두 명을 차례로 쓰러뜨렸다. 한편 트로이아의 용감한 영웅 아이네이아스와 전우 에우뤼메네스는 그리스 인들을 닥치는 대로 죽여 그리스 군대에 피바람을 불러왔고, 파리스는 메넬라오스의 부하인 스파르테 출신 데몰레온을 쓰러뜨렸다.

이에 반해 필록테테스는 마치 전쟁의 신 아레스처럼, 또는 들판을 뒤덮는 홍수의 물결처럼 트로이아 인들 사이로 돌진했다. 멀리서라도 필록테테스를 본 사람은 결국 목숨을 잃었다. 그가 들고 다니는 헤라클레스의 화살이 트로이아 인들을 몰살시키려는 것 같았다. 마치 그의 가슴막이에 메두사의 머리가 달려 있기라도 한 것 같았다. 결국 파리스가 단단히 마음먹고 활을 들고 필록테테스에게 돌진해 재빨리 화살을 쏘았다. 그러나 화살은 윙 소리를 내며 필록테테스를 지나쳐 곁에 있던 클레오드로스의 어깨를 맞추었다. 클레오드로스는 계속해서 창으로 싸우며 후퇴했지만, 파리스의 두 번째 화살을 맞아 죽고 말았다. 그것을 보고 필록테테스가 활을 잡아 벽력같이 외쳤다.

"이 트로이아의 도둑놈아! 우리 모두에게 불행을 가져온 놈아! 가까이 와서 나와 겨뤄보고 싶더냐? 네 욕심에 대한 죗값을 치러야 할 것이다. 네가 죽어버리면 너의 집이나 트로이아는 빠른 속도로 멸망할 것이다!"

이렇게 말하고 그가 가슴까지 활시위를 당기자 활이 휘어졌고 화살이 활 밖으로 약간 나왔다. 활시위가 부르르 떠는 소리에 이어 쉬익 소리를 내며 화살이 파리스를 향해 날아갔다. 영웅의 손을 떠난 화살은 과녁을 빗나가지 않았다. 그러나 화살은 파리스의 아름다운 피부를 스치고 지나가고 말았다. 파리스도 재빨리 활시위를 당겼다. 그때 필록테테스의 두 번째 화살이 파리스의 허리에 꽂혔다. 더는 싸울 힘이 없어 파리스는 사자 앞의 개처럼 온몸을 떨며 도망쳤다.

의사들이 파리스의 상처를 돌봐주는 동안에도 혈전은 한동안 계속되었다. 그러나 밤의 어둠이 깃들면서 트로이아 인들은 성안으로 들어갔고, 그리스 인들도 자기들 배로 돌아갔다. 그날 밤 파리스는 고통스러워 잠을 자지 못하고 밤새도록 신음했다. 화살은 뼛속 깊이 박혔고, 헤라클레스가 화살에 발라둔 무서운 독 때문에 상처 부위가 새까맣게 썩어 들어갔다. 어떤 의사도 손을 쓸 수 없었다.

파리스는 전에 이데 산에서 양을 치던 시절에 함께 행복하게 살다가 쫓아낸 아내 오이노네만이 위급할 때 그를 구할 수 있다는 신의 계시를 생각해냈다. 이 예언은 당시 아내에게서 직접 들은 이야기였다. 썩 내키지는 않았지만 고통이 심했으므로 이전의 아내가 아직 살고 있는 이데 산으로 자신을 데려다달라고 부탁했다. 부하들이 파리스를 떠메고 올라가는데 산마루에서 불길한 새가 까악까악 울었다. 파리스는 잠시 불안에 떨었지만 이내 무시하고 삶에 대한 희망을 가졌다. 그렇게 그는 전처가 사는 집에 닿았다. 오이노네와 시녀들은 뜻하지 않은 파리스의 방문에 무척 놀랐다. 파리스는 전에 자기가 버린 아내의 발 앞에 꿇어 엎드려 외쳤다.

"존경하는 나의 아내여! 내가 마음에도 없이 당신을 과부로 내버려두었다고 해서 이렇게 고통받는 나를 미워하지 말아주오. 나를 유혹해 헬레네 곁으로 끌어낸 것은 무자비한 운명의 여신이 한 짓이오. 그 여인을 아버지의 궁전으로 끌어들이기 전에 차라리 내가 죽었어야 했는데! 그러나 지금은 신들과 우리 둘의 옛 사랑을 걸고 간청하오. 당신만이 나를 도와줄 수 있다는 예언대로 이 상처에 약을 발라 고통에서 구해주시오!"

그러나 이런 말로 그에게 쫓겨난 여인의 응어리가 풀리지는 않았다. 오이노네가 야단치듯 말했다.

"당신이 싫다고 버린 여인을 왜 찾아왔습니까? 당신은 헬레네의 영원한 젊음에 반해 나를 버려 절망의 구렁텅이에 처박아놓지 않았습니까? 당장 나가서 헬레네의 발 앞에 꿇어 엎드려 도와달라고 애원해보시지요. 당신의 눈물이나 한탄으로 내 마음이 움직일 거라고는 절대로 생각하지 마세요."

오이노네는 자신의 운명이 전남편과 함께 묶여 있음은 꿈에도 모른 채 매정스레 파리스를 집 밖으로 몰아내고 말았다. 파리스는 슬픔에 잠긴 채 부하들의 부축을 받으며 숲이 우거진 이데 산에서 내려왔다. 헤라는 올림포스 산에서 고소해하며 그 광경을 내려다보고 있었다. 그러나 파리스는 산비탈에 이르기도 전에 온몸에 독이 퍼져 죽고 말았다. 아내 헬레네는 두 번 다시 파리스를 만날 수 없었다.

양치기 하나가 파리스의 슬픈 최후를 파리스의 어머니 헤카베에게 전해주었다. 헤카베는 그 소식을 듣고 무릎을 떨며 의식을 잃고 쓰러졌다. 그러나 아직 아무것도 모르는 프리아모스 왕은 죽은 아들 헥토르의 무덤 앞에 앉아 성 밖의 소란을 외면하고 슬픔에 잠겨 있었다. 소식을 들은 헬레네는 크게 충격받지는 않았으나 자꾸만 눈물이 흘러내리는 것은 막을 도리가 없었다. 남편의 죽음보다도 자기 자신의 죄가 마음을 짓눌렀기 때문이다. 그녀는 이제 자신이 저지른 죄를 두려운 마음으로 되돌아보았다.

겨우 제정신을 차린 오이노네는 파리스와 사랑 속에 파묻혀 살던 젊은 날을 생각하고 때늦은 후회로 괴로워했다. 숲을 뒤덮고 골짜기를 메운 높은 산의 눈과 얼음이 따뜻한 서풍에 녹아내리듯 얼어붙었던 오이노네의 차가운 마음도 슬픔으로 누그러졌다. 가슴이 메어오고 눈에서 눈물이 솟았다. 그날 밤 오이노네는 걸음을 재촉해 바위에서 바위로, 산골짜기와 시내를 넘어 정처 없이 헤맸다. 달의 여신 셀레네가 밤하늘에서 오이노네를 불쌍히 여기며 내려다보고 있었다.

마침내 오이노네는 양치기들에게 둘러싸여 장작더미 위에서 화장되고 있는 남편의 시체를 발견했다. 목동들이 자기들의 왕이자 친구인 파리스의 장례를 치러주고 있었다. 오이노네는 불타는 남편의 시체를 보다 못한 나머지 아름다운 얼굴을 가린 채 불 속으로 뛰어들었다. 사람들이 구해낼 틈도 없을 만큼 눈 깜짝할 사이에 오이노네는 파리스와 함께 불타고 말았다.

이런 일이 이데 산에서 벌어지는 동안에도 양쪽 군대는 처참한 싸움을 이어갔다. 아폴론은 앙키세스의 아들 아이네이아스와 안테노르의 아들 에우뤼마코스에게 용기와 힘을 불어넣어주었다. 그들이 그리스 인들에게 큰 손실을 입히며 뒤로 물러나게끔 했다. 네옵톨레모스만이 가까스로 대열을 지켰다. 그러나 팔라스 아테네가 그리스 인들을 도우러 달려오기 전까지 트로이아 인들은 물러서지 않았다. 여신 아프로디테도 전투장에 나타나 자신의 아들 아이네이아스의 생명을 돌봐주기 위해 아들을 구름으로 가려 살육장에서 빼내 왔다.

이 잔인한 전투에서 부상을 당하고 지친 몸으로나마 성에 돌아온 트로이아 인들은 그 수가 얼마 되지 않았다. 아내와 자식들이 울면서 그들의 몸에 박힌 피 묻은 무기를 뽑아냈고 의사들은 바삐 움직였다. 그리스 인들도 전투 때문에 기진맥진했다. 오랫동안 전쟁의 결과에 대해 회의적이었으나 이제는 승리가 그들을 향해 손짓하는 것 같았다.

다음 날 아침 그리스 인들은 다시 원기를 회복했다. 그들은 전투욕에 불타 부상자들을 돌볼 경비병 한 명만 남겨놓고 배에서 내려 곧장 트로이아 성벽으로 향했다. 그들은 부대를 몇 개로 나눠 각각 성문 하나씩을 맡았다. 그러나 트로이아 인들도 모든 성벽과 감시탑을 지키며 기어 올라오는 적에 맞서 싸웠다. 곳곳에서 큰 소란이 일었다.

우선 카파네우스의 아들 스테넬로스가 신과 같은 영웅 디오메데스와 함께 스카이아이 성문으로 쳐들어갔다. 그러나 문 위에서는 강인한 데이포보스와 힘센 폴리테스가 많은 부하를 거느리고 화살과 돌로 방어했다. 공격해 오는 그리스 인들의 방패와 투구에 화살과 돌이 부딪히면서 요란한 소리를 냈다. 네옵톨레모스는 성을 공략해본 경험이 많은 뮈르미도네스 군사들을 모두 이끌고 이다야이 문을 공격했다.

성안에서는 트로이아 인 헬레노스와 아게노르가 사람들을 격려하며 귀한 고향을 지키기 위해 쉬지 않고 싸웠다. 에우아이몬의 아들 에우뤼퓔로스와 오뒷세우스는 그리스 진지와 평야 쪽으로 통하는 성문을 끊임없이 공격했다. 그러나 높이 솟은 성벽 위에서 용맹스러운 아이네이아스가 돌을 던지는 바람에 좀처럼 가까이 갈 수 없었다. 시모에이스 강에서는 테우크로스가 여러 가지 방법으로 공격하며 싸웠다. 다른 곳에서 벌어진 전투도 비슷한 양상이었다. 결국 부대를 지휘하던 오뒷세우스가 기발한 생각을 해내기에 이르렀다. 군사들이 방패를 머리에 인 채 바짝 붙어 둥근 지붕처럼 만들어 그 아래로 한데 모이는 것이었다.

그리스 인들이 방패 지붕 아래 바짝 붙어 진격하자, 성벽 위에서 아무리 활을 쏘고 돌을 던져도 단 한 명 다치지 않았다. 그렇게 그리스 인들은 한 명도 낙오되지 않고 마치 겨울 폭설을 몰고 오는 검은 구름처럼 뭉쳐 성벽으로 다가갔다. 땅은 발소리로 들썩였고 머리 위로는 먼지가 뿌옇게 일었다. 방패 지붕 아래서는 군사들 소리가 뒤섞여 벌집 속 벌 떼처럼 요란했다. 아트레우스의 아들 아가멤논과 메넬라오스는 깨지지 않는 방벽이 성문을 향해 진격하자 춤이라도 출 듯 기뻐했다. 그들은 성문 공격을 위해 전사들을 모두 내보냈다. 전사들은 성의 문을 번쩍 들어 돌쩌귀에서 빼낸 다음 성문을 양날 도끼로 부숴버릴 준비를 했다. 오뒷세우스의 이 새로운 발견으로 승리가 눈앞에 와 있는 듯했다.

그런데 트로이아 편을 드는 신들이 영웅 아이네이아스의 팔에 굉장한 힘을 불어넣어준 덕분에 그는 두 손으로 엄청나게 큰 바위를 들어 방패지붕 위로 힘껏 던질 수가 있었다. 결국 공격하러 들어간 그리스 인들은 처참한 패배를 맛보았다. 그들은 뚝 떨어진 바윗돌에 깔린 산양처럼 자기 방패 밑에 깔려 죽었다. 그러나 아이네이아스는 위풍당당하게도 성벽에 떡 버티고 서 있었다. 그의 갑옷과 투구가 번개 같은 빛을 내며 번쩍였다. 곁에는 검은 구름 속에 몸을 감춘 전쟁의 신 아레스가 있었다. 아레스는 아이네이아스가 쏘는 화살마다 적중하도록 만들어주었다. 대열을 이룬 그리스 인들은 죽는 사람이 속출하자 당혹해했다.

부하들을 꾸짖고 격려하는 아이네이아스의 외침이 성 아래까지 들려왔다. 뮈르미도네스 인들에게 자리를 지키라고 호통치는 네옵톨레모스의 소리도 성벽 위까지 메아리쳤다. 이렇게 싸움은 휴식도 없이 온종일 계속되었다.

아이네이아스가 지키는 곳에서 멀리 떨어진 성벽을 공격하는 그리스 인들은 좀 더 유리했다. 그곳에서는 용감한 로크리스 인 소 아이아스가 화살로 쏘아 떨어뜨리거나 창으로 찔러 죽이거나 하여, 성벽을 지키던 트로이아 인들을 차례차례 해치웠다. 그리고 그의 용감한 전우이자 동향인 알키메돈은 방어가 허술한 성벽을 찾아 사다리를 갖다 댔다. 그는 용기와 젊은 기백을 믿고 투지를 앞세워 방패를 머리 위로 치켜들고 재빨리 사다리를 올랐다. 알키메돈은 자기편에 트로이아로 통하는 길을 만들어줄 생각이었다.

그러나 멀리서 이 모습을 보고 있던 아이네이아스는 알키메돈이 사다리를 다 올라서서 처음이자 마지막으로 성안을 들여다보는 순간 커다란 손으로 바윗돌을 잡아 그의 머리를 향해 던졌다. 바윗돌의 충격으로 사다리가 박살 났고 알키메돈은 활시위를 떠난 화살처럼 공중에 붕 떠 땅에 떨어지기도 전에 죽고 말았다.

로크리스 인들은 박살이 나서 땅 위에 누운 알키메돈을 보고 크게 탄식했다. 그때 성벽을 따라 사나운 짐승처럼 날뛰는 아이네이아스가 필록테테스의 눈에 들어왔다. 필록테테스는 그를 겨냥해 신성한 화살을 당겼다. 화살은 목표물을 맞히는 듯하더니 방패 가죽을 스치고 지나가 곁에 있던 트로이아 인 메논에게 명중했다. 메논은 마치 사냥꾼의 화살에 맞은 들짐승같이 성벽 아래로 떨어졌다. 아이네이아스는 그 앙갚음으로 필록테테스의 용감한 전우 톡사이크메스의 머리로 돌을 던져 고꾸라뜨렸다. 필록테테스는 분을 참지 못해 적들의 영웅을 바라보며 크게 소리쳤다.

"아이네이아스여! 연약한 아낙네처럼 성벽 위에서 돌을 던져 싸우면서도 가장 용감한 사람이라 자처하느냐? 자, 너도 사나이라면 무장을 갖추고 성 밖으로 나와라! 활과 창을 가지고 포이아스의 용감한 아들과 당당하게 승부를 겨뤄보자!"

아이네이아스는 대답할 겨를도 없이 성을 막아내기 위해 다른 곳으로 불려갔다. 필록테테스도 쉬지 않고 이어지는 또 다른 싸움에 휘말려 들어갔다.

트로이아 목마

그리스 인들은 오랫동안 트로이아의 성문과 성벽을 공격했지만 성공하지 못했다. 측면 공격을 시도했지만 모조리 격퇴당했다. 그러자 예언자 칼카스가 가장 뛰어난 영웅들을 소집해 말했다.

"더는 잔인한 전쟁을 계속할 수 없소이다. 이런 방법으로는 도저히 목적을 이룰 수 없기 때문이오. 배와 우리들 자신을 구원해줄 수 있는 공격에 대해 생각해봅시다. 우선 내가 어젯밤에 본 이상한 징조를 이야기해줄 테니 들어보시오. 보라매 한 마리가 작은 비둘기를 좇고 있었는데, 비둘기가 보라매를 피하기 위해 바위틈으로 들어가고 말았소. 보라매는 화가 나서 바위 앞에서 비둘기가 나오기만 기다리고 있었지만, 아무리 기다려도 비둘기는 나오지 않았소. 그러자 보라매는 근처 숲속에 숨어 거동을 살피더이다. 그런데 이 바보 같은 비둘기가 살금살금 기어 나와 마침내 보라매의 먹이가 되고 말았소. 우리도 공연히 힘으로만 누르려 할 게 아니라, 한번 보라매의 꾀를 본뜬 계략을 써보는 게 어떻겠소?"

예언자가 말을 마쳤다. 영웅들이 이렇게 저렇게 생각을 짜냈지만 별로 좋은 방안이 떠오르지 않았다. 마침내 교활한 지략가인 오뒷세우스가 그 방법을 생각해냈다. 기발한 생각에 스스로 고무된 오뒷세우스가 외쳤다.

"친구들이여, 내게 한 가지 계책이 있소! 거대한 목마를 만드는 것이오. 목마의 배 속에 그리스의 가장 용감한 군사들이 가능한 한 많이 들어갈 수 있게 만듭시다. 나머지 부대들은 진영에 남겨진 것은 모두 불태워 없앤 뒤 배를 타고 테네도스 섬으로 물러나는 거요. 트로이아 인들이 성벽에서 이 광경을 보면 안심하고 다시 성 밖으로 나올 것이오. 그러나 우리 영웅들 중 트로이아 인들에게 얼굴이 알려지지 않은 용사 한 사람이 목마 앞에 남아 도망병이라고 하며 트로이아 인들에게 이렇게 거짓말을 하는 겁니다. 그리스 인들이 자기들의 안전한 귀국을 빌고자 자기를 희생 제물로 바치려 해서 도망쳤다고. 그래서 트로이아의 적인 팔라스 아테네 여신에게 바치려고 만든 목마 밑에 숨어 있다가 그리스 인들이 배로 떠난 후에야 겨우 빠져나왔다고. 트로이아 인들이 수상쩍게 여겨 계속 물어보면 그들이 의심을 풀고 믿을 때까지 계속해서 같은 대답을 반복하면 되오. 그럼 적은 그를 불쌍하게 여겨 성안까지 데리고 들어갈 것이오. 성안에 들어간 뒤에는 트로이아 인들이 어떡하든지 목마를 성안으로 끌어들이도록 애를 써야 하오. 적들이 아무 걱정 없이 잠들면 그가 미리 약속된 신호를 보내는 거요. 그때 우리는 숨어 있던 목마의 배에서 나와 테네도스 섬에서 대기 중인 우리 편에 봉화를 올려 신호를 보낸 뒤 트로이아 성안을 불바다로 만들어버리는 것이오!"

오뒷세우스의 이야기를 듣고 모두들 기발한 생각에 혀를 내둘렀다. 특히 예언자 칼카스는 자기 의도와 딱 맞아떨어진다며 영악한 영웅 오뒷세우스를 칭찬했다. 칼카스는 상서로운 길조와 하늘에서 울려 퍼지는 제우스 신의 천둥소리를 가리키며 그 일에 빨리 착수하라고 독촉했다. 그때 아킬레우스의 아들 네옵톨레모스가 자리에서 일어나 앉더니 불만스럽게 말했다.

"칼카스여, 용감한 전사라면 넓은 전쟁터에서 정정당당하게 적과 싸워야 합니다! 트로이아 인들이 싸움을 회피하며 겁쟁이처럼 성루에 숨어 싸우더라도, 우리는 정정당당한 싸움 외에 간계나 다른 수단을 쓸 수 없습니다! 이 싸움에서 우리가 더 나은 사내대장부임을 보여줘야만 합니다!"

이렇게 호소하자 오뒷세우스 자신도 이 대범한 젊은이에게 감탄했다. 그러나 그는 소년에게 대답했다.

"자네는 두려움을 모르는 자네의 아버지 못지않게 고결하군! 참으로 영웅답고 또 용감한 사내대장부답게 말했네. 그러나 힘과 용기에서 거의 신과 같았던 자네 아버지도 이 웅장한 요새를 파괴하지 못했다네. 용기만으로 세상 모든 일을 해낼 수 있다는 생각은 버리게나. 전우들이여, 부디 칼카스의 충고와 내 제안을 받아들여 일을 시작합시다!"

영웅들은 모두 오뒷세우스의 제의를 받아들였으나 필록테테스만은 네옵톨레모스 편을 들었다. 그는 아직도 여전히 전쟁과 소란한 분위기를 갈망했고 그런 영웅심이 충족되려면 멀었기 때문이었다. 결국 두 사람은 다른 사람들을 자기편으로 끌어들였다. 그러나 갑자기 제우스 신이 하늘을 움직이더니 반대하는 두 영웅의 발에다 우르릉 쾅하는 천둥소리를 내며 벼락을 연거푸 내던져 자신의 뜻이 예언자 칼카스와 오뒷세우스의 뜻과 같음을 알렸다. 네옵톨레모스와 필록테테스도 속으로는 찬성하지 않았지만 더는 반대할 용기가 없어 그대로 따르기로 했다.

사람들이 모두 자기 함선으로 돌아갔다. 영웅들은 일을 시작하기 전에 충분한 휴식을 취하고자 잠자리에 들었다. 한밤중에 여신 아테네가 그리스 영웅 에페이오스의 꿈속에 나타나 기술 좋은 그에게 나무로 거대한 말을 만들라 명령하고 일을 빨리 끝마칠 수 있게 도와주겠다고 약속했다. 에페이오스는 여신을 알아보고 기뻐 잠자리에서 벌떡 일어났다. 그의 머릿속은 목마 생각으로 가득 찼고 어떻게 그것을 만들지 골몰했다.

날이 새자 그는 그리스 인들이 모인 곳으로 가 꿈속에 아테네가 나타난 이야기를 들려주었다. 그러자 아트레우스의 아들들인 아가멤논과 메넬라오스는 급히 사람들을 숲이 우거진 이데 산골짜기로 보내 커다란 전나무들을 베어 오게 시켰다. 목재들은 곧바로 헬레스폰토스로 옮겨졌으며, 많은 젊은이가 에페이오스의 일을 도왔다. 통나무를 다듬는 사람, 원목 가지를 자르는 사람 등 모두가 제각기 목마 만들기에 바빴다.

에페이오스는 맨 먼저 말의 다리를 만들고 그다음에 배를 만들었다. 그 위에 둥근 등을 올려놓고 뒤쪽에 허리와 엉덩이를, 앞에는 목을 붙였다. 목을 따라 멋진 말갈기를 조각하니 그것이 마치 바람에 나부끼는 듯했다. 머리와 꼬리에는 긴 머리털을 듬뿍 꽂아놓고 쫑긋한 두 귀를 머리에 붙이고 번쩍이는 유리알 눈을 이마 아래에 박으니 마치 살아 있는 진짜 말처럼 보였다. 이렇게 해서 에페이오스는 아테네 여신의 도움으로 이 거대한 목마를 사흘 만에 완성했다. 모든 군대가 에페이오스의 솜씨에 탄복했다. 그가 만든 목마는 마치 살아 움직이는 듯했다. 거대한 말이 지금 당장이라도 머리를 쳐들고 울 것 같았다. 에페이오스는 두 손을 하늘 높이 들고 모든 부대가 지켜보는 가운데 기도를 드렸다.

"위대한 여신인 아테네여! 내 기도를 들어주소서. 부디 당신의 말과 나를 구해주소서! 드높은 곳에 계시는 여신이여!"

모든 그리스 인이 이 기도에 동참했다. 그동안 트로이아 인들은 여전히 마지막 전투의 공포에서 벗어나지 못해 성안에 꼼짝 않고 틀어박혀 있었다. 트로이아의 운명이 실현되는 그 순간 신들 사이에서는 분열이 더욱더 심해졌다. 신들은 트로이아 편과 그리스 편으로 갈라져 땅으로 내려왔다. 인간에게는 보이지 않았지만 그들은 스카만드로스 강을 사이에 두고 양쪽 기슭에 각각 진을 치고 맞섰다. 바다의 신들도 각각 이쪽과 저쪽 편에 가서 붙었다.

네레우스의 딸들은 아킬레우스와 인연이 있었으므로 그리스 편을 들었고 다른 바다의 신은 트로이아 편을 들었다. 트로이아 편을 들고 있는 바다의 신들은 높은 파도를 일으켜 그리스 군이 진지로 삼은 함선들을 내려치고 육지에 있는 목마를 밀물로 쓸어버리려 했다. 운명이 허락했더라면 그들은 배도 음흉한 목마도 부숴버리고 말았을 것이다.

그동안 평야에서도 싸움이 벌어졌다. 아레스가 아테네에게 싸움을 걸어왔다. 그와 동시에 싸움이 번져 신들끼리 서로 싸우는 일대 혼전이 벌어졌다. 신들이 움직일 때마다 황금으로 만든 무기가 소리를 냈고, 바다는 큰 물결을 이루며 모래밭을 두드렸다. 신들이 발을 구르자 지축이 흔들렸고, 전쟁 소리가 하계까지 울려 퍼져 타르타로스에 있던 티탄 족이 두려움에 떨었다.

하늘의 신들은 신과 인간의 아버지인 제우스 신이 땅 위의 통치 문제로 멀리 오케아노스로 여행을 떠난 틈에 싸움을 벌인 것이었다. 그러나 제우스 신의 날카로운 눈은 아무리 먼 곳일지라도 지상에서 벌어지는 일이라면 모두 보고 있었다. 신들의 싸움을 알게 되자, 제우스 신은 당장 날개 달린 천마가 끄는 천둥마차에 올라타고 오케아노스의 해안을 떠났다.

제우스는 이리스가 고삐를 잡은 천둥마차를 타고 올림포스로 돌아오자마자 싸우는 신들을 향해 번개를 던졌다. 신들은 모두 무서워 벌벌 떨며 싸움을 그쳤다. 유일하게 싸움에 휘말리지 않았던 정의의 여신 테미스가 서로 싸우고 있는 신들 속으로 들어가, 제우스 신이 자기 말을 듣지 않는 자들은 모두 없애려 한다고 알려주었다. 그러자 신들은 죽음에 대한 두려움으로 분노를 참고 일부는 올림포스 산으로, 일부는 바닷속으로 들어가고 말았다.

그러는 사이 그리스 진영에서는 목마가 드디어 완전한 모습을 갖췄다. 회의를 위해 모인 사람들 사이에서 오뒷세우스가 일어나 말했다.

"이 일은 우리 모두를 위한 일이오. 그리스 민족의 지도자들이여! 누가 정말 힘과 용기를 가졌는지 보여줄 때가 되었소. 왜냐하면 목마의 배 속에 숨어 불투명한 앞날을 마주해야 하기 때문이오. 나를 믿어주시오. 이 목마의 배 속에 들어가 있는 것은 전쟁터에서 목숨을 걸고 싸우는 것보다 더 큰 용기가 필요하오! 그러니 용감한 자들만 남으시오. 원하지 않는 사람은 배를 타고 테네도스 섬으로 가시오. 그리고 누구든 용감한 젊은이가 목마 주변에 붙어 있다가 내가 시키는 대로 해주기 바라오. 이 일을 맡을 사람 없소?"

영웅들은 망설였다. 그때 시논이라는 용사가 선뜻 앞으로 나서며 말했다.

"당신들이 요구하는 것을 기꺼이 해내고 싶습니다. 설혹 트로이아 인들이 나를 고문한 뒤 산 채로 불 속에 던지더라도 나의 결심은 확고합니다."

그리스 군대 전체가 시논의 용기에 박수를 보냈으나 몇몇 늙은 영웅이 수군거렸다.

"도대체 이 젊은 사람은 누구지? 이름을 들어본 적도 없고 남다른 공훈을 세운 적도 없는데, 혹시 악마가 우리를 파멸시키기 위해 이 사나이를 충동한 게 아닐까?"

그러나 네스토르는 자리에서 일어나 그리스 인을 격려했다.

"젊은이들이여, 이제 용기를 보여줄 때가 되었다! 신들은 우리가 십 년 동안 겪어온 온갖 고초에 결실을 맺어주려 하고 있다. 그러니 어서 목마 속으로 들어가자! 내 비록 몸은 늙었지만 젊을 때의 힘과 기백이 아직 넘친다. 그때 펠리아스 왕이 말리지만 않았어도 이아손과 함께 아르고 호에 올라타 원정을 떠났을 텐데!"

이렇게 말하면서 노인은 맨 먼저 목마의 배 속으로 들어가려 했다. 그러나 아킬레우스의 아들 네옵톨레모스가 그를 가로막으며 앞으로 나섰다.

"연로하신 몸으로 앞장서지 마십시오. 이 명예는 저희 같은 젊은 사람에게 양보하시고 나머지 그리스 인들을 이끌고 테네도스 섬으로 가십시오."

네옵톨레모스는 네스토르를 겨우 설득한 뒤, 자신이 가장 먼저 무장을 하고 목마의 배 속으로 들어갔다. 그 뒤를 이어 메넬라오스, 디오메데스, 스테넬로스, 오뒷세우스가 목마 안으로 올라갔다. 계속해서 포달레이리오스, 에우뤼마코스, 안틸마코스, 아가페노르와 그 밖에 많은 용사가 배 속으로 들어갔다. 마지막으로 목마를 만든 에페이오스가 올라가 안으로 사다리를 걷어 올린 다음, 안에서 문을 꼭 닫고 빗장을 걸었다. 목마의 배 속에 들어간 영웅들은 그들을 기다리는 것이 죽음일지 승리일지 알지 못한 채 깊은 침묵에 잠겨 앉아 있었다.

다른 그리스 인들은 막사를 비롯해 남아 있는 것들을 한데 모아 불지르고 총사령관 아가멤논과 네스토르의 지휘하에 배를 타고 테네도스 섬으로 떠났다. 그리스 인들이 두 영웅을 목마로 들여보내지 않은 것은 총사령관은 위신을 세워줘야 하고 네스토르 왕은 나이가 많았기 때문이다. 테네도스 섬에 이르자 그리스 선단은 닻을 내리고 육지에 올라 이제나 저제나 횃불 신호만을 기다렸다.

얼마 후 성안에서 꼼짝 않고 있던 트로이아 인들은 헬레스폰토스 근처에서 검은 연기가 피어오르는 것을 보았다. 이상하게 여겨 성벽에서 바닷가를 자세히 살펴보니 그리스 선단이 깨끗이 자취를 감추고 없었다. 트로이아 인들은 춤출 듯 기뻐하며 성문을 활짝 열고 바닷가를 향해 몰려갔다. 물론 갑옷과 투구로 무장하는 것은 잊지 않았다. 그런데 적의 진지가 있던 곳에 아름다운 목마가 세워져 있는 것을 보고 트로이아 군사들은 크게 놀라 그 목마를 에워쌌다. 엄청나게 큰 목마였기 때문이었다.

이 이상한 목마를 어떻게 할지를 놓고 말다툼이 시작되었다. 어떤 사람은 성안으로 가지고 돌아가 승리의 기념으로 잘 보관해두자고 하고, 또 어떤 사람은 그리스 군의 음흉한 선물이니 바다에 던지든가 불태워버리자고 주장했다. 목마 속에 숨어 있는 그리스의 영웅들이 트로이아 인들의 말다툼을 조용히 듣고 있었다.

바로 그때 트로이아 시의 아폴론 신전을 지키고 있는 사제 라오코온이 급한 걸음으로 달려왔다. 그는 정신없이 목마를 바라보고 있는 군사들 가운데로 나와 큰 소리로 외쳤다.

"불행한 사람들이여! 그대들은 무슨 망상에 사로잡혀 있는 것이오? 그리스 인들이 정말로 철수한 줄로 알고 있소? 그들이 남긴 선물에 아무런 계략이 없다고 생각하시오? 그대들은 오뒷세우스를 잘 알잖소! 이 목마는 어떤 위험이 숨겨져 있거나 아니면 근처에 숨어 있는 적이 우리 도시를 공격하기 위해 만들어놓은 무기일 거요. 그리스 인들을 믿어서는 안 되오!"

라오코온은 이렇게 말하면서 옆에 있던 군사에게서 쇠창을 빼앗아 목마의 배를 힘껏 찔렀다. 꽂힌 창이 조금 부르르 떨리더니 무슨 동굴 속에서나 날 법한 이상한 메아리 소리가 울려 나왔다. 그러나 눈뜬장님 같은 트로이아 인들은 아무것도 알아차리지 못했다.

그사이 호기심에서 목마 옆으로 다가선 몇몇 목동이 목마의 배 아래에 납작 엎드려 있던 교활한 시논을 끌어냈다. 그들은 시논을 포로로 붙잡아 프리아모스 왕 앞으로 끌고 갔다. 그때까지 먼발치에서 목마를 구경하고 섰던 트로이아 인들이 새로운 구경거리를 보려고 몰려들었다. 무기도 없는 시논은 오들오들 떨면서 오뒷세우스가 시킨 대로 멋지게 연극을 해냈다. 두 팔을 높이 쳐들고 하늘을 우러러본 다음, 자기를 에워싼 트로이아 인들을 돌아보고 흐느끼며 외친 것이다.

"아, 고통스럽구나! 내가 의지해야 할 땅과 바다는 어디에 있단 말인가. 그리스 인들에게 쫓겨나더니 이제 트로이아 인들에게 학살을 당하겠구나!"

이 절망에 찬 외침을 듣고 처음에는 그를 적으로 알고 마구 다루던 목동들조차 눈물을 흘렸다. 군사들이 점차 몰려들면서 그에게 누구인지, 어디서 왔는지 등을 물었다. 그리고 나쁜 의도가 없다면 용기를 내라고 격려했다. 시논은 거짓으로 무서워하던 태도를 버리고 입을 열었다.

"숨김없이 말씀드리겠습니다. 나는 아르고스 인입니다. 설혹 내가 불행해지더라도 거짓말쟁이는 되고 싶지 않습니다. 당신들은 아마 에우보이아의 왕 팔라메데스에 대해 들어본 적이 있을 겁니다. 왕은 그리스 군에게 트로이아 공격을 그만두자고 권고하다가 오뒷세우스의 선동으로 처참하게도 돌에 맞아 죽었습니다. 나는 왕의 친척으로 이 싸움에 가담했지만 그가 죽은 뒤로 불쌍하게도 의지할 사람이 없게 되었습니다. 더구나 저는 기회 있을 때마다 사촌 형인 팔라메데스를 죽인 원수를 갚겠다고 오뒷세우스를 위협해왔기 때문에 그 악인의 미움을 사서 전쟁 내내 심한 핍박을 받았습니다. 오뒷세우스는 아직 분이 풀리지 않았는지 마침내 거짓 예언자 칼카스와 짜고 저를 아주 없애버리려 하더군요. 그것은 바로 이렇습니다. 그리스 인들이 결심을 하고도 자꾸 연기해오던 철수를 겨우 단행하면서 이 목마를 만들었을 때 그들은 하늘에서 불길한 징조를 보았습니다. 그래서 즉시 에우뤼퓔로스를 아폴론 신전으로 보냈습니다. 그런데 돌아온 에우뤼퓔로스는 아폴론 신전에서 슬픈 신탁을 가지고 돌아왔습니다. '너희들이 출항할 때 바람의 노여움을 처녀의 피로 달랬다. 돌아가는 길에도 똑같이 피로 갚아야 하니 그리스 인을 제물로 바쳐라' 하는 것이었습니다. 이 말을 듣고 군사들은 등골이 서늘해졌습니다. 이때 오뒷세우스가 큰 소리로 떠들며 예언자 칼카스를 회의석상에 데려와 여러 사람 앞에서 신의 뜻이 무엇인지 밝히라고 요구했습니다. 그 거짓 예언자는 닷새 동안 침묵하면서 한 명에게 죽음의 낙인을 찍는 일을 거부했습니다. 그러다가 오뒷세우스의 성화에 어쩔 수 없다는 듯 내 이름을 불렀습니다. 그리스 인들은 모두 동의했습니다. 자기 목이 안전하다는 데 모두들 안심했으니까요. 그리하여 드디어 제가 제물로 바쳐질 무서운 날이 다가왔습니다. 그들은 저를 제물로 꾸미고 신성한 끈으로 머리를 동여맸습니다. 그리고 제단과 거칠게 빻은 곡물을 준비했습니다. 그러나 저는 죽을힘을 다해 끈을 끊고 도망쳤습니다. 그리고 모두 떠나버릴 때까지 근처 늪지대의 갈대밭 속에 숨어 있다가 겨우 기어 나와 신성한 목마의 배 밑에 숨어 있었던 것입니다. 이제 저는 조국으로 돌아갈 수 없는, 고향을 잃어버린 사람이 되었습니다. 제 목숨은 당신들 손에 달렸습니다. 너그러운 마음으로 저를 살려주시든지 제 동포들처럼 죽이시든지, 그건 여러분에게 달렸습니다."

트로이아 인들의 마음이 움직였다. 프리아모스는 거짓말쟁이 시논에게 사악한 그리스 인들은 잊어버리라고 자비롭게 위로했다. 그는 시논에게 목마가 어떻게 만들어졌는지, 그리고 왜 신성한지를 거짓 없이 고하면 트로이아에 숨겨주겠다고 약속했다. 시논은 결박이 풀린 두 손을 하늘로 쳐들고 거짓으로 기도를 드렸다.

"내가 제물로 바쳐졌던 신들이시여! 당신의 제단과 나를 위협하던 저주받은 칼이여, 나의 증인이 되어주시기 바랍니다. 이제껏 민족과 나를 이어주던 줄은 끊어졌으니, 그들의 비밀을 폭로해도 악을 저지르는 것이 아님을 증명해주십시오! 지금까지 이 전쟁에서 그리스 인들은 팔라스 아테네의 도움에 모든 희망을 걸고 있었습니다. 그러나, 그대들 트로이아 인들은 처음으로 듣는 이야기가 되겠지만, 어느 간악한 그리스 인이 트로이아의 신전에서 아테네 여신의 팔라디온 상을 도둑질한 이후로 모든 일이 허사가 되었습니다. 여신은 몹시 화가 났고 행운이 그리스 인들에게서 떠나버린 것입니다. 이렇게 되자 예언자 칼카스가 신들의 새로운 명령을 받기 위해 당장 귀국해야 한다고 선언했습니다. 아테네 여신상을 제자리에 돌려놓지 않고는 도저히 승리를 거둘 수 없다는 것이었습니다. 이 예언에 따라 그리스 인들은 서둘러 돌아가기로 한 것입니다. 그러나 떠나기 전에 예언자의 충고에 따라 모욕당한 여신의 노여움을 달래고자 이 목마를 만들어 바친 다음 이곳에 남겨놓고 간 것입니다. 칼카스가 목마를 이렇게 크게 만들게 한 것은 목마가 성문에 걸려 그대들 트로이아 인들이 목마를 성안으로 끌고 들어가지 못하게 하려는 것입니다. 목마가 만약 성안으로 옮겨진다면 여신 아테네의 도움은 트로이아 쪽으로 옮겨가기 때문입니다. 그러나 반대로 이 신성한 목마를 적으로 여겨 당신들 손으로 모독한다면 트로이아는 틀림없이 멸망할 것입니다. 이것이 그리스 인들이 노리는 바입니다. 그들은 그렇게 될 줄 믿고 일시 귀국했다가 아르고스에서 새로운 신의 명령을 받으면 돌아와 트로이아 시를 점령하고 여신상을 제자리에 돌려놓을 작정입니다."

이 꾸며낸 이야기가 그들에게는 모두 진실로 들렸기 때문에 프리아모스를 비롯해 모든 트로이아 인은 사기꾼의 말을 완전히 믿었다. 그러나 여신 아테네는 마음을 놓지 않고 목마의 배 속에 앉아 있는 그리스 인들의 운명을 지켜주었다. 목마 안의 그리스 인들은 트로이아의 예언자 라오코온의 경고를 들을 때부터 줄곧 죽음의 불안에 떨고 있었는데, 아테네가 굉장한 기적을 일으켜 영웅들을 이 위험에서 구해냈다.

아폴론의 신관 라오코온은 포세이돈의 신관이 죽은 후 제비뽑기를 거쳐 그의 임무도 맡게 되었다. 마침 그는 바닷가에 포세이돈의 제단을 마련해놓고 커다란 황소 한 마리를 제물로 바치고 있었다. 그런데 바로 그때 거대한 뱀 두 마리가 테네도스 섬에서 나와 거울처럼 맑은 바다를 헤엄쳐 해안가로 다가왔다. 뱀들은 피처럼 붉은 머리를 쳐들고 나머지 몸통은 물결 밑에서 꿈틀거렸다. 뱀들이 움직여 지나간 바다 위로 파도가 일었다.

해안가에 닿자 뱀들은 혀를 날름거리고 쉬익 소리를 내며 불꽃같은 눈으로 사방을 둘러보았다. 아직 목마 근처에 몰려 있던 트로이아 인들이 새파랗게 질려 도망치기 시작했다. 그러나 거대한 두 마리 뱀은 바다의 신을 위한 제단 쪽으로 머리를 돌렸다. 그곳에서는 라오코온이 어린 두 아들과 함께 제물을 바치고 있었다.

큰 뱀은 먼저 두 아이의 몸을 칭칭 감은 다음 아이들의 보드라운 살에 독니를 박았다. 상처를 입은 아들들이 큰 소리로 울부짖자 라오코온이 칼을 뽑아 아들들을 구하려 했다. 그러자 뱀들은 라오코온의 몸을 이중으로 강력하게 감은 다음 목을 꼿꼿이 쳐들고 혓소리를 냈다. 신관의 머리끈이 고름과 독으로 젖었다. 몸을 감은 뱀을 손으로 풀려고 애써보았지만 소용이 없었다. 그사이 제물로 바쳐진 황소는 피투성이가 된 머리를 흔들어 이미 목에 박힌 도끼를 떨어내고 우렁차게 울어대며 제단에서 도망쳤다. 라오코온은 두 아들과 함께 뱀에게 물

트로이아의 예언자 라오코온이 목마를 없애라는 경고를 하자 여신 아테네는 목마의 배 속에 숨어 있는 그리스 영웅들을 구하기 위해 라오코온을 없애버리기로 했다. 마침 라오코온이 바닷가에다 포세이돈의 제단을 마련해놓고 어린 두 아들과 함께 제물을 바치고 있었다. 이때 거대한 뱀 두 마리를 보내 라오코온과 두 아들을 죽여버렸다.

〈라오코온 군상〉, 청동제 원작의 대리석 복제본, 기원전 150년경.

려 그 자리에서 죽었다. 뱀들은 커다란 곡선을 그리며 높이 솟은 아테네 신전으로 올라가더니 여신의 발밑으로 숨어버렸다.

트로이아 인들은 이 소름끼치는 사건을 보고 라오코온이 신성한 목마에 대한 사악한 의혹을 품은 대가를 치른 것이라고 생각하게 되었다. 그래서 일부는 급히 성안으로 들어가 성벽을 헐었고 일부는 목마의 발밑에 바퀴를 달았다. 또 어떤 사람은 굵은 밧줄을 꼬아 목마의 목에 걸었다. 그러고는 다 같이 개선가를 부르며 목마를 성안으로 끌고 갔다. 처녀 총각이 합세해 소리를 맞춰 엄숙한 축제의 노래를 불렀다. 목마가 성문의 높은 문지방을 넘어갈 때는 네 번이나 덜커덩거렸고, 그럴 때마다 뱃속에서 청동 무기 소리가 울렸다. 그러나 트로이아 인들은 아무것도 깨닫지 못하고 환성을 올리면서 거대한 목마를 성으로 끌고 갔다.

사람들이 즐거워 환호하는 가운데서도 예언자 캇산드라의 마음과 영험한 눈만은 흐려지지 않았다. 캇산드라의 예언은 언제나 맞았으나 불행하게도 사람들은 한 번도 믿으려 들지 않았다. 이번에도 하늘과 자연에서 불길한 징조가 보이자 그녀는 신의 영감을 받아 머리를 풀어헤친 채 왕궁에서 달려 나왔다. 그녀의 눈은 고정된 채 불꽃처럼 이글거렸고 머리카락은 산들바람에 나부끼는 나뭇가지처럼 좌우로 흔들렸다. 가슴 깊은 곳에서 탄식이 흘러나왔다. 그녀는 도시의 거리를 돌아다니며 외쳤다.

"불쌍한 자들이여! 우리들이 지금 하데스에게로 가고 있음을 깨닫지 못하는가? 우리가 멸망의 끝에 서 있음을 모르겠는가? 내 눈에는 우리 도시가 온통 불꽃과 피로 휩싸인 모습이 보이는구나! 지금 환호

트로이아 인들이 급히 성안으로 들어가 성벽을 헐었고 그중 일부는 목마의 발밑에 바퀴를 달았다. 또 어떤 사람은 굵은 밧줄을 꼬아 목마의 목에 걸었다. 그러고는 개선가를 부르며 목마를 성안으로 끌고 갔다. 처녀 총각까지 합세해 엄숙한 축제의 노래를 불렀다.

〈트로이 목마〉, 조반니 도메니코 티에폴로, 1760년경, 내셔널 갤러리.

하며 성안으로 옮겨놓은 그 목마의 배 속에서 불꽃과 피의 물결이 큰 파도처럼 밀려오는 것이 보인다. 그대들은 내가 아무리 말해도 믿지를 않는구나. 그대들은 이미 복수의 여신들에게 내맡겨졌다. 여신들은 헬레네의 부정한 결혼 때문에 그대들에게 복수를 하려는 것이다."

그러나 처녀 예언자 캇산드라는 비웃음이나 모욕을 당할 뿐이었다. 만나는 사람마다 그녀에게 말했다.

"처녀의 수치심을 완전히 잃어버렸는가, 캇산드라여? 온 거리를 돌아다니면서도 사람들이 너를 바보 취급하는 줄 모르다니, 완전히 미쳤구나! 이 어리석은 수다쟁이 여인아, 나쁜 일을 당하기 전에 얼른 집으로 돌아가라!"

트로이아의 멸망

트로이아 인들은 초저녁부터 기쁨에 넘쳐 먹고 마셨다. 피리 소리가 울리고, 노래를 부르고 춤을 추면서 돌아다니는 소리가 요란했다. 간간이 술 마시는 무리가 떠들어대는 소리도 들려왔다. 술 취한 사람들은 혀가 제대로 돌아가지 않아 정신을 잃고 쓰러질 때까지 술잔에 술을 가득 부어 두 손으로 붙잡고 마셨다. 마침내 트로이아 인들 모두가 깊은 잠에 빠져들었고 한밤중이 되었다.

트로이아 인들과 함께 술을 마시고 마지막으로 곯아떨어진 척했던 시논이 일어나 성문 밖으로 몰래 빠져나갔다. 그리고 테네도스 섬과 해안가를 향해 횃불을 들고 타오르는 불꽃을 휘둘러 그리스 선단에 약속된 신호를 보냈다. 그는 얼른 횃불을 끄고 목마 옆으로 다가가 오뒷세우스가 명령한 대로 조용히 우묵한 배 부분을 두드렸다. 영웅들은 그 소리를 듣고 모두 오뒷세우스 쪽을 바라보며 그의 말에 주의를 기울였다. 오뒷세우스는 되도록 소리 내지 말고 조용히 내리라 명령하고 서두르는 자에게는 주의를 주었다. 그러고는 조용히 빗장을 빼서 문을 열고, 목을 조금 내밀어 밖을 조심스럽게 내다보고 트로이아인이 한 사람도 없는 것을 확인했다. 에페이오스가 목마의 사다리를 내려주어 오뒷세우스가 먼저 내려갔다. 마치 굶주린 늑대가 목동과 개가 잠든 틈을 타 살금살금 울타리 속으로 숨어 들어가는 듯했다. 영웅들은 두근거리는 가슴으로 차례차례 오뒷세우스의 뒤를 따랐다. 마침내 목마의 배 속이 텅 비자 영웅들은 창을 흔들며 칼을 뽑아들고 도시의 거리와 집을 향해 흩어졌다.

고주망태가 되어 곯아떨어진 트로이아 인들에 대한 끔찍한 살육이 시작되었다. 집집마다 불방망이를 던지자 지붕이 활활 타올랐다. 그와 동시에 시논의 신호를 받고 테네도스 섬을 떠난 그리스 선단도 순풍을 받아 헬레스폰토스 항구로 들어왔다. 그리스의 모든 군대가 트로이아를 단숨에 무찔러버리겠다는 의지에 불타 전날 목마를 끌어들였던 성벽의 커다란 구멍으로 쳐들어갔다. 그리스 인들에게 점령당한 도시는 이제 트로이아 인 패잔병과 시체로 가득했다. 팔다리가 잘린 자들이 시체 사이를 기어다니고, 일어나 도망치려는 자들은 등에 창을 맞고 여기저기 쓰러졌다. 겁에 질린 개들의 울음소리가 온 도시에 울려 퍼졌고, 부상자의 신음소리가 여자들과 어린애들의 울부짖는 소리와 함께 뒤범벅되었다.

트로이아 인들은 초저녁부터 기쁨에 넘쳐 먹고 마셨다. 마침내 트로이아 사람들이 모두 깊은 잠에 빠져들었고, 시논이 목마 옆으로 다가가 배 부분을 두드렸다. 목마 안에 숨어 있던 오딧세우스를 비롯한 그리스의 영웅들이 조용히 내려 끔찍한 살육을 시작했다. 테네도스 섬을 떠난 그리스 선단도 헬레스폰토스 항구로 들어와 트로이아 마을로 쳐들어왔다. 그리스 인들에게 점령당한 마을이 트로이아 인들의 패잔병과 시체로 가득 찼다.

〈트로이아의 멸망 장면이 담긴 용기〉, 그리스 도자기, 기원전 7세기 중반.

그리스 군도 적지 않은 피를 흘렸다. 거의 무방비상태였지만 트로이아 인들도 죽을힘을 다해 막았기 때문이다. 어떤 사람들은 술잔을 집어 던지거나 상을 던졌고, 어떤 사람들은 난로에서 불붙은 나무를 꺼내 그리스 인들에게 내던졌다. 또 다른 사람들은 쇠꼬챙이와 손도끼와 전투용 도끼 등 손에 잡히는 대로 무기를 삼았다. 그 때문에 그리스 인들도 횃불과 칼을 들고 도시를 휩쓸고 다니는 동안 많은 전사자를 냈다. 그리스 인들은 마침내 프리아모스의 왕궁으로 진격해 들어갔다. 그곳에는 트로이아 인들이 많이 도망쳐 와서 창과 칼로 무장하고 있었다. 트로이아 인들이 죽을힘을 다해 방어하는 바람에 여기서도 많은 그리스 인 희생자가 생겼다.

전쟁이 벌어지는 동안 도시는 한밤중인데도 점점 더 밝아졌다. 활활 타오르는 불길과 여기저기서 그리스 인들이 휘두르는 횃불이 전쟁터를 환하게 비추었기 때문이다. 전쟁은 더욱더 치열해졌고, 기세가 오른 그리스 인들은 닥치는 대로 상대방을 쓰러뜨렸다. 복수의 칼날은 트로이아의 가장 뛰어난 영웅들에게로 향했다. 디오메데스는 뮉돈의 왕의 아들 코로이보스의 목구멍을 창으로 찔러 죽였다. 그다음 트로이아의 원로 안테노르의 사위인 창던지기의 명수 에우뤼다마스를 쓰러뜨렸다.

이것을 보고 트로이아의 원로 중 한 사람인 일리오네우스가 달려들었으나 디오메데스가 내려친 단칼에 맞아 털썩 주저앉았다. 일리오네우스는 승리자의 무릎을 감싸 안으며 떨리는 음성으로 말했다.

"그대가 그리스 인들 중 누구인지 모르지만 분노를 거두시오! 자기보다 힘센 자나 젊은 사람과 싸워 이겨야만 명예를 얻는 것이라오. 그대도 언젠가는 나처럼 늙은이가 될 게 아니오. 그러니 이 늙은이를 봐주시오!"

디오메데스는 잠시 칼을 거두고 생각했으나 곧 칼로 노인의 목을 찌르며 말했다.

"물론! 나도 편안하게 노년을 보내고 싶은 마음이오. 그러나 늙기 전에 있는 힘을 다해 적이란 적은 모조리 하데스로 보내야 하오!"

그렇게 말하고 그는 다시 달려가 한 사람씩 베어 넘겼다. 로크리스 사람 소 아이아스도 이도메네우스도 그렇게 종횡무진 누비고 다녔다.

네옵톨레모스는 프리아모스의 아들을 찾아 그중 셋을 죽이고, 지난날 아버지 아킬레우스에게 싸움을 걸었던 아게노르도 죽여버렸다. 네옵톨레모스는 마침내 제우스 신의 제단 앞에서 열심히 기도드리는 프리아모스 왕과 마주쳤다. 네옵톨레모스는 눈을 번쩍이면서 칼을 뽑아 들었다. 프리아모스는 조금도 동요하지 않고 상대방의 눈을 똑바로 쳐다보았다.

"나를 죽여라, 용맹한 아킬레우스의 아들이여! 나는 수많은 고난을 겪어왔고 모든 아들이 죽어가는 것을 보아야만 했다! 이런 내가 어찌 좀 더 햇빛을 보고 싶어하겠는가? 아, 그대의 아버지 아킬레우스가 나를 죽였어야 했는데. 용기를 내 나에게서 모든 근심을 덜어다오!"

"늙은 왕이여, 당신이 요구하는 것이 내 마음이 원하는 바이오!"

이렇게 외치자마자 네옵톨레모스는 무더운 여름날 들판에서 바싹 마른 이삭을 베듯 프리아모스 왕의 목을 잘랐다. 왕의 목은 땅으로 굴렀고 몸통은 다른 트로이아 군사들 시체 옆에 쓰러졌다. 그리스 군은 점점 더 잔혹해졌다. 왕궁의 어느 방에서 헥토르의 어린 아들 아스튀아낙스를 발견한 군사들은 헥토르와 그 일족에 대한 증오심으로 아기를 어머니의 팔에서 빼앗아 성벽 밖으로 내던졌다. 아들을 빼앗긴 안드로마케가 소리쳤다.

"왜 나를 무서운 성벽 아래로 밀어버리거나 활활 타오르는 불길에 던져버리지 않는 거냐? 아킬레우스가 내 남편을 죽이고 난 후로는 이 어린것만이 내 삶의 유일한 보람이었다. 이제 더는 살고 싶지 않으니 이 고통스런 삶에서 나를 해방해다오!"

그러나 그리스 인들은 그녀의 말을 들어주지 않고 그곳을 떠났다.

이리하여 이집저집 죽음의 신이 찾아들었으나 한 집만은 예외였다. 그것은 트로이아의 장로 안테노르의 집이었다. 안테노르는 이전에 메넬라오스와 오뒷세우스가 트로이아에 들렀을 때 목숨을 구해주고 잘 대우해준 적이 있다. 그래서 그리스 인들은 안테노르의 생명과 재산에는 손을 대지 않았다.

트로이아의 멸망이 코앞에 닥쳤어도 아이네이아스는 사기충천해 성 위에서 적의 공격을 막아냈다. 그러나 도시가 온통 불꽃에 휩싸여 타오르는 것을 보고 더는 저항해봐야 소용없음을 깨달았다. 아이네이아스는 폭풍 속에서 밀려오는 파도에 맞서 오랫동안 배의 노를 젓다 희망이 사라진 배를 파도에 맡기고 작은 보트로 옮겨 타는 용감한 선원처럼 행동했다.

그는 늙은 아버지 앙키세스를 넓은 어깨에 들쳐 업고 아들 아스카니오스의 손을 붙잡고 서둘러 떠났다. 아들은 아버지에게 딱 붙어 발이 거의 땅에 닿지 않을 정도로 뛰다시피 따라갔다. 아이네이아스는 될 수 있는 대로 아들이 좋은 길로 갈 수 있도록 해주면서 길가에 흩

전쟁이 벌어지는 동안 도시는 한밤중인데도 점점 더 밝아졌다. 활활 타오르는 불길과 여기저기서 그리스 인들이 휘두르는 횃불이 전쟁터를 환히 비췄기 때문이다. 전쟁은 더욱더 치열해졌고, 기세가 오른 그리스 인들은 상대방을 닥치는 대로 쓰러뜨렸다.

〈트로이아 약탈〉, 19세기 판화.

어진 수많은 시체를 넘으며 갔다. 아프로디테 여신이 그들의 갈 길을 인도하며 보호해주었다. 아이네이아스가 발 딛는 곳은 불길이 물러가고 연기는 두 갈래로 갈라졌다. 그들은 그리스 군이 던지는 창이나 화살에 맞는 일 없이 걸어갔다. 이렇게 아프로디테의 도움을 받은 아이네이아스의 가족만은 파멸에서 벗어나 살아남았다.

다른 곳에서는 무자비한 살육이 벌어졌다. 메넬라오스는 부정한 아내 헬레네의 방문 앞에서 데이포보스를 만났다. 헥토르가 죽은 뒤 왕가와 민족의 기둥이 된 프리아모스 왕의 아들이었다. 데이포보스는 파리스가 죽은 후 헬레네를 데리고 살았으며, 지금도 밤의 환락에 빠져 있다가 메넬라오스가 오는 것을 보고 자리에서 일어나 복도 쪽으로 도망치는 중이었다. 그러나 메넬라오스가 쫓아가 창으로 그의 목을 찌르며 쩌렁쩌렁한 목소리로 외쳤다.

"너 같은 놈은 내 부정한 아내의 방문턱에서 죽어버려라! 재난을 일으킨 장본인인 파리스를 바로 여기서 창으로 찔렀어야 했는데. 죄를 지은 인간은 정의의 여신 테미스의 손에서 벗어나지 못한다는 것을 알아라!"

메넬라오스는 시체의 옆구리를 창으로 한 번 더 찌른 다음 궁전 안을 샅샅이 뒤졌다. 그의 마음에서는 두 가지 감정이 교차했는데, 그중 하나는 아내 헬레네에 대한 갈망이었다. 헬레네는 전남편의 노여움이 두려워 부들부들 떨면서 어두운 왕궁 한구석에 몸을 움츠리고 숨어 있었다. 그래서 메넬라오스가 헬레네를 찾는 데는 꽤 오랜 시간이 걸렸다. 아내를 본 순간 메넬라오스는 타오르는 질투심에 그녀를 죽이고 싶었다. 그러나 사랑의 여신 아프로디테가 헬레네를 사랑스러운 매력이 풍기도록 감싸주어 메넬라오스의 손에서 칼을 떨어뜨리게 했다. 또 그의 가슴속에 맺힌 원한이 사라지고 지난날의 사랑이 되살아나게 해주었다. 이 세상 사람이라고는 생각할 수 없을 만큼 아름다운 헬레네를 보자 메넬라오스는 도저히 칼을 집어 들 수 없었다. 헬레네를 보는 순간 응어리졌던 마음이 풀어지면서 그녀가 저지른 죄를 모두 잊고 말았다.

메넬라오스는 그리스 인들이 자기 뒤를 따라 떠들썩하게 궁 안으로 들어오는 소리를 들었다. 그는 자신이 복수하러 온 사나이가 아니라 부정한 아내 앞에 마치 노예처럼 서 있는 것이 부끄럽게 여겨졌다. 그래서 자기도 모르게 땅에 내던졌던 칼을 다시 집어 들고 마음을 억누르며 아내를 위협했다. 그러나 본심으로는 그녀를 해치고 싶지 않았기에, 갑자기 나타난 자신의 형 아가멤논이 무척 반가웠다. 아가멤논은 뒤에서 아우의 어깨에 손을 얹고 이렇게 말했다.

"사랑하는 동생 메넬라오스야, 그만해라! 이렇게 많은 희생을 치르고 되찾은 아내를 죽이는 건 옳지 않은 일이다. 내가 볼 때 헬레네는 파리스만큼 죄를 저지르지는 않았다. 파리스는 비열하게도 손님의 도리를 어겼지. 그러나 이제는 파리스와 그의 일족, 그 나라 사람들도 모두 벌을 받아 멸망하지 않았느냐!"

메넬라오스는 아가멤논의 이 말을 마음속으로는 무척 반겼지만 짐짓 망설이는 태도로 그 말에 따랐다.

땅 위에서 이런 일이 벌어지고 있을 때 신들은 검은 구름에 싸여 트로이아의 멸망을 탄식하고 있었다. 다만 트로이아를 원수로 생각하는 헤라와 죽은 아킬레우스의 어머니인 바다의 여신 테티스만은 마음속으로 환성을 질렀다.

트로이아 멸망으로 자신의 목적을 이룩한 팔라스 아테네조차 오일레우스의 난폭한 아들 소 아이아스가 아테네 신전으로 들어오는 것을 보고 눈물을 감출 수 없었다. 아테네 여신의 신관이자 경건한 캇산드라가 제단으로 피해 여신상을 붙잡고 도와달라는 간청을 하고 있었기 때문이다. 소 아이아스는 캇산드라의 머리채를 무자비하게 휘어잡고 신전에서 끌어냈다. 물론 아테네는 적의 딸을 도와줄 수 없었지만 수치와 노여움으로 뺨이 벌겋게 달아올랐다. 아테네 여신의 조각상이 소리를 냈고 신전의 바닥도 울렸다. 아테네는 악행에서 눈을 돌리며 이 무례한 행동에 대해 복수를 맹세했다.

오랫동안 불길이 타오르고 살육은 계속되었다. 트로이아의 불기둥이 하늘 높이 치솟았고, 여러 섬 주민들과 바다를 항해하는 뱃사람들이 불기둥을 보고 이 불행한 도시의 멸망을 알게 되었다.

메넬라오스가 헬레네를 되찾다

다음 날 아침까지 트로이아 주민들은 거의 모두 죽거나 포로로 잡혔다. 그리스 인들은 아무런 저항도 받지 않고 성안의 막대한 재산을 차지할 수 있었다. 그들은 금, 은, 보석, 다양한 가구를 비롯해 포로로 잡힌 아녀자와 처녀 그리고 아이들로 이루어진 전리품을 바닷가의 배로 실어 날랐다.

메넬라오스는 그리스 진영으로 헬레네를 데리고 나왔지만 창피한 기색을 감출 수 없었다. 그러나 그는 불타는 트로이아에서 다시 헬레네를 얻게 된 것에 만족했다. 그의 옆에 선 형 아가멤논은 소 아이아스의 포악한 손아귀에서 빼앗은 고귀한 캇산드라를 데리고 있었다.

헥토르의 아내 안드로마케는 아킬레우스의 아들 네옵톨레모스에게 끌려갔다. 왕비 헤카베는 대성통곡을 하고 재를 뿌려 허옇게 된 머리를 쥐어뜯으며 무거운 발걸음으로 오뒷세우스의 포로로 잡혀갔다. 늙은이 젊은이 할 것 없이 수많은 트로이아 여인이 행렬을 이루었고 그 뒤를 아이들이 따랐다. 공주와 시녀가 한데 섞여 끌려갔고 행렬에서는 울음과 통곡이 끊이지 않았다.

헬레네만 통곡을 하지 않았다. 수치심이 너무 깊어 그러지 못한 것이었다. 그녀의 검은 눈은 땅만 내려다보았고 두 뺨은 빨갛게 달아올랐다. 그러나 배에서 그녀를 기다리고 있을 운명을 생각하니 가슴속 가장 깊은 곳에서 심장이 떨리는 것을 느꼈고 두려웠다. 붉게 물들었던 그녀의 뺨이 금세 하얗게 질리자 그녀는 급히 두꺼운 베일로 얼굴을 감추고 남편의 손에 잡혀 몸을 떨며 걸어갔다.

헬레네와 메넬라오스가 선단에 다다랐다. 그리스 인들은 모두 헬레네의 아름답고 사랑스러운 모습에 경탄했다. 그들은 이토록 훌륭한 보상을 얻었으니 메넬라오스를 따라 트로이아로 원정 와서 십 년 동안 위험과 노고를 참고 견딘 보람이 있다고 중얼거렸다. 누구 하나 아름다운 왕비를 해치려 드는 사람이 없었고, 메넬라오스가 그녀를 다시 아내로 맞아들이는 것도 반대하지 않았다. 게다가 아프로디테가 메넬라오스의 마음을 풀어주어 헬레네를 용서하게 만들었다.

선단에서 기쁨의 환성이 울려 퍼졌다. 영웅들은 즐겁게 식탁을 둘러싸고 앉았으며 수금을 잘 타는 가수가 한가운데 자리 잡았다. 그는 그리스 최대의 영웅 아킬레우스의 업적을 노래해 모두가 그를 떠올리게 했다. 즐거운 잔치는 한밤중까지 계속되었고 늦은 시간이 되어서야 제각기 막사로 돌아갔다.

메넬라오스와 단둘이 지휘관 막사에 있게 되자 헬레네는 남편의 발밑으로 몸을 내던지며 무릎을 끌어안고 이렇게 말했다.

"당신이 부정한 아내를 죽음으로 벌해도 당연하다는 것은 잘 압니다. 그러나 고귀한 남편이시여! 제가 스파르테에 있는 당신의 궁정을 좋아서 떠난 게 아니라는 것을 알아주세요. 당신이 궁에 안 계셔서 저를 보호해줄 수 없는 틈을 타 거짓말쟁이 파리스가 저를 강제로 납치한 것입니다. 그래서 저는 제 손으로 목을 매거나 가슴에 칼을 꽂아 자결하려 했으나 시녀들이 당신과 저의 꽃 같은 딸 헤르미오네를 생각하라며 말렸습니다. 어서 당신 마음대로 하세요. 후회하는 마음으로 당신의 발밑에 이렇게 꿇어 엎드려 보호를 빕니다."

메넬라오스가 헬레네를 바닥에서 다정스럽게 안아 일으키며 대답했다.

"헬레네! 이제 지난 일은 생각하지 맙시다. 쓸데없는 두려움 때문에 불안해할 필요 없소. 과거에 있었던 일은 모두 잊읍시다. 나도 지난날의 잘못을 더는 생각하지 않을 것이오."

이렇게 말하면서 메넬라오스는 아내를 끌어안고 그녀의 입술에 화해의 키스를 했다. 눈을 감은 두 사람의 눈썹 사이로 달콤하고도 슬픈 눈물이 흘렀다.

그 시간 아킬레우스의 아들 네옵톨레모스는 깊은 잠에 빠져 있었다. 그는 아버지의 망령이 자신의 막사를 찾아오는 꿈을 꾸었다. 트로이아 인들에게는 공포였지만 그리스 인들에게는 기쁨이었던 생전의 모습 그대로 나타난 것이었다. 그는 아들의 가슴과 입술 그리고 눈에 입을 맞추며 말했다.

"사랑하는 아들아, 나의 죽음을 너무 비통해하지 마라! 나는 지금 하늘에서 기쁨으로 가득 찬 신들과 함께 있으니까 말이다. 너는 전쟁터에서나 회의에서나 이 아버지를 본받기 바란다. 전쟁터에서는 언제나 앞장서되 회의장에서는 나이 많은 어른들의 슬기로운 충고를 따르는 것을 부끄러워하지 마라. 네 아버지가 한 것처럼 명예를 존중하며 행복을 즐기고, 불행을 당했을 때 슬퍼해서는 안 된다. 아버지가 젊은 나이에 죽은 것을 보고 인간에게 죽음의 문이 얼마나 가까이 있는가를 깨달아야 한다. 모든 인간은 봄에 피는 꽃과 같단다. 금세 피었다가 시들어버리지. 이제 총사령관 아가멤논에게 전리품 중 가장 훌륭하고 귀중한 것을 내게 제물로 바치라고 전해다오. 그래서 내 마음이 트로이아의 멸망을 함께 기뻐하고 즐길 수 있게 하고, 올림포스에서 만족스럽게 지내는 데 모자람이 없도록 해라!"

아킬레우스는 아들에게 이 명령을 전한 다음 산들바람처럼 네옵톨레모스의 꿈에서 떠났다. 꿈에서 깨어난 젊은 영웅은 마치 살아 있는 아버지와 즐거운 한때를 보낸 듯 감격해 있었다. 다음 날 아침 그리스 인들은 자리에서 일찌감치 일어났다. 고향에 돌아간다는 생각으로 마음이 들떠 있었기 때문이다. 그들은 금방이라도 배를 바다로 끌어내고 싶었다. 그러나 펠레우스의 손자가 사람들을 소집하여 서둘러 떠나려는 사람들을 만류했다. 네옵톨레모스는 젊고 힘찬 목소리로 이렇게 외쳤다.

"나의 말에 귀를 기울여주시오! 그리스 민족이여, 어젯밤 아버님의 영혼이 내 꿈에 나타나 여러분에게 이 말을 전하라고 당부하셨습니다. 그분이 미워하던 트로이아가 멸망한 기분을 실컷 맛보기 위해, 그리고 승리의 상을 얻기 위해 전리품 중 가장 귀중하고도 가장 좋은 것을 제물로 바치라는 것이었습니다. 트로이아 정복의 은인인 돌아가신 분에게 신성한 의무를 다하지 않는다면 여러분은 이 해안가를 무사히 떠날 수 없을 겁니다. 만약 그가 헥토르를 쓰러뜨리지 않았다면 오늘의 승리가 있을 수 없었음을 여러분도 잘 아실 겁니다."

그리스 인들은 경의를 표하며 고인이 된 영웅의 뜻을 따르기로 결정했다. 포세이돈도 펠레우스의 아들 아킬레우스를 사랑하는 마음에서 파도를 일으키고 폭풍을 몰아왔다. 바다가 탑처럼 커다란 파도를 만들었기 때문에 그리스 인들은 빨리 해안을 떠나고 싶어도 떠날 수 없었다. 사람들은 성난 파도가 몰려오는 소리를 들으며 서로 속삭였다.

"아킬레우스는 정말 제우스 신의 후손*이구나! 자연도 아킬레우스의 명령을 따르지 않는가!"

사람들은 죽은 영웅의 요구를 들어주기 위해 모두 자진해서 바닷가에 높이 솟아 있는 무덤으로 몰려갔다. 그런데 영전에 바칠 제물로 트

* 제우스는 님프 아이기나와의 사이에서 아이아코스를 낳았다. 아이아코스는 무인도 아이기나 섬에서 태어났는데, 섬에 살고 있던 개미들을 사람으로 만들어달라고 제우스에게 청했다. 이렇게 해서 생겨난 사람들에게 그는 개미라는 뜻의 '뮈르미도네스 인'이라는 이름을 붙여주었다. 아이아코스는 아들 텔라몬과 펠레우스를 낳았는데, 바로 펠레우스의 아들 아킬레우스가 뮈르미도네스 인들을 이끌고 전쟁에 참가했다. 아킬레우스는 제우스의 증손자인 셈이다.

로이아의 전리품 가운데 무엇이 가장 좋고 귀중한 것인지가 문제였다. 모든 그리스 인이 자기 전리품을 아낌없이 들고 나왔다. 아무리 값이 나가는 금과 은, 보석과 그 밖의 다른 보물을 합쳐도 프리아모스 왕의 딸인 포로 폴뤽세네의 아름다움 앞에서는 빛을 잃고 말았다. 그리스 인들은 모두 입을 모아 폴뤽세네야말로 트로이아에서 얻은 전리품 중 가장 훌륭하다고 외쳤다. 모든 사람의 눈길이 폴뤽세네에게 향했지만 그녀는 얼굴빛 하나 변하지 않았다. 포로들 가운데서 어머니 헤카베가 일어나 소리 높여 절규해 그녀의 가슴을 찢어놓아도 꿋꿋하고 태연하게 서 있었다.

폴뤽세네는 옛날에 전쟁 중이었을 때 성벽 위에서 기품 있는 아킬레우스를 몇 번이나 본 적이 있었다. 아킬레우스는 트로이아의 적이었지만 그녀는 신과 같은 그의 모습과 영웅적 힘을 보고 가슴속 깊이 그를 흠모했었다. 소문에 의하면, 지난날 아킬레우스가 트로이아 성을 포위하고 성문 바로 앞까지 쳐들어갔을 때 성벽의 화살 구멍으로 이 아름다운 처녀를 보고 당장에 사랑의 포로가 되어 이렇게 소리쳤다고 한다.

"프리아모스의 딸이여! 그대를 아내로 맞을 수 있다면 그대의 아버지를 위해 그리스 인들과 평화 협상을 해볼 수도 있을 텐데!"

불쑥 이런 말을 내뱉은 아킬레우스는 곧바로 뉘우쳤다. 그리스에 대한 자신의 의무를 깨달았기 때문이다. 풍문이기는 하지만, 폴뤽세네는 아킬레우스의 이 말을 가슴 깊이 새겨두고 그때부터 트로이아의 적인 이 영웅을 몰래 사모했다고 한다.

그런 사연이 있었기에 폴뤽세네는 모든 사람의 시선이 자기에게 향하고 자기가 최고 영웅 아킬레우스에게 바쳐지는 전리품 중 가장 고귀한 제물로 결정되었을 때에도 새파랗게 질리지 않았다. 아킬레우스의 비석 앞에 제단이 마련되었고 제물을 바치는 데 쓰일 제기가 모두 준비되었다. 그때 희생의 포로로 잡힌 여인들 틈에서 공주 폴뤽세네가 뛰어나오더니 말릴 새도 없이 날카로운 단검을 집어 들었다. 그리고 제단 앞에 제물처럼 서더니 스스로 가슴을 찔러 신음소리조차 내지 않고 바닥에 쓰러졌다.

그리스 인들에게서 비탄의 소리가 들려왔다. 늙은 왕비 헤카베는 딸의 시체 위에 엎드려 큰 소리로 울었다. 포로로 잡혀 온 트로이아 여인들의 통곡소리가 다시 울려 퍼졌다.

폴뤽세네가 땅에 쓰러지고 그녀의 가슴에서 피가 흘러나오자 파도가 잠잠해지면서 바다는 거울처럼 매끄러워졌다. 네옵톨레모스는 폴뤽세네를 몹시 동정하여 희생된 처녀를 급히 제단 위에서 내려놓은 다음 왕족의 예우를 갖춰 장사 지낼 수 있도록 배려했다. 이어서 소집된 그리스 인들의 회의에서 네스토르가 일어나 기쁘게 외쳤다.

늙은 네스토르가 외쳤다.

"사랑하는 그리스 인들이여! 드디어 고향으로 돌아갈 때가 되었소. 바다의 지배자도 파도를 거두어들여 지금은 바다가 잠잠하오. 아킬레우스도 만족했소. 그는 희생으로 바쳐진 폴뤽세네를 받아들인 것이오. 이제 바다에 배를 띄웁시다!"

평탄치 못한 귀향길

그리스 인들은 환성을 지르며 네스토르의 말을 따랐다. 출항 준비를 끝내고 전리품으로 빼앗은 재물을 모조리 갑판 위에 쌓았다. 먼저 포로로 잡힌 여인들이 슬피 울며 배에 올라탔고 그리스 인들이 그 뒤를 따랐다. 그런데 예언자 칼카스만은 그 뒤를 따르지 않고 바닷가에 남았다. 예언의 영혼을 가진 그는 그리스 선단이 에우보이아 섬 앞에 이르러 카파레우스 곶의 암초에 부딪혀 불행을 당할 것임을 미리 알아차렸기 때문이다. 칼카스는 항해를 시작하지 않는 것이 좋겠다고 경고했으나 아무도 그의 말에 귀를 기울이지 않았다. 포근한 고향으로 돌아간다는 생각이 그들의 마음을 흔들어놓았기 때문이다. 결국 테바이 공격 때 갈라진 땅속에 빠져 죽은 유명한 예언자 암피아라오스의 아들 암필로코스만이 들이밀던 배를 다시 뺐다. 그의 정신 속에 아버지의 예언하는 재주가 남아 있어 칼카스와 예감이 같았던 것이다. 이렇게 해서 암필로코스는 칼카스 옆에 남았다. 두 사람은 끝내 고향을 볼 수 없는 운명이 되었지만 소아시아의 킬뤼키아와 팜필리아의 도시로 가서 자리 잡고 살았다고 한다.*

그동안 다른 모든 그리스 인은 육지에 매어놓았던 밧줄을 풀고 서

* 이들과 함께 포달레이리오스, 레온테우스, 폴뤼포이테스도 소아시아에 남았다. 한편 칼카스의 죽음에 대해서는 다음과 같은 이야기가 전해진다. 뤼디아의 왕이 칼카스와 또 한 사람의 유명한 예언자 몹소스에게 적국으로 출정을 나가도 좋은지를 물어보았다. 그런데 칼카스는 좋다고 대답하고 몹소스는 나쁘다고 대답했다. 출정이 결국 실패로 돌아가자 칼카스는 자기 예언이 맞지 않았음을 비관해 스스로 목숨을 끊고 말았다고 한다.

둘러 돛을 올렸다. 그들은 곧바로 넓은 바다를 헤치며 나아갔다. 배의 앞부분에는 죽은 적들의 무기가 가득 쌓여 있었고, 돛대에는 헤아릴 수도 없이 많은 승리의 장식이 달려 있었다. 선체는 꽃으로 치장되었고, 승리자들은 창과 투구와 방패 둘레에 화관을 엮어 달았다. 그들은 앞쪽 갑판에 서서 술을 부어 바다에 헌주하면서 정성을 다해 신들에게 무사귀향을 빌었다. 그러나 그들의 기도는 소용이 없었다. 뱃전에서 드리던 그들의 기도는 올림포스 산에 도달하기 전 모두 바람에 흩어져 허공으로 사라지고 말았다.

영웅들이 귀향에 대한 희망과 설렘으로 배의 앞쪽을 바라보는 동안 포로가 된 부인들과 처녀들은 걱정스러운 마음으로 트로이아가 있는 뒤쪽을 돌아보았다. 그들은 남몰래 한숨 쉬며 울음으로 아픔을 달랬다. 소녀들은 무릎 위에 손을 깍지 끼고 있었으며 젊은 어머니들은 어린 자식들을 품에 끌어안고 있었다. 그러나 불행한 어머니의 마음속을 알 리 없는 어린 자식들은 어머니의 젖박에 몰랐다. 포로들 한가운데에는 캇산드라가 서 있었다. 그녀의 기품 있고 날씬한 모습이 다른 여인들보다 돋보였다. 캇산드라는 눈물을 흘리기는커녕 주변에서 들려오는 탄식소리를 비웃었다. 지금 일어난 일은 모두 그녀가 예언했던 것이었고, 울부짖고 한숨짓는 여인들은 그때 캇산드라의 예언을 비웃었기 때문이다. 하지만 비록 그녀의 입은 포로가 된 여인들을 비웃고 있었을지라도 파괴된 조국 트로이아의 불행을 생각하면 가슴이 찢어질 듯했다.

폐허가 된 트로이아에서 겨우 살아남은 자들은 연약한 노인들과 부상을 입은 사내들이었다. 안테노르는 사람들을 이끌고 이리저리 헤매며 죽은 사람들을 장사 지내는 가슴 아픈 일을 했다. 죽은 사람들은 수도 없이 많았지만 살아남은 자는 얼마 되지 않았다. 몇 안 되는 사람들의 손으로 엄청난 장작더미가 쌓아 올려졌다. 장작더미가 마련되자 그들은 있는 힘을 다해 죽은 사람들을 모두 끌어다 그 위에 올려놓고 통곡하며 불을 붙였다.

그사이 그리스 인들은 아킬레우스의 무덤을 지나고 트로이아의 해안을 뒤로했다. 그들은 점점 더 즐거운 기분이 되어갔지만 너무도 많은 친구가 죽었다는 생각에 슬픔을 가눌 수 없었다. 바닷가와 섬들이 시야에서 하나둘씩 스치듯 사라져갔다. 테네도스 섬, 크뤼세 항구, 스민테우스 아폴론의 신전, 신성한 킬라 섬과 레스보스 섬을 지나 마지막으로 이데 산맥이 흘러내려 바다로 돌출된 렉턴 곶을 뒤로했다. 바람은 윙윙 소리를 내며 돛을 부풀렸고 큰 소리를 내며 검푸른 물결이 일렁였다. 파도가 배에 부딪힐 때마다 흰 거품이 일어 바다 위로 하얀 길이 기다랗게 생겨났다.

만약 팔라스 아테네가 로크리스 인 소 아이아스의 비행에 노하지 않았다면 승리자들은 무사히 그리스 해안에 닿을 수 있었을 것이다. 그런데 선단이 폭풍우 몰아치는 에우보이아 해안에 이르렀을 때 여신 아테네는 오일레우스의 아들 소 아이아스에게 슬프고도 무자비한 운명을 안겨주려는 생각을 하고 있었다. 여신은 올륌포스에 있는 신들의 아버지 제우스에게 소 아이아스가 아테네 신전에서 여사제 캇산드라에게 행한 악행을 고하고, 범죄자 소 아이아스에게 복수하게 해달라고 간청했다. 지상의 정의를 수호하는 제우스 신은 아테네의 간청을 물리치지 않았다. 오히려 그는 대장간에서 퀴클롭스가 금방 만들어 온 뇌신의 화살을 아테네에게 주면서 그리스 선단에 무서운 폭풍을 일으키도록 허락했다.

아테네는 곧바로 무장을 했다. 불꽃같이 붉은 뱀의 머리카락을 가진 고르고의 머리가 붙은 빛나는 아이기스 방패를 들고 아버지에게서 받은 뇌신의 화살을 움켜쥐었다. 이어서 여신은 천둥을 울려 올륌포스 산을 뒤흔들더니 구름으로 산을 덮고 바다와 육지를 어둠으로 감싸버렸다. 이어서 여신은 자신의 전령 이리스를 바람의 신 아이올로스에게 보냈다. 바람들이 거하는 구멍은 땅의 심연들 속에 있었고 그 옆에는 아이올로스 신의 집이 있었다.

이리스 여신은 바람의 신 아이올로스의 처와 열두 자식이 있는 집에서 그를 만났다. 그는 아테네의 명령을 듣더니 곧바로 그에 따랐다. 힘센 손으로 거대한 삼지창을 들어 성난 바람이 사는 산을 찌르자 산이 강제로 찢겨나갔다. 그러자 찢어진 틈으로 바람이 사냥개처럼 앞을 향해 달려 나왔다. 아이올로스는 바람에 칠흑같이 어두운 폭풍과 합세해 에우보이아 해안을 둘러싼 카파레우스의 바위거품에 파도가 부서질 수 있도록 날아가라고 명령했다. 아이올로스 왕의 말이 채 끝나기도 전에 바람은 그곳을 향했다. 바람 밑에서 바닷물이 소리를 질렀고 산더미 같은 파도가 밀어닥쳤다. 그리스 인들은 거대한 파도가 닥쳐오자 심장이 콩알만 해졌다. 너무나 당황해 노를 저을 생각도 하지 못했다. 돛은 바람에 갈기갈기 찢겨나가 누더기가 되었다. 키를 잡고 있던 사람의 손에서 힘이 다 빠져버렸다. 캄캄한 밤이 되자 구조의 희망마저 사라졌다.

포세이돈도 형제인 제우스의 딸 아테네의 편을 들었다. 무자비하게도 아테네는 올림포스에서 가장 커다랗게 울리는 천둥소리를 동반한 번개를 몰고 왔다. 비명과 신음소리가 배에 메아리쳤으며, 폭풍으로 단단한 배끼리 부딪칠 때마다 여기저기서 선체 부서지는 소리가 났다. 충돌하는 배에서 벗어나려고 바다로 뛰어든 사람들은 물결 속으로 가라앉아버렸다. 마지막으로 아테네는 이때 쓰려고 아껴두었던 가장 날카로운 뇌신의 화살을 소 아이아스의 배를 향해 던졌다. 다음 순간 배는 그 자리에서 산산조각이 났다.

하늘과 땅이 벼락 치는 소리로 가득했고, 파도가 쪼개진 배의 파편들을 집어삼켰다. 떼 지어 바닷속으로 몸을 던진 사람들은 몸부림치다 파도 아래로 가라앉았으나 정작 소 아이아스 자신은 아직 살아 있었다. 그는 파도에 밀려 떠다니는 배의 파편을 타고 힘센 팔로 파도를 헤치며 헤엄쳤다. 그때 거대한 파도가 그를 하늘 높이 치솟은 산꼭대기만큼 높이 쳐들었다가 다시 가장 깊은 바닷속으로 내던졌다. 사방에서 번개가 파도를 내려치는 소리가 찌직거렸다. 그러나 아테네는 죽음의 신에게 자비를 베풀게 할 마음이 아직 없었다. 그런 죽음은 그에게 너무 자비로운 것이었다. 또한 소 아이아스도 아직 용기가 꺾이지 않고 있었다. 그는 파도 위로 솟은 바위에 매달려 올림포스의 신들이 한꺼번에 달려들어 거센 파도를 몰아쳐도 자신은 꼭 살아날 거라고 건방지게 말했다.

소 아이아스와 가장 가까이 있던, 대지를 뒤흔드는 신 포세이돈이 그의 거만한 말을 들었다. 크게 노한 신은 바다와 대지를 한꺼번에 뒤흔들었다. 카파레우스 곶의 바위절벽이 진동하고 바다를 다스리는 신이 채찍을 내리치자 그 소리가 해안가 주변에 울려 퍼졌다. 이어서 소

아이아스가 꽉 붙들고 있던 든든한 바위가 바닥에서부터 흔들려 뿌리 뽑혔고 소 아이아스는 바위와 함께 바다 밑으로 떨어지고 말았다. 바다거품이 그의 머리털과 수염을 하얗게 물들였다. 가라앉는 소 아이아스 위에다 포세이돈은 곶을 이루고 있는 흙언덕 하나를 무너뜨렸다. 옛날 아이트네 화산이 엔켈라도스를 뒤덮었던 것처럼 흙언덕 꼭대기가 소 아이아스를 덮쳤다. 그렇게 그는 바다와 땅에 한꺼번에 깔려 죽었다.

그동안 그리스 인들을 태운 함선들은 요동을 치며 물에 잠겨 폭풍우 치는 바다 위를 이리저리 표류했다. 수많은 배가 부서졌고 파도가 이들을 모조리 삼켰다. 폭풍이 사납게 몰아쳤고 비는 억수같이 쏟아져 내려 마치 데우칼리온의 홍수*가 다시 찾아온 것 같았다.

불운한 그리스 인들에게 이번에는 돌로 맞아 죽은 팔라메데스의 복수가 더해졌다. 팔라메데스의 아버지 나우플리오스는 그때까지 에우보이아 섬을 지배하고 있었다. 그는 자신의 해안가에서 무서운 폭풍우와 싸우고 있는 그리스 선단을 보았고, 그들이 자신의 사랑하는 아들을 음해해 죽인 일을 떠올렸다. 아들의 죽음을 오래도록 슬퍼해온 그는 가슴에서 복수심이 사라진 적이 단 한 번도 없었다. 그는 이제야 복수할 때가 왔다고 생각했다. 그는 서둘러 해안으로 나가 가장 위험한 암초가 많이 흩어져 있는 카파레우스 곶을 따라 횃불을 늘어놓게 했다. 연안에 사는 주민들이 그리스 인들에게 구조 신호를 보내주는 것으로 착각하게 만들려는 것이었다. 희망을 가진 그리스 인들은 암초

* 땅 위의 모든 것을 휩쓸었던 이 대홍수 이야기는 1권 1장 '데우칼리온과 퓌르라'에 나온다.

를 향해 키를 돌렸다. 곧바로 수많은 배가 암초에 부딪혀 가라앉았다.

귀향길에 오른 그리스 인들에게 이런 일이 벌어지는 동안 트로이아에서는 포세이돈이 바다에 천둥소리 같은 명령을 내려 해안 일대에 있던 모든 참호와 방벽을 한꺼번에 쓸어버렸다. 이 참호와 방벽은 그리스 인들이 자기네 선단을 보호하기 위해 포위된 트로이아 앞에 세워둔 것이었다. 이렇게 해서 그리스 인들의 대원정에는 폐허가 된 트로이아와, 귀환하는 그리스 영웅들과 트로이아의 여인들을 실은 몇 척의 배 말고는 아무것도 남지 않았다. 그마저도 폭풍우를 맞아 뿔뿔이 흩어져 오랫동안 갖가지 고난과 역경을 겪은 뒤에야 겨우 그리스 해안에 닿을 수 있었다. 그러나 그곳에서 완전한 행복을 맞은 사람은 몇 명 되지 않았다.•

• 고향으로 무사히 돌아간 영웅은 몇 사람 되지 않는다. 아르고스로 돌아간 디오메데스, 퓔로스로 돌아간 네스토르, 멜리보이아로 돌아간 필록테테스, 프티아로 돌아간 네옵톨레모스, 크레테 섬으로 돌아간 이도메네우스와 메리오네스 정도다. 한편 테우크로스는 형의 복수를 하지 못해 아버지 텔라몬의 엄명으로 고향에 돌아가지 못하고 퀴프로스 섬으로 가 살라미스 마을을 건설했다. 그러나 아가멤논과 메넬라오스는 집안에 내려오는 저주로 비참한 최후를 맞이했다. 오뒷세우스는 고향으로 돌아가지 못하고 십여 년 동안 방랑을 했다. 한편 트로이아에서 탈출한 아이네이아스는 이탈리아로 건너가 로마의 시초가 되는 라비니움을 건설했다. 이들의 이야기는 3권에서 계속된다.

지은이 후기

고대 그리스 로마의 신화와 영웅 이야기에는 아주 특별한 것이 있다. 각자 느끼는 바는 다르겠지만 학자들이나 일반 독자들이나 똑같이 굉장한 매력을 느끼게 된다. 학자들은 그 이야기 속에서 모든 지식의 출발점과 종교와 철학의 기초가 된 사고, 역사의 시작을 찾아내려 할 것이다. 반면에 일반 독자들은 아주 다채롭게 등장하는 신과 인간들의 모습에, 이제 막 창조되는 듯한 자연과 정신세계가 펼치는 웅장한 광경에 도취될 것이다. 카오스 속에서 신들과 신들의 자식들과 함께 대지가 떠오른다. 그리고 빠르게 등장하는 일련의 신들과 인물들을 통해 프로메테우스의 불—인간의 지혜—이 야만과 싸우기 시작한다. 또 문화가 미개함에 대해, 교양이 야만에 대해, 이성이 어쩔 수 없는 격정에 대해 승리를 거둔다. 이 모든 것을 독자들은 즐거움과 놀라움 속에서 지켜볼 수 있을 것이다.

고대의 위대한 시인들은 이러한 신과 인간의 형상들 중 훌륭한 부분을 예술로 완성시켜놓았다. 그러나 이러한 신과 인간이 보여주는 살아 있는 내적인 힘은 굳이 예술 형태를 빌리지 않아도 될 정도로 위대하다. 또한 예술이라는 형식이 이해를 돕기보다는 방해가 된다고 생각하는 사람들에게 오히려 그 위대함을 보여줄 것이다. 특히 막 고전을 접하기 시작한 청소년들에게 더욱더 그러하다. 영웅 이야기는 청소년들의 마음을 사로잡을 것이다. 이 신화 이야기들과 좀 더 친숙해지는 것은 보다 높은 교양을 쌓기 위한 예비 교육으로서, 일찍부터 가르치거나 이야기를 전해주는 형식 등 온갖 종류의 해설서를 통해 그런 필요를 채우려 해왔다.

이 책은 그리스 로마라고 하는 고전 시대의 아름답고 중요한 신화 이야기를 전해주고자 한다. 특히 고대 시인들의 예술적 표현을 벗겨내 단순하게 만들고자 노력했다. 그럼에도 그들의 이야기를 가능한 한 원래대로 전달해주고자 했다. 신화적 지반에서 일어나는 설화들과 신화로 서로 얽힌 이야기들이 역사적·지리적·자연과학적 지식을 전달해주는 수단이 될 수 있으며, 더 나아가 도덕을 가르치는 매체가 될 수 있다고 생각한다. 고대 그리스 로마의 세계관에 존재했던 도덕을 이 책에서 느낄 수 있을 것이다. 고대의 도덕이 가진 일방적인 측면이나 본질적 오류, 그리고 기독교의 계시에 비해 불충한 점에 대해서는 부모나 선생님 들이 어린 독자들에게 설명해줄 수 있을 것이다.

나는 이 책을 통해 우선 편안하면서 가치 있는 읽을거리를 청소년들에게 마련해주고 싶었다. 그래서 혐오감을 일으키는 요소는 배제하려고 신경 썼다. 이 책에서 비인간적인 잔혹한 신화 이야기는 주저 없이 제외했다. 잔혹한 이야기는 어느 정도 상징적인 이유로 설명할 수가 있다. 그러나 그러한 이야기를 읽고 불쾌하고 혐오스런 인상을 받을 수 있을 것이다. 이 책은 전체적으로 높은 윤리적 수준을 지향하는 방향을 유지했다. 그럼에도 우리의 도덕 개념에 반하거나 고대에서도 비도덕적이고 자연을 거스르는 행위라고 이미 인정된 관계, 예를 들어 오이디푸스 이야기는 생략하지 않고 언급했다. 다만 저급한 호기심을 갖고 천착하지 않게 하는 방식으로 다루었다.

이 책을 통해 그리스 로마 신화와 고대에 관한 가장 일반적인 지식을 얻게 될 것이다. 이 책의 1권에는 비교적 규모가 작은 다양한 신화와 이야기를 수록했다. 2권에는 트로이아에 관한 이야기만을 담았다. 트로이아 전쟁 이야기는 고대에 있었던 가장 웅장한 전설이다. 이 책에서는 트로이아 도시의 건설부터 몰락까지의 과정을 소상히 다루었다. 여러 원전에서 나온 이야기들 중 완전한 형태를 갖춘 이런 이야기는 아직 없었다. 내가 이렇게 전체 이야기를 보여줌으로써 트로이아 전쟁 이야기를 새롭고 재미있게 읽게 되기를 바란다. 나아가 영원한 서사시의 정신에 따라서 시도한 이런 보완작업이 《일리아스》를 읽은 독자들에게도 환영받았으면 하는 마음이다. 꼭 밝히고 싶은 것은, 여기에 실린 모든 이야기를 자의적으로 쓴 것이 아니라 고대인의 이야기를 충실하게 이용해 만들었다는 점이다. 각기 다른 시인들이 쓴 서사적 이야기들도 고대인의 원래 이야기를 원자료로 삼고 있다.

2권의 첫 사분의 일은 이야기의 흐름을 위해 훨씬 후대에 딕티스 크레텐시스(Dictys Cretensis)와 다레스 프리기우스(Dares Phrygius)의 이름으로 전해진 의심쩍고 뚜렷하지 않은 원자료로 메울 수밖에 없었다.* 이 작품들은 수사학적으로 졸작임에도 불구하고 항상 호메로스와 일치하는 부분을 쉽게 찾아낼 수 있었다. 또한 역사의 기초를 만들고 사건들의 연결고리를 형성하도록 도와주었다. 반면에 고대 그리스 로마의 소포클레스, 에우리피데스, 호라티우스, 오비디우스 같은 유명 시인들은 허구적 신화에 그들의 다채로운 환상을 첨가해주었다.

호메로스의 《일리아스》는 트로이아 전쟁 이야기의 핵심을 이룬다. 이 책의 다른 두 부분을 서술하는 기조도 호메로스에 의지했다. 그리고 산문체나 간결한 대화체의 형식을 띠고 있어 필자가 유일하게 서술하게 된 부분에서도 대담하게 호메로스의 색채를 유지하고자 노력했다. 이런 방식으로 호메로스의 《일리아스》 이야기가 2권의 절반을 이루고 있다. 이 책에서 기대하는 것은 시의 형식을 포기하더라도 호메로스의 서사시가 지닌 내면의 형태가 사라지지 않고, 신들의 모습이 소박한 산문의 옷을 걸치더라도 광채를 잃지 않는다는 것이다.

2권의 마지막 사분의 일 역시 많은 시인에게서 빌려온 것이다. 핀다로스, 소포클레스, 베르길리우스 등을 참고했다. 호메로스의 이야기를 계속 진행하는 동안 시인 퀸투스(Quintus)를 통해 이야기의 진정한 시적 토대와 형식 및 재료를 발견할 수 있었던 것은 나에게 큰 행운이었다. 퀸투스의 이름과 나라, 그가 살았던 시대는 이미 잊혀서 불확실하다. 단지 학자들만이 그를 칼라베르(Calaber) 또는 스뮈르나우스(Smyrnaus)라고 불러왔을 뿐이다. 그러나 이 시인의 《Parlipomenon》

* 딕티스 크레텐시스는 전설상의 인물이다. 이 이름으로 4세기에 트로이아 전쟁에 관해 쓴 《Ephemerie Belli Troiani》가 여섯 권으로 발간되었다. 다레스 프리기우스 역시 밝혀지지 않은 인물이다. 이 이름으로 트로이아 전쟁에 관한 소설 《Acta Diurna Belli Troiani》를 발표했다. 이 소설은 분명 지금은 사라진 그리스 원전으로 거슬러 올라가서 그리스의 관점에서 동일한 소재를 다루었던 딕티스 크레텐시스의 책에 대항하는 성격을 띠고 있다. 괴테도 《아킬레우스의 노래(Achilleis)》를 기획할 때 이 두 사람을 참조했다.

은 고전적인 예술 작품이다. 이 작품의 아름다움과 위대함은 다른 시인들의 작품들처럼 모든 참된 문학 애호가들에게 인정받게 될 것이다. 나는 책을 쓰기 위해 베르트하임의 플라츠(Platz) 교수의 탁월한 번역 사본을 참고했다. 이 책의 색채와 생동적인 표현은 퀸투스에게 크게 빚진 셈이다. 여기서 퀸투스에게 감사의 뜻을 전달하고자 하니, 부디 그가 물리치지 않기를 바란다.

2권에서 이야기를 다룰 때 적용했던 일반적인 원칙에 관해 말하자면, 1권을 집필할 때 지켰던 원칙과 같다. 그리고 나는 이 책의 집필방식이 정당하고 통찰력 있는 독자들로부터 박수를 받아서 기쁘다.

3권은 작품의 마지막을 형성하고 있다. 나는 우리 시대에 전승되어 시나 소설로 쓰이는 이야기의 본질적 요소가 무시되어서는 안 된다고 확신한다. 처음에는 그중 무엇을 수용할 것인가를 구상하면서 '탄탈로스의 마지막 자손들'을 생략할까 고민했다. 여성과 청소년 독자층을 배려하기 위함이었다. 그러나 이 책을 완전한 것으로 만들겠다는 욕심이 그 고민을 해결해주었다. 1권과 2권에서 여리고 상처 입기 쉬운 어린 독자들을 보호하려는 마음을 인정해준 것처럼, 3권 작업에 대해서도 공정하게 판단해주시길 바란다. 비극 시인들의 작품을 될 수 있는 대로 어울리게 다시 조화시킬 때도 특히 도덕적인 문제를 고려했다. 이 점은 가장 자유로운 미적 감정의 소유자라도 인정해줄 것이다.

《오뒷세이아》를 다룰 때에는 그런 배려가 불필요했다. 여기서는 고대의 예술 작품을 가능한 한 충실하게 따름으로써 죄를 짓지 않은 순결한 상태와 순수한 도덕에 대한 가장 감동적인 인상을 주려고 했다. 스스로는 완전한 선에 도달할 수 없는 것이 인간의 본성이라 할지라도, 인간이 선을 행할 수 있는 능력을 완전히 상실하지는 않았을 것이다. 이렇게 믿는 사람은 아득한 옛날인 고대 그리스 로마의 작품을 읽으면서 기독교의 종교적 신념과 모순되지 않는 인류에 대한 믿음을 더욱 굳건하게 가질 것이다.

나는 《아이네이스》 때문에 무척 고생을 했다. 책의 목적을 훼손하지 않는 한도 내에서 긴 이야기를 줄이는 데 애를 썼다. 《아이네이스》는 시 문학사의 한 부분을 구성하고 귀중한 에피소드를 형성하는, 가장 원천적이고 사랑받는 창작물이다. 원래 이야기를 알 수 없게 만들지 않으려고 노력했다. 이를 위해 《일리아스》와 《오뒷세이아》를 흉내내어 어린이들이 읽도록 새로 창작된 민담은 일절 배제했다.

이러한 일은 결코 쉬운 작업이 아니었다. 게다가 현대 작가 중 그리스 로마 신화를 이런 방식으로 이야기하고자 시도한 사람이 없었다. 나는 고대 로마 시인의 뛰어난 예술 작품이 지닌 본질적인 아름다움을 보여줌으로써, 청소년들이 원작에서는 찾기 어려웠던 새로움과 재미를 느낄 수 있도록 노력했다.

고전 시대의 영웅 신화들의 내용을 충실하게 재현하고 있는 이 책의 이야기들은 신화를 처음 접하는 사람들에게 많은 도움을 줄 것이다. 나는 이러한 기원을 담아 20년 동안의 결실이라고 할 수 있는 이 작업을 마치고자 한다.

슈투트가르트에서

구스타프 슈바브

옮긴이 해제

트로이아 전쟁, 인류 상상력의 원천이 되어온 거대한 사건

《구스타프 슈바브의 그리스 로마 신화》 2권은 트로이아 전쟁에 관한 전설과 신화를 다루고 있다. 트로이아 전쟁은 호메로스(Homeros, ?~?)가 《일리아스》에서 노래한 그 유명한 전쟁이다. 구스타프 슈바브는 트로이아 전쟁 이야기를 마치 영화처럼 생생하게 재구성해 놓았다. 그는 이 책을 쓸 때 호메로스의 《일리아스》를 가장 많이 의지했다.

그렇다면 《일리아스》는 어떤 책인가? 우선 책 제목부터 살펴보자. 일리아스는 '일리온에 대하여'라는 뜻이다. 일리온은 트로이아를 달리 부르는 이름이다. 신화에서 트로이아는 '트로스'라는 왕의 이름에서, 일리온은 트로스의 아들 '일로스'의 이름에서 기원한 것으로 설명한다. 흔히 트로이아는 지역 이름으로, 일리온은 도시 이름으로 쓰이지만, 둘은 같은 지명을 말한다. 그러므로 일리아스는 일리온(트로이아) 지역에서 벌어진 사건, 즉 트로이아 전쟁에 대한 서사시라는 의미를 담고 있다.

《일리아스》를 지은 인물은 시인 호메로스로 알려져 있다. 호메로스는 유럽 최초의 시인이자 최고의 시인으로 일컬어진다. 그러나 그가 정말 이 작품을 지었는지, 아니면 여러 사람의 손을 거쳐 변형되었는지는 확실치 않다. 우선 호메로스라는 인물부터가 분명하지 않다. 또한 호메로스가 언제 어디에서 태어났는지에 대해서도 의견이 분분하다. 초기 이오니아의 저술가 헬라니코스는 호메로스가 기원전 12세기 사람이라고 말한다. 호메로스가 트로이아 전쟁을 겪지 않고서는 전쟁 장면을 그렇게 생생하게 묘사할 수 없다는 것이다. 헤로도토스(Herodotos, 기원전 484?~기원전 420?)는 《역사》에서 호메로스를 헤시오도스와 동시대 사람이며 "우리 시대보다 400년 전에 태어난", 즉 기원전 9세기경에 태어난 인물이라고 주장한다. 현대의 연구자들은 호메로스의 작품들을 근거로 그가 기원전 8세기경에 이오니아 지역에서 활동한 인물로 본다. 호메로스가 시각장애인이라 전해지는데 그 점도 확실치 않다. 그의 노래 속에 담긴 생생하고도 박진감 넘치는 장면 묘사가 도저히 그를 시각장애인이라고 믿기 어렵게 만들기 때문이다.

그런데 호메로스가 《일리아스》에서 노래한 트로이아 전쟁은 완전히 허구일까? 19세기 말 독일의 상인이자 고고학자였던 하인리히 슐리만(Heinrich Schliemann, 1822~1890)에 의해 트로이아 유적지가 발견되어 트로이아 전쟁 신화는 단순한 허구가 아니라 역사적 사실에 기초한 것으로 밝혀졌다. 슐리만이 트로이아 도시를 처음 발굴했을 당시에는 하나의 도시라고 생각했다. 그러나 건축가 빌헬름 되르펠트의 도움으로 트로이아 유적지에 아홉 개의 도시가 층층이 겹쳐 있다는 사실을 알게 되었다. 슐리만이 처음에 한 도시인 줄 알고 마구 파헤쳐 놓았던 것이 나중에 발굴 작업을 더욱 어렵게 만들었다. 지금은 독일과 미국의 연구팀들이 트로이아의 도시들을 다시 양파 껍질 벗기듯 하나하나 발굴하고 있다. 호메로스가 묘사한 트로이아 전쟁의 도시는 제6도시로 추정되고 있다.

나도 그리스 문화와 철학에 관한 책을 쓰기 위해 고대 그리스 지역을 답사하면서 몇 차례 트로이아에 다녀온 적이 있다. 트로이아 유적지에 들르면 자연히 떠오르게 되는 생각은 호메로스의 《일리아스》에 등장하는 영웅들의 이야기이다. 히사를리크 언덕에서 내려와 관광객들이 잘 찾지 않는 헬레스폰토스 바다가 보이는 평야 쪽에서 트로이아 성을 올려다보며 트로이아 전쟁에 대해 생각해보았다. 그리스 영웅들은 납치된 한 아름다운 그리스 여인을 구하기 위해 정말로 10년 동안 이곳에 머물며 전쟁을 벌였던 것일까? 그런 것이 아니라면 그들을 10년 동안 이곳에 묶어두었던 전쟁의 진정한 의도는 무엇인가? 신화에서는 아름다운 여성 헬레네를 되찾기 위해서라고 말하지만, 트로이아 전쟁의 원인에 대해 여러 가지 설들이 많다. 그중에서 가장 설득력이 있는 것은 트로이아 전쟁이 그리스 인들이 벌인 일종의 약탈 전쟁이라는 주장이다.

역사적 원인이 무엇이건 간에 그리고 순전히 허구라고 할지라도, 트로이아 전쟁은 그동안 서구 문화의 상상력의 원천이 되어왔으며 우리의 상상 속에 살아서 계속 영향을 끼치고 있다. 트로이아 전쟁 이야기를 그려낸 《일리아스》는 서구 문화 상상력의 원천일 뿐 아니라, 서사시적 구성의 백미를 보여주기도 한다. 《일리아스》는 트로이아 전쟁 처음부터 이야기를 시작하지 않는다. 아킬레우스의 분노라는 '사건의 한가운데'에서부터 이야기가 전개된다. 《일리아스》는 단 50일, 그것도 역병이 만연하던 9일, 올림포스 신들이 아이티오피아 족의 잔치에 가 있던 12일, 아킬레우스가 헥토르의 시신을 모욕하던 12일, 헥토르의 화장을 위하여 장작을 준비하던 9일을 빼면 단 며칠 동안 벌어진 사건을 통해 지난 9년 동안 벌어진 전쟁 이야기를 생생하게 그려낸다. 핵심 사건을 통해 사건 전체를 보여주는 이 비상한 기법에 대해 아리스토텔레스는《시학》제23장에서 이렇게 말한다. "호메로스는 트로이아 전쟁을 다 취급하려고 하지 않았다. (중략) 그는 전체에서 한 부분만 취하고, 그 밖의 많은 사건들을 삽화로 이용하고 있다."

그러나《일리아스》는 아킬레우스가 아가멤논에게 브리세이스를 빼앗기고 화가 나서 전쟁에 참가하지 않는 대목에서부터 시작해 헥토르의 장례를 치르는 것으로 끝나기 때문에 트로이아 전쟁에 관한 전모를 알 수가 없다. 슈바브는 저자 후기에서 밝히고 있는 것처럼 의심쩍은 자료들인 딕티스 크레텐시스와 다레스 프리기우스부터 시작해 소포클레스, 에우리피데스, 호라티우스, 오비디우스, 핀다로스, 베르길리우스 등 수많은 고대 시인의 전승을 참고해 트로이아 도시의 건설에서부터 몰락까지 이어지는 트로이아 전쟁 이야기를 완벽하게 재구성했다. 이 책을 읽고 나면 트로이아 전쟁이 왜 일어났는지, 그리고 어떻게 끝이 났는지 알 수 있게 되어《일리아스》의 흐름을 더욱 잘 파악할 수 있을 것이다.

이미《구스타프 슈바브의 그리스 로마 신화》1권을 읽은 독자라면, 2권 역시 인명이나 지명에 신경 쓰지 말고 먼저 이야기의 흐름을 따라가며 읽길 바란다. 그러다 보면 자연스럽게 호메로스의《일리아스》와 트로이아 전쟁을 노래한 여러 고대 시인의 작품들을 읽는 효과를 얻을 것이다. 트로이아 전쟁 이후 영웅들의 귀향 이야기, 특히 오뒷세우스 이야기와 트로이아가 멸망한 뒤 살아남은 사람들이 로마를 건설하기까지의 과정을 담은 아이네이아스 이야기는 3권에서 다루어진다.

지도
계보도
찾아보기

지도 1 그리스 신화의 세계

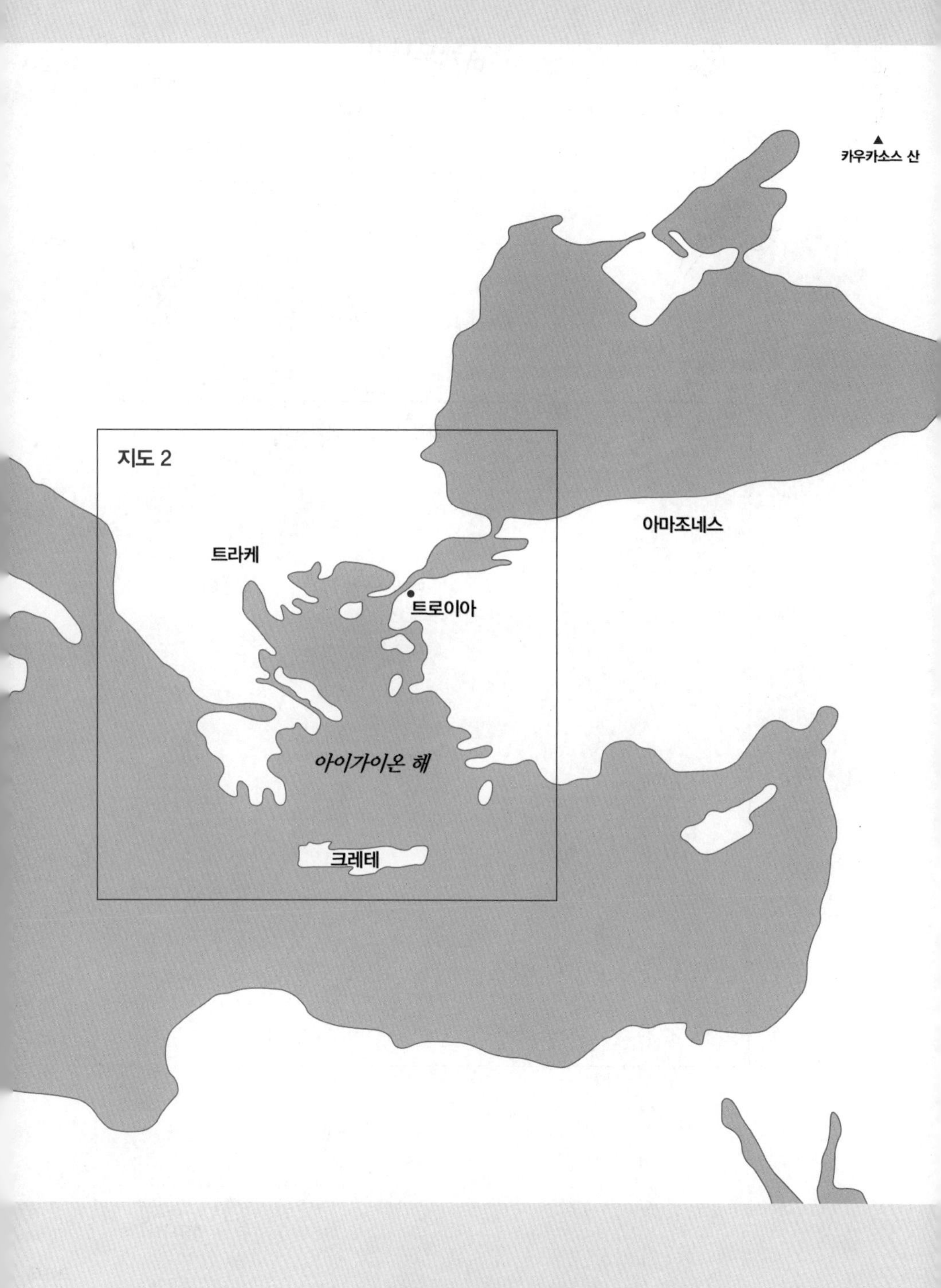
카우카소스 산
지도 2
아마조네스
트라케
트로이아
아이가이온 해
크레테

파이오니아
스트뤼몬 강
네스토스 강
로도페스 산맥
악시오스 강
아드리아 해
일뤼리콘
마케도니아
팡가이온 산
필립포이
압데라
펠라
스타게이라
파에리아
칼키디케
에피로스
카오니아
올륌포스 산
아토스 산
팔레네 반도
부트로톤
케르퀴라
옷사 산
트릭케
라리사
도도네
케르퀴라
테스프로티아
펠리온 산
페라이
이올코스
핀도스 산
파르살로스
파가사이
스퀴로스
파르낫소스 산
이오니오스 해
뮈르토온 해
퀴클라데스 군도
지도 3
퀴도니아
크레테

지도 2 아이가이온 해

폰토스 에우크세이노스
(흑해)
트라케
보스포로스 해협
뷔잔티온
마로네이아
헤브로스 강
프로폰티스 해
케르소네소스 반도
사모트라케
람프사코스
퀴지코스
임브로스
아뷔도스
그라니코스 강
비튀니아
헬레스폰토스 해협
트로이아
렘노스
테네도스
트로아스
이데 산
아이올리스
뮈시아
아드라뮛테이온
프뤼기아
페르가몬
뮈틸레네
카이코스 강
레스보스
퀴메
포카이아
헤르모스 강
키오스
시퓔로스 산
사르데이스
스뮈르나
트몰로스 산
클라조메나이
카위스트로스 강
콜로폰
클라로스
뤼디아
에페소스
마이안드로스 강
사모스
사모스
밀레토스
이카리아
카리아
낙소스
할리카르낫소스
뤼키아
코스
코스
아모르고스
크니도스
크산토스 강
니쉬로스
텔로스
로도스
크산토스
아스튀팔라이아
린도스
로도스
카르파토스
고르튀스
카르파토스 해

암브라키아
암필로키아
코로네이아
악티온
아카르나니아
스페르케이오스 강
트라키스
레우카스
도리스
로크리스
케피소스 강
아켈로오스 강
아이톨리아
에키나데스 섬들
플레우론
로크리스
델포이
포키스
이타케
칼뤼돈
나우팍토스
케팔레니아
파트라이
아카이아
크린토스 만
에뤼만토스 산
퀼레네 산
시퀴온
자퀸토스
엘리스
엘리스
페네이오스 강
스튐팔로스 호
코린토스
네메아
아르카디아
뮈케나이
오르코메노스
아르골리스
올륌피아
만티네이아
아르고스
티륀스
알페이오스 강
레르나
테게아
뤼카이온 산
이오니오스 해
펠로폰네소스 반도
스트로파데스 섬들
에우로타스 강
멧세네
멧세니아
타위게토스 산맥
스파르테/라케다이몬
아뮈클라이
퓔로스
스팍테리아
레욱트라
멧세니아 만
라코니케 만
타이나론 곶

지도 3 그리스

아르테미시온 곶
스퀴로스
오푸스
에우보이아
아이가이온 해
보이오티아
칼키스
아울리스
에레트리아
아스크라
테바이
테스피아이
플라타이아
아소포스 강
파르네스 산
마라톤
엘레우시스
앗티케
메가라
아테나이
카뤼스토스
브라우론
살라미스
페이라이에우스
휘멧토스 산
사로니코스 만
아이기나
안드로스
라우레이온 산
수니온 곶
테노스
에피다우로스
케오스
뮈코노스
트로이젠
칼라우레이아
퀴트노스
헤르미오네
델로스
퀴클라데스 군도
세리포스
뮈르토온 해
아르골리스 만
파로스
낙소스
시프노스
에피다우로스 항
멜로스
이오스
말레아 곶
퀴테라
테라

계보도 1 트로이아 왕가

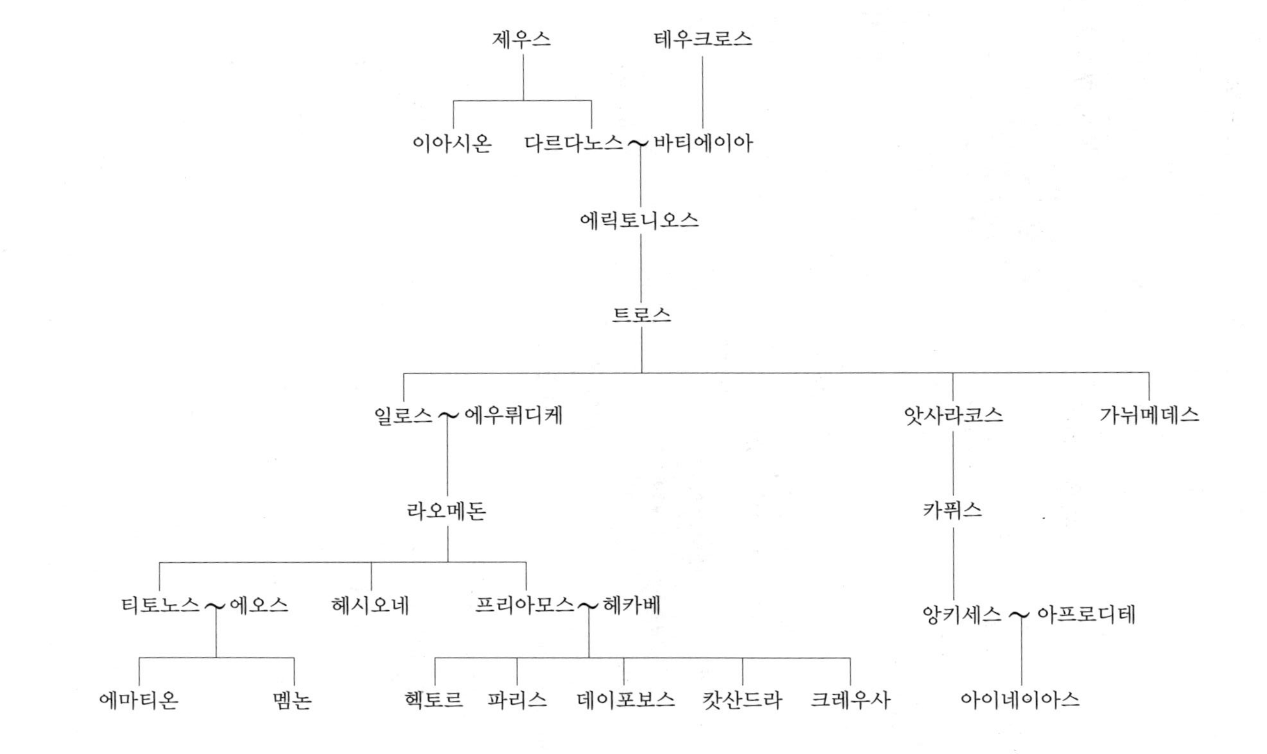
제우스
테우크로스
이아시온
다르다노스 ~ 바티에이아
에릭토니오스
트로스
일로스 ~ 에우뤼디케
앗사라코스
가뉘메데스
라오메돈
카퓌스
티토노스 ~ 에오스
헤시오네
프리아모스 ~ 헤카베
앙키세스 ~ 아프로디테
에마티온
멤논
헥토르
파리스
데이포보스
캇산드라
크레우사
아이네이아스

계보도 2 뮈케나이 왕가

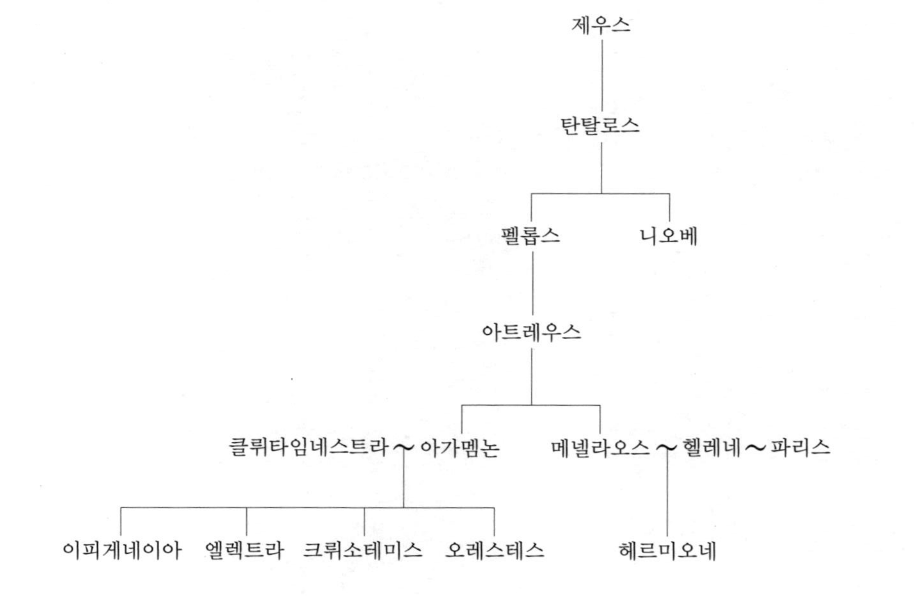
제우스
탄탈로스
펠롭스
니오베
아트레우스
클뤼타임네스트라 ~ 아가멤논
메넬라오스 ~ 헬레네 ~ 파리스
이피게네이아
엘렉트라
크뤼소테미스
오레스테스
헤르미오네

계보도 3 헬레네

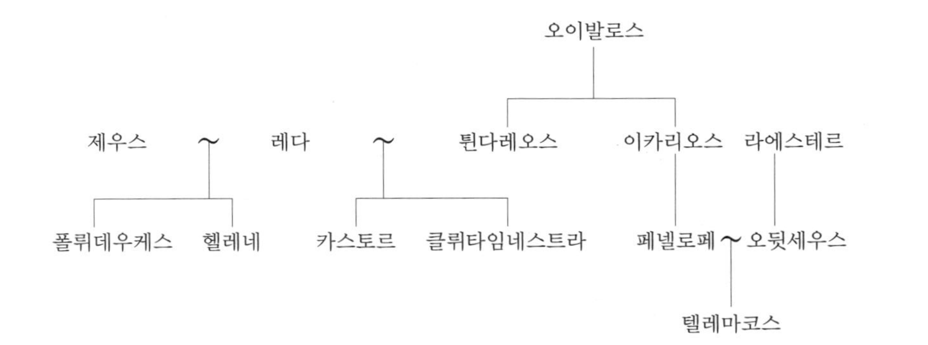
오이발로스
제우스
~
레다
~
튄다레오스
이카리오스
라에스테르
폴뤼데우케스
헬레네
카스토르
클뤼타임네스트라
페넬로페
~
오뒷세우스
텔레마코스

계보도 4 그리스연합군

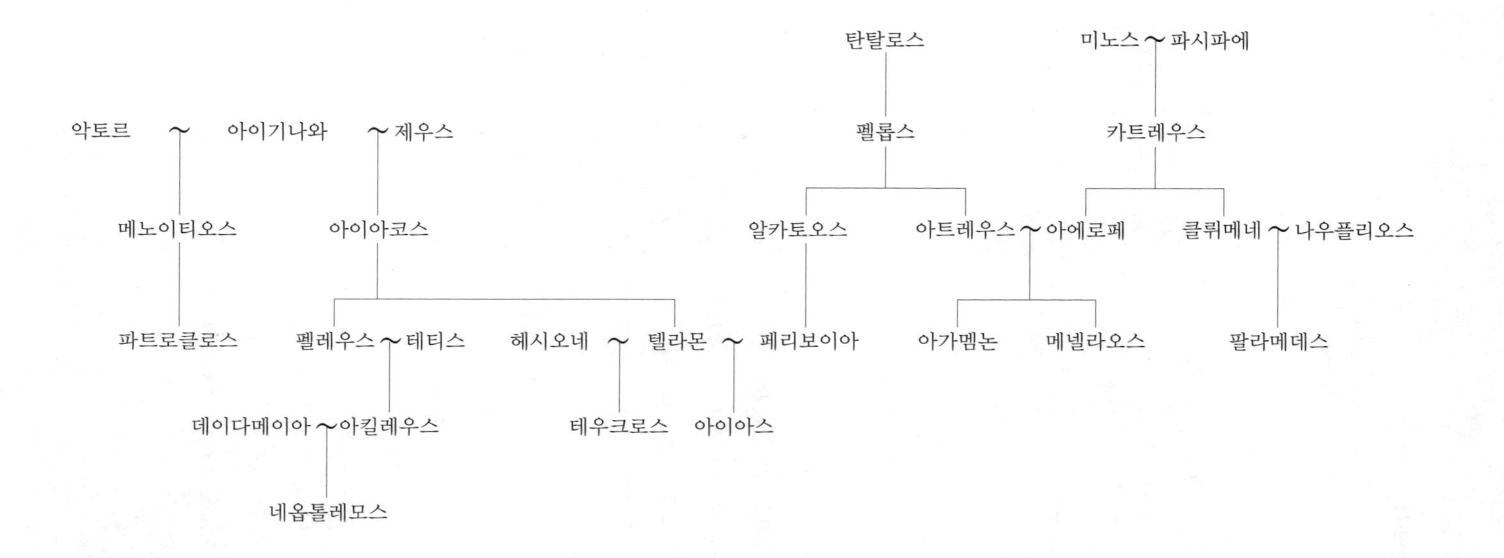

탄탈로스
미노스 ~ 파시파에
악토르 ~ 아이기나와 ~ 제우스
펠롭스
카트레우스
메노이티오스
아이아코스
알카토오스
아트레우스 ~ 아에로페
클뤼메네 ~ 나우플리오스
파트로클로스
펠레우스 ~ 테티스
헤시오네 ~ 텔라몬 ~ 페리보이아
아가멤논
메넬라오스
팔라메데스
데이다메이아 ~ 아킬레우스
테우크로스
아이아스
네옵톨레모스

찾아보기

/ ㄱ·ㄴ /

/ ㄷ /

/ ㄹ /

/ ㅁ·ㅂ /

/ ㅅ /

/ ㅇ /

/ ㅈ /

/ ㅋ /

/ ㅍ /

/ ㅎ /

구스타프 슈바브의 그리스 로마 신화 2 - 트로이아 전쟁

1판 1쇄 발행일 2015년 2월 9일
1판 7쇄 발행일 2022년 9월 5일

지은이 구스타프 슈바브
옮긴이 이동희

발행인 김학원
발행처 (주)휴머니스트출판그룹
출판등록 제313-2007-000007호(2007년 1월 5일)
주소 (03991) 서울시 마포구 동교로23길 76(연남동)
전화 02-335-4422 **팩스** 02-334-3427
저자·독자 서비스 humanist@humanistbooks.com
홈페이지 www.humanistbooks.com
유튜브 youtube.com/user/humanistma **포스트** post.naver.com/hmcv
페이스북 facebook.com/hmcv2001 **인스타그램** @humanist_insta

편집주간 황서현 **기획** 전두현 **편집** 남미은 **디자인** 김태형 유주현 구현석
용지 화인페이퍼 **인쇄** 청아디앤피 **제본** 민성사

ISBN 978-89-5862-771-5 04210
978-89-5862-769-2(세트)